古代地域社会の考古学

坂井秀弥　著

同成社

古代地域社会の考古学　目次

古代地域社会の考古学

序章

1

古代の律令国家は、日本ではじめてかたちづくられた制度国家であり、一〇〇年にわたって厳として存在した。それもただ存在しただけでなく、以後の日本歴史の展開に、はかりしれないほどの遺産をのこした（早川 一九七四）。歴史上このように重大な意義をもつとされる律令国家は、七世紀の飛鳥時代、東アジアの緊張した国際情勢のなかで形成され、八・九世紀と展開した。その歩みは六世紀末からはじまり、七世紀半ばの大化の政治改革をてこにして、飛鳥浄御原令が制定され、大宝一（七〇一）年に大宝律令が完成した。律令国家の根幹をなす法典の成立である。律令国家の基軸は官僚制と公民制である（吉川 二〇〇四）。その実現のために中央と地方の制度・施設が整備されていった。中央では大化の改新直後の難波長柄豊碕宮に続き、大津宮、飛鳥浄御原宮と遷り、六九四年に中国の都城にならった広大な藤原京に遷都した。いちおうの到達点である。一方、全国は畿内と七道の行政区にわけられ、その下に国・郡・里（郷）をもうけ、それぞれに国司・郡司・里長をおいた。これらの地方組織を機能させる中枢の施設として、国府（国衙）と郡家（郡衙）が設置された。

日本でこのように成立した律令国家の制度は中国でつくられたものである。それを導入した人びとの理念はどうあれ、その制度が歴史・文化、気候・風土が異なる日本に、しかも多様な地域性を有する各地の地域社会に、果たして定着したのであろうか。それが定着したとするならば、どのような過程をへたのであろうか。そしてまた、その変容と崩壊はどのように生じたのであろうか。文献史料により制度上の行政機構とその歴史はあきらかにされているにしても、律令国家の実体を解明するためには、公民として位置づけられた人びとが実際に生活を営んだ「地域」における集落や、政治・支配の施設である官衙、さらには食料や物資の生産と流通などにおいてその実像が把握され、他の地域や前後の時代と比較されなければならない。ここに古代における地域史研究の意義があると考えられる。

2

地域史（地方史）研究は、多様性に富んだ日本史研究の一つの方法であるが、木村礎は、その史資料としては、文書などの文献史料以外に、考古学的な遺物、遺跡を含む広義の遺物、地形、地名等々、昔から引き続いて存在しているものや残存しているものを対象とすべきであること、地域における人間生活の諸相を豊富かつ多面的に描き出すことについての自覚が必要であることを指摘している（木村 一九九四）。もとより、古代においてそれぞれの地域に関した文献史料は、六国史や『延喜式』『和名類聚抄』などきわめて限られているが、本論文の主たる対象地域でもある北陸においては、米沢康著『越中古代史の研究』（越飛文化研究会、一九六五年）、浅香年木著『古代地域史の研究』（法政大学出版局、一九七八年）などの重要な研究がある。このうち米沢は、大和王権と北陸地方（コシ）との歴史的な地域性について、部民史料に古墳研究の成果などを援用して、三・四世紀における加賀を含む旧越前地方までの第一段階、五・六世紀における越後阿賀野川以南の旧越中までの第二段階、大化以後における阿賀野川以北を含む越後までの第三段階に分けて、コシの領域が段階ごとに古い旧国単位に順次拡大したと明快に論じた。史料がきわめて限られている大化前代についての研究はそもそもむずかしい側面があるなかで、この説は魅力的でもあり『新潟県史』（一九八六年）などにいたるまで大きな影響を与えた。ただ、のちに越後平野において四世紀代の前方後円（方）墳が複数確認されたことにより再検討を迫られることとなった。

近年、古墳にかぎらず遺跡の発掘調査は著しく増加し、新たな知見が数多く得られており、歴史研究において遺跡からの情報が占める意義もかなり大きくなっている。とくに古代遺跡においては、木簡や墨書土器などの出土文字資料が豊富になってきており、文献史学側からはその成果を加えるなどして既往の研究を克服しようとする努力が重ねられてきている。たとえば『越と古代の北陸』（名著出版、一九九六年）の「序章」や所収論文において、編者の小林昌二は北陸地方の出土文字資料を網羅してこの地域の氏族分布を詳細に分析し、五世紀には越中礪波地方まで大和政権との隷属関係がおよび、六世紀代に物部を中枢とする越後・佐渡への軍事的進出などがあったと論じた。さらに編著『日本海域歴史大系』Ⅰ（清文堂出版、二〇〇五年）の論文（小林昌二〇〇五年）で、六・七世紀のコシに関する地域史像を具体化しようとする試みがなされている。このほか『越と古代の北陸』『日本海域歴史大系』Ⅰ・Ⅱ（小林昌編・監修二〇〇六）などにおさめられた文献史学の立場からの各論文や、越中地域を掘り下げた木本秀樹著『越中古代社会の研究』（高志書院、二〇〇二年）など、古代北陸・越佐の実体を追究する研究はかなり進展し、大きな成果が得られてきている。

3

しかしながら、これらの研究によってもなお、地域社会を構成していた集落や官衙の実態、地域における人間生活の諸相などについては、不分明な部分が多いといわざるをえない。そのような観点からは、古代の地域社会の構造、実相をものがたる遺跡に主眼をおいて研究することに大きな意義がみとめられるであろう。

遺跡の発掘調査は昭和四十年代以降、ここ四〇年ほどの間、全国各地でさかんにおこなわれてきている。発掘調査の多くは道路や農地・住宅などの開発事業に伴うものではあるが、その成果は時代や地域を問わず実に豊富である。古代の遺跡としては、地域社会における人びとの生活拠点である集落、それらを統括する官衙、人びとの生活をささえる様々な生産と流通などに関連した多様なものがある。たしかに遺跡はその年代や固有の名称などを直接示す事例はきわめて限られており、そのままでは歴史資料としての活用はむずかしい。しかし、遺跡から普遍的かつ多量に出土する土器は、詳細な観察・分析の積み重ねと、他地域を含めた資料との比較研究の蓄積により、現状では一定の幅のなかで絶対年代の比定は可能となっている。このように土器から遺跡・遺構の年代比定をおこなうことができ、こうした作業を基礎にして遺跡の構造や変遷を具体的に把握することが可能となるのである。また、土器は当時の人びとが実際に使った食器であり、煮炊きの道具でもあることから、食生活を示す資料であるとともに、物資の生産と流通などを直接示す有力な資料でもある。このように遺跡から得られる資料は直接ものはいわないものの、こうした調査研究の蓄積により、古代はもとより各時代の地域社会における豊かな歴史をあきらかにする重要な資料となる。

考古学的な古代の地域史研究におけるすぐれた業績である、宇野隆夫著『律令社会の考古学的研究―北陸を舞台として』（桂書房、一九九一年）は、序において「とくに古代社会においては各地域の構造と地域差の把握とが重要な課題となる。（中略）古代社会の全体像を描くためには、地域ごとの総合的な研究を蓄積すること」が必要と説いている。地域ごとの確かなまとまりに関する研究の蓄積により、はじめて古代社会の全体像があきらかになることを強調している。宇野は北陸地方の地域社会の実像を考古学的に究明するために、律令国家段階の七～九世紀における集落、埋葬、生産と流通、食器の四分野に関する考古資料について、「様式的研究」という方法に立脚して、各分野の様式の有機的関係を考慮して「社会様式」を考察している。それによれば、六世紀末から七世紀第3四半期の古代Ⅰ期が律令社会の成立期であり、九世紀第2四半期から末の古代Ⅳ期が王朝国家的様相に向けた転換期としつつ、この時期までを律令国家段階とする。第Ⅰ期は集落の再編・集約化、埋葬における前方後円墳体制から方墳・横穴墓体制への転換、生産流通における郡程度の領域を単位とする体制の整備、食器様式における仏教色の顕在化と器種分業の成立という各様式における特徴があり、それらは相互に関係する一つの施策の結果であった可能性が高いとする。すなわち国家が地域・民衆・資源の一元的な支配を追求した政策の結果としている。こうした様相は十世紀はじめから十一世紀はじめの古代Ⅴ期には大きく変化し、ここに王朝国家の成立を見いだしている。

宇野の考古資料に対する洞察力は卓越しており、律令社会の展開とその歴史上における意義づけが明快に叙述されている。豊富な考古資料の様式的研究にもとづく分析は、社会の様相変化を理解する際にはきわめて有効であることが理解され、そこから地域社会を再編しようとした国家の政策を読み取ろうとする観点はきわめて重要である。本書もこうした手法に多くを学んでいる。ただし、北陸地方のなかの個々の地域に視点を定めていないため、各地域特有の地形環境のなかで展開する多様な遺跡を相互に関連づけて分析されてはおらず、地域社会の構造あるいは地域社会における人びとの生活がかならずしもじゅうぶんに描かれてはいない。ただこのような問題は、そもそも宇野の研究の目的とするところではなく、むしろ北陸の各地域に課せられた課題というべきなのであろう。

4

本書で研究の起点としようとする越後は、北陸地方、コシの北東端に位置し、北部に城柵の設置された地域を含み、越前・越中とは同一に論じられない歴史性が厳然として存在する。そして宇野が律令社会の成立期とする古代Ⅰ期における越後の動向は、遺跡の実態が不分明であることもあり、その評価はそれ以降の時期を含めて地域に即した独自の分析が要請されるところである。また、越後はその中央に越後平野のように広大な低湿地が広がるという際立った地理的条件があり、そのなかで独特の歴史が展開したとも考えられる。本書の目的は、こうした認識にもとづいて、豊富な蓄積を有する近年の考古学的成果を最大限に活用して、筆者が職務として遺跡の発掘調査にたずさわった新潟県、越後を研究の起点として「古代の地域社会の構造」を考古学的に明らかにすることにある。

全体はテーマと地域に応じて四編にわけ、合わせて十五章からなる。第Ⅰ編・第Ⅱ編では、古代のうち、とりわけ律令国家の成立とその展開、さらにはその変容について、おもに土器の様式、生産と流通のあり方、集落・官衙の遺跡の動態・構造など、考古学的分析がとくに有効な素材から追究するものである。第Ⅰ編はまず越後に関する基礎的な考察であり、第Ⅱ編はその視点を東日本・北日本に広げて集落・官衙・生産などについて比較史的に論じたものである。第Ⅰ・第Ⅱ編とも資料の年代決定のために土器が基礎資料として大きな位置を占めている。当然その編年研究はきわめて重要であるが、発掘資料の観察をもとにした考察は各調査報告書（坂井 一九八四、一九八九aなど）にゆずることとする。第Ⅲ編においては、土器そのものに焦点をあてて、須恵器の技術的系譜、米の調理方法、古代の土器文化について論じたものである。第Ⅳ編であつかった水田開発は、前近代の地域社会において人びとの生活をささえた基本的な営為である。それがどのように展開したかをあきらかにすることは地域社会の構造の把握において重要であり、ここでは水田遺構や文献史料のほか、現在の灌漑諸施設から地域社会の構造にせまろうとしたものである。

以下、各編ごとにその趣旨をかんたんに述べておきたい。

第Ⅰ編　越後における律令社会の成立と展開

おもに古代の越後を対象にして、土器、国府・国分寺や越後平野の官衙関連遺跡などについて考察し、「古代の地域社会の構造」の究明の起点とした。

第1章「日本海域の気候風土と越後の位置」では、本編において考察の対象とする越後について、日本列島のなかでどのように位置づけられるかを検討した。日本列島は主に太平洋側と日本海側とに分けられるが、越後が含まれる日本海側の地域つまり「日本海域」の範囲は、奥行きが浅く列島の半分よりはるかに狭い四分の一程度であること。日本海域のなかでは気温や降雪量・積雪量などにより北陸と山陰は大きくことなること。北陸地方では寺院の瓦葺きが未発達であったこと。そして、日本海域のなかで越後は地理的にその中央に位置しまた気候上の境界にも当たり、それが「北陸」と「東北」つまり律令国家形成期における「国家」の内外の境界・狭間に位置することなどに注目した。

第2章「越後における七・八世紀の土器様相と画期」では、一九八〇年代はじめに調査された、八世紀前半代の妙高市栗原遺跡の土器を素材にして、越後の律令期における土器様相とその生産体制について論じた。前後の時期に比較できる資料がきわめて乏しい状況ではあったが、栗原遺跡と七世紀の土器を比較することにより、八世紀前半に新たな土器様式の成立がみられること、それが須恵器生産の開始を含む生産体制の変革によること、その背景に律令体制の成立がよみとられることを示した。土器の様相から地域社会における生活や生産の構造変化を推察したものである。

第3章「本長者原《もとちょうじゃはら》廃寺国分寺説・今池遺跡国府説の検討」では、栗原遺跡と相前後して大規模に発掘された上越市今池遺跡群と、これに隣接する本長者原廃寺について、最初の論文（坂井 一九八三c）発表後の調査成果などを加えて、あらためてその評価を検討した。これらの遺跡についてはかってそれぞれ国府説、国分寺説をみずから唱えたものである。国府・国分寺は地域社会における政治や文化の中枢をなすものであり、その所在と実態の把握は古代地域史において重要な課題である。本長者原廃寺については地籍図による伽藍配置の復元に加えて、塔基壇と推定される遺構があらたに確認されたこと、今池遺跡群については遺跡内容からみて、調査事例が増加した現在でもなお国府関連遺跡として重要であることが指摘できる。あわせてそれらの遺跡保護について提言した。

第4章「越後平野の環境・交通・産業と官衙遺跡」では、越後平野に展開した古代の官衙遺跡の多様な様相について論じたものである。この地域は砂丘と大河川により後背湿地と内水面が発達した地形環境であることに着目し、律令期においては鮭などの内水面漁業や須恵器などの流通に関連する、やや特異で個性的な官衙が発達したことを明らかにした。また、佐渡島の小泊《こどまり》窯で生産された須恵器が九世紀中葉ころから大量に海をこえて越後本土に流通していたことは、とくに変貌期を解く鍵として注目される。地域社会はその独特な地形や環境におうじて、人びとの生活が営まれ、交通や産業が発達し古代特有の官衙が大きな役割を果たしたこと、九世紀に生産・流通の単位が大きく変化したことが確認できた。

以上、第Ⅰ編では日本海側、北陸道北端に位置する越後について、第一に、その気候風土や地形環境と地域社会における歴史の展開とが相互に密接に関連していたことを確認した。第二に、七世紀から十世紀の土器、集落や官衙の遺跡動態などから、おもに八世紀前半と九世紀後半に大きな画期を設定できることをあきらかにした。この二つの時期は、歴史的にはそれぞれ律令体制の確立と変容・崩壊がみられた時期で、それにほぼ対応して考えることが可能であり、遺物・遺跡を主とした分析により「地域社会の構造」にせまる具体像を析出できることがあらためて認識できた。

第Ⅱ編　東日本・北日本における集落・官衙・生産

ここでは第Ⅰ編において越後を対象とした考察をひろげ、古代遺跡の発掘調査事例が相対的に多い関東・甲信地方などの集落、官衙遺跡、および越後の渟足柵・磐船柵に関連する東北地方の城柵と開発などについて考察し、地域間の比較を試みた。まず、第1章、第2章は東日本における集落と官衙を主題とし、つぎに第3章から第5章までは東北地方を対象にした考察である。

第1章「古代の官衙・集落からみた館の形成」は、官衙と集落においては、律令期とその後の時期でそのあり方に大きな変化がみられ、その変化に「館」の成立の起点を見いだそうとしたものである。まず、国府では政務・儀式の場が九世紀以降、国庁から国司館へと替わる状況がみられることを確認した。一方、集落に関しては、新潟県山三賀《やまさんが》Ⅱ遺跡の発掘調査報告書で分析した集落論（坂井 一九八九b）を発展させ、八世紀前半に成立した大規模な集村形態の集落が九世紀後半に衰退し、かわって自立した経営単位である小規模分散型の集落がおもに沖積地内に成立すること、それとともに有力者は自ら所有する耕地と一体化した屋敷を形成して独立し、館成立の萌芽と位置づけることが可能なことを述べた。律令期の地域社会において、集落と官衙は対極をなす存在であるが無関係に存在していたのではなく、たがいに密接に関連した表裏一体のものであったことが指摘できた。

第2章「東日本における古代集落の展開」では、前章の集落に関する論点を深め、東日本の事例により、おもに律令期と律令期以後の集落の展開過程を概観した。律令期には集落が古墳時代以来の集団関係を維持しながら、典型的な立地としては平野に臨む台地上などにあらたに成立したが、その後、九世紀後半を境にして、律令期集落を構成する単位集団が独立性を強めて分散し集落は解体したことを示した。その結果、沖積地をはじめ丘陵・山地にも多様な集落が展開したことを考察した。集落は地域社会を構成する人びとの生活拠点であり、その構造や立地の変化からは、集落が社会体制に密接に関連した存在であることが確認できる。

第3章「日本海側の古代城柵と北方社会」では、日本海側の越後・出羽と太平洋側の陸奥とにおける、古墳や集落遺跡、城柵などのあり方を比較した。古墳や集落遺跡は地域社会の核となる人びとのありようを示す基礎的な遺跡である。また、城柵は古代国家に組み込まれていなかった地域支配の拠点をなすものであり、東北地方特有の歴史に即した官衙といえ、東北における地域社会の構造解明に欠かすことができない存在である。東北地方における城柵の設置状況をみると、日本海側では八世紀前半代のうちに海上ルートで短期間のうちに北上したが、古墳や集落からみると、太平洋側と比べて九世紀までは在地の人口も少なく、地域開発が進展していなかったと考えられる。その背景として、日本海側の城柵は日本海を通じた北方地域との交通・交渉の拠点としての役割が大きかったと考えた。

第4章「東北の古墳社会と古代出羽の開発」は、第3章と対をなす論考である。東北地方とりわけその北部は古墳時代には寒冷化により人口が著しく減少したが、七世紀以降、文献史料のほかに土器や墓、住居などの遺構の特徴からみて、国家の移民政策により、東北地方の開発が進められたことが知られる。その際、日本海側にある出羽への移民は、同じく日本海側にあって伝統的な関係が強い越後・北陸の地域からおこなわれたが、なおそれよりも関東地方から多くが移配されたことを明らかにした。その理由として供給地としての役割を本来期待された越後は人口が少なかったことが背景として考えられる。国家の移民政策は各地域の生産力などの実状を反映して決定されたものといえる。

第5章「古代北日本の土器と生産」では、東北地方から北海道地域における、七世紀から十一世紀の土器のあり方について律令期とその後の時期にわけて論じた。律令期には城柵の設置とともに須恵器や鉄・塩などの手工業生産がはじまり、律令体制の変容とともに、国家の枠外の地域にその生産がはじまることから、北日本の手工業生産は国家や開発などとの関係が強いことを述べた。そして十一世紀には土器の煮炊き具が減少して鉄製品が普及し、それを追うように土器の食膳具が木製品へと替わったこととその要因についてを論じた。土器はさまざまな側面において地域社会の構造をものがたる重要な資料であることが確認できた。

以上、第Ⅱ編においては、まず第Ⅰ編で指摘された遺跡動態の特徴と、それにみられる二つの画期が、東日本の集落や官衙においてもほぼみとめることができた。地形環境や気候などの自然条件は、日本海側の越後と関東など太平洋側の地域とは異なるのであるが、地域社会の基礎をなす集落・官衙のあり方は、律令期とその前後においては、東日本では共通していることは重要である。しかし、その一方で、七世紀半ば以降、律令国家が支配領域として組み込もうとした東北地方については、太平洋側の陸奥と日本海側の出羽、越後北部とでは、城柵の設置と須恵器生産が関連する共通性はあるものの、城柵の北進の度合いや集落の成立時期や分布密度などに大きな差異があったことが明確となった。各地域の歴史には共通点ばかりではなく、相違する展開を生み出す地域の存在がよみとれるのであり、そのようにことなった地域が相互に接続してさらに大きな地域をかたちづくっていたことを明らかにできた。

第Ⅲ編　土器からみた古代社会

土器は考古資料のなかで普遍的な存在だけにきわめて重要な意味を有している。ここでは土器を素材にして、製作技法、使用痕の観察、器種や形態の消長から、古代社会やその文化について分析した。

第1章「律令期の須恵器系譜――越後における畿内・北陸系と東海系――」は、土器がそなえている豊富な情報のうち「地域性」に注目した。土器は言葉における方言にも似た地域性をもっており、形態・製作技法や器種構成にそれがあらわれている。ここでは越後頸城《くびき》地方における八・九世紀の須恵器杯類をとりあげた。その切り離し技法には、「箆《へら》切り」と「糸切り」の二つの技法がみられ、それが形態差にも反映していることに着目し、それぞれが畿内・北陸系と東海系という二つの異なる系譜を継受したものであることを明らかにした。律令期の東日本において拡散した須恵器生産は、地方独白の形態や製作技法により展開するのではなく、古墳時代以来の継続的な生産地である、畿内や東海の系譜をそのまま受容した事実を明示した。東海系の存在は北陸地方では特異であり、そこに東海地方とも関係をもつ越後の特色がみられる。在来の地域社会にはなかった新しい窯業生産における、技術の摂取や継承のあり方から、土器の地域性を読み解くことができるのである。

第2章「古代における米調理法の復原」は、煮炊具である土器の甕に残された使用痕の情報に注目し、米の調理方法を復元した小論である。八・九世紀における土師器の長胴甕は、律令期の人びとが日々の食生活を営むなかで実際に火にかけて使用したものである。しかし、多くの甕の内面を詳細に観察してもまったく「おこげ」が付着していないことが注目される。この点をもとに、長胴甕はコメを入れて煮炊きしたものではなく、水を入れて上にコメを入れた木製の甑とのせて蒸したものであるとの推定をした。コメを「蒸す」方法は朝鮮半島の影響により古墳時代後期には定着し、その後、中世以降に現在のような「煮る」方法に転じたと考えられる。地域社会の人びとの食生活は人間生活の諸相のなかでも重要な問題である。

第3章「土器文化の終焉――東日本・北日本の場合――」では、第Ⅱ編第5章とも関連して、北日本・東日本においては、中世へ傾斜していく時期に土器の煮炊具と食膳具が減少・消滅する過程を示し、鉄鍋の前史を具体的に明らかにした。この過程において煮炊具は鉄製品に、食膳具は木製品に変化し、その結果日本列島においては、縄文時代以来、一万年以上にわたり豊富に土器を消費してきた文化が古代末期に終焉を迎えたことを明らかにした。

以上、第Ⅲ編を通じて、土器は、遺跡からもっとも普遍的に出土し、遺構・遺物の年代決定をおこなう上で不可欠の資料であるばかりでなく、生産、流通、使用、廃棄の各過程における多様な情報を内包しており、その観察・分析が地域性や人間生活の解明などにきわめて有効であることが理解された。それにより生産にかかわる技術系譜の存在を指摘し、越後が北陸地方だけではなく東海地方など関連する周辺地域との生産技術における交流があったことが明瞭となった。また、古代の日常的な調理方法が現在とはことなった方法によることを推測した。さらには日本列島における土器文化は古代で終焉を迎えることが示した。

第Ⅳ編　水田の開発と地域社会

古代地域社会の農業上の生産基盤である水田遺構や、古代の文献史料、および全国の豊富な発掘調査事例から、原始から古代・中世にいたる水田開発について論じたものである。

第1章「水田跡からみた初期稲作技術」では、昭和五十（一九七五）年以降の数年間で相次いで発見された水田遺構、とりわけ「不定形小区画水田」というべき類型のあり方から、かつて説かれていたように弥生初期稲作が低湿地における粗放な水田で営まれたものではなく、低湿地であっても一定の施設をもったものであり、他方では若干の起伏をもった微高地縁辺でも水田が広く開かれていたことを明らかにした。水田の構造と立地条件とが有機的に関連しており、各地域の地形環境のなかで遺跡を評価する必要があることを指摘した。

第2章「行基による摂津伊丹台地の開発——昆陽二溝再論——」では、行基年譜にみえる造池造溝事業のうち、伊丹台地の二つの溝について昭和五十四（一九七九）年発表の論文において述べた比定に関する自説（坂井 一九七九）について、その後おこなわれた批判にこたえたものである。結論はかわりないが、あらためて伊丹台地周辺の地形・地勢を詳細に観察したうえで、近世の絵図や文書、現在の水利体系を援用しつつ、かつ近年の各地の調査研究成果にも学び、論証不足であった点を補強した。その結果、二つの溝の機能を明確にして自説の比定の妥当性を明らかにするとともに、古代以降、中世・近世の各段階における開発過程についても推論した。水田開発は地域特有の地形を踏まえることが前提であり、それを念頭においた調査研究が不可欠であることが認識された。

第3章「遺跡からみた開発と集落の歴史——古代・中世を中心として——」では、全国の発掘調査事例から、古代・中世の開発とこれと密接に関係する集落の動向を概観した。古代前期における国家的開発と集落の編成、古代後期における集落の変容と開発の進展、中世前期における荘園の成立と開発、中世後期における現景観の成立などについて論じた。各地域において蓄積された調査成果に立脚することによりはじめて古代・中世の全体像についても素描できるのである。

以上、第Ⅳ編は、水田稲作を実現するために必要な、水田の造成と用水の確保についての事例研究であり、発掘された水田遺構についての考古学および関連諸科学の総合的な調査・分析に加えて、文献史料にみえる開発事業の現地比定が重要であることが明らかとなった。水田開発にともなう水田・用水・ため池などの施設は重要な社会基盤をなす構造物でもあり、世代や時代をこえて、また地域をこえて広く継承され、発展してゆくものであり、地下遺構だけではなく現在に生きる水利施設や集落、地割・景観についても、地域史を貫く調査・分析の対象となる貴重な歴史資料であることが確認できた。

　このように第Ⅰ編から第Ⅳ編を通じて、越後および東国・東北を主とした地域についての構造を、土器の生産・流通、集落の成立と展開、官衙・城柵の設置などの状況解明によりいささかの追究をおこなうことができたと考える。その分析からは、それぞれの地域社会において、律令体制の形成・確立、その変容と崩壊、あらたな体制の成立という歴史を背景にした様相や動向についてよみとることができた。ただし、そうした大きな枠組みのなかにおいて、東北の日本海側と太平洋側ではことなった歴史の展開がみられ、ここに列島地域論の分水嶺をおく地域ごとに資料に即した調査・分析が重要なことが浮き彫りとなった。そして、考古資料のうち土器は年代決定だけではなく、古代の生産技術や系譜、食生活などについても重要な資料であり、多大な成果をもたらすことがあらためて認識された。また、地域社会をささえた開発の問題などに関しては、考古資料や同時代の文献史料だけではなく、地域に残された後世の文書・絵図や地籍図、用水・ため池、地割などの資料も十分活用できることも同時に指摘できた。

　本書は過去二五年ほどの間に執筆した論文をまとめたものである。各論文は最初の発表からかなり時間がすぎているものが多く、またその内容に重複する部分があるなど、全体としてのまとまりはきわめて不十分なものであるが、基本的に発表当時のままとし、誤字・脱字および文章表現など最小限の改変を加えた。発表時以後の研究状況については多少ではあるが補註を付した。

　古代の地域社会の構造、特色を究明することは日本歴史の研究にとっても大きな意義があるとの認識のもと、日本列島の各地における確かな研究の一つとなることを期したが、もとより内容は不十分であると思う。ご批判を乞うしだいである。

第Ⅰ編　越後における律令社会の成立と展開

第1章　日本海域の気候風土と越後の位置

はじめに

越後・佐渡は日本海側に位置している。日本海に面した地域、すなわち日本海域は近代以降「裏日本」ともいわれてきた歴史がある。「裏日本」としては北陸地方と山陰地方が代表的である。冬季に雪が降り続き、暗くじめじめしており、過疎地も多く人口も相対的に少ないとの印象が強い。この地域の現在の人口は太平洋側にくらべれば確かに少ない。しかし、意外なことに、新潟県の人口が明治二十五（一八九二）年までは全国一だった（新潟県 一九九〇）ことはあまり知られていない。近代化にともなって、全国の人口が急激に増加するなかで、「裏日本」は工業化が進んだ太平洋ベルト地帯へ人口を供給してきたのである（古厩 一九九七）。それでは、古代の日本海域はどうだったのであろうか。ここではその歴史を考える上で前提となることがらについて考えてみたいと思う。

まず日本海域の範囲である。どこが具体的に日本海域なのであろうか。日本列島の大半は日本海と太平洋に挟まれている。そのため、列島は日本海側と太平洋側にそれぞれ半分ずつに分かれるような観があるが、どうであろうか。

つぎに気候・風土である。日本海域は列島と同じように細長くのびる。そのなかには、中国地方の山陰、中部地方の北陸のほかに、東北地方の出羽・津軽、そして北海道などさまざまな地域が含まれる。それぞれの地域の気候はとうぜん同じではない。この地域の気候は冬季の雪に象徴されるが、その降り方、積もり方もことなる。気温にも大きな差がみられる。そのなかで、北陸地方は世界有数の豪雪地帯として知られている。雪という気象条件を反映した事象はあるだろうか。また、地形環境や潮の満ち引きにも日本海域の特徴がみられるだろうか。

日本海域の気候風土は太平洋側とはことなり、日本海域のなかでもいくつかの地域からなることが予想される。このようななかで越後はどのような位置を占めるのか、そしてそれが歴史の展開や文化のあり方とどのような関係があるのかを考えてみよう。

1　日本海域の範囲とその広さ

(1)　日本海域と日本列島のかたち

日本海はユーラシア大陸の東にあり、大陸と日本列島とに挟まれた縁海あるいは内海である。日本列島は日本海側に内湾しながら弓なりに横たわる（図1）。その長さは南西諸島をのぞいておおよそ二千数百キロメートル。その大半が日本海と太平洋に面しており、日本海側と太平洋側の二つにおおよそ区分される。これに入らないのが列島の南北両端である。北海道の北東側はオホーツク海、九州の西側は東シナ海にそれぞれ面している。

日本列島が日本海に面しているのは、北海道北端の宗谷海峡から、九州北西部の対馬海峡までだ。宗谷海峡の稚内とサハリンとの距離はわずか四〇キロメートル、対馬海峡の福岡と朝鮮半島の間でも約二〇〇キロメートルにすぎない。二つの海峡で区切られた日本海の形状は、中央が袋状に広がり、新潟（新潟市ないしはその周辺を指す。以下同じ）とロシアのウラジオストクの間は約八〇〇キロメートルある。この距離はじつは新潟から福岡までより短い。近年、環日本海文化が注目されているが、『日本書紀』欽明紀にみえる佐渡への粛慎人《あしはせ》、越（加賀地方）への高句麗人の来着や、

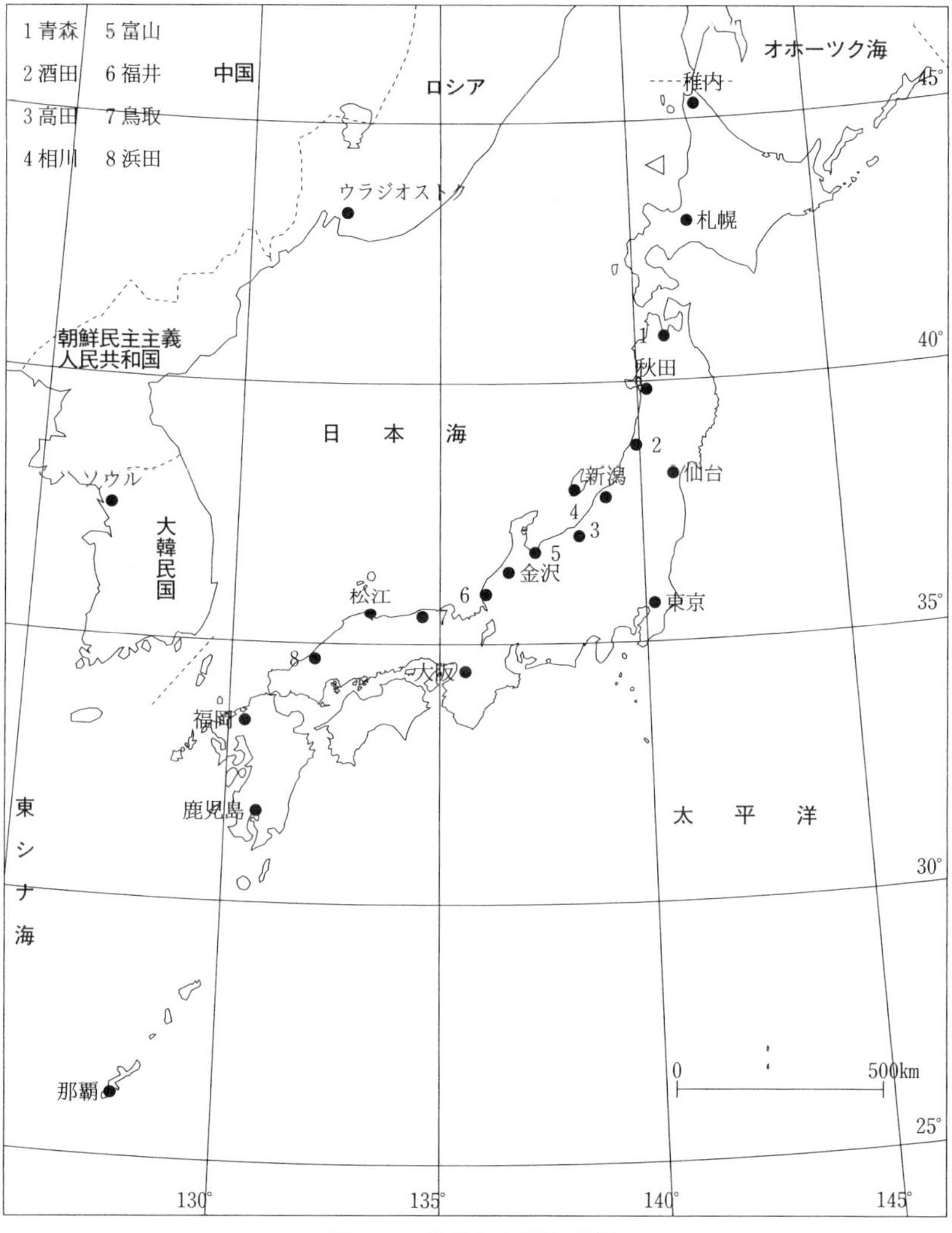

図1　日本列島と周辺地域

奈良時代以降、日本海域が大陸から渤海使の玄関口となっていたことは、こうした地理的条件による。

宗谷海峡に面した稚内から対馬海峡に面した福岡までの距離は、ほぼ二〇〇〇キロメートルである。稚内は北緯約四五度、福岡は約三四度に位置している。この間緯度にして一一度の幅がある。日本列島の形状は日本海側に内湾しており、ほぼその中間に位置する新潟付近を屈折点にしている。新潟は朝鮮半島の分断ラインと同じく三八度。新潟から北の宗谷海峡までが約一〇〇〇キロメートル、南の対馬海峡までも同じく約一〇〇〇キロメートルである。新潟を起点として北へは緯度で七度、一方南へは緯度で四度。距離は同じでも緯度に三度もの差があるのは、列島のかたちが新潟から北へは南北方向にのびるのに対して、南へは東西方向にのびるからである。

（2）日本海域の範囲と広さ

日本海域にあたる地域は現在の行政区画でいえば、北から北海道・青森・秋田・山形・新潟・富山・石川・福井・京都・兵庫・鳥取・島根・山口・福岡の一四道府県である。このうち福岡は対馬海峡に面する境界に位置し、日本海域という印象はあまりない。雪や潮といった気候・風土の点でもことなった特徴を示す。北海道・青森・兵庫・山口・福岡の五道府県は太平洋や瀬戸内海などにも面している。この五道府県のうち日本海側の概略の面積と、他の府県の面積とを合計すると約九万平方キロメートルとなる。この面積は列島全体の約三八万平方キロメートルのうちの約四分の一にあたる。これが日本海域のおおよその範囲・面積である。日本列島は日本海域と太平洋域にほぼ二分されるとはいえ、日本海域は全体の半分ではなく、四分の一しか占めていないのである。このことは地形的条件に即した領域をなす古代の行政区画でみるとより鮮明となる。

古代国家の領域は、北海道と東北地方北部、南西諸島を除く畿内と七道からなる（図2）。東方は東海道・東山道・北陸道、西方は南海道・山陽道・山陰道・西海道に分けられる。九州地方にあたる西海道のほかは、畿内を中心にし

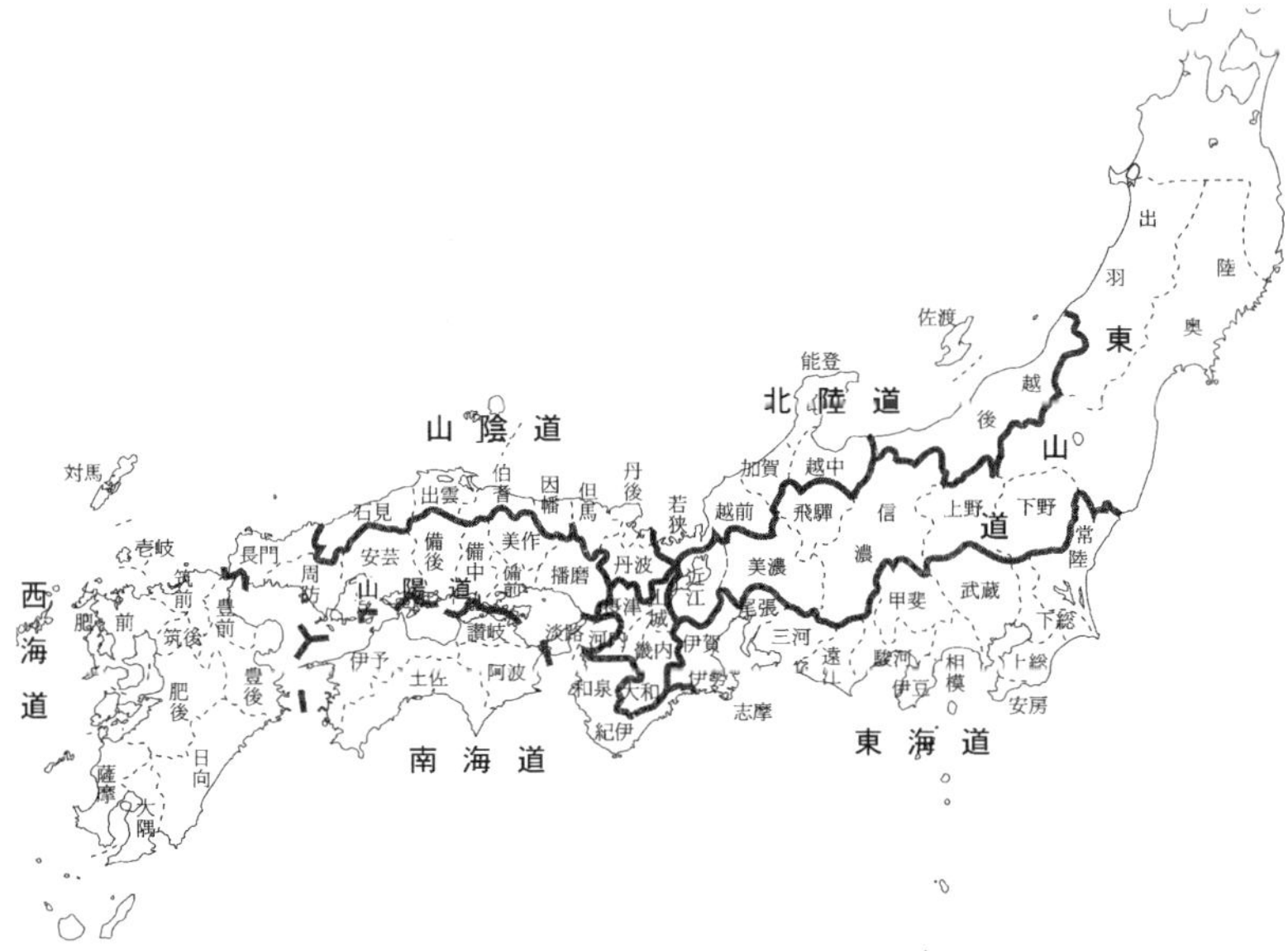

図2　古代の行政区画

て列島の東西をそれぞれ帯状に三分割するかたちだ。このうち北陸道と山陰道がほぼ純粋な古代の日本海域といえる。北陸道は、若狭・越前・加賀・能登・越中・越後・佐渡の七カ国、山陰道は、丹波・丹後・但馬・因幡・伯耆・出雲・石見・隠岐の八カ国である。佐渡・隠岐は島国であり、丹波は日本海に直接面する部分はない。国の規模はかなり格差があり、山陰道の国々は北陸道よりも相対的に小さい。

北陸道・山陰道のほかに、東山道の出羽、山陽道の長門も日本海に面している。北陸道と山陰道の一五カ国と出羽・長門を合わせた一七カ国が古代の国でいう日本海域といえる。平安時代、九世紀には全国に六六カ国と二島があったことから、国数では全体の四分の一が日本海域に属していた。列島全体の面積に占める比率とほぼ同じだ。算出はしていないが古代一七カ国の占める面積もほぼ同じ比率であろう。なお、山陽道の西端に位置する長門はともかく、出羽は内陸の盆地を含むものの基本的に日本海域にあり、北陸道ではなく東山道に属しているのは不自然ともいえる。この問題はべつにであらためて考えることとする（第Ⅱ編第4章）。

日本海域は内陸に向かって奥行きが浅い地形である。その要因は列島の脊梁山脈が日本海寄りに位置していることにある。東日本の中部・関東地方では列島の幅が約三〇〇キロメートルととくに広く、東海道のほかに東山道が介在している。一方、西日本では本州から瀬戸内海を隔てて四国・九州が分かれていて日本海域は中国地方の山陰道のみとなる。したがって、日本海域は東西いずれでも三つの道のうちの一つにすぎないのである。

ところで、これらの日本海域のほかに、日本海へ流出する河川流域もある意味でこれに含まれる。新潟県につながる阿賀野川流域の福島県会津地方（陸奥）、同じく信濃川流域の長野県北部（信濃）、富山県につながる神通川・庄川流域の岐阜県飛驒地方（飛驒）、島根県につながる江の川流域の広島県北部（備後・安芸）などである。会津地方や長野県北部はかなりの広さをもつ。これらの地域は日本海域と共通して降雪・積雪がみられる。日本海に通じる河川を通じ交流もあった。弥生時代末から古墳時代前期、あるいは古代における会津地方や信濃北部、飛驒地方のように、日本海域から波及したと推定される土器や古墳もみとめられるのである。

2　気候風土と山陰・北陸・出羽の特色

日本列島の気候は、北から北海道気候区・日本海岸気候区・太平洋岸気候区・南西諸島気候区の四つに大別されている（相賀 一九九〇）。太平洋岸気候区は列島のかなりの部分を占めている。日本海岸気候区は日本海域とは一致しない。北海道は北海道気候区、山陰地方西部は太平洋岸気候区として除外されているからだ。同じ日本海域のなかでも気候は一様ではない。気象データ（国立天文台編 一九九三）をもとに太平洋側とも比較しつつ、日本海域の気候・風土をみておこう。

（1）新潟を境界とする気候と歴史・文化の様相

日本海域のほぼ中央に位置する新潟の年間気温（三〇年間の平均値。以下同じ）は一三・二度である。日本海域北端の稚内は六・四度、新潟との差は六・八度。一方その南端の福岡は一六・二度で、新潟との差は三度と小さい。これは列島の形状と関係している。新潟から北は列島が北寄りにのびるため、東北地方を北上すると酒田一二・一度、秋田一一・一度、青森九・七度と気温は一気に下がる（図3）。逆に南は列島が西寄りにのびるため、距離ほど気温には差がない。これには暖流の対馬海流の影響も考慮される。富山・石川・福井の北陸三県は一三度から一四度、新潟からの距離が秋田とほぼ同じ富山は一三・五度とほとんど差がない。山陰地方も一四度から一五度である。

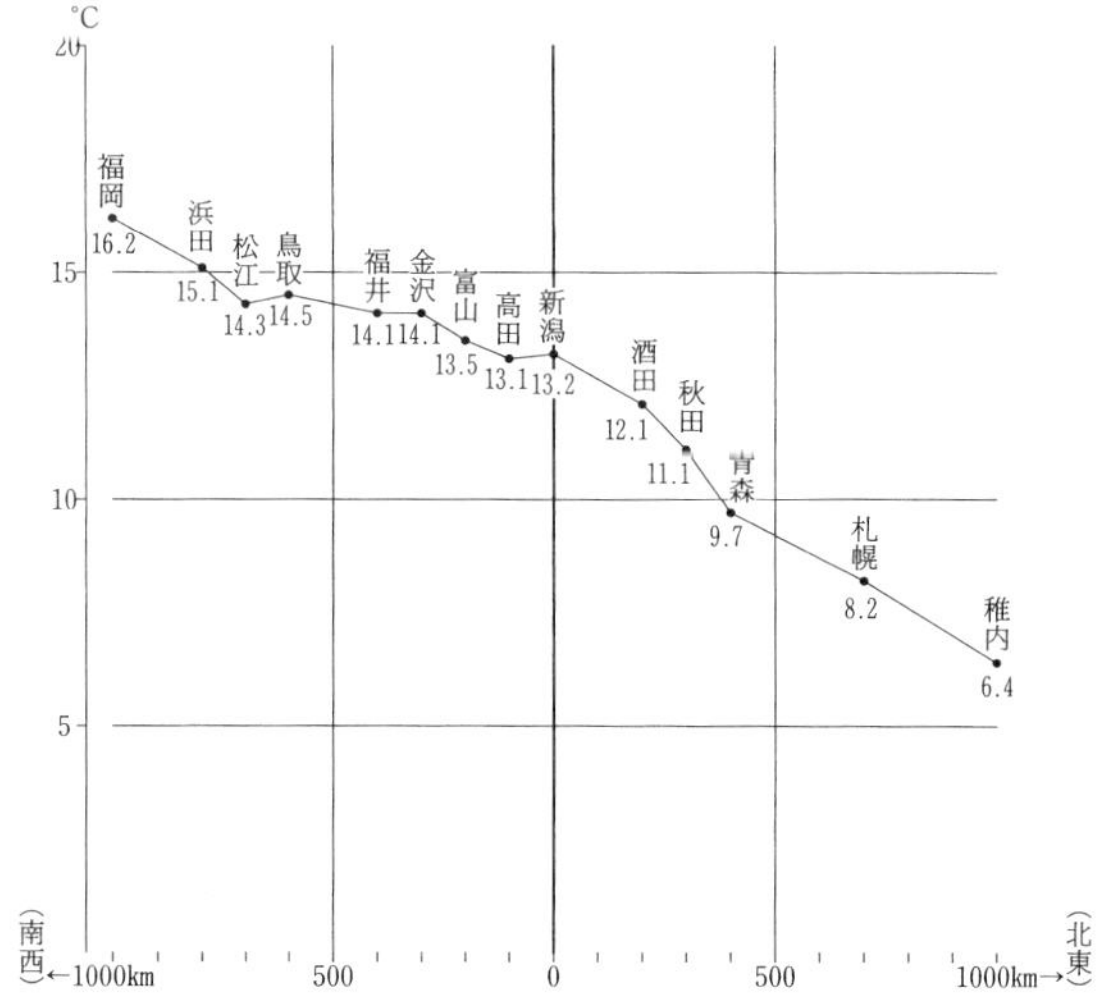

図3　日本海域の年間気温

新潟以北の寒さは植生にあらわれている。日本海の沿岸部ではシイ・カシ類などの照葉樹から構成される暖帯林の分布は、基本的に新潟県より北には及んでいない（相賀　一九九〇）。東南アジア原産のイネは寒冷地には適しておらず、東北地方の寒さは水田稲作の定着には大きな障害となったであろう。

新潟付近は日本有数の大河である阿賀野川と信濃川の下流域に位置するが、この地域が列島におけるさまざまな歴史事象の境界に位置していることが注目される。たとえば、①縄文時代の大木式土器の分布はおもに阿賀野川以北であること、②弥生時代後期の法仏式に代表される北陸系土器と天王山式系の東北系土器のそれぞれの分布境界にあたっていること、③ヤマト王権との関係をもっとされる前方後円墳の日本海沿岸地域における北限（東限）であること、④国造制の施行地域の北限にあたること、⑤七世紀半ば大化年間に最古の城柵、渟足柵が設置されたこと、⑥それを裏返していえば蝦夷の居住が想定される区域の南限にあたること（図4）（熊谷　二〇〇四）、⑦越国の分割当初の越後と越中の境が阿賀野川とされていたことなど、事例はたくさんある。乱暴な言い方をすれば、新潟以北はおおむね東北色、以西は北陸色を帯びるのである。こうした歴史・文化の様相はさきにみた自然条件との関連を考慮する必要があろう。なお、新潟県あるいは越後は長さが約二五〇キロメートルもあり、その内部に両方の地域色が併存しているともいえる。このほか内陸寄りでは信濃・上野など東山道地域に近い部分もあり、地域色は多様である。

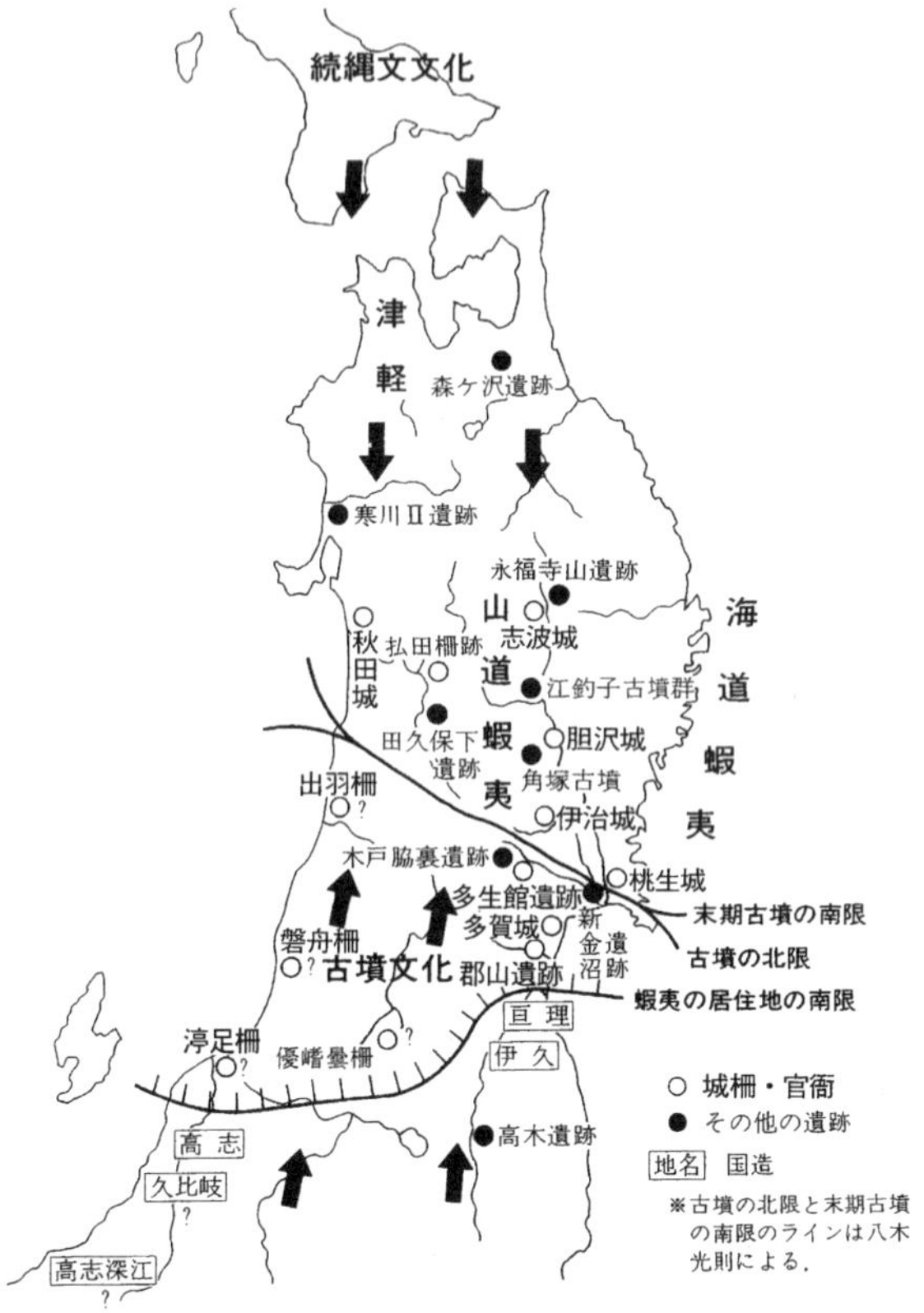

図4　続縄文文化の南下と古墳文化の北上（熊谷公男 2004より）

新潟県北部と東北地方、北海道は、飛鳥時代以降、時代をおって国家の領域に編入される歴史をたどった。七世紀半ばの孝徳朝以降、中央政府は新潟以北の地を支配に組み込もうとし、九世紀には秋田県・岩手県の中部まではそれが達成された。そして、中世には本州北端、青森県域まで郡制がしかれた。北海道は明治以降に政府により開拓使がおかれ現代にいたる。

日本海域は寒冷地の印象が強いが、かならずしもそうではない。新潟とほぼ同緯度にある仙台の年間気温は一一・九度と新潟よりやや低い。夏八月の日中最高気温は、新潟三〇・二度、仙台二八・一度で、日本海側が高い。三〇度以上の真夏日の日数も新潟三二日、仙台一七日と大きな差がある。日本海側が相対的に気温が高いのは暖流の対馬海流が沿岸を北上することによるものと思われる。夏の高温は稲の生育にとっては重要な要素である。弥生時代の早い段階で津軽地方に水田稲作が波及したのはこれと関係するであろう。一方、太平洋には寒流の千島海流が北から流れ込み相対的に寒い。夏に北東からの冷たい風「やませ」が吹く年は冷害に見舞われる。一九九三年の大冷害のときは皆無作、収穫ゼロのところがかなりあった。

（2）　雪にみる北陸と山陰の差異

冬の日本海域を象徴しているのが雪だ。雪をもたらすのは大陸から吹いてくる北西の季節風である。これが日本海で大量の水蒸気を含み、列島の脊梁山脈に吹きつけられて雪を降らす。北陸地方は日本海の広い部分に面しており水蒸気を含む量が日本海域のなかでも多く、しかも背後には日本の屋根、日本アルプスが連なっている。降雪量が世界有数となるゆえんである。

冬の日本海域は鉛色の雲がたれ込め雪が降り湿度が高い。一月の日照時間は、新潟五四時間、松江七二時間に対して仙台一四九時間、東京一七五時間と差は大きい。冬季に少しでも積雪があった日数は新潟六三日、北陸三県もほぼ同じである（表1）。山陰地方はこれより少なく鳥取四六日、松江三四日、島根県西部石見地方の浜田は一八日でかなり少なくなる。山陰西部は冬の降水量が少なく日本海岸気候区ではなく、太平洋岸気候区に含まれているのもうなずける。積雪が五〇センチメートルをこえる日は、新潟五日、高田（新潟県上越市）五八日、富山二一日、金沢一四日、福井一七日。新潟は広い越後（新潟）平野の沿岸部に位置し、積雪はあまり多くはない。北陸に対し山陰は鳥取三日、松江一日とわずかである。北陸と山陰では大地が雪におおわれている期間は大きくことなるのだ。山陰は一月の日最低気温はいずれも〇度以上であり、北陸よりも相対的に高い。雨が雪になる割合が少なく、降っても解けるのが早いことになる。太平洋側は東北地方でも雪はけっして多くはない。仙台市では積雪五〇センチメートル以上の日はゼロ、二〇センチメートルをこえる日が一日あるのみである。

表1　積雪の深さの階級別日数（国立天文台編 1993 より作成）

	0cm以上	20cm以上	50cm以上	100cm以上
秋田	91	32	5	0
酒田	78	20	2	—
新潟	63	21	5	0
相川(佐渡)	47	5	0	—
高田(上越市)	100	75	58	36
富山	66	38	21	4
金沢	63	28	14	3
福井	61	34	17	4
鳥取	46	16	3	0
松江	34	5	1	0
浜田	18	0	0	0
福岡	7	—	—	—
仙台	39	1	—	—

古代にも大雪による被害はとうぜんあったはずだ。福井県北部にあった東大寺の荘園、桑原荘では雪による建物被害の記録がある。天平勝宝七（七五五）年の「桑原荘券」（『寧楽遺文』中巻所収）には草葺きの「真屋」一棟、「東屋」二棟の建物三棟が「雪押伏、更遷修理立」とあり、雪の重みで倒壊した後に建て替えられたことが知られる。建物は平面積四〇平方メートルほどの掘立柱建物と推定され、粗末なものではなかったと思われる。北陸特有の水分を多く含んだ重い雪だったのであろう。

積雪が多くなればそれだけ、その期間が長くなればそれだけ屋外におけるさまざまな活動は大きな制約をうける。産業・交通・土木などの分野では大きな障害である。農作業、物資の運搬や水田・用水などの開発事業、官衙・寺院や住居などの建設事業はほとんどむずかしい。こうした要素は政治・経済にも大きな影響を与えたと考えられるが、具体的にどのように作用したかは明らかにしがたい面がある。

（3） 瓦葺きではない豪雪地帯の古代寺院

北陸地方の古代寺院では瓦はあまり使われなかったようだ。(補註) 瓦葺きを基本とする仏教寺院は七世紀後半以降、地方でも多数建立され、瓦もそれにともない普及した。その後奈良時代半ばに、国分寺が全国に建立された。国分寺はそれまでの地方寺院よりかなり規模が大きく、瓦の使用量もそれだけ多かった。ところが、北陸の若狭や能登の国分寺では、いずれも瓦はあまり出土していない。堂塔の屋根は全面が瓦葺きでなかったとみられる。その理由は雪と密接に関係すると考えられる。瓦は雪に弱い。瓦にしみ込んだ水分が凍結すると瓦を破裂させ、屋根に積もった雪が落下する際に瓦を引きずって落下させたりする（浅香 一九七七）。そのため屋根は板葺きあるいは草葺きであったのだろう。北陸地方では近世城郭でも瓦はあまり使われなかった。北陸では釉薬瓦が普及した近代以降に瓦がひろまり、いまでは、日本海側沿岸では秋田県南部までは瓦葺きの民家をみることができる。

瓦は寺院跡の所在を示すもっとも有力な資料である。全国の国分寺跡（奈良国立博物館 一九八〇）は古代の遺跡としてはもっとも早くからその存在が把握され、大半の比定地が確定しており、全国の約七割、四二カ寺が国史跡に指定されている。北陸をのぞく東日本では関東・東海・中部地方すべての国分寺跡が判明している。これらの寺跡では基壇の高まりが残り、瓦片がきわめて多量に散布しており、地名とあわせて国分寺とみとめられるものが多い。これに対して北陸地方で所在地とその内容が把握されているのは若狭・能登・佐渡のみだ。弘仁十四（八二三）年立国の加賀が不明であるのはともかく、越前・越中・越後は有力な比定地があるものの確実な中枢伽藍は確認されていない。

北陸地方でも寺院の波及当初は瓦葺きを指向したものと考えられるが、実際に何度か冬を越すなかで瓦の破損が続出したものと思われる。その原因が雪にあることを知り、国分寺の創建期のころには瓦はあまり使用することはなくなったのであろう。世界的な豪雪地の北陸地方は、東アジアの仏教文化圏において、瓦を欠いた寺院が建立された稀な地域といえるかもしれない。ただし例外がある。佐渡国分寺跡だ。瓦の出土量はきわめて多い。佐渡は雪がとくに少ない。積雪五〇センチメートル以上の日数はゼロ（相川町）であり、山陰地方よりもさらに少ない（表1）。佐渡国分寺の出土瓦の大半は平安時代、九世紀のもので、創建当初はあまり使われなかったのが、時をへて瓦の使用が気候上問題ないことを知ったものかと思われる。

（4）北陸地方の地形環境と官衙遺跡

瓦は寺院のほかに官衙（役所）でも使われた。藤原宮がそのはじまりで、地方では国分寺の建立を契機に国府の中枢施設、国庁に瓦葺きがとり入れられ、郡家（郡衙）の正倉の一部に採用される場合があった（山中　一九九四）。北陸地方では国分寺でも瓦はごく少量しか使われなかったことから、国庁や郡家正倉が瓦葺きにかわることはなかったとみられる。

北陸地方では、国庁や郡庁・正倉の遺構が確認され、その所在地が明確にされた事例は一つもない。全国で確認されている国庁は一〇カ所程度、郡庁と正倉は四〇カ所程度はある。律令体制のもとで画一的に整備された施設（坂井二〇〇五）だけに、北陸地方だけが規模や構造が他地域とことなっていたとは考えにくい。いまだに発見されていないのは、その所在を示す有力な目印となる瓦を使っておらず認識しづらいことがその一因といえよう。

しかし、もう一つの要因と考えられるのが北陸地方の地形環境である。北陸地方では台地があまり発達していない。古代の寺院や官衙は平坦で安定した台地上に建設されることが多い。「倉庫令」には正倉は高燥の地に置くことが規定されている。軟弱な地盤の沖積地では大規模な施設の建設に適していないことは明らかである。また、律令国家の政治・文化を象徴する施設としては周辺から明瞭に視認できることが重要であったと考えられる。したがって、沖積平野に臨む台地縁辺がその適地だった。

地形上、台地に区分される土地がどれだけあるのか、北陸地方と関東地方とで比較してみよう（表2）（経済企画庁総合開発局　一九七一～一九七四）。関東の県別の台地面積は、西部の群馬・埼玉では相対的に少なくそれぞれ約七〇〇・約九〇〇平方キロメートル、全面積の一一パーセント・二三パーセントを占める。東部の茨城・栃木・千葉ではこれよりかなり多く約一六〇〇から二二〇〇平方キロメートル、全面積の三〇パーセント以上に達する。一方、北陸は、富山・新潟が多くて約五〇〇・約七〇〇平方キロメートル、全体の一二パーセント・六パーセントとなり、少ない福井・石川では約一七〇・約二〇〇平方キロメートル、全体の四パーセント・五パーセントにすぎない。北陸は関東よりも台地が絶対的に少ないことが明瞭である。官衙や寺院の立地は台地であればどこでもよいわけではない。その性格上、政治・経済・文化の中心地となる人口集中地区、多くは平野部でなければならない。平野部周辺に台地あるいはそれに類した地形があればよいが、北陸地方のようにそれが絶対的に少ない地域では沖積地を選ばざるをえない場合が出てくるだろう。

表2　北陸地方と関東地方の台地面積とその比率（経済企画庁総合開発局 1971～1974 より作成）

	都道府県名	A総面積(㎢)	B台地面積(㎢)	Bの比率(%)
北陸	新潟	12,580	731	6
	富山	4,252	518	12
	石川	4,195	218	5
	福井	4,188	172	4
関東	茨城	6,066	2,228	37
	栃木	6,048	1,820	30
	千葉	5,078	1,580	31
	埼玉	3,799	890	23
	群馬	6,355	720	11

台地上においては沖積作用がなく、遺跡が埋没せず地下の浅いところに存在する。そのため遺跡の所在は地表面から把握しやすい。台地上は原始・古代の集落遺跡の存在が想定されることから、埋蔵文化財行政上、試掘・確認調査がおこなわれることが多く、それだけ遺跡は発見されやすい。さらに、台地上は古代以降、畑として利用される場合が多いのに対して沖積地は水田開発の対象となる。水田は地形造成の度合いが畑よりもはるかに大きい。越後国分寺推定地の新潟県本長者原廃寺は高田平野の沖積地にあるが、昭和四十年代の圃場整備により塔と推定される基壇

が完全に削りとられていたことが確認されている（坂井　一九八三c。本編第3章参照）。水田開発のすさまじさがあらわれている。

このように、北陸地方においては、瓦をあまり使わない建物の構造、台地が未発達な地形、長年にわたる水田開発など多様な要素がからみあい、寺院・官衙の実像が見えにくくなっていると思われる。

（5）　潮の干満と海上交通、貝塚の発達

日本海を特徴づける自然条件として、潮の干満がほとんどみられないこともあげられる。北海道の稚内から島根県西部の浜田までは、潮位の差がもっとも大きい大潮のときでも〇・一から〇・二メートル。干満差はほとんど感じられない程度である。一方、太平洋では北海道から東北では〇・八から〇・九メートル、関東から九州にかけては一から二メートルもある。対馬海峡に位置する福岡は一・六メートルあり、日本海域とは明瞭にことなる。

日本海をのぞけば毎日二回、潮の満ち引きがくり返される。潮の満ち引きは潮の流れをもたらす。これが海上交通と密接に関係する。潮流は規則的に変わることから、瀬戸内海のように幅が狭い海域においては、時間を選ぶことによって、潮の流れに乗って両方向に確実に速く船を進めることができる。瀬戸内海には中世に村上水軍のように潮の流れを熟知した操船集団がいたことはよく知られている。また、随所に潮待ちの港があった。これらは潮の干満とそれによる潮の流れに関連する。瀬戸内海が前近代において西日本の交通の大動脈になったのは、ただたんに近畿と瀬戸内・九州を結ぶ内海であったからではなく、潮の干満による規則的な流れがあったことも大きな理由であろう。日本海以外では瀬戸内海にかぎらずあらゆる海峡・水道・湾・河口など潮の満ち引きが及ぶところにおいて、潮の流れが交通上たいへん重要な要素となったのだ。

それからもう一つ、潮の干満と関連することとして縄文時代の貝塚の発達があげられる。太平洋沿岸では潮の満ち

引きにより干潟が形成される。干潟には貝がたくさん生息している。縄文時代の貝塚の分布は太平洋側にいちじるしく偏る（図5）。関東地方には中期から晩期にかけて大規模な貝塚が多数ある。これらの多くは集落でもあり、「ムラ貝塚」とも呼ばれる。このほか東京都中里貝塚のように海辺にあってほとんど貝殻しか出土しない「ハマ貝塚」もある。貝塚は食料の残滓でもあるが、大規模な貝塚は貝や魚の干物などの生産・加工の場であり、内陸地域を含めた広域の交易がおこなわれていたといわれている（岡村　一九九四）。そのため貝の捕獲量は格段に多かった。

貝は魚や獣と比べたらほとんど動かない動物であり、容易に捕獲できることが大きな利点である。そして、太平洋では潮が引いた干潟で海に浸かることもなく、砂泥を掘れば貝はかんたんに採れる。これが重要な点だ。日本海にもアサリやカキなどは生息しているが、潮が引かない日本海では、海に浸かって海底を浚《さら》うか、潜水するというたいへんな作業となる。それだけに海水温が低い時期は作業が困難である。太平洋では海水温に左右されず漁期も相対的に長い。作業にかかる労力も比較にならないほど少なくてすむ。これが太平洋側に貝塚が多い理由であろう。

日本海側の貝塚はシジミなどの淡

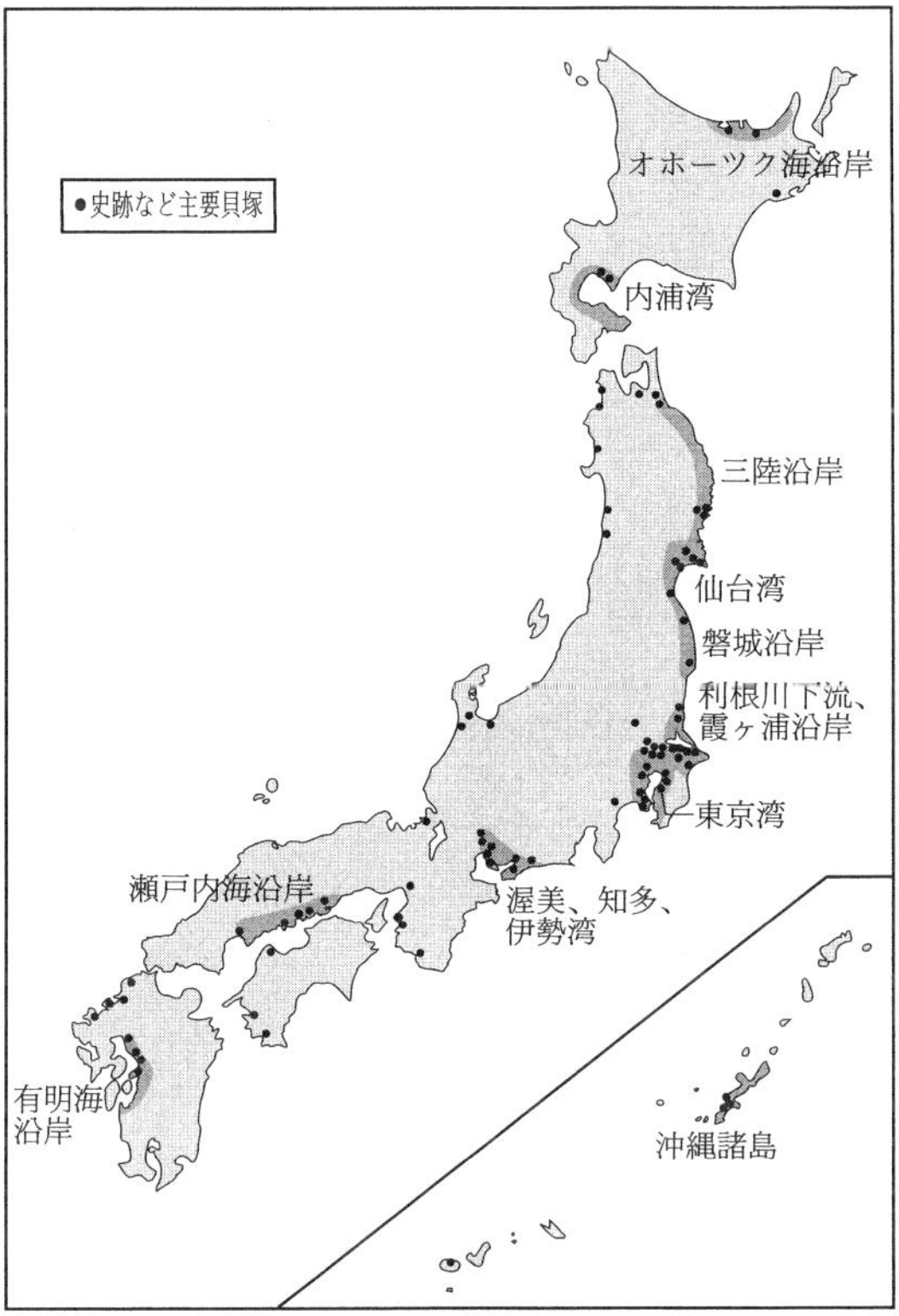

図5　縄文時代の貝塚密集地帯（岡村道雄 1994 より）

水・汽水産のものが多く相対的に規模は小さく、早期・前期のものが主で太平洋側のものとは異質である。そもそも日本海沿岸地域には潮干狩りの習慣はない。潮干狩りができなければ大規模な貝塚を形成するほど貝を大量に採ることはむずかしいのだ。

3　日本海域の人口と生産力

日本海域を強く印象づける冬の雪は、とくに北陸地方に多く、世界的な豪雪地帯となっている。それが一因となって、この地域の人口がかなり少なく、生産力が圧倒的に低いかのように思わせるが、かならずしもそうではない。古代の人口は沢田吾一の古典的な研究があり（沢田　一九二七）、近年の研究でもその推計に大きな齟齬はみとめられない。それによれば、古代の北陸道七カ国の人口は合計四七万人で、坂東八カ国のほぼ半分である（第Ⅱ編第4章、表11参照）。しかし、越後は北陸道のほぼ半分の面積を占めているにもかかわらず人口は一〇万人未満であり、人口密度は一平方キロメートル当たり八人とかなり少ない。越後をのぞくと佐渡を含めて北陸道諸国の人口密度は二〇人から四〇人であり、坂東諸国と大きな差はない。

同じことは山陰地方についてもいえる。山陰道は古代の推計人口は約五七万五〇〇〇人で、人口密度は鳥取県域の因幡・伯耆を合わせて四六人、島根県域の出雲・石見を合わせて二〇人である。この数値はそれぞれ背後に位置する岡山県域・広島県域とほぼ同じである。越後はともかく越中以西は人口密度では太平洋側と大きな差はないのである。北陸の歴史家、浅香年木は、中世になって二毛作が展開するようになってから、日本海側では冬季の気候条件によりこれが普及せず、「裏日本」の起点がはじまると説いた（浅香　一九七七）。その要因の当否はともかく、おおざっぱにいえば、人口密度から類推される古代の生産力は越中以西の日本海域と太平洋側とは格差はなかったといえよう。

しかし、絶対的な面積はかなり狭い。すでに述べたとおり日本海域は奥行きが浅く、列島の四分の一にすぎない。面積に応じた生産力は相対的に低かったとみなければならないであろう。

古代以降、現在に至るまで、政権の所在は日本海域にはなかったこともまた歴史的事実だ。古墳時代の状況はどうであろうか。全長二〇〇メートル前後以上の巨大古墳としては、日本海域ではヤマト王権にとって日本海の入口に位置する丹後に、銚子山古墳と神明山古墳という傑出した古墳がある。そのほかは、大半が畿内に集中し、吉備や関東、南九州などにいくつかあるのみである。規模を一つの指標にすると、巨大古墳の大半は太平洋側に集中するのである。近代以降日本海域から太平洋側に人口が大きく流れ日本海域の社会的な地盤沈下が生じたのであるが、前近代においても日本海域と太平洋側の差異はどこかにあったということであろうか。

おわりに

日本海域は意外と狭く列島全体の四分の一ほどにすぎない。越後・新潟は日本海域のなかでそのほぼ中間に位置し、ここを境に列島の形状は日本海側に内湾しており、新潟から北へは一気に寒くなっていく。新潟が、縄文・弥生時代の土器様相や城柵の設置など原始・古代を通じて、北陸地方と東北地方の境界に位置していることは、こうした気候と大きく関係すると考えられる。同じ日本海域にある北陸と山陰にも大きなちがいがある。それは雪である。北陸は降雪量・積雪量とも圧倒的に多い。古代寺院をきわだたせた瓦は雪に弱く、北陸ではあまり使われなかった。官衙に導入されることもなかった。北陸の寺院・官衙は国分寺を含めて所在状況が不分明なものが多いのは、その存在を雄弁に物語る瓦が少ないことと関係しているのであろう。また、古代の寺院・官衙は、立地条件としては高燥な台地がふさわしいが、北陸ではそれがあまり発達していないことも一因として考えられる。

日本列島は日本海側と太平洋側で当然ことなる気候や地形環境があったのであるが、越後・新潟は日本海側の地域においては、気候風土、歴史の展開における変換点、境界に位置していたのである。

補註

木立雅朗は古代の北陸で瓦が相対的に少ないことについて、雪国という自然条件が原因の一つとしながらも、「同じ日本海側のベタ雪地帯である山陰地域では北陸も比べて瓦が著しく多いこと」などから、自然環境だけでは説明がしきれないとする（木立二〇〇三）。その背景に北陸固有の文化的地域性を見出そうとしているが、ここで述べたとおり北陸と山陰とは降雪・積雪のあり方において小さくはない差異があることに留意する必要があろう。

なお、北陸の古代寺院において瓦が少ないことが、冬季の雪と関係することについては、本編第3章でもふれた。

第2章　越後における七・八世紀の土器様相と画期

はじめに

従来、越後においては古代遺跡の調査はかならずしも活発ではなかったが、ここ二・三年は急速に進展し、その成果にはめざましいものがある。かつて検出例のなかった掘立柱建物群を主体とした遺跡は、いまでは数例をかぞえるに至り、越後の古代史上、大きな課題とされてきた国府・国分二寺、あるいは郡衙等の所在論は、にわかに展望がひらけつつある。新井市（現妙高市）栗原遺跡はそうした遺跡の代表例である。

栗原遺跡は越後では希少な古代瓦出土地として注目され、遺跡の性格究明を目的として、昭和五十三（一九七八）年に新井市教育委員会によって学術調査が実施された。以後、昭和五十六（一九八一）年まで同教育委員会と新潟県教育委員会により五次にわたる調査がなされ、塔基壇かと推定される瓦敷の建物基壇跡、東西棟を主体とした掘立柱建物二二棟、墨書土器（「郡」など）、円面硯など地方官衙を想定させる遺構、遺物が検出されている。

このように栗原遺跡の調査は多くの成果をあげているが、出土土器についてみれば、当地方の土器研究に占める位置はきわめて大きいと思われる。これまで、古代越後の土器についてはほとんど論じられることはなかったが、その背景には良好な資料にめぐまれなかったという事由もあったのである。とくに奈良時代の資料は少なかった。栗原遺跡の土器は奈良時代でも前半代にあたり、同時期の良好な一括資料も含まれているなど、当時の土器様相をよく示しており、従来の調査資料と合わせることによって、ある程度は古代越後の土器変遷も把握することが可能な状況になったかと思われる。とりわけ、七世紀から八世紀については比較資料があり、いくつかの新しい知見を述べることができると考えられる。栗原遺跡の土器については、『栗原遺跡第四次・第五次発掘調査概報』（坂井　一九八二a）のなかで、すでに報告したところであるが、ここではこれらの土器をめぐる問題として、越後の七・八世紀の土器様相をとりあげてみたい。

1　新井市栗原遺跡の土器

栗原遺跡は新潟県南辺に展開する頸城（高田）平野南縁、標高約三〇メートルに立地する奈良時代の遺跡である。これまでの調査のなかで、土器が多量に出土したのは、昭和五十六年の第四次・第五次調査である。ここで掘立柱建物群がはじめて検出されたが、このうち桁行八間（一五・五メートル）、梁行三間（八・一メートル）の最大規模の掘立柱建物（SB二四）には雨落溝があり、そのうちの一つSD二五から良好な一括資料が得られた。図6に示した土器はSD二五出土土器（1・3〜6・8〜10・12〜18・22）を中心に、これと同時期と推定されるものを加えてある。もとより、遺構に若干の重複がみられるものの、遺跡の継続期間は短いと考えられる。

（1）土器の器種構成（図6）

土器の器種には、須恵器の杯A（無台杯、1）、杯B（有台杯、2〜5）、杯蓋（6）、高杯（7）、長頸壺（8）、短頸壺（11）、広口壺（9）、鉢（10）、横瓶（22）、大甕（23）、土師器の杯（12・13）、鉢（14）、高杯（15）、甑（17）、鍋（18）、片

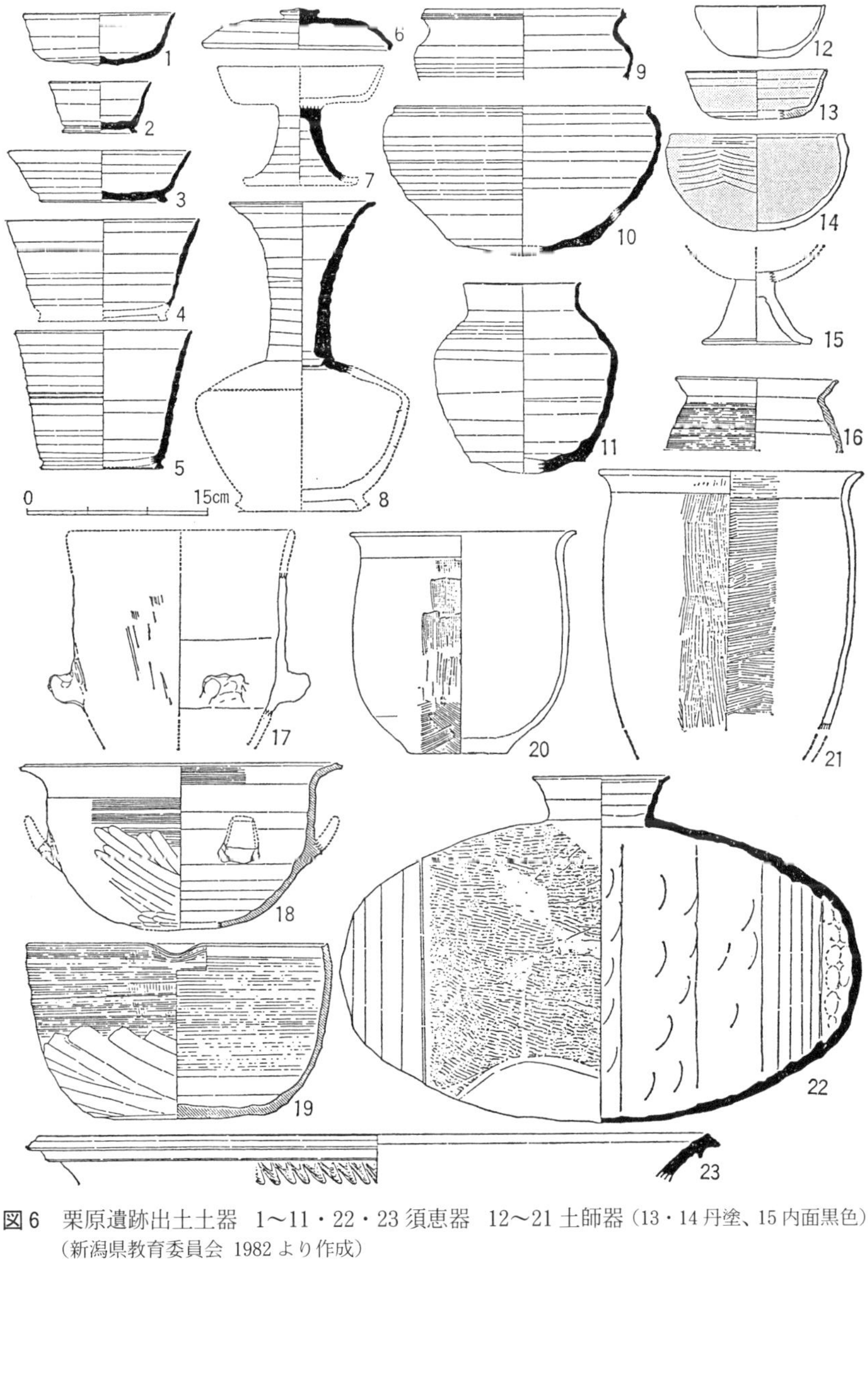

図6　栗原遺跡出土土器　1〜11・22・23 須恵器　12〜21 土師器（13・14 丹塗、15 内面黒色）
（新潟県教育委員会 1982 より作成）

口鉢（19）、甕（16・20・21）などがある。これらのうち、13・14は器面に赤色塗彩を施したいわゆる丹塗土器であり、15は杯部内面を黒色処理している。

ＳＤ二五出土土器の個体数は概算で約九〇点を数え、須恵器の高杯、短頸壺、土師器の片口鉢以外の器種すべてをそなえており、これより当時の器種構成をおおよそ推測することができる。個体数の約八〇パーセントを須恵器が占め、器種ごとでは須恵器の杯、杯蓋類が圧倒的に多い。須恵器の約九〇パーセントがこれらで占められている。これに次いで土師器の甕が約一〇点あるほか、それぞれほぼ一～二個体を数えるにすぎない。

供膳形態（食膳具）　須恵器の杯Ａ、杯Ｂ、杯蓋、高杯、土師器の杯、高杯などがあるが、量的には須恵器の杯Ａ・Ｂ、杯蓋が圧倒的に多く、土師器はごく少ない。ちなみにＳＤ二五出土土器では須恵器杯Ａ一九点、杯Ｂ一八点、杯蓋二一点、土師器杯四点（うち一点は丹塗土器）、高杯二点となっており、供膳形態の九〇パーセントは須恵器に占められていることが知られる。須恵器の杯Ｂのうち深手のもの（2・4・5）は少ない。杯Ａは口径一三センチメートル前後のものと一一センチメートル前後のもの二種があり、杯Ｂは一七センチメートル前後のものと一五センチメートル前後のものが一般的である。杯蓋は杯Ｂに対応する。土師器の杯は内黒処理・箆磨きを施すものはない。杯に比して高杯は須恵器、土師器ともにごく少ない。

貯蔵形態（貯蔵具）　須恵器の長頸壺、短頸壺、広口壺、横瓶、大甕がこれにあたり、土師器はまったくみられない。これらは供膳形態の器種に比して量的にきわめて少なく、ＳＤ二五出土土器では短頸壺がなく、ほかの器種はそれぞれ一点ずつしか存在しない。

煮沸形態（煮炊具）　貯蔵形態と対照的に土師器ばかりで、須恵器は皆無である。その主体は甕であり、甑はＳＤ二五出土土器中一点しかなく、常時甕とセットで使用することはなかったと思われる。（補註1）甕は容量によって大小二種に分けられる。このほか把手をもつ鍋と平底で片口をもつ鉢が煮沸用にある。（1）ともに量は少ない。

外面のカキ目調整などから、製作にロクロが使用されたことが知られるものがある。甕では16がこれにあたり、鍋と片口鉢も同様である。刷毛目調整の一般的な土師器と区別する意味でここでは「ロクロ土師器」と称することにする。(2) 甕のうちロクロ土師器のものはSD二五土器中一点しか存在しない。なお、13の丹塗の杯は須恵器の杯と形態が一致し、胎土も精良でほかの土師器とはことなり、器面にロクロナデにみられる凹凸を残すことから、ロクロ使用の可能性がある。

(2) 土器の年代と特徴

これらの土器の年代は須恵器によって考定することが可能であり、その特徴をあげると、杯の底部が高台の有無にかかわらず、丸味をもち安定感に乏しいこと、杯蓋の縁部が屈曲せず、かつ扁平大形のつまみを有すること、長頸壺の口縁部が大きく外反し、端部が丸くおさまること、いわゆる鉄鉢(10)の底部が平底であること、などが指摘される。このような須恵器は平城Ⅰ・Ⅱ型式(奈良国立文化財研究所 一九七四・一九七六・一九七八)、陶邑中村編年Ⅳ型式第一・二段階(中村浩 一九七八)に比定され、実年代で八世紀前半の年代観が与えられる。

遺跡の性格を考慮すると、これらすべての器種が一般的であったとは考えられないが、須恵器の杯A、杯B、杯蓋、長頸壺、横瓶、大甕、土師器の甕などはこれ以降に定着する器種であることから、日常的な器種とみられる。したがって、これより当時の土器構成を把握することはできよう。

ここで、もっとも注目されるのは須恵器と土師器の機能分化がきわめて明瞭であることである。すなわち、供膳形態のほとんどと貯蔵形態のすべてが須恵器であり、煮沸形態はすべて土師器となっている。須恵器と土師器はそれぞれ固有の特質をもっており、貯蔵と煮沸の形態は当然のことながら、須恵器と土師器に分かれるが、供膳形態がほとんど須恵器によって占められるのは奈良時代における北陸地方の特徴である(吉岡 一九七九)。このような土器構成からすれば、須恵器は日常一般の存在であり、これをささえるだけの須恵器生産がなされていたことが認められる。八世紀前半にはすでにこのような須恵器の一般化がみとめられるのであるが、それではいつこうした器種構成が成立したのであろうか。次にあげる上越市山畑《やまばたけ》遺跡の土器は須恵器が一般化しない段階をよく示し、栗原遺跡の土器と対照的である。両者の比較により、土器構成の変化する時期を限定することがいくらかでも可能になってこよう。

2　上越市山畑遺跡の土器

山畑遺跡は頸城平野西端の段丘上、標高約二五メートルに立地する集落跡である。栗原遺跡の北北西約一〇キロメートルに位置する。段丘面は沖積面と比高約一〇メートルで、遺跡は平野に臨んでいる。昭和五十二・五十三（一九七七・一九七八）年に上越市教育委員会によって調査され、報告されている（小島ほか 一九七八、小島 一九七九）。これによれば、段丘上の三〇×七〇メートルほどの範囲内に竪穴式住居跡約三〇棟などの遺構と多くの土器が検出された。遺跡の時期は弥生時代最終末と古墳時代後期から終末期の二時期にわたるが、主体はいまここでとりあげる後者の時期にあたる。古墳時代後期から終末期のものには、竪穴式住居の重複や位置関係からみて、少なくとも二〜三世代の年代幅があると考えられる。

(1)　土器の器種構成（図7）

報文では住居跡出土の土器について報告されている。それによれば、土器の主体は土師器であり、須恵器はごく少ない(3)。器種は土師器の杯（1・2）、高杯（3・4）、無頸壺（5）、壺（6）、甕（8・10・11）、甑（7・9）、須恵器の平瓶（12）、䏝（13）、横瓶（14）などである。それぞれの量比からみると、基本的な器種構成をなすのは土師器の甕、甑、

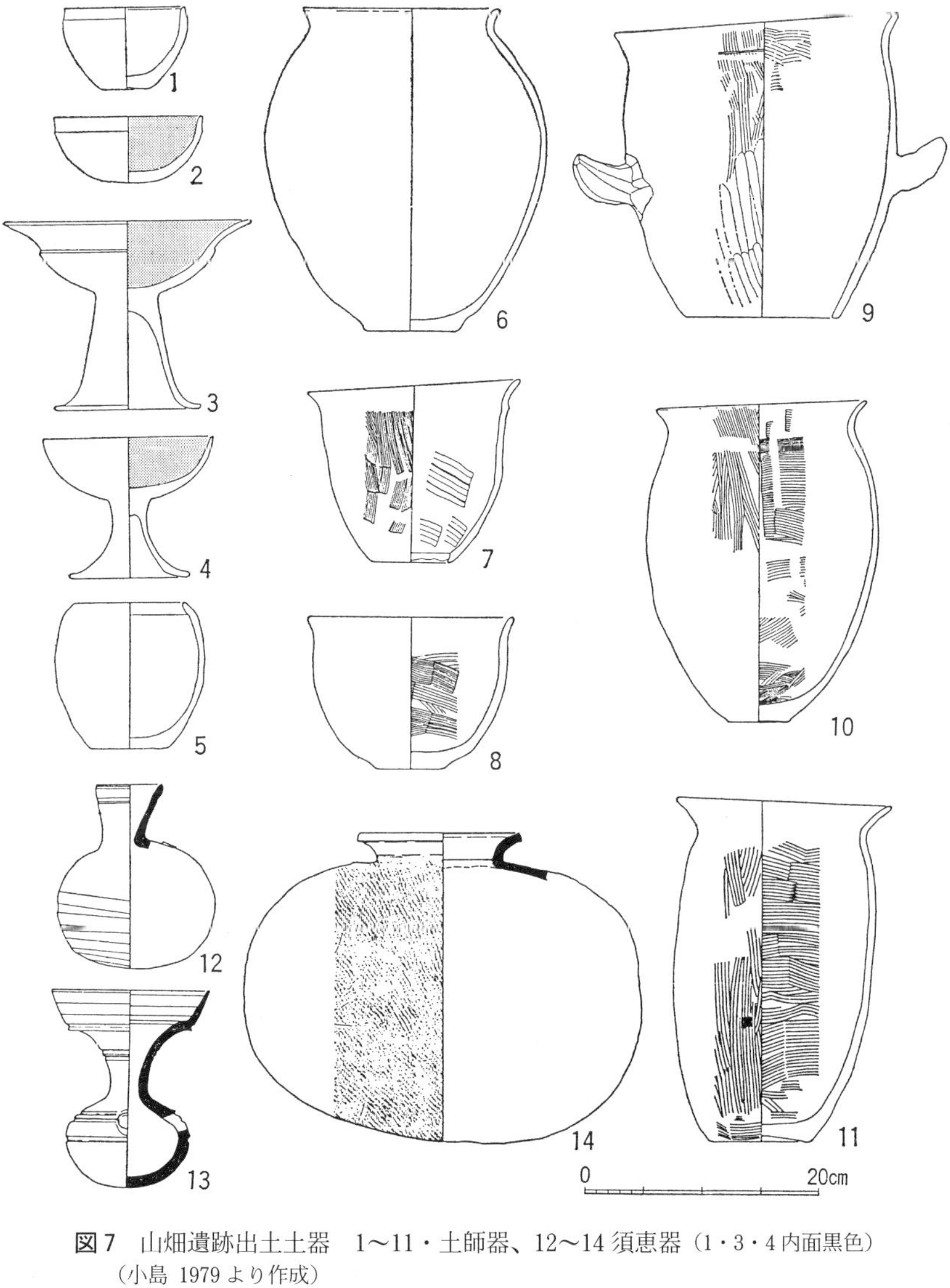

図7　山畑遺跡出土土器　1～11・土師器、12～14 須恵器（1・3・4 内面黒色）
（小島 1979 より作成）

高杯、壺であり、杯、無頸壺、須恵器の各器種はごく少ない。

供膳形態　杯、高杯がある。杯は内黒処理するもの（2）と箆磨きだけのもの（1）がある。高杯は杯よりも量的に多いが、甕と比較すれば少ない。形態は二種ある。一つは全体にやや大形で杯部の口縁部と体部との間に稜をもち、口縁部が大きく外反し、かつ脚部が太いもの（3）であり、もう一方は椀状の杯部と細くくびれた脚部をもつもの（4）である。両者とも杯部内面に黒色処理と箆磨きをおこなう。

貯蔵形態　無頸壺と壺があるが、後者が主体をなすようである。壺は頸部がなく、口縁部が短く外反し、形態上は甕に類似する。口縁部は横ナデで、ほかは内外面とも箆磨きを加え、貯蔵形態としての機能をたかめている。

煮沸形態　甕と甑がある。両者の量比は甕がやや目立つが甑もかなり存在するようであり、組み合わせて用いることが多かったと推測される。甕は容量、器形からみて、大形の長胴甕（10・11）、小形の短胴甕（8）があり、甑もこれに対応し、大（9）、小（7）の二種が存在する。大形長胴甕は二形態がある。一つは10のように胴部にふくらみをもち、底部の小さいものであり、もう一つは11のように10と比較して胴部にふくらみがほとんどなく、底部が大きく安定感のあるものである。いずれも内外面に刷毛目を施し、口縁部は横ナデである。甑は形態、技法ともに甕と同一であり、大形のものは下半部に箆削りをおこない、把手を付す。

（2）　土器の年代と特徴

これらの土器の年代は、大半を占める土師器よりも、少量ながら伴出した須恵器によって的確に求められよう。土師器は編年的研究が進んでいないうえ、形態変化に乏しいと思われるのに対し、須恵器は畿内陶邑窯を中心とした編年がほぼ確立しているからである。平瓶（12）は胴部が球体に近く、その上面に粘土粒を貼付するなど、この器種のうちではもっとも古様を呈しており、𤭯（13）は頸部が強くしまり、口縁部が著しく発達する。このような特徴は田辺編年（田辺 一九六八）のTK二一七、中村編年（中村浩 一九七八）のⅡ型式第六段階ないしはⅢ型式第一段階に対比され、六世紀末から七世紀前半ころに比定されよう。[4] なお、土師器の高杯と大形長胴甕にはそれぞれ二つの形態が存在するが、この形態差は時期差を反映している可能性もある。[5]

以上が七世紀前半（六世紀末から七世紀前半をさす意味で使用する。以下同じ）における土器構成である。ここでまず注目されることは、この土器構成が基本的に古墳時代後期の様式をそのまま継承していることである。古墳時代後期の土器様式は、越後では糸魚川市田伏《たぶせ》遺跡（関雅 一九七二）の田伏Ⅱ式にみることができ、その成立は当例からみて六世紀前半ころとみて大過ないと思われる。[6] 田伏Ⅱ式の器種構成の特徴は、第一に古墳時代前・中期にある多様な機種のうち精製品を中心として淘汰されること、第二に杯が一般化すること、第三に底部穿孔土器としての甑ではなく、筒形の甑が出現すること、第四に甕が長胴化すること、第五に製作技法として杯、高杯に内面の黒色処理と箆磨きが新しくはじまること、などである。第三点と第四点の煮沸形態の変化はいうまでもなく竈が出現することを背景としている。いずれにしろ、こうした変化は東日本でほぼ共通してみられることであり、畿内を中心とした地方の須恵器の普及に象徴される変化に呼応したものであると推定される。

山畑遺跡の基本的な器種をなす甕、甑、壺、高杯などは、いずれも六世紀前半の系譜をひくものであり、七世紀前半までは古墳時代後期の土器様式が存続していることがうかがえる。反面、田伏Ⅱ式に一般的な内黒の杯は、高杯の杯部にその形態をとどめるものの、杯は形態そのものが大きく変化するうえに、量的に減少して基本的な器種ではなくなっていることは注意しておく必要があろう。杯は個人用の供膳容器であり、この有無がそのまま食膳形態のちがいに大きく反映されると推定されるからである。

3　七・八世紀の土器様相と須恵器生産

(1)　七・八世紀の土器様相の比較

七世紀前半の山畑遺跡の土器と八世紀前半の栗原遺跡の土器を概観してきた。それぞれの時期からみれば、これら二つの土器群の間に五〇年から一〇〇年の隔たりがある。ここで両者の土器構成を比較し、その変化をたどるとき、いくつかのことがらが指摘される（図8）。

まず供膳形態では須恵器の杯、杯蓋という新しい器種が成立し、これが主体を占めるようになる。土師器の杯は七世紀前半でも少なく、これとほぼ同形のものが、八世紀前半でもわずかにみとめられる。土師器の高杯は著しく減少する。須恵器の高杯もごくわずかで、八世紀以降高杯の器種そのものが減少するようである。須恵器の杯、杯蓋の定着は個人用の供膳器が普及し、食膳形態を一新したものと考えられる。

貯蔵形態では土師器の壺がいっさい消滅し、須恵器の甕、横瓶、長頸壺などにとってかわる。須恵器の機能的な特質からすれば、当然のこととはいえ、じつに明瞭な変化である。

煮沸形態では甕と甑はそのまま継承されるが、甑は少なくなる。甕の器形、成形技法はほとんどかわらない。ただし、旧来の土師器とはことなる、ロクロ使用のものが新しく出現することは注目される。この種の土師器は甕と鍋、および片口鉢の器種がある。量的には少ない。

このような流れを見ると、土師器にはほとんど変化しない部分があるものの、須恵器が一般的になることに象徴される大きな変化を看取することができる。七世紀前半にはごくまれな存在である須恵器が、わずか半世紀の間で個体数の約八割を占めるまでに進出しているのである。このことは日常雑器として使用されるほどに、須恵器が生産され

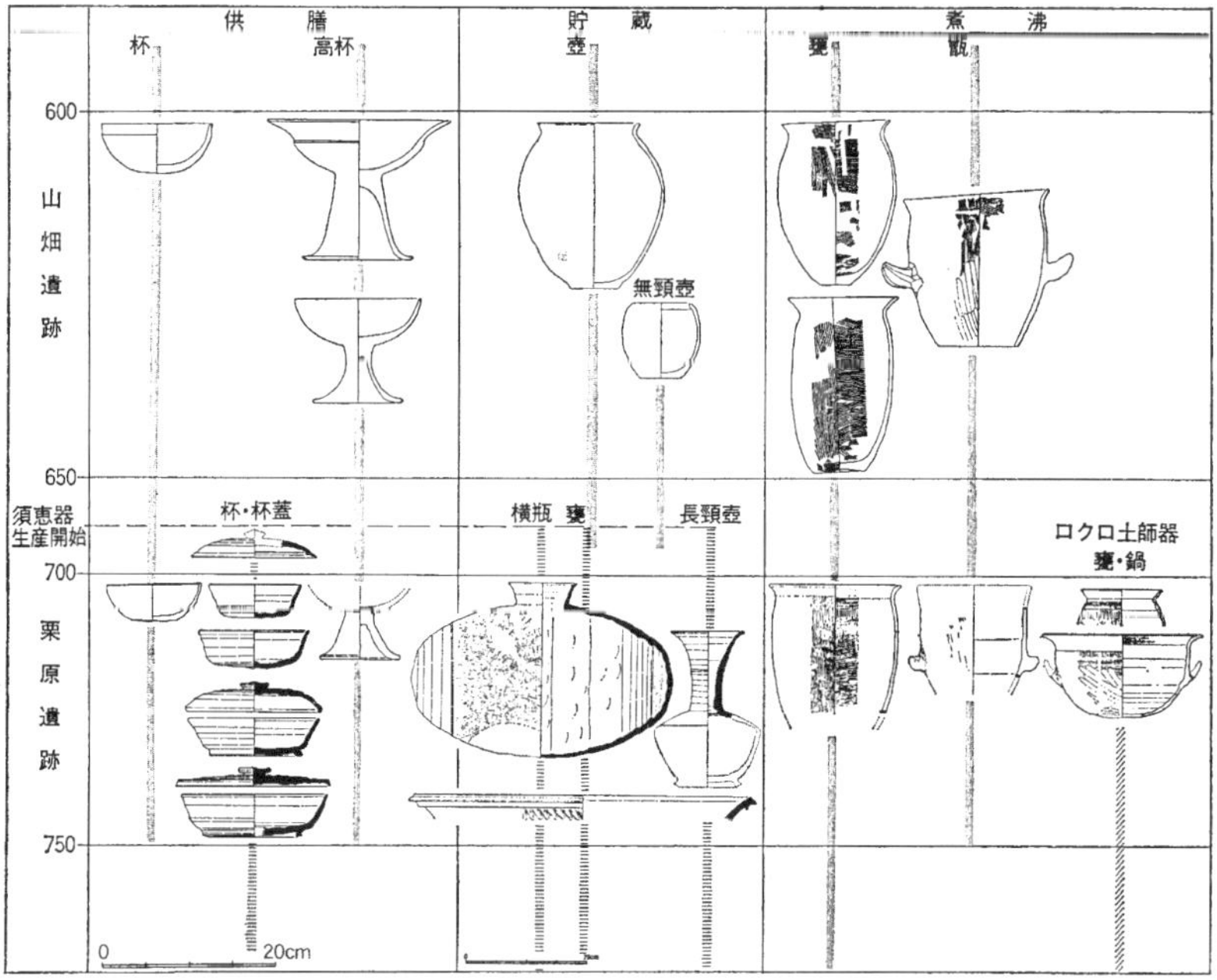

図8　7・8世紀の土器構成

はじめたことを意味し、その変化は七世紀後半前後に生じたものと判断される。（補注2）したがって、ここに一つの画期が設定されることは、理解されよう。

（2）古墳時代の須恵器

七世紀後半前後に須恵器生産が本格的に開始されたのとは別に、七世紀前半以前の須恵器について、そのあり方を検討しておく必要はあろう。

古墳時代の須恵器の出土例は山畑遺跡のほかにいくつかある（図9）。集落跡では西頸城郡青海町（現糸魚川市）大角地《わがくち》遺跡（寺村ほか 一九七九）、糸魚川市田伏遺跡（関 一九七二）、三島郡寺泊町（現長岡市）五分一稲場遺跡（戸根ほか 一九七八）、十日町市馬場上《ばばがみ》遺跡（十日町市教育委員会 一九七五・一九七六）、北蒲原郡豊浦町（現新発田市）曽根遺跡（家田ほか 一九八一・一九八二）などがある。古墳では六日町（現南魚沼市）蟻子山古墳群・飯綱山古墳群、大和町（現南魚沼市）下山古墳群などの魚沼郡の諸古墳（金子ほか 一九七七）、新井市万五郎古墳（金子 一九七六）、東頸城郡

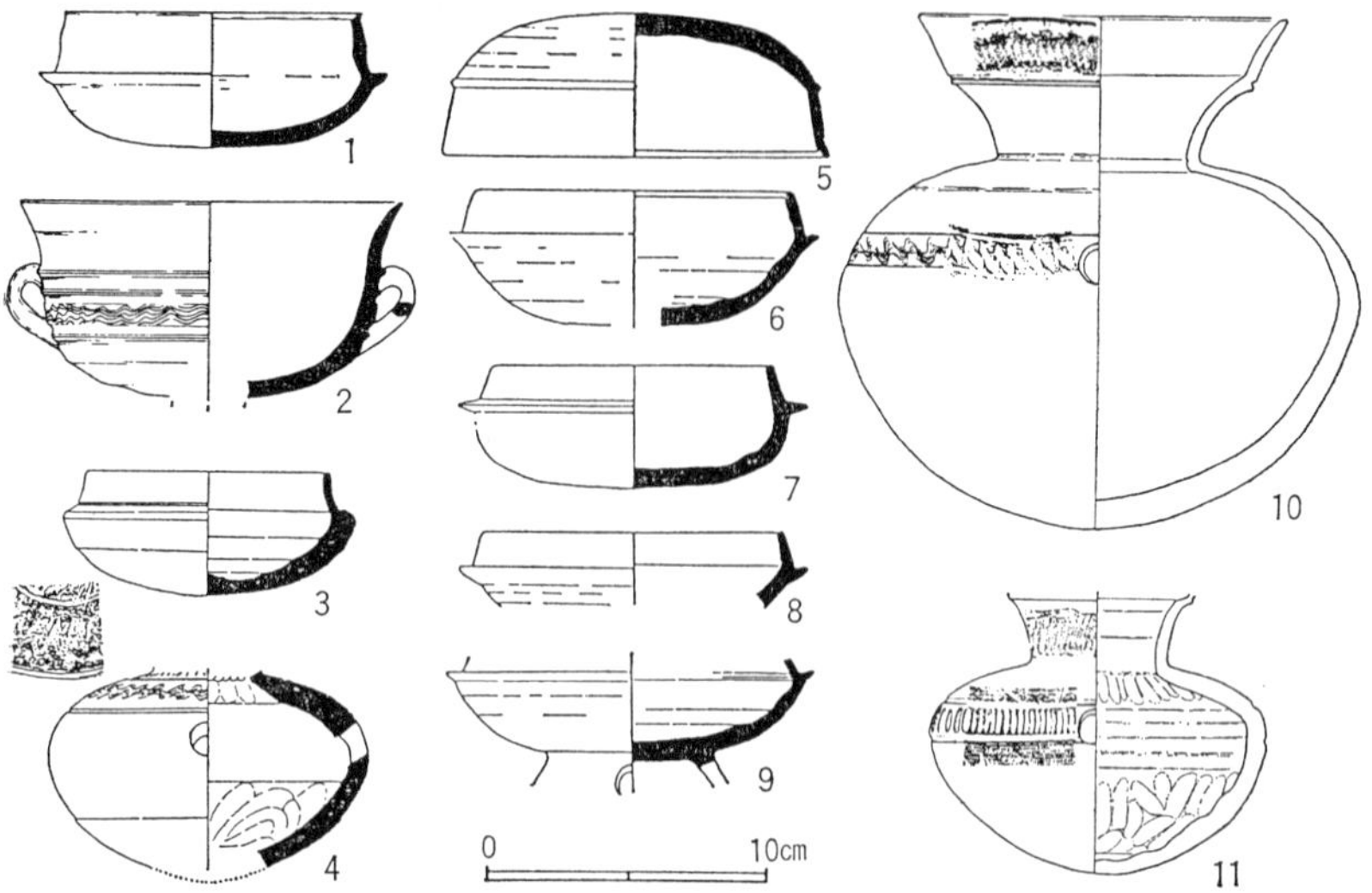

図9　越後の古式須恵器　1・2大角地、3・4五分一稲場、5～9田伏、10蟻子山、11飯綱山（各報告より作成）

牧村（現上越市）宮口古墳群（秦ほか　一九七六a）、中頸城郡三和村（現上越市）水科古墳群（秦ほか　一九七六b）、新井市谷内林古墳群（宮腰ほか　一九七八）などがある。これらのうち、大角地遺跡の杯身、把手付高杯、蟻子山古墳群の𤭯《はそう》はもっとも古く、五世紀後半までさかのぼる可能性があり、五分一稲場遺跡例、馬場上遺跡例、田伏遺跡例はこれよりやや新しいものであろう。(7)このほか古墳の出土例は後期群集墳が盛行する六世紀後半から七世紀前半・中葉のものである。

古墳出土のものは副葬品であり、日常的に使用されるものでなく、集落における須恵器の流通はこれによって知ることはできないが、集落跡のなかでのあり方は、詳細な分析資料を欠くものの、いずれも土師器が主体であり、須恵器は少ない。このように稀少な存在である須恵器が、搬入品であるか、在地産であるかはにわかに決しがたいけれども、七世紀前半以前の須恵器窯跡はもちろん確認されておらず、搬入品の可能性は高いといわざるを得ない。もし在地窯があるとすれば、古墳の副葬品としての須恵器を生産する程度の、零細な規模のものであろう。

（3）越後における須恵器生産の開始

いまのところ越後でもっとも古い須恵器窯は、上越市下馬場《しもばば》窯跡群である。当窯跡群は小島幸雄によって確認されたものであり、発掘調査はおこなわれていない。(8) 頸城平野西縁の丘陵裾に位置し、二基が確認されている。遺存状況はかならずしも良好ではないが、杯、杯蓋、大甕などの破片が採集されている。杯蓋はかなり退化したかえりをもち、形式的には飛鳥Ⅳ型式（西　一九七八）、陶邑中村編年Ⅲ型式第三段階（中村浩　一九七八）に比定され、実年代で七世紀末葉ころと考えられる。

当型式の窯跡は現在のところ下馬場窯跡群二基のほかは確認されておらず、当時期における須恵器生産の規模・状況は明らかではない。また、消費地での出土例も栗原遺跡、中頸城郡柿崎町（現上越市）木崎山遺跡（一九七九・一九八〇年新潟県教育委員会調査）などにあるが、(9) 明確にこの段階で栗原遺跡にみるような土器構成が成立していたかどうかはわからない。しかし、ここで注目したいのは下馬場窯跡にある器種が、八世紀以降一般化する杯、杯蓋と大甕であるように、七世紀前半の山畑遺跡例の須恵器のあり方とは明瞭にことなっていることである。八世紀前半の土器構成は須恵器の杯、杯蓋が卓越しており、こうした器種組成からみて、須恵器生産の開始の背景には、食膳形態の変化にともなった新しい時代の要請に対応した在地の動向が内在していると理解される。とすれば、日常雑器としての須恵器生産が開始されるこの段階をもって、越後の土器様相は古墳時代的色彩を払拭して、完全に新しい様式が成立したといえよう。

八世紀前半以降、須恵器生産がきわめて速やかに拡大することは栗原遺跡の土器から明らかである。それは栗原遺跡の性格を考慮してもなおかわりない。八世紀前半から中葉にかけての窯跡は、東頸城郡三和村（現上越市）本郷新溜窯跡、(10) 長岡市間野《かんの》窯跡（中川ほか　一九五八）、同笹山窯跡（寺崎　一九八二）などがあり、今後調査が進むにつれてさらに増加するものと予想される。窯跡のほかに奈良時代の遺跡としてあげられる西蒲原郡中之口村（現新潟市）茶院遺跡

（本間ほか 一九七六）、三条市館《たて》遺跡（中島 一九八一a）でも、供膳・貯蔵形態が須恵器、煮沸形態が土師器という土師器構成は明確であり、須恵器の普及はひとり栗原遺跡にかぎったものではない。これらの遺跡は八世紀でも前半から中葉前後にさかのぼる可能性が指摘され、集落における須恵器の普及期がさきの想定にあやまりないことを示唆している。

4　ロクロ土師器の諸問題

（1）ロクロ土師器の出現

栗原遺跡の土器に、ロクロが使用された土師器が少量ではあるが存在することはさきに述べたところである。この土器には甕、鍋、片口鉢の器種がある（図6-16・18・19）。土師器とは元来ロクロを使用しないで製作されていたものであり、旧来の刷毛目、横ナデによって仕上げられた土師器とはまったく製作技法がことなっている。こうした点から、ロクロ使用の土師器（以下「ロクロ土師器」という）をロクロ不使用の土師器と明確に区別する必要がある。八世紀前半にはこの種の土器があり、前述したような須恵器の一般化による土器構成の変化のほかに、ロクロ土師器の存在をこの画期の一特徴とすることができよう。(補註3)

これまで、越後ではロクロ土師器の甕、鍋は南蒲原郡栄町（現三条市）半ノ木遺跡（関雅ほか 一九七三）をはじめ平安時代には盛行していることは知られていたが（坂井 一九八二b）、奈良時代のものについては資料が少ないこともあって、ほとんど注目されてはおらず、その初源は明らかではなかった。(11) 栗原遺跡以外では、前記した三条市館遺跡（図10-2）、中ノ口村茶院遺跡にロクロ土師器の甕がある。

ロクロ土師器の甕は北陸地方で八世紀前半に出現すると考えられ、栗原遺跡もその初源期のものとみられる。この

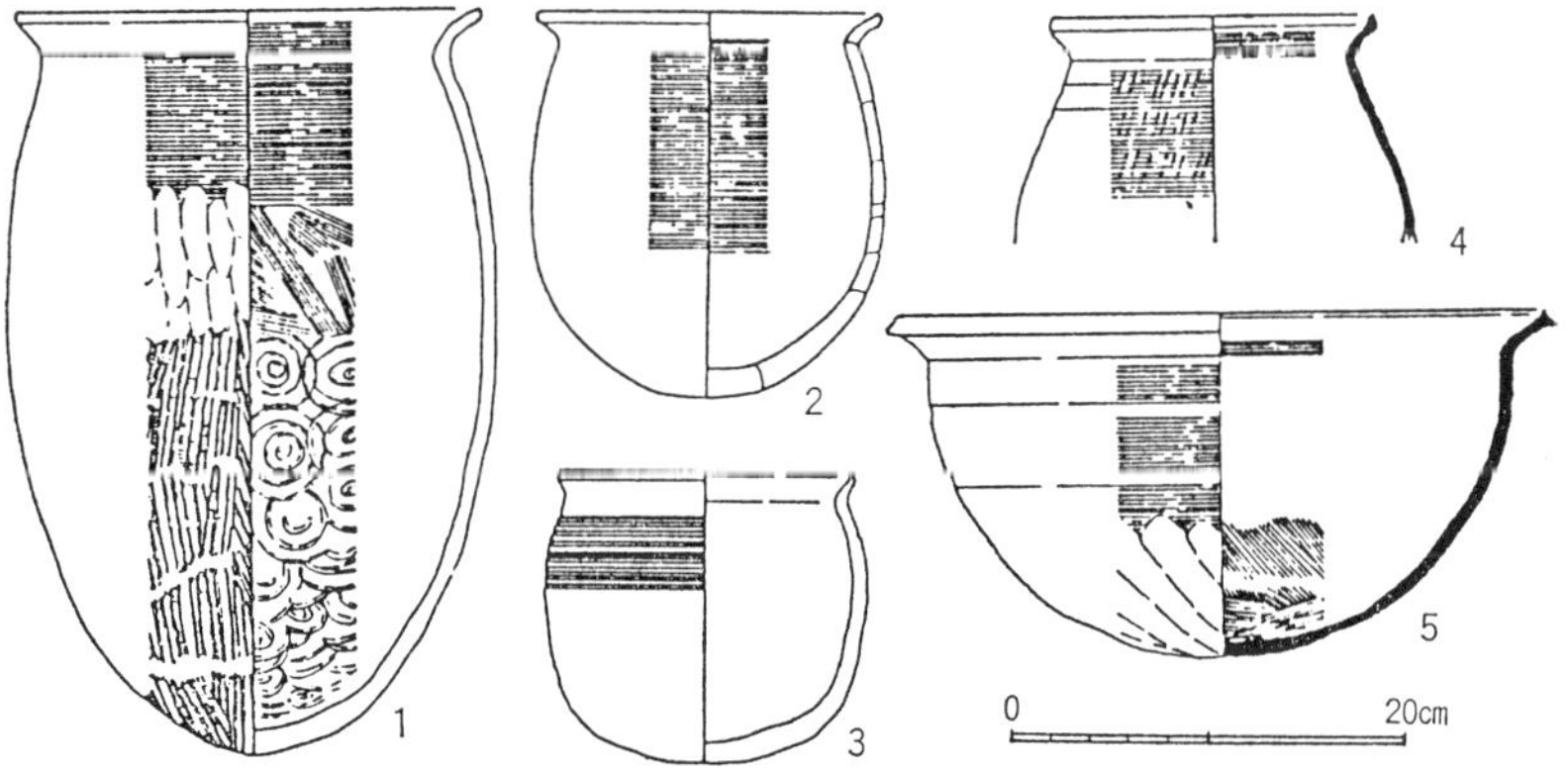

図10　ロクロ土師器の甕・鍋　1・3〜5富山・小杉、2新潟・館（各報告より作成）

時期の甕では、越中の小杉町・大門町（いずれも現射水市）小杉流通業務団地内No.一六遺跡の住居跡から大形長胴甕と小型短胴甕が出土しており（図10-1・3）、ほぼその器形を知ることができる（上野ほか　一九八〇）。大形長胴甕は胴部下半の内面に同心円あて具痕、外面に平行叩き目が施され、小形短胴甕には叩き目がなく胴部外面上半にカキ目をもつほかはロクロナデである。

(2)　ロクロ土師器の性格

ロクロ土師器は、ロクロ使用という須恵器に普遍的な技法で製作され、実際に須恵器窯からの出土例があることなどから、いくつかの問題が提起されてきた。窯跡の出土例で八世紀前半から中葉のものは、越後の間野窯跡（中川ほか　一九五八）、越中の小杉町・大門町小杉流通団地内No.一六遺跡第二号窯（上野ほか　一九八〇）、加賀の高松町（現かほく市）若緑三号窯（石川県立郷土資料館　一九八一）などがあり、甕と同様、鍋の出土例（図10-5）もみられる。このような出土のあり方や技法的な一致から、これらの土器は須恵器の焼成不良のもの（戸根ほか　一九七四）、あるいは還元焔の二次焼成を省略した須恵器（中島　一九八一b）とされてきた。

ここでこの種の土器で注目されることをあげると次のとおりである。①器種は甕、鍋が主体で、煮沸形態にほぼ限定される。②製作技法はロクロの使用、叩き、カキ目など須恵器と同一である。③製品は酸化焔焼成である[12]、④須恵器窯跡からの出土例がある。この場合、還元焔焼成のものが多い。

以上の四点からこの土器を推察するならば、まず②と④の二点から、須恵器工人が製作し、須恵器窯で焼造されたと考えられる（坂井　一九八二a）。この点ではなんら須恵器とかわりないが、①と③の二点を考慮すると、通常の須恵器とはことなり、酸化焔焼成を意図したものといえる[13]。煮沸用には還元焔焼成が適さないからである。窯跡出土のものは、それが製品として使用されたものではなく、廃棄された可能性が強い。窯跡出土品と集落跡出土品が焼成においてのみ相違していても決して矛盾するものではない[14]。須恵器窯で酸化焔焼成をおこなうことは、方法によって可能であったと思われる。土師器ではないが、須恵器が灰釉陶器窯で焼造されていることと事情は似ている[15]。いずれにしろ、この問題で重要なことは、須恵器工人が還元焔焼成のいわゆる須恵器ばかりではなく、酸化焔の土器も製作していると想定されることである。なお、「ロクロ土師器」という名称を用いたのは、通常「須恵器」という場合は還元焔焼成がされているか、それを意図した土器をさすこと、旧来の土師器とはロクロ使用の点で区別されることによる。

ロクロ土師器の甕、鍋は半ノ木遺跡の土器からみて、九世紀後半には煮沸形態の主流となるとともに、ロクロ不使用の甕はほとんど消滅しており（坂井　一九八二b）、八世紀前半における両者の量比は逆転している。この間の良好な資料がないため、両者が逆転する経緯については詳らかでないが、このような土師器のあり方にみる大きな変質は、一つの画期をなすものと考えられる[16]。その意味において、ロクロ土師器が出現する八世紀前半の意義は評価しておきたい。

5　須恵器窯成立の背景と土器の生産体制

（1）須恵器生産と律令体制

これまで、七世紀末葉ころに須恵器生産が本格的に開始されることが大きな画期であることを述べ、加えて八世紀前半には存在するロクロ土師器が須恵器工人の製作にかかるものであることを述べてきた。須恵器生産がはじまることは、須恵器窯の成立とともに須恵器工人が新たに編成されたことを示唆し、これにともなって土器の生産体制も変化したことが想像される。すなわち、七世紀から八世紀の土器様相にみる画期は、とりもなおさず土器の生産体制の相違を反映しているのである。

ところで、須恵器生産は五世紀前半ころ畿内ではじまり、以後いくつかの段階をへて地方窯が成立し、須恵器が汎日本的に普及するといわれる（田辺 一九七〇）。地方窯の成立には、五世紀末葉と六世紀末葉から七世紀初頭の二時期の画期があり、前者では摂津、近江、尾張、伊勢、遠江、出雲、能登に築窯され[17]、後者では東は北陸、関東から、西は九州に及ぶ各地でいっせいに地方窯が成立するという[18]。越後における須恵器窯は前述したようにほぼ七世紀の末葉ころに成立したと考えられ、北陸道諸国のなかではもっとも遅れている。地方窯成立の第二の画期には生産を開始している越中（小杉流通業務団地内No.七遺跡第一～六号窯。上野ほか 一九八二）とは一線を画すようである。

在地で須恵器窯が成立した背景は一律ではないと思われるが、七世紀後半から末葉は、いうまでもなく孝徳朝から天武・持統朝をへて律令体制が整備されていく時期であり、地方においては行政区画である国、郡の画定・編成や、その中枢機関である地方官衙が成立するなど[19]、きわめて重要な時期にあたっている。

当時の越後の情勢は、大化三（六四七）年、同四年の渟足柵、磐舟柵の設置、持統三（六八九）年から同六（六九二）

年の間に実施されたと考えられる越（高志）国の三分割（越前・越中・越後）、大宝二（七〇二）年の越中国四郡の越後国への編入、さらには和銅五（七一二）年の越後国出羽郡の出羽国昇格・独立など、律令体制の整備に関する基礎的作業がおこなわれている。[20]また、頸城郡衙かと推定される栗原遺跡は、土器が一部飛鳥Ⅳ型式（西 一九七八）にはいるものの、平城Ⅰ・Ⅱ型式が主体をなすことから、遺跡の成立は八世紀初頭と考えられ、郡衙とすれば越後における郡衙成立の具体的な年代を知ることができる。いずれにしろ、このような時期に須恵器生産がはじまったと想定するとき、須恵器窯成立の契機は民間レベルでの需要ではなく、律令体制の浸透によって生じたところの支配者層側の需要にあったとみることができよう。

右のように支配者層によって須恵器生産が主導されたとすれば、須恵器工人の編成や生産体制にもその影響が及んだものと思われる。須恵器の製作技術は旧来の土師器とはまったくことなり、その製作には専門工人が関与したことはまず疑いなく、須恵器窯成立の時点で新しく工人組織が編成されたと思われる。ここで、従来までの土師器のみの土器生産は大きく変貌したものと考えられる。すなわち、須恵器と土師器の機能分化が明確になり、土師器生産はほぼ煮沸形態の器種に限定されるようになるが、この甕と甑は古墳時代以来の形態と技法であって、生産体制もこれを継承したかたちをとったとみられる一方で、新しく須恵器工人が編成されることによって、新旧の生産形態が併存するという二重構造がみとめられる。

（2）　伝統的な土師器生産

一般に須恵器生産は広い地域を供給圏とするように、[21]専門工人による地域的分業体制をとっていると思われるが、土師器生産はいかなる構造なのであろうか。越後の場合、これに関してきわめて示唆的なのは、八世紀までのロクロ不使用の土師器の製作技術が弥生時代以来ほとんど発展していないという停滞性である。越後の古墳時代の土師器は、ごく一部の小形品をのぞいて、まったく丸底の器形をとらない。たとえば甕であれば、底部が小さくて不安定になる時期があるものの、底部を先につくって、粘土紐を巻き上げて（輪積みも含む）成形するという製作技法は一貫している。

畿内では完全な丸底をもつ布留式甕が古墳時代前半には成立し、以後丸底の器形が定着するのと好対照をなす。布留式甕の成立にはいちじるしい技術革新があったと思われ（西　一九七九）、布留式甕の分布する地域を中心にその技術が波及したと推測される。[22]もちろん、越後にはこれが波及してはいない。[23]このような製作技術のいちじるしい革新は、工人が専業化へ進む際の技術的なうらづけとなり、それをおしすすめる力になることは充分考えられる[24]（田中琢　一九六七）。とすれば、新しい製作技術を摂取することなく、あくまで伝統的技術を踏襲しつづけるという、停滞した越後の土器製作のあり方は、その生産体制自体がほとんど変化しなかったことを示唆しよう。つまり、ムラ程度の単位で生産、供給していたものであって、交易などを前提に広域の地域的な分業をめざしたものではなかったと推察され、須恵器生産が開始されるに及んで、ようやく新しい生産体制が成立したと思われる。この点において、須恵器生産の開始は、土器様相の変化をうながしたというにとどまらない重要な意義を有するのである。

おわりに

以上、栗原遺跡の土器をめぐって、越後における七・八世紀の土器様相について述べてきた。八世紀前半の栗原遺跡の土器は、須恵器と土師器がそれぞれ供膳・貯蔵形態と煮沸形態とに明瞭に機能分化している。これに対して、七世紀前半の山畑遺跡の土器は土師器がすべての機能を果し、須恵器はごく少なく、奢侈的な存在である。これら時期をことにする二つの土器群の比較と窯跡の資料から、七世紀末に須恵器生産が開始されたことが推察された。そしてその契機は当時の時代背景からみて、律令体制の地方浸透にともなう、支配者層の需要によると考えられる。ここにおいて、土器の専門工人がはじめて編成され、土器の生産体制が大きく変化するのである。

一方、平安時代に盛行するロクロ土師器の甕、鍋は、八世紀前半に出現することが知られ、この製作には須恵器工人が関与したことが推定される。

小論で述べたことは、以上のことがらにほぼ尽きる。これまで、越後における古代土器については、あまり研究がなされていなかったが、栗原遺跡の良好な資料を加えたことによって、いくつかの重要な知見が得られた。越後はともすれば、関東・東北的様相が濃厚とするむきがある（吉岡　一九七九）けれども、奈良時代における須恵器、土師器の機能分化やロクロ土師器甕の存在からみれば、越前、越中などと一線を画しつつも、巨視的には北陸地方に包括して理解すべきであろう。元来、越後は越国の一画を占め、古代北陸道に編成され、持統朝における越国三分割当初はのちの越後の磐舟郡、沼垂郡をのぞく四郡（米沢　一九八〇）、すなわち阿賀野川以南の地域は越中国に含められていた。このようないくつかの歴史的背景をふまえるならば、八世紀前半の土器が北陸的様相を呈することはむしろ当然といわねばならない（補註4）。

古代越後の土器研究は、ようやく端緒をひらいたにすぎない。八世紀前半の様相はほぼ把握できたが、これ以降平安時代の土器様式の成立までは、いま一つ資料的に不足しており、不分明な点が多い。しかし、上越市今池遺跡（一九八〇～一九八二年新潟県教育委員会調査）では、これにこたえうる豊富な資料が得られ、その整理・分析がまたれるところである。越後の古代土器の研究も新しい局面を迎えたといってよい。

註

（1）　片口鉢は類例に乏しく、用途は詳らかではないが、底面に二次焼成によるものと思われる変色、変質がみられることから、煮沸用に供されたと推定される。

(2) この種の土器については後述、本章4参照。

(3) 上越市教育委員会小島幸雄の配慮により、遺物を実見する機会と遺物・遺構についての教示を得た。

(4) 最近、白石太一郎はこの時期の須恵器の年代観を再検討し、従来よりも総体的に年代を降下させている（白石 一九八二）。これが容認されるとすれば、山畑遺跡の土器は七世紀前半代を中心にみたほうがよいであろう。

(5) 高杯のうち3のような杯部は田伏Ⅱ式（関 一九七二）の一般的な杯の形態に類似し、その系譜のもとにあると思われ、4の高杯は栗原遺跡に類例（図6-15）がある。また、甕では10が寺泊町（現長岡市）五分一稲場遺跡（戸根ほか 一九七八）出土の甕に類似し、11は栗原遺跡でほぼ同形のもの（図6-21）が出土している。栗原遺跡と田伏遺跡、五分一稲場遺跡の年代（本章3参照）からみて、これら高杯と長胴甕の形態のちがいは相対的な時期差に由来するものとみられる。なお詳細に検討する必要があろう。

(6) 当遺跡の須恵器については図9参照。一部に六世紀後半に下るものがあるが、六世紀初頭のものがあり（5・9など）、田伏Ⅱ式の成立は六世紀前半ないしはこれよりややさかのぼる時期に求められよう。

(7) 註6参照。

(8) 上越市大字下馬場字稲荷山・字南山に所在。採集資料は上越市教育委員会が所蔵している。資料実見。

(9) 採集品として中頸城郡三和村（現上越市）下中坪遺跡（高橋保教示）、三条市井栗乙郷遺跡（中島 一九八一a）にほぼ同型式の蓋が存在する。

(10) 小島幸雄教示。資料実見。

(11) かつてロクロ土師器の甕は、奈良時代には存在せず、ロクロ土師器の椀とともに平安時代になって同時に出現することを示唆した（坂井 一九八二b）が、これは量産化された状況にとらわれた見方であり、誤りである。ここに訂正しておきたい。

(12) この点は早くから指摘されていた（吉岡 一九六七）が、最近の資料でもこれを否定するものは見出されていない。

(13) この土器が意図して酸化焔焼成されたとする見解はほかにもみられる（阿部明 一九七九、岸本 一九八二）。

(14) 窯跡の出土品は意図に反して還元焔焼成されるなどの理由により、廃棄された可能性が考慮される。

(15) 猿投窯黒笹九〇号窯期までみられる（楢崎ほか 一九八〇）。

表3　郡別の窯跡数（新潟県教育委員会1980より作成）

郡名	郷数	窯跡数
頸城	10	14
三島	3	1
魚沼	4	1
古志	4	9
蒲原	5	4
沼垂	3	31
磐舟	5	0

（16）九世紀後半においては、ロクロ土師器の甕が普遍化するほかに、ロクロ成形の椀が供膳形態に新しく成立・進出するが、このことはかつての土師器と須恵器の明瞭な機能分化が崩壊したことを示し、ここに新しい土器様式が成立したことをうかがわせる。このロクロ土師器の椀は、甕、鍋と同様に須恵器工人の製作によるものかはなお検討を要するが、土師器生産も須恵器と同じく、専門工人による量産化が図られたことはみとめられる。なお、小甕は底部が丸底ではなく、回転糸切り不調整のものに変化し、椀の底部と技法的に一致することが知られる。これは一つに量産化をめざして、糸切り技法を採用した結果であろう。

（17）近年、東北地方で五世紀後半にさかのぼる窯跡が確認されている（仙台市大蓮寺窯。中村浩　一九八〇）。

（18）原口正三はこれに続く第三の画期として、八世紀はじめの時期を設定し、その背景に官衙、寺院などの要求という事情をあげている（原口　一九七九）。官衙の成立との関連はほかにも指摘されている（中村浩　一九八一）。

（19）郡衙遺構と推定される遺跡は七世紀末から八世紀初頭ころに成立するといわれる（山中　一九七六）。

（20）『日本書紀』大化三（六四五）年是歳条、同大化四（六四八）年是歳条、同持統三（六八九）年七月甲戌条、同持統六（六九二）年九月癸丑条、『続日本紀』大宝二（七〇二）年三月甲申条、同和銅五（七一二）年九月己丑条。

（21）北陸地方（越前・加賀・能登・越中）では基本的に一郡一窯跡群というあり方を示す（吉岡　一九七九）ようであり、郡単位の生産と流通が想定される。越後における須恵器窯の郡別分布は表3のとおりであり、郡ごとに均等に分布していない。これは詳細な郡域や窯の時期、さらには管郷数からみた郡の規模格差を考慮していない数字ではあるが、たとえば、沼垂郡に包括されていた豊浦町から笹神村（現阿賀市）の丘陵には、数多くの窯跡が集中分布しており、一大窯業生産地の観を呈している。あるいは郡領域をこえた供給圏をもっていたことも考えられる。今後、詳細な分布状況と時期を検討し、あらためて究明する必要があろう。（補註5）

（22）北陸地方では石川県金沢市高畠遺跡（橋本　一九七五）にみるように、布留式甕が主流を占めるのは加賀地方をほぼ東限としているようである。

（23）越後では丸底をつくる技術は、須恵器によってはじめて成立したのであって、在来の土師器工人は丸底の器をつくることは不可能であったといえる。ロクロ土師器の鍋は甕とともに初源期から存在するが、鍋の半球体に近い器体からすれば、在来の土師器工人はこれをつくることはできなかったにちがいない。本来、還元焔焼成の土器製作をおこなうべき須恵器工人が、酸化焔焼成の煮沸具までもつくるという背景には、このような在来の土師器製作の技術的水準が一つに作用していたものと推察される。鍋は畿内では七世紀後半から末には存在し、甕などほかの土師器と同じ製作技術であることはいうまでもない。越後の鍋は、畿内から伝播してきた器種であろうが、須恵器の各器種とともに、これらの需要は地方官人層にあったと思われる。須恵器工人についても彼らの関与があるとすれば、その需要が鋭敏に工人たちに反映されたことは、容易に想像される。

(24)　早くから地方窯が成立し、須恵器が普及していた地域はおおむね布留式甕の分布圏にあたる。布留式甕の技術を摂取した段階で、土師器生産が専門工人による分業生産体制をそなえたのであり、これによって須恵器生産が定着しやすい素地が醸成されたものと思われる。

補註

越後における古代土器の研究は、旧稿を発表した昭和五十八（一九八三）年以降、古代遺跡の発掘調査が県内各地で活発におこなわれ、じつに豊富な資料が得られたことにより大きく前進している。筆者は新潟県教育委員会が実施した上越市今池遺跡群（新潟県教育委員会　一九八四）、聖籠町山三賀Ⅱ遺跡（新潟県教育委員会　一九八九）などの発掘調査を担当し、それぞれの報告書において、八・九世紀の土器編年の枠組みを整理した。これらは地域的には県の南西部の頸城平野と北部の沼垂郡域の偏ったものであったが、これにより越後・佐渡における土器の生産と流通などについても概観した（坂井　一九八八b・一九八九c）。今池遺跡の土器様相からは、九世紀後半には須恵器の食膳具杯類が急速に減少し、それにかわってロクロ土師器の椀が増加するという大きな変化も明確となった。これを八世紀前半に成立した律令的土器様式の崩壊とあらたな土器様式の成立と評価し、その背景に王朝国家体制への変化が関係していることを想定した（坂井　一九八四）。

一方、一九九〇年以降、さらに発掘調査が県内のほぼ全域に及び、相対的に調査事例の少なかった六・七世紀の発掘調査についても、上越市一之口遺跡東地区の発掘調査報告書が刊行され（新潟県教育委員会ほか　一九九四）、古墳時代から律令体制の成立過程における状況がかなり鮮明になった。こうした近年の成果にもとづいて、春日真実や田中靖・笹澤正史らにより、六世紀末から十二世紀の古代全般にわたる精緻な土器研究が精力的に進められている（春日　一九九九・二〇〇五a・二〇〇六aなど、

笹澤 二〇〇三など、田中靖 二〇〇三)。この二〇年間ほどにおける調査・研究の進展には隔世の感がある。

(補註1) 土師器の甑については、のちに土師器の甕の使用方法と関連して論じた(第Ⅲ編第2章)。甑は出土する数量は少ないが、大型の長胴甕とセットで蒸し器として使われたもので、土製品以外に木製品の甑の存在が推定される。

(補註2) 越後における最古の須恵器窯は、現状では上越市下馬場窯跡群のほかに、西古志窯の出雲崎町梯子谷窯跡(新潟県教育委員会ほか 二〇〇一)・メチガ谷窯跡が確認されている。いずれも七世紀末のものである。ただし、上越市津倉田遺跡(上越市編 二〇〇三)や長岡市(旧和島村)下ノ西遺跡(和島村教育委員会 二〇〇三)には、これより古い七世紀中葉から後半の須恵器が一定量存在することから、須恵器生産の開始もこのころにさかのぼる可能性が指摘されている(春日、二〇〇五b)。

(補註3) ロクロ土師器の甕の成立時期については、越後全域で一様ではなく、地域差がみられることが明らかになっている。沼垂郡北部以北、古志郡・蒲原郡の西部、柏崎平野(三嶋郡)西部、糸魚川周辺(頸城郡西部)などではロクロ土師器の普及は九世紀以降におくれる(坂井 一九八八b・一九九九b、春日編 二〇〇四、春日 二〇〇六b)。相対的に須恵器生産が低調な地域でこうした傾向がみられるようである。なお、佐渡ではロクロ土師器甕は生産されなかった。佐渡においては、八世紀は不分明であるが、九・十世紀には非ロクロで球胴・丸底形態の特異な土師器甕が普及した。この甕の系譜は畿内など西日本のものとみられる(坂井 一九八八b・一九八九c)。

(補註4) 越後の須恵器の技術系譜については畿内・北陸系のものが多く、北陸地方との関係が強い。ただし、頸城地方には東海系の系譜と考えられるものが八世紀前半から九世紀までみられることが判明している。また、頸城地方以外でも東海系(坂井ほか 一九九二)、群馬系(坂井 一九九一)の存在が認められる。土師器でも北信濃系(坂井 一九九三a)が存在する。土器の系譜については第Ⅲ編第1章参照。

(補註5) 越後における須恵器の生産と流通のあり方については本編第4章でも論じたが、近年の発掘成果にもとづいた研究動向については、第4章補註3参照のこと。

第3章　本長者原廃寺国分寺説・今池遺跡国府説の検討

はじめに

昭和五十九（一九八四）年三月、新潟県教育委員会から、国道上新バイパス建設にともなう上越市今池遺跡をはじめとした発掘調査報告書（新潟県教育委員会　一九八四）が刊行された。私はその調査と整理作業、報告書の作成にたずさわり、今池遺跡が越後の国府に関連する遺跡ではないかと考え、報告書本文の末尾（二一四頁）に次のように記した。

以上、今池遺跡が越後国府である可能性を示唆したが（中略）、現在のところではこれを積極的に肯定することも否定することもできない。しかしながら、ここで、一つの重要な遺跡に接したことは事実であり、今後、今池遺跡群を学術的に究明する必要性が痛感される。今回の調査契機はバイパス建設にともなうものであり、バイパス開通によって遺跡周辺は急速に開発が進むことが十分に予測される。これをも含めて、今池遺跡群の今後をおおいに注視したい。

今池遺跡群は今池遺跡・下新町遺跡・子安遺跡、それに本長者原廃寺を含むものである。今池遺跡を含む三遺跡は奈良・平安時代の八～十世紀の大規模な官衙的様相をもつ。国府遺跡の指標ともいえる中枢施設の政庁（国庁）は検出されていないが、国府に関連する遺跡と考えた理由は、遺跡の規模や遺構の内容のほかに、国分寺の可能性が高い本

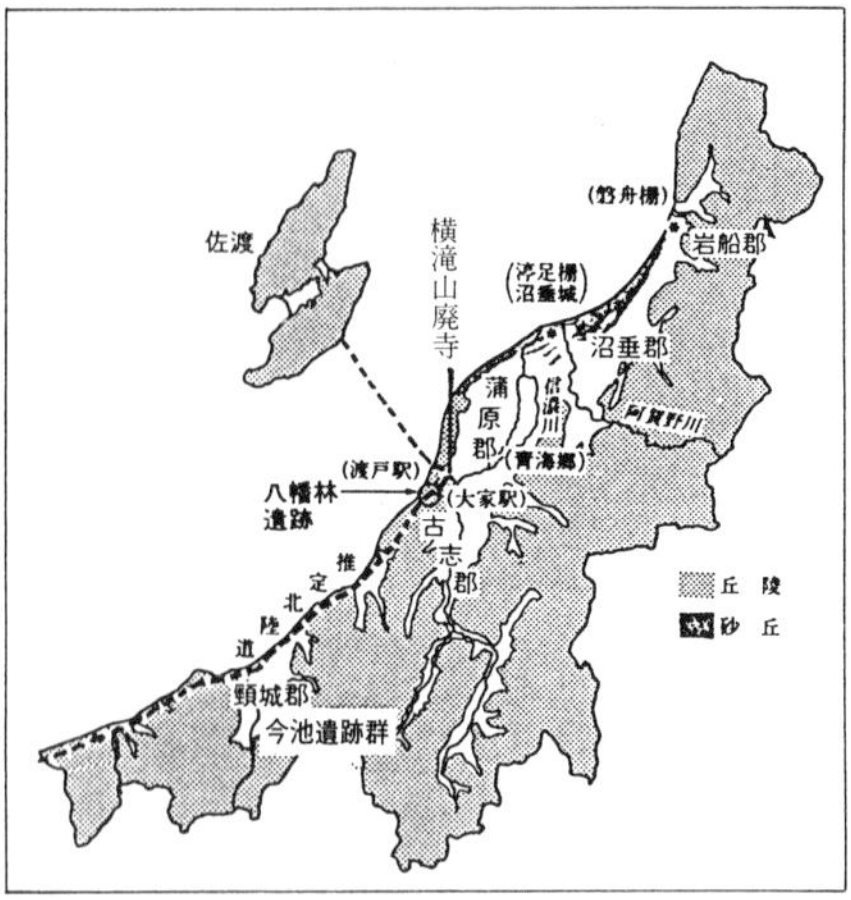

図11　今池遺跡群の位置（坂井・田中 1991より作成）

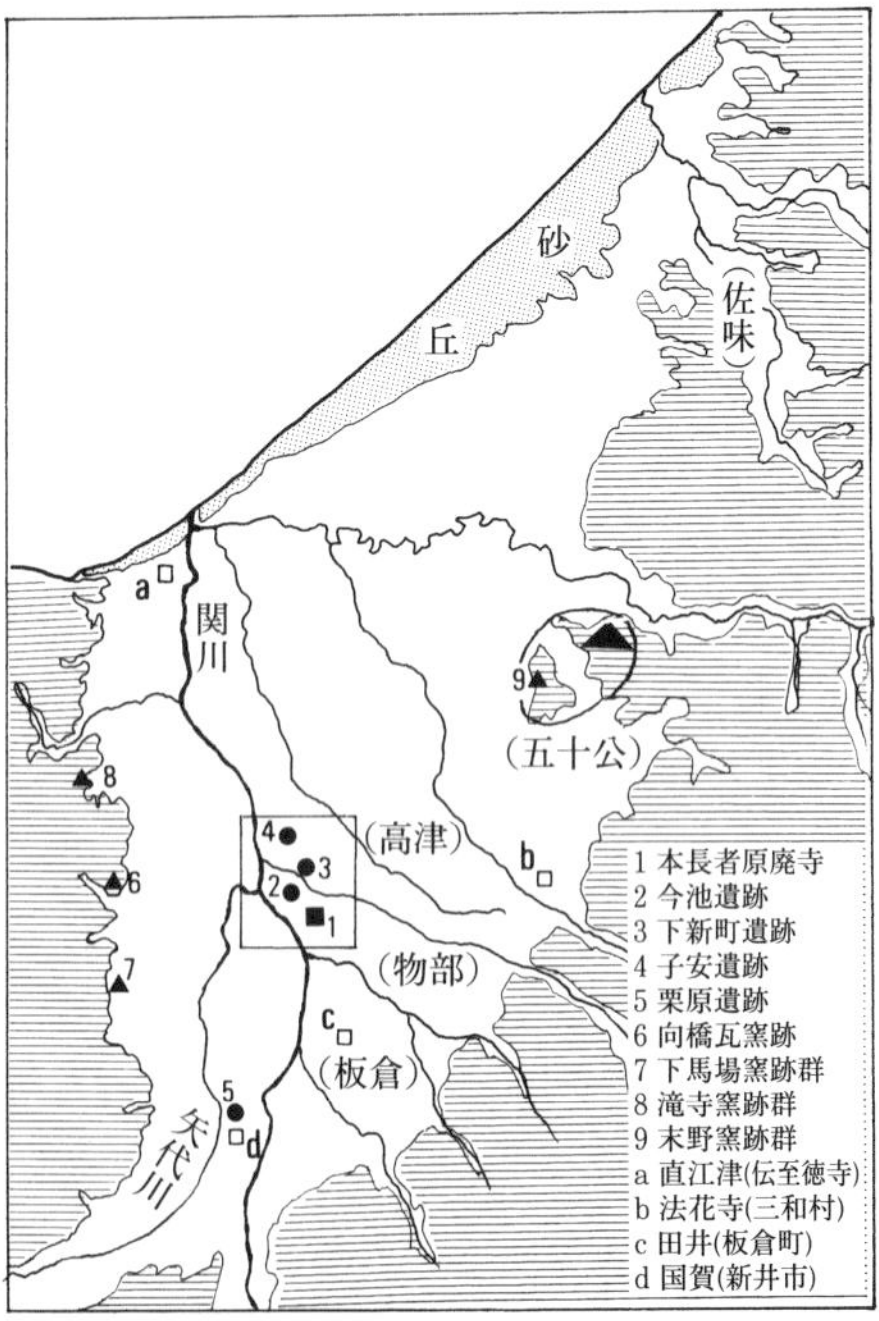

図12　頸城平野のおもな古代遺跡

長者原廃寺が隣接するという条件による。本長者原廃寺が国分寺と推定されることについては、報告書とは別に論じた（坂井　一九八三c）。

その後、一〇年近く経過し、今池遺跡周辺では当時懸念していた状況が生じている。バイパス開通後しばらくは新しい道路だけが目立った周辺も、最近大規模な住宅開発（土地区画整理事業）で、景観も一変した。かつてのランド・マークであった櫛池川ぞいの林も失われてしまった。今池遺跡群は国府関連遺跡という定まらない評価のまま、バイパスに接する一等地として、今後さらに開発が進むものと思われる。

ところで、平成二（一九九〇）年十一月、三島郡和島村八幡林《はちまんばやし》遺跡で、「沼垂城」と記された木簡とともに、完形の郡符木簡が出土し、別の方面から当時の国府の所在地が問題になった（坂井・田中　一九九一）。養老年間（七一七～七二四年）前後に、どこに国府が存在したかという問題は、木簡の機能・記載の内容と、八幡林遺跡の性格解明において大きな鍵を握ると考えられる。私はこの八幡林遺跡の木簡出土とも多少関係するところとなり、あらためて今池遺跡の性格究明の必要性を痛感した。

本稿は今池遺跡の調査から約一〇年後のいま、その後の新しい資料も加えて、遺跡の評価を検討するものである。今後の調査・研究、そして遺跡の保護に少しでも参考になれば幸いである。

1　越後国府所在論

文献史料による推定　越後国府がどこに所在したかという問題については、これまでいくつかの比定地があげられてきた。平安時代中期（十世紀前半）の文献史料である『和名類聚抄』（『和名抄』）には、頸城郡に所在したと記されている。頸城郡は現在の上越市を中心とする地域であり、上越市直江津地区には「五智国分寺」と称する寺院があり、「国府」という地名も存在する。そのため、古代の国府も直江津にあったと、自明のように長く考えられてきた。

これに対し、井上鋭夫は五智国分寺は一六世紀中葉に上杉謙信によって建立されたものであり、古代末から中世前期の国分寺は、地名などからみて頸城地方南部（頸南地方）にあったとした（井上鋭 一九七〇）。井上は遺跡の分布密度、条里型地割の分布、「今府」（妙高村）・「国賀」（新井市〔現妙高市〕）・「国分寺」（板倉町〔現上越市〕）などの地名、さらには文献史料をもとに、考証した。井上慶隆はこの説の論拠は、すべて状況証拠であって、確証というべきものは示されていないと断じ（井上慶 一九八四）、『今昔物語集』などの文芸作品からみて、古代末には直江津に国府が存在したとしている。古代末以降の所在地については、後述するように、最近の発掘成果からみても妥当な見解である。

考古資料による推定　井上慶隆は国分寺所在地の証明に、「考古学の出動が待たれる」と述べ、遺構・遺物に即した解

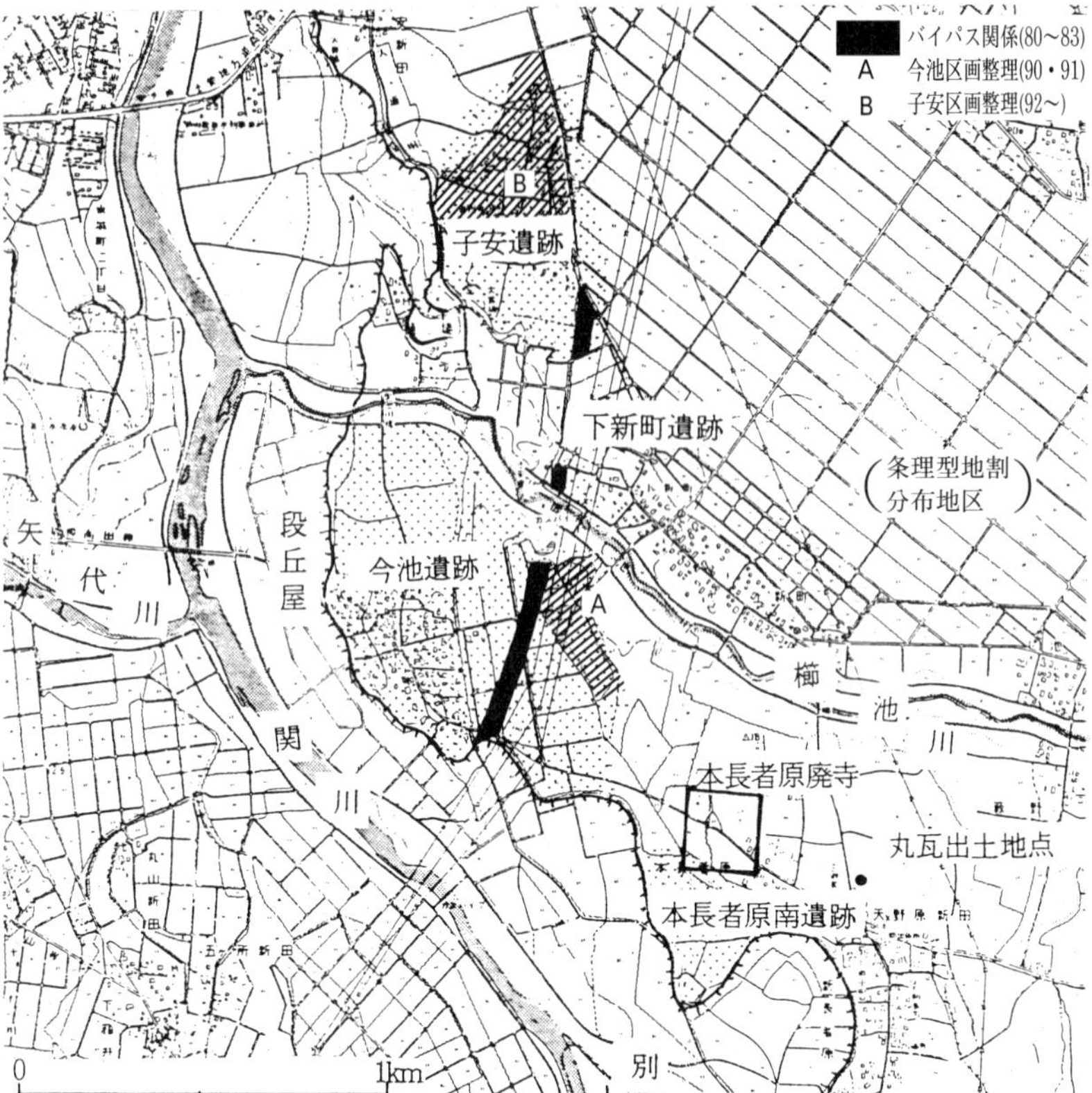

図13　今池遺跡群の概要図（坂井1983ｃより作成）

明を要請した（井上慶 一九八四）。こうした観点に立った研究の嚆矢は、中川成夫・加藤晋平らによる『新井市史』（加藤 一九七三）である。瓦の出土と礎石こそ、国分寺の存在を示すとし、地名による推定地について現地調査したうえで否定し、上越市本長者原に比定地を求めた。次節で述べるように、この地より建物基壇が確認されたことからみても、この意見は妥当と考える。卓見である。(1)

発掘調査によって、国府・国分寺を確認しようとする行政側の積極的な試みも、昭和五十年代からはじまった。瓦の出土からそうした遺構の存在が想定される遺跡の確認調査である。一つは三島郡寺泊町横滝山廃寺、もう一つは新井市栗原遺跡である。行政側が実施した学術的な発掘調査としては、昭和三十二（一九五七）年から三十四（一九五九）年までの磐舟柵跡の総合調査などがあったが、開発に伴う緊急調査が急増した一九七〇年以降における両遺跡の調査は画期的なことである。

寺泊町横滝山廃寺は、町教育委員会によって昭和五十二（一九七七）年から調査された。四次にわたる調査で、七世紀末から八世紀前半の寺院の金堂と推定される遺構が確認された（寺泊町教育委員会 一九八五）。調査を担当した寺村光晴は、八世紀初頭に初期の越後国府が寺泊町周辺に移されたとして、この寺院を国府寺・国府付属寺院とみている（寺村 一九九二）。

栗原遺跡は昭和五十四（一九七九）年から五十八（一九八三）年まで、新井市と新潟県教育委員会が確認調査を実施した。塔基壇と推定される瓦敷遺構、桁行八間、梁行三間の大形掘立柱建物を中心にした建物群、「郡」の墨書土器、円面硯などの遺物が出土した。結果として、七世紀末から八世紀前半の寺院を伴う頸城郡衙関連遺跡であることが判明した（新潟県教育委員会 一九八一～一九八三）。

これら二つの遺跡は、当初の推定とはことなり、国府や国分寺ではないことが確認された。しかし、新潟県の古代の遺跡について多くの知見をもたらした。そして、遺跡というものは、考古学的な調査によって、時期や性格が究明でき、新潟県の古代史研究において、考古学が大きな役割を果たすという、ごく当然のことを再認識させた。

一九七〇年代から開発に伴う古代遺跡の発掘調査も、徐々に増加した。ここで述べる国道一八号上新バイパス建設による上越市今池遺跡・下新町《しもしんまち》遺跡・子安遺跡の調査（一九八〇～一九八三年）は、調査面積三万六〇〇〇平方メートルという大規模な発掘調査でもあり、予想をはるかに越える成果をおさめた。これによりかつて『新井市史』により指摘された本長者原の寺跡が、再び注日されることになった。この後すぐに、上越市教育委員会は本長者原廃寺の確認調査を実施し、次節で述べるとおり、寺院の建物基壇を発見した。残念ながら、この調査は継続されることなく、一〇年が経過した。

このほか、国分寺・国分尼寺の推定地である三和村（現上越市）法花寺、板倉町（現上越市）田井でもそれぞれ確認調査が実施され、重要な知見が得られている（後述本章4）。

2　本長者原廃寺は国分寺か

（1）これまでの調査・研究

『新井市史』（一九七四年）　これが上越市本長者原に寺跡が存在し、国分寺と指摘した最初のものである。従来の地名による比定地を考古学的資料によって裏付けられるかを調査したうえでそれらをしりぞけ、本長者原に着目した。その要点は次のとおりである。

①上越市大字本長者原五三八番地の「長者屋敷」の畑から出土した巨石は、現存しないが、記録によれば、大きさ・形状から塔心礎と考えられる。

②この周辺からは瓦が出土しており、その厚さからみて、奈良時代のものと考えられる。

③「長者屋敷」の畑の区画は、すでに圃場整備で水田になっているが、地籍図からみて、南北八間二尺、東西七間四尺の方形に近い平面規模で、各地の国分寺の発掘調査で明らかになっている塔の規模、五〇～六〇尺に近い。

坂井「再検討」（一九八三年）　私は昭和五十七（一九八二）年に今池遺跡の発掘調査にたずさわるなかで、遺跡の性格づけに大きな関心をもっていた。今池遺跡に隣接するこの廃寺が国分寺であれば、今池遺跡が国府の可能性が高いと考え、『新井市史』の成果をふまえて、この廃寺についてあらためて検討した。そのなかで明らかにした点は、次のとおりである。

①塔心礎と考えられる巨石が出土した地点周辺の地籍図（図14）の検討により、このほかに二カ所の畑地があり、こ

れらも建物基壇の遺構の残痕と考えられる。

②これら二カ所の畑は南北に配置され、それぞれの規模と相互の位置関係からみて、金堂と講堂と推定される。南側のもう一つの畑の区画は、門の可能性がある。これによって国分寺に一般的な伽藍配置が想定される。

③周辺で出土している瓦は、胎土のほかに製作技法からみて上越市向橋《むかばし》窯跡（高田市文化財調査委員会　一九六九）から供給されたと考えられる。

④向橋窯跡は共伴している須恵器の型式からみて、八世紀中葉か、これよりややくだる年代であり、これより本長者原廃寺の年代は、国分寺の建立年代と一致する。

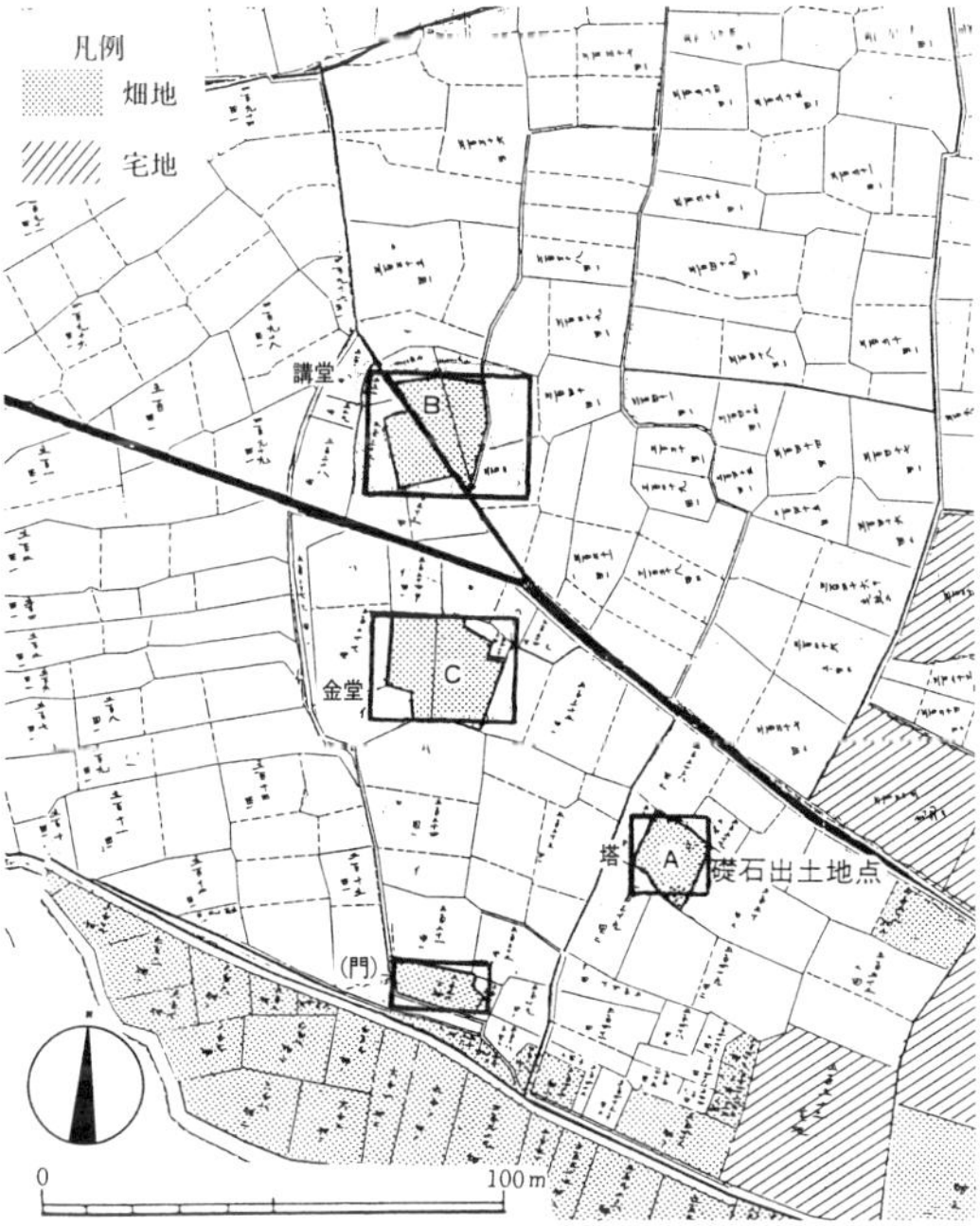

図14　本長者原廃寺の旧地割と推定伽藍（坂井　1983c より作成）

上越市教育委員会確認調査（一九八四年）　今池遺跡の報告書が刊行されるころ、上越市教育委員会は「塔心礎」が出土したという畑地の確認調査を実施した。今池遺跡の調査成果に関連して、遺跡の性格を明確にする必要があったからである。結果は調査担当者の小島幸雄により『新潟県上越市本長者原廃寺確認調査概要』（上越市教育委員会　一九八四。以下「報告」とする）として報告されている。

果たして、「版築遺構」という注目すべき遺構が検出された。国分寺の可能性はさらに補強されたといえる。残念ながら、この調査はあまりよく知られてはおらず、[2]「版築遺構」についてもほとんど検討はされていない。結論から言えば、この遺構こそが越後国分寺の塔基壇と考えられる。越後国分寺の実在を雄弁に語る資料である。以下、この遺構について報告をもとに検討する。

（2）「版築遺構」の検討

調査はかつて「塔心礎」が出土したという畑の地点にトレンチを設定して発掘した。この周辺は昭和四十一（一九六六）年に圃場整備され、すべて水田になっている。かつて畑であった部分は地表面が高かったと考えられるので、圃場整備の際に削平されたと考えられる。検出された遺構は図15のとおりである。報告によるこの遺構の所見は、次のとおりである。

①平面形は一辺一四メートルを計る方形であり、南東と南西のコーナーを確認した。
②一辺一四メートルであるが、平面形は正方形ではなく、長方形の可能性がある。
③主軸は磁北から約一〇度東に傾く。
④粒子の細かい地山を地表面から八五センチメートルの深さまで掘り込み、砂質土、粘質土、黒色土、拳大礫を無作為に埋め、積み上げる。図によると一層の厚さは数センチメートルである。
⑤礎石、抜き取り跡は確認できない。

以上の点からみて、この遺構は寺院建築の基壇の築成方法として一般的な「掘込地業」の跡と考えられる。掘込地業とは、基壇の部分の地山を掘り込み、そこに土を薄く水平に何度も突き固めながら埋めて強固な基礎を作る技法である。寺院建築は瓦葺であり、上屋が瓦の重量のために重くなる。建物を支持する基礎がなければ、建物に不等沈下を生じるおそれがある。掘込地業はこれを防ぐためのいわば「べた基礎」である。当然、築成当時は地面より高かった

図15　上越市本長者原廃寺の版築遺構・出土土器実測図（上越市教育委員会 1984より作成）

はずであるが、検出された遺構は、水田造成により、上部が削平されたもので、掘り込んだ部分だけが遺存したものであろう。

平面形　寺院の建物あるいは基壇の平面形は、建物（堂塔）の性格を規定する重要な要素である。正方形であれば、ほぼ塔と考えてよい。しかし、長方形ならば、金堂や講堂などの可能性が強くなる。

報告は、この版築遺構の平面形について、セクションからみて、正方形ではなく、長方形ではないかとする。東西長は一四メートルであるとしており、南北長がこれより長いと考えているようである。これがセクションのどういった点による判断かわからないが、断面図A—A′にみえる版築の位置と範囲、及び平面図の礫の分布範囲をもとに図上で計測すると、南北は約一六メートル以上となる。東西一四メートル、南北一六メートル以上であれば、報告のとおり正方形にはならない。しかし、図と写真をみるかぎり、礫の分布の範囲には北東コーナーと考えられる部分（C）がわずかに認められる。これをもとに図上で計測すると、礫の分布範囲は東西一四メートルではなく、東西・南北とも約一五メートルの正方形である。平面形はほぼ正方形の可能性が依然強い。

問題は礫の分布範囲と版築の範囲が一致するかどうかである。ここで断面図をあらためて見よう。これをみるかぎり、掘り込み内の版築の土層のうち、地山の掘り方に近い約二メートルの範囲には、礫がまったく含まれていない。版築に際して、掘り込みの縁辺部には礫を入れないという規制があったことを暗示する。したがって、礫の分布と掘り込みの範囲は一致しない可能性もあり、掘り込みより礫の分布範囲が小さいと考えられる。礫の平面分布が正方形であることから、掘り込みも正方形で、しかも一五メートルよりも大きくなる可能性が考えられる。いまはこれ以上検討できない。調査時において、現地で断面と平面を詳細に観察・計測することが、きわめて重要なこととして認識される。

基壇の平面形は別にして、ここで重要なことは、圃場整備前に畑であったところには、かつて基壇が存在した事実である。これによって、畑の存在が基壇の高まりの残痕であることが知られる。したがって、このほかに存在した二つの畑の地点にも、同様に基壇が存在したことが確実視される。前述のとおり、畑の分布の位置関係から、寺院の伽藍配置を想定すると、調査地点は塔としか考えられない。報告では、セクションからみて、正方形ではない可能性が指摘されてはいるが、以上の点から、検出された版築遺構は寺院の基壇であり、平面形は正方形で、伽藍のなかでは塔の基壇であると考える。

なお、平面図をみるかぎり、礫の分布する方形の範囲のほぼ中央に、礫がまったく分布しない円形の部分（D）が見られる。可能性ではあるが、塔心礎の抜き取り跡とも考えられる。

規　模　一辺一五メートル以上の塔の基壇とすると、古代寺院のなかではどのような位置づけになるであろうか。これまでの発掘調査で、塔基壇の規模が把握されている飛鳥・奈良時代寺院の例は、合計六二例存在する[3]（宮本　一九七九）。このうち、国分寺は二〇例ある。国分寺以外の寺院は、奈良時代以前の飛鳥・白鳳寺院である。両者を比較すると、明確に規模の格差がある。国分寺には石見の二六尺（七・八メートル）という例外はあるが、相模の六八尺（二〇・四メートル）を最高に、四〇尺半ばから六〇尺である。これにたいし、飛鳥・白鳳寺院は下野薬師寺の五二尺（一五・九メートル）を最高とするが、中央の官寺を含めても三〇～四〇尺である。国分寺は飛鳥・白鳳寺院より相対的に規模が大きく、地方の国分寺であっても、中央の飛鳥・白鳳寺院よりも大きいのが一般的である。七層といわれる国分寺の塔の高さも、この平面規模からみるとうなずける。

本長者原廃寺の正確な基壇の規模はわからないが、掘り込み地業の規模は一辺五〇尺（一五メートル）以上である。通常、基壇の規模は掘り込み地業の規模より、多少は小さくなる。したがって、おおよそ一辺四五尺（一三・五メートル）以上と推定できよう。やはり、国分寺の塔にふさわしい規模と考えてよい。

以上、かつて「塔心礎」が出土したという地点で確認された版築遺構について検討してきた。『新井市史』「再検討」で指摘されたことは、ほぼ証明できたといえる。この遺構は寺院の塔基壇であり、しかも規模からみて、国分寺と考

えられる。(補註1)

なお、この確認調査では、この版築遺構の時期は出土遺物などが少なく、確定できない。ただ、図示されている版築土内出土の須恵器杯蓋（図15）は、八世紀前半のものである。わずかな量の八世紀後半の土師器、須恵器が出土しているというが、これに限っていえば、国分寺としても矛盾はない。

少ない瓦の問題　ところで、各地の国分寺は、おびただしい量の瓦の散布や、礎石の出土、基壇の高まりの存在などによって、一般的に古くから知られてきた。新潟県内でも、佐渡国分寺は史跡整備された現在も、瓦片を採集できるくらい多くの瓦が出土している。これに対して、北陸地方では瓦の出土量は相対的にごく少ない傾向にある。発掘調査された若狭国分寺、能登国分寺でも、出土量は少なく（坪井編　一九七五）、屋根の全面瓦葺は考えられない。その背景として、瓦という材質が雪に耐えられないからであろう（浅香　一九七七）。

本長者原廃寺も瓦の出土量は極端に少ない。そのため、ここに寺院跡が存在したことは、長い間知られなかったのである。冬期の積雪が二メートルというこの地では、瓦はとうていもたない。北陸という風土が、寺院という大きな歴史の痕跡をごく小さなものにしたといえよう(4)。

佐渡は北陸地方のなかでは、かなり温暖で、雪もきわめて少ない。全面瓦葺と想定されるくらいの瓦の出土量があるのは、このような気候と密接に関係するのであろう。ここで注目されることは、出土瓦（山本　一九八七）の大半が九世紀中葉から後半にかけての時期であることである。八世紀代の創建時と推定される瓦は明確ではない。創建時にはほかの北陸地方の国分寺と同じように、瓦の使用をさしひかえるという考え方があったものが、九世紀中葉から後半の大規模な修造に際して、全面瓦葺に構造変更されたものと推定される。佐渡の気候条件を知ったうえでの選択であろう。(補註2)

3　今池遺跡は国府関連遺跡か

前節では本長者原廃寺が国分寺である可能性がきわめて強いことを述べた。この推定が正しければ、この廃寺の西方数百メートルにある今池遺跡は、とくに注目することができる。国分寺に隣接する官衙的様相を示す奈良・平安時代の大規模な遺跡であるからである。そして、その北に隣接する同時代の下新町遺跡・子安遺跡も、同様に関連する可能性が考えられる。ここでは今池遺跡群のうち、今池遺跡を中心に検討する。

調査歴　今池遺跡群の調査は、①一九八〇～一九八三年度のバイパス調査（新潟県教育委員会　一九八四）、②一九八六年度の今池遺跡の確認調査（上越市教育委員会　一九八七）、③一九九〇・一九九一年度の今池遺跡の土地区画整理事業にともなう本調査、④一九九二年度以降の子安遺跡の土地区画整理事業にともなう確認調査・本調査がある。①をのぞきいずれも上越市教育委員会が、小島幸雄を担当者として実施している。②の確認調査の対象は、ほぼ③の開発範囲である。全体の面積に対して小さな試掘坑をもうけて発掘したものであり、遺跡の範囲を狭くとらえる結果になっているが、③の本調査では全面発掘とし、広く遺構が分布することが判明した。報告されてはいないが、掘立柱建物・土坑・溝などが検出されている。溝には二本平行し道路と考えられるものがある。④の確認調査では、九・十世紀を中心として遺構・遺物が確認されている。現在本調査が進行しているところであり、あと数年継続するという。

概　要　今池遺跡とほかの二遺跡は、本長者原廃寺と同じく関川に面した沖積段丘縁辺に立地する（図13）。今池遺跡の北に、櫛池川をはさみ下新町遺跡があり、そのさらに北に子安遺跡がある。表面採集と地形観察による遺跡の範囲は、今池遺跡が東西・南北七〇〇～九〇〇メートル、子安遺跡が東西・南北五〇〇メートル、下新町遺跡がこれらより小さく、明確ではない。今池遺跡と下新町遺跡の間の櫛池川は、遺跡の存続時期にはここに存在していなかった

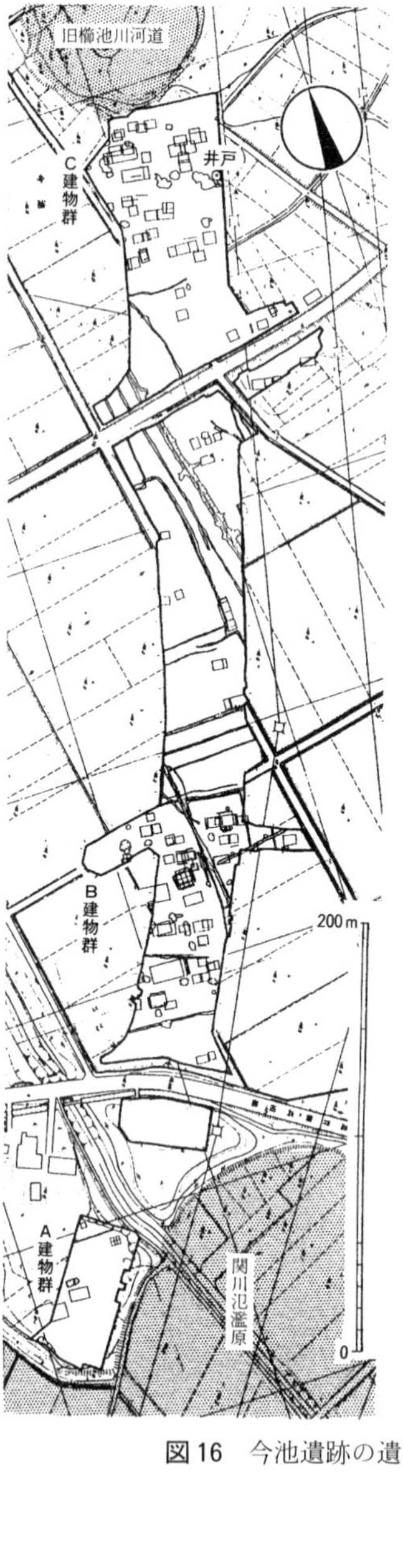

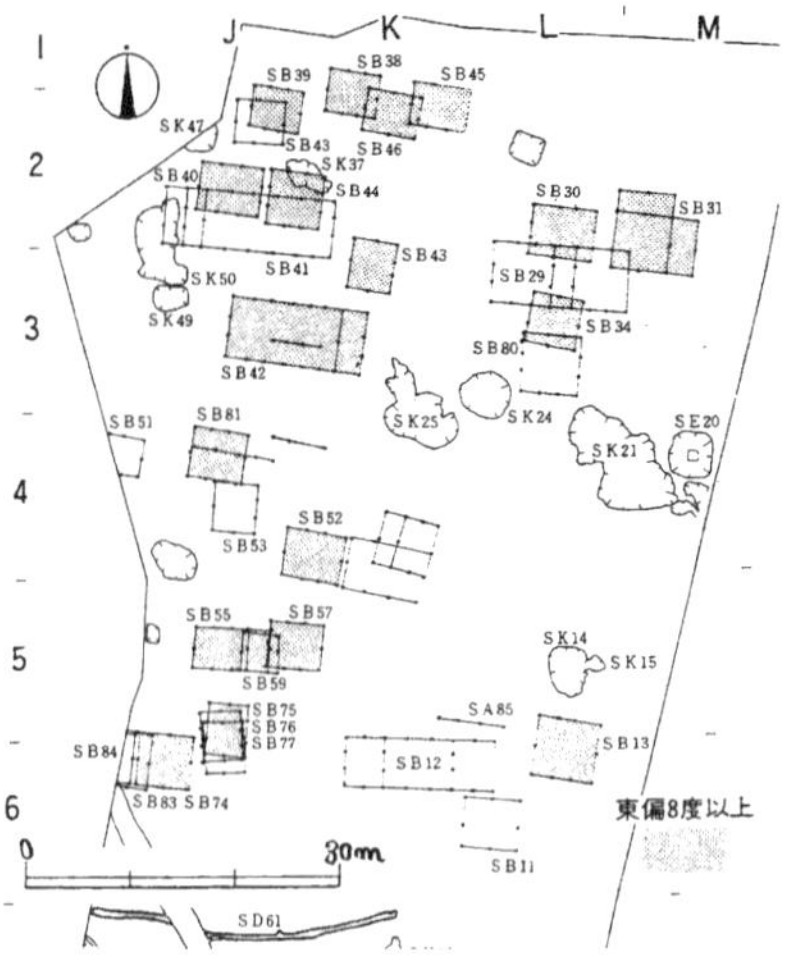

C 建物群の遺構配置

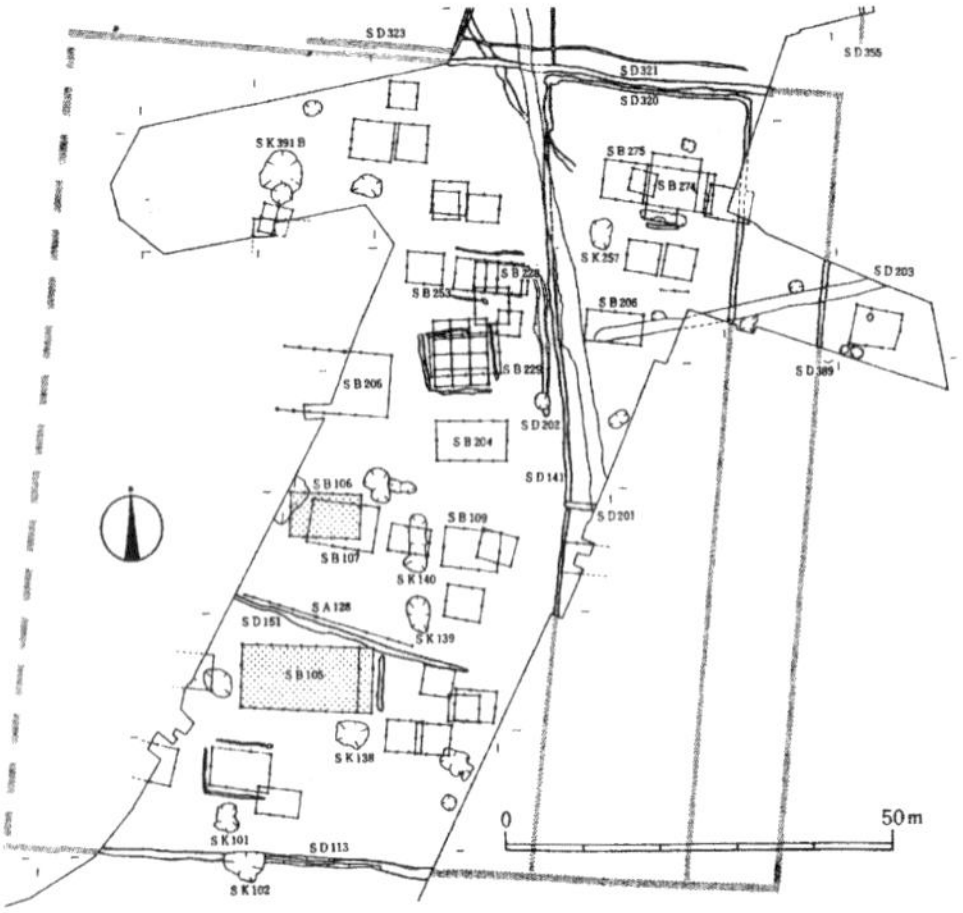

B 遺物群の遺構配置

図16　今池遺跡の遺構配置図（新潟県教育委員会 1984より作成）

可能性が強く、その場合、併存する両遺跡は連続した平坦な段丘面上にあり、その範囲は南北九〇〇メートルに達することになる。下新町遺跡と子安遺跡の間にも旧河道の痕跡と考えられる窪地が存在する。

ほぼ南北に走る幅二五〜四〇メートルのバイパス用地のうち、段丘上の全面が発掘調査範囲である。調査範囲の南北長は今池遺跡が約六〇〇メートル（面積約二万五〇〇〇平方メートル）、下新町遺跡が約一〇〇メートル（面積約四六〇〇平方メートル）、子安遺跡が約一四〇メートル（面積約六六〇〇平方メートル）である。ちょうど遺跡全体にたいして大きなトレンチを入れたようなもので、調査位置は今池遺跡・子安遺跡がその東側、下新町遺跡がその西側にあたる。

遺跡の時期は八世紀前半から一〇世紀までで、遺跡ごとに少しずつことなる（図17）。今池遺跡がいちばん古く、八世紀前半に成立し、十世紀初頭ころには衰退する。この間九世紀中葉ころに遺跡の性格は大きく変化する。この前半期は官衙的であり、後半期は集落的な様相である。下新町遺跡は今池遺跡よりはややおくれるが、八世紀中葉から後半には成立（A期）したあと、九世紀後半（B期）と十世紀（C期）の二時期にわかれる。子安遺跡は九世紀後半に成立し、十世紀前半まで続く。

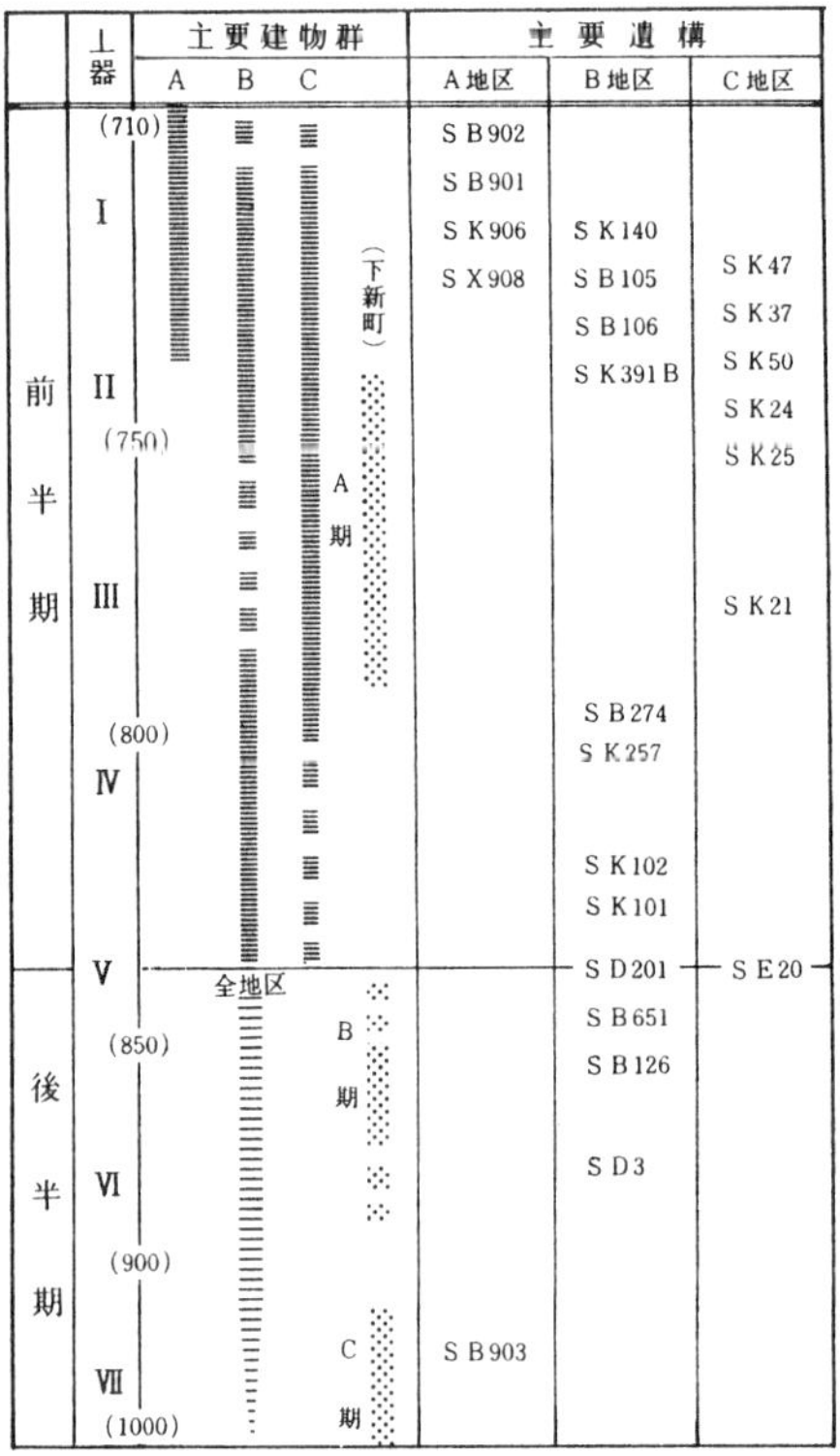

図17　今池遺跡の遺構変遷（新潟県教育委員会1984より）

遺跡の特質　バイパス調査で明らかになった遺跡の内容から、国府に関連する可能性を示せば以下のとおりである。

①遺跡がきわめて大規模であること。

前述したとおり、今池遺跡と下新町遺跡は同時に機能した時期があり、それぞれの遺跡の様相は共通している。八世紀前半には下新町遺跡ではまだ遺構の存在が認められないが、八世紀中葉ころには今池遺跡をふくめて、南北約七〇〇メートルの範囲に遺構が分布する。遺跡の規模は明確に把握できない例が多いが、これだけの規模のものはこれまであまり知られていない。

②建物遺構がすべて掘立柱建物であること。

検出されている建物遺構は、掘立柱建物が約一〇〇棟、竪穴住居が二基である。竪穴住居はいずれも九世紀後半以降のものであり、それ以前の八世紀前半から九世紀前半までの時期は、すべて掘立柱建物である。近年、古代遺跡の調査の進展とともに、掘立柱建物の検出例はかなり増加しており、それ自体はめずらしい存在ではなくなっている。しかし、八世紀代の遺跡において、掘立柱建物ばかりで、竪穴住居を含まない例はみられない。今池遺跡についで掘立柱建物の検出例の多い新井市栗原遺跡では、全体の約二割（約一〇基）が竪穴住居である。栗原遺跡は八世紀初頭から中葉の時期の官衙遺跡であり、今池遺跡と一部時期が平行する点においても、比較する例としては適当であろう。今池遺跡の特異な建物構成がうかがえる。

③掘立柱建物に大規模なものが多いこと。

全体の規模が把握された建物は八八棟あり、そのうち一三棟が桁行五間以上である。しかもこのうち六棟は七間以上であり、最大は九間である。この最大の建物の平面積は約一四〇平方メートルである。ほかに五〇平方メートルをこえる建物が六棟ある。八・九世紀代の平均的な竪穴住居は一〇～二五平方メートル（坂井　一九八九a）であり、今池遺跡の建物規模の大きさがわかる。なお、県内の古代の建物遺構として最大のものは、和島村八幡林遺跡の桁行七間、梁行四間の四面廂付き建物で、面積約一八〇平方メートルである。

④掘立柱建物が群としてまとまること。

掘立柱建物が群をなして方位をそろえるなどしている。建物群は南北六〇〇メートルの範囲内にA・B・Cの三群がある。このうちB建物群（図16右下）は約一〇〇メートル四方の溝で区画されると推定される。この区画のなかに東西棟の大型建物三棟を前後に配置するようである。区画溝の南辺は今池編年Ⅳ期（八世紀末〜九世紀前半）の土坑に切られており、建物群の存続時期が把握される。C建物群（図16右上）は区画施設は明確ではないが、南北約八〇メートルの広さをもつ。八世紀前半から中葉に成立し、（補注3）九世紀前半まで存続するようである。A建物群は八世紀前半のみ存在したようで、遺構も少ないが、北側を区画するとみられる溝がある。

C建物群には井戸がともなう。律令期の集落においては、井戸が未発達であり（坂井　一九八九a）、その存在だけでも官衙的な側面をもつが、この井戸は大形の方形の掘り方に、木製の井戸枠をもった格式の高いものである。これらのほかに下新町遺跡（図18）壺にも八世紀中葉から九世紀の建物群と今池遺跡と同じような井戸が存在する。これらの建物群は、官人層の居宅といった性格が想定される。

⑤広範囲にわたる土地区画が存在すること。

道路と考えられる遺構や区画の溝があり、さきの建物群とあわせて、広範囲にわたる土地区画が存在する。B建物群の北側には東西方向の溝が数条ある。このうち約六〜七メートルの間隔をもって平行するところが三条ある。これに加えて南北七五メートル、三〇メートルの規模の区画もある。これらの区画と相関関係が認められる遺構に、畠と考えられる「畝状小溝」がある。出土土器からみて、おそくとも今池編年Ⅳ期（八世紀末〜九世紀前半）には、広範に道路をふくめた規則的な土地区画が存在したことがわかる。

⑥出土遺物に官衙的要素がみとめられること。

木簡は出土しておらず、墨書土器もそう多くはない。しかし、円面硯・瓦塔など一般集落ではみられないものが出

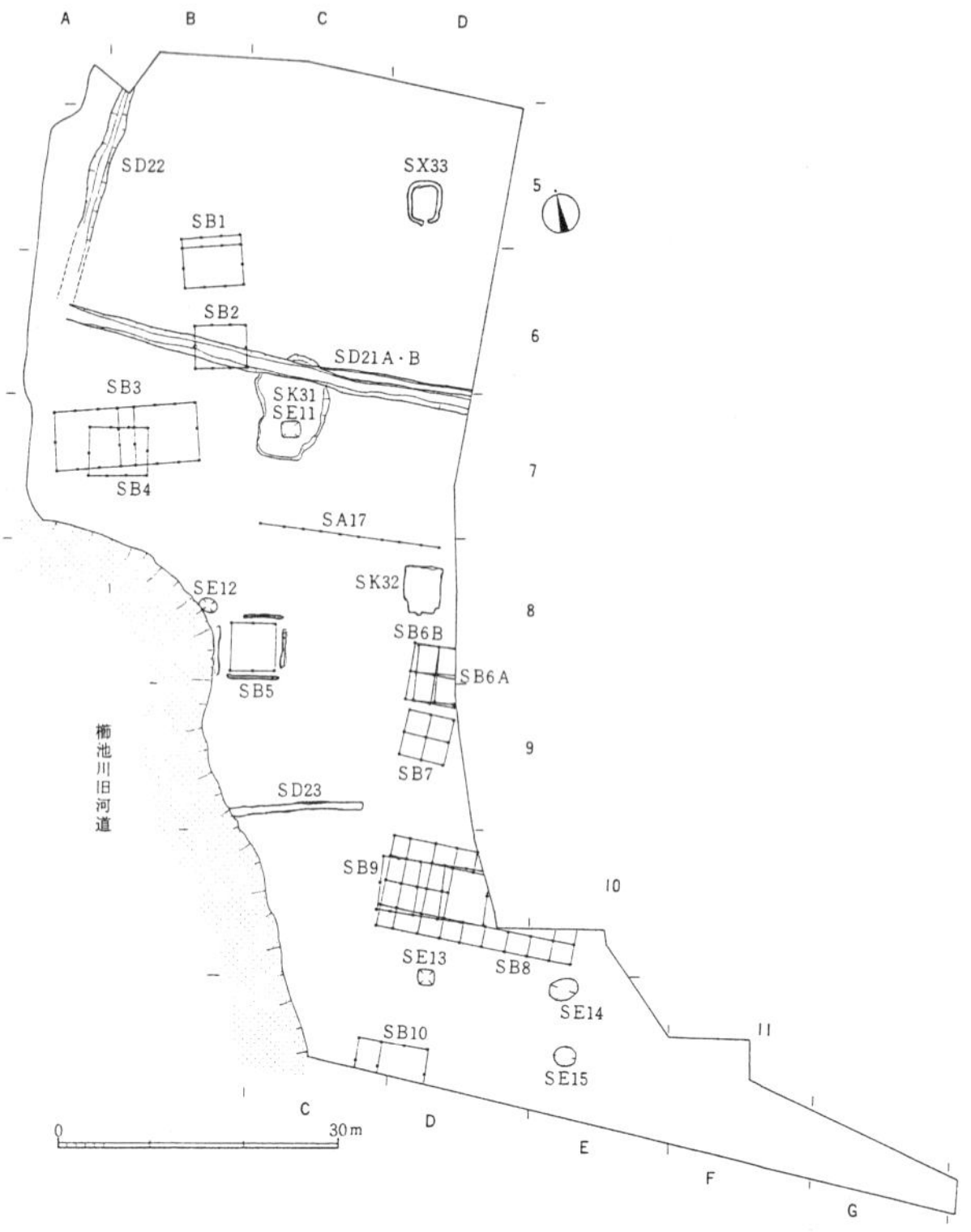

図 18　下新町遺跡の遺構配置図（新潟県教育委員会 1984 より）

土している。また、長岡京・平安京の都城以外ではあまり出土しない静岡県産の須恵器細頸瓶[5]（平城分類「壺G」）が、四個体も出土していることも注目される。

遺跡の成立と変容　まとまった土器のうち、A地区（A建物群付近）出土の土器がもっとも古い。この土器の時期の上限は、平城宮編年Ⅰ期であり、七一五年ころを下限として考えられる（奈良国立文化財研究所 一九九一）。この時期は出羽国が越後国から分立する和銅五年（七一二）にちかい。従来から指摘されてきたように、これを契機にまもなく越後国府が頸城郡に成立した可能性が高く、この点矛盾はない[6]。

今池遺跡は九世紀中葉には性格が変化する。主要な建物群であるB建物群をこわし、比較的規模の大きい溝（SD二〇一）がつくられている。さらに九世紀後半には幅約四メートル、深さ約二メートルの大きな溝（SD三）が掘削され、小規模な掘立柱建物と一部竪穴住居が併存する。この溝は大規模な水田開発などにともなう用水路と推測され、その掘削には多大な労働力を要したとみられる。その背後には大きな権力の存在を感じるが、景観はもはや官衙的ではない。

一方、下新町遺跡では十世紀の緑釉・灰釉をともなう大型建物があり（図18-SB8）、子安遺跡も九世紀にはいってからの時期が主体のようである。今池遺跡から下新町遺跡・子安遺跡へと中心が移動したことも考慮されるが、この点については、現在進行中の調査結果をまちたい。いずれにしろ、今池遺跡は十世紀中葉以降中世十三世紀までは、ほとんど人びとが居住した痕跡はない。下新町遺跡でも十一世紀以降は同様である。その時点では、次節で述べるように、井上慶隆のいう直江津に国府が成立していたのではなかろうか。

小　結　今池遺跡周辺には古墳時代前半期の遺跡はあるが、七世紀には無人の広野であった。しかも頸城平野の主要河川である関川に臨む高燥の地である。ここに、律令体制が確立する八世紀前半、突如大きな掘立柱建物があちこちで建てられた。無秩序な配置ではなく、一定の土地区画のもとで整然と建物が並んでいた。その後三〇年ほど経過し、近接して大伽藍も建立された。古代の中心地国府にふさわしいあり方といえる。

奈良時代から一二〇〇年後の現代、偶然にも国府域の一角をバイパスが縦断した。調査で検出された建物群は官人層の居宅などと考えられる。政庁域をかりに想定するならば、C建物群の北西にあるまとまった畑地があげられる。遺跡の中央やや北側という位置と、微高地という地形は魅力的である。今後の確認調査を期待したい。

4　その他の推定地における調査

（1）三和村法花寺

頸城平野の東辺の三和村には、国分尼寺の別称と同じ名称の「法花寺」が大字の地名として存在する。そのため国分尼寺の推定地の一つとして知られてきた。三和村教育委員会が一九八八年にこの村の一角を確認調査した（三和村教

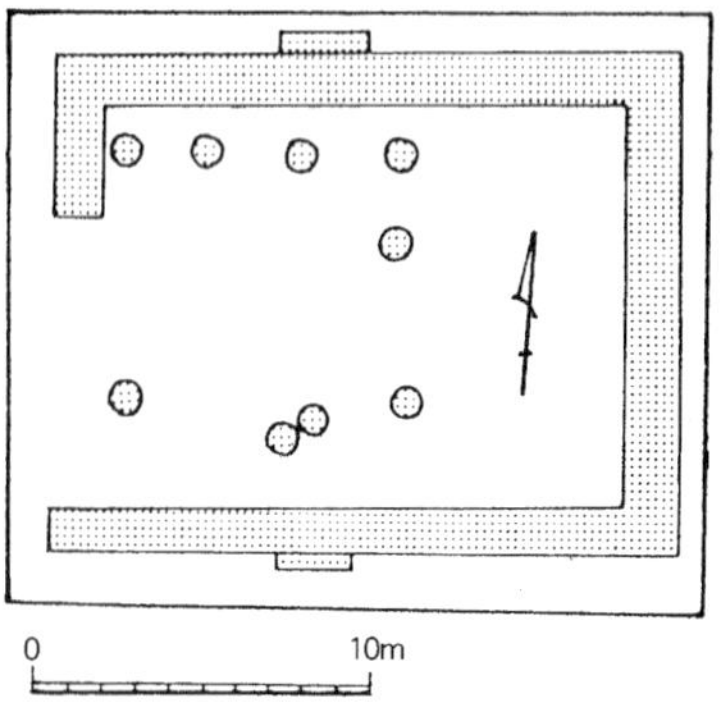

図19　三和村法花寺廃寺基壇遺構（三和村教育委員会 1990より）（網目は石敷・礎石）

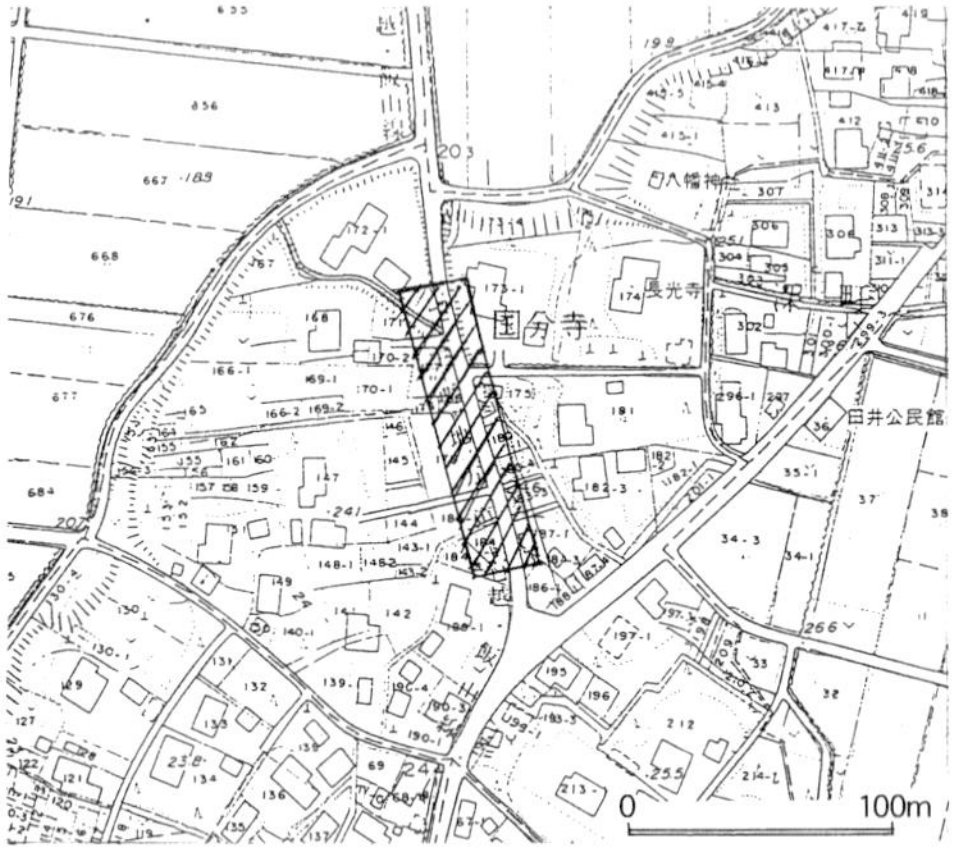

図20　板倉町田井国分遺跡の確認調査範囲（板倉町教育委員会　1992より）

育委員会 一九九〇）。調査の端緒は、飯田川北岸の法花寺の水田に礎石らしいものが埋まっていると、その所有者が教育委員会に連絡したことである。

秦繁治を担当者とした調査は、礎石らしい石が存在する範囲をあらかじめボーリング棒で確認し、その部分を発掘したものである。調査範囲を精査したものではなく、正確な遺構実測図もないため、じゅうぶんな検討はできないが、東西一八・八メートル、南北一四・四メートルの長方形の石敷きと、それに囲まれた礎石がいくつか検出された（図19）。礎石の配置からみて桁行五間、梁行三間ほどの建物が想定され、長方形の石敷きはその基壇と考えられる。瓦が出土していないが、建物の構造・規模からみて板葺の寺院と考えられる。遺構の時期は出土遺物から十二世紀前半ころと推定される。法花寺地内ではこのほかに瓦や礎石の出土は知られておらず、奈良時代の寺院が存在した可能性は低い。あるいはこの寺院跡が「法花寺」と称されていたのかもしれない。

（2）板倉町田井《たい》「国分寺」

板倉町は頸城平野の南辺にあり、町内に小字「国分寺」という地名がある。このため平野団三らにより、国分寺の推定地の一つとされてきた。「国分寺」は本長者原廃寺と同じく、関川の氾濫原に面した沖積段丘の縁辺部にある。『新井市史』でもこの地は検討されているが、瓦や礎石は確認できないとされている。

この地に県道の拡幅工事が計画されるところとなり、町教育委員会が分布調査（一九九一年七月）、確認調査（一九九二年七月）を実施し、ともに私が調査を担当した。調査地点は地元の郷土史家らが地割などから国分寺を想定した一四七番地の「ジュウエモン」の宅地に隣接する部分（図20）である。分布調査で土師器・須恵器・中世陶器が採集され、古代・中世の遺跡であることが確認された。遺跡は地名から「田井国分寺遺跡」とした（板倉町教育委員会 一九九二）。確認調査はトレンチによる発掘で、大きな土坑と溝が検出され、遺物は一〇世紀中葉ころの土師器と少量の須恵器が出土した。瓦と礎石の出土はない。周辺調査でも奈良時代の土器・瓦、礎石らしい石の存在は確認できなかった。出土遺物の時期からみても、この遺跡は奈良時代の国分寺とは考えられない。「国分寺」の地名は、従来からも指摘されていたように、国分寺の寺領が存在したなど、間接的な事由によるものと判断される。

（3）上越市直江津地区

古代の国府が今池周辺にあったとしても、中世前期までの国府はどこにあったのか。前に述べたとおり、井上慶隆は井上鋭夫の頸南説を批判し、『今昔物語集』などの文芸作品からみて、古代末には国府は海の近く、直江津にあったとした。しかし、これを考古学的に裏付ける資料はなかった。

平成四（一九九二）年夏から、直江津駅南地区の土地区画整理事業にともなって、上越市教育委員会により伝至徳寺《でんしとくじ》跡の調査が始まった。調査は一九九二年末までの予定という。一九九二年の調査で、堀に囲まれた一辺二〇〇メートル以上の大規模な方形の区画が検出され、一〇世紀から一七世紀前半までの遺物が多量に出土している（上越市教育委員会 一九九二）。この方形の区画は、地籍図により発掘前から推定されていたもの（新潟県教育委員会 一九八〇）で、地名により至徳年間（一三八四〜一三八七）に建立されたという至徳寺と考えられてきた。この区画の時期は出土遺物からみて中世後期と考えられる。出土している中国陶磁器は、中世後期はもちろんのこと、古代末から中世前期にかけても、質量ともにきわめて卓越した内容である。青磁の酒海壺、元染付の通称「玉壺春」といわれる壺など、全国的にも出土がきわめてまれなものが含まれており、遺跡の性格をよく示す。

中世後期の至徳寺は守護上杉氏の迎賓館であり（矢田 一九九三）、出土している遺構・遺物はそれとしてもおかしくはないものである。このような性格と機能をもった有力な寺院が、堀で囲まれた方形館のような構造をもつかどうかは、今後の検討が必要であり、守護などの有力者の居館という想定も成り立つであろう。あるいは両者が併存したということもあろう。いずれにしろ、守護などが関係する中世越後府中の中枢部と位置付けられる。そしてこれに先行する古代末から中世前期（十二〜十三世紀）、あるいはもう少しさかのぼった時期まで、そのような性格が推定される可能性がある。井上慶隆が指摘するように、古代末には直江津に国府が存在したとみるべきであろう。

5　今後にむけて

昭和五十七（一九八二）年の四月から十一月までの八カ月間、私は今池遺跡の現場ですごした。日々新たな発見の連続であり、越後の古代史を書き換える調査だという思いを強くしていた。この遺跡が謎といわれていた古代越後国府であり、本長者原廃寺が国分寺ではないか。そう考えての発掘であった。この一〇年、新潟県は豊富な古代遺跡の調査成果を蓄積してきた。そしていま、あらためて今池遺跡とこれに関係した資料を見直しても、一〇年前のこの考えを否定する状況にはない。

しかし現在までの調査は、国府と確定するにはなおきわめて不十分である。やはり明確な遺構を確認しなければならない。国府とすれば、規則的な建物配置をもつ政庁が存在するはずである。それを発見するために確認調査を進める必要がある。

一〇年前の調査はバイパス建設という他者の事情によって実施されたものである。いつまでも他律的な調査を待つことはできない。それは開発を前提にしたものであり、重要な遺跡が発見されたとしても、それを現状保存するのは容易ではない。そのような事態に至る前に、確認調査を実施し、遺跡の全体像を明らかにし、保護すべき範囲を見極める必要がある。目的意識をもった調査がいかに多大な成果をもたらすかは、栗原遺跡・横滝山廃寺、そしていまも継続している八幡林遺跡の調査をみれば、よくわかるであろう。たとえ所期の性格の遺跡が確認されなくとも、少なくともそれに匹敵する成果はあがる。徒労に終ることはないのである。

幸運にも古代の越後国府を確認することができたとしたら、それは保護して、後世に伝えるべきであろう。遺跡の大半を残すことができない現状からすれば、まずこうした遺跡から着手しなければならないということである。(7)

その調査と保護を誰がやるのか。それはその地域であろう。文化財の保護・管理は、地方自治体、教育委員会の職務として規定されている。(8) 当然、埋蔵文化財である遺跡はこれに含まれる。従来はまず遺跡を記録保存することが行政に求められ、その体制もある程度は整備されてきた。記録保存が明らかにした歴史は幅広い。日本の考古学の発展もそれによるところが大きい。しかし、今後は記録保存ばかりではなく、遺跡をいかした保護・管理が要求されてくるであろう。

子安遺跡では大規模な土地区画整理事業が始まり、事前調査が進められている。開発はバイパスのもたらした「効果」であり、かつて懸念したことでもあった。開発事業は条件さえ整えば、いつでも始まる。遺跡の調査を待ってはくれない。本長者原廃寺では今年度から確認調査が再開されるときく。国分寺と断定できるかどうか、期待と不安がある。組織的な長期にわたる確認調査の実施を願ってやまない。

註

（1）新井市には新潟県最大の前方後円墳といわれた有名な原通り古墳群があった。『新井市史』はこれを科学的な目で批判し、これが自然地形による高まりであり、古墳ではないと断定した。その約一〇年後の確認調査で、それが正しいことが証明された。考古学的な冷静な判断で遺跡に対峙することがいかに大切かを教えられる。

（2）『新潟県史』（通史編一、一九八六年）に紹介され、『柏崎市史』上巻において塔基壇であると報告した（坂井　一九九〇a）。

（3）文献の検索で宮本長二郎にお世話になった。記して謝したい。

（4）その要因はおそらくもう一点ある。近世以降の水田開発である。この場合とくに昭和四十年前後の圃場整備が大きい。徹底して水田面積の拡大をめざした越後の開発史との関係も、背景として考慮されよう。

（5）最近の研究では、この須恵器は駿河・伊豆国の貢進物である鰹の煮汁を運搬する専用の容器とされる（巽　一九九一）。これが地方の遺跡で出土することは、そこで鰹煮汁を使って料理したこと示すかもしれない。その風味を知ったものが都からもとめたものであろうか。

（6）出土木簡の解釈との問題で重要な八幡林遺跡との先後関係は、両者の土器からみて、今池遺跡のほうがやや古い（坂井ほか　一九九二）。したがって、養老年間ころの郡符木簡（一号木簡）が頸城郡にあった国府の告朔への出頭を命じたもの（小林昌　一九九二）であったと考えることも可能である。越後の国域の確定にともなって、国府が頸城郡につくられ、そのころまださかんに機能していたとみられる沼垂城との地理的な中間地点に八幡林遺跡が存在した。このような推測も成り立つであろう。今後の両者の調査結果をまつしかないが、八世紀前半においては、国府とその出先機関である沼垂城との中継基地としての性格を八幡林遺跡に求めたい。

（7）ほかの集落などの遺跡は保護の対象としなくてよいというのではない。現在の遺跡保護のあり方からみれば、こうした官衙遺跡を保護できなければ、ほかの遺跡の保護はむずかしいといえる。

（8）「地方自治法」第二条、「地方教育行政の組織及び運営に関する法律」第二三条第二四条。

補註

（補註1）越後の古代遺跡についての豊富な研究実績をもつ金子拓男は、筆者が最初に本長者原廃寺について論じた昭和五十八（一九八三）年以前から、越後国分寺の所在地についての調査・研究を進めていた。そうした実績をふまえ、従来の直江津海岸「海没説」をはじめとした諸説を詳細に検討のうえ否定し、本長者原廃寺こそが越後国分寺と結論している（金子　一九九六）。

（補註2）本編第1章において、北陸地方は他地域と比較して瓦の出土量が少ないことや、寺院跡や官衙遺跡の様相が不分明なことに関しては、雪や気温などの気候条件との関係を論じている。

（補註3）春日真実は今池遺跡B地区SB一〇五を中心とした建物群の年代について柱穴や関連する溝の出土土器を再検討し、報告書において八世紀前半に成立したとされていたものを、八世紀後半を上限とする時期とした（春日　二〇〇一）。報告書作成時の整理作業が不十分であったことが反省される。また、春日・笹澤正史による八世紀の土器の年代観は報告書で提示したものより相対的にやや新しく訂正されている（春日　一九九九・二〇〇五a、笹澤　二〇〇三）。報告書では今池遺跡でもっとも古い今池Ⅰ期は八世紀前半とし、編年表においておおむね七一〇年から七二〇年ころを上限、Ⅱ期は八世紀中葉としていた。これに対して両氏はⅠ期を第2四半期、Ⅱ期を第3四半期としている。こうした年代観をふまえて今池遺跡などの官衙関連遺跡の成立年代に関しては八世紀中葉以降として、一つの画期としている（春日　二〇〇六b）。最近の土器編年については、本編第2章補註を参照のこと。

第4章　越後平野の環境・交通・産業と官衙遺跡

はじめに

現在の新潟県は豊かな水田地帯に恵まれた日本の穀倉地帯として知られている。その中心をなすのが新潟県の中部から北部にかけて展開する広大な越後（新潟）平野である。どこまでも続く平坦な水田風景はいかにも越後らしい。しかし、いまのように肥沃で安定した土地となったのは、近世・近代の大規模な開発事業によるものである。耕地の拡大をめざして、潟湖を干拓し排水路を開削してきた、長年にわたる人びとの労苦の結果なのである。

古代の越後平野は、現在みるような豊かな実りを生む環境ではなかった。信濃川・阿賀野川の大河がうねるようにして流れ、大小無数の潟湖が点在し、葦沼などの広大な低湿地が広がっていた。洪水もたびかさなり襲い、人びとの開発をこばんでいた。農業の生産力は低かったとみなければならない。

越後平野の地域はまた、歴史的に日本海側における北方を含む東北経営の起点でもあった。渟足《ぬたり》柵・磐舟《いわふね》柵という文献記録上最古の城柵が設置され、蝦夷世界との接点に位置していた。そのため七世紀末から八世紀初頭にかけて、めまぐるしく国境が変遷するなど、複雑な動向をみせている。

こうした環境のなかで古代の人びとは生活を営んでいた。近年、発掘された越後平野の古代遺跡はそれをいきいきと示している。新潟市的場《まとば》遺跡・黒崎町（現新潟市）緒立《おたて》遺跡・豊浦町（現新発田市）曽根《そね》遺跡などは、いずれも潟湖に面した低湿地のただなかにあって、安定した水田耕作を営めない立地条件にありながら、木簡・墨書土器・律令祭祀具などの遺物や大型の掘立柱建物などが発見されており、一般の集落ではなく官衙に関連した遺跡と考えられる。これらの遺跡は発達した内水面を基盤に鮭漁をはじめとした漁撈、舟運による物資の交易・流通など、越後平野独特の産業や交通のようすを具体的にものがたっている。渟足柵を継承する「沼垂城」、そしてその名を記した木簡や郡符木簡が出土した和島村（現長岡市）八幡林《はちまんばやし》遺跡（和島村教育委員会　一九九二〜一九九四。坂井　一九九五a）、さらには越後の国津ともいえる「蒲原津《かんばら》」も、こうした環境のなかにあって、たがいに関連しあいながら機能していたものと思われる。

古代の越後平野は、その歴史的・地理的な条件により、律令体制の波及・確立・展開の過程を具体的に示すという点において、重要な意義をもっている。このような認識のもとに、まず地理的な環境の特性についてのべ[(1)]、そのなかで機能した的場遺跡・緒立遺跡・曽根遺跡などの官衙関連遺跡と、内水面の交通や漁撈などの生産活動との関係に注目し、律令期の地域社会を考察することにしたい。また、須恵器を素材にして手工業生産とその流通のあり方、そしてその変容の過程を環境・交通との視点から考えたい。

1　越後平野の環境と交通

（1）越後平野の地形環境と古代の開発（図21）

平安時代の十世紀前半に編さんされた『和名抄』には、国ごとの田数が記されている。これによる越後・佐渡・越中・大和の郷数・田数と、一九八八年の水田面積・総面積などを示したのが表4である。『和名抄』の数字がどれだけ正確かという問題もあるが、当時のおおまかな傾向は把握できよう。これにみる水田面積は、越後が約一万五〇〇〇

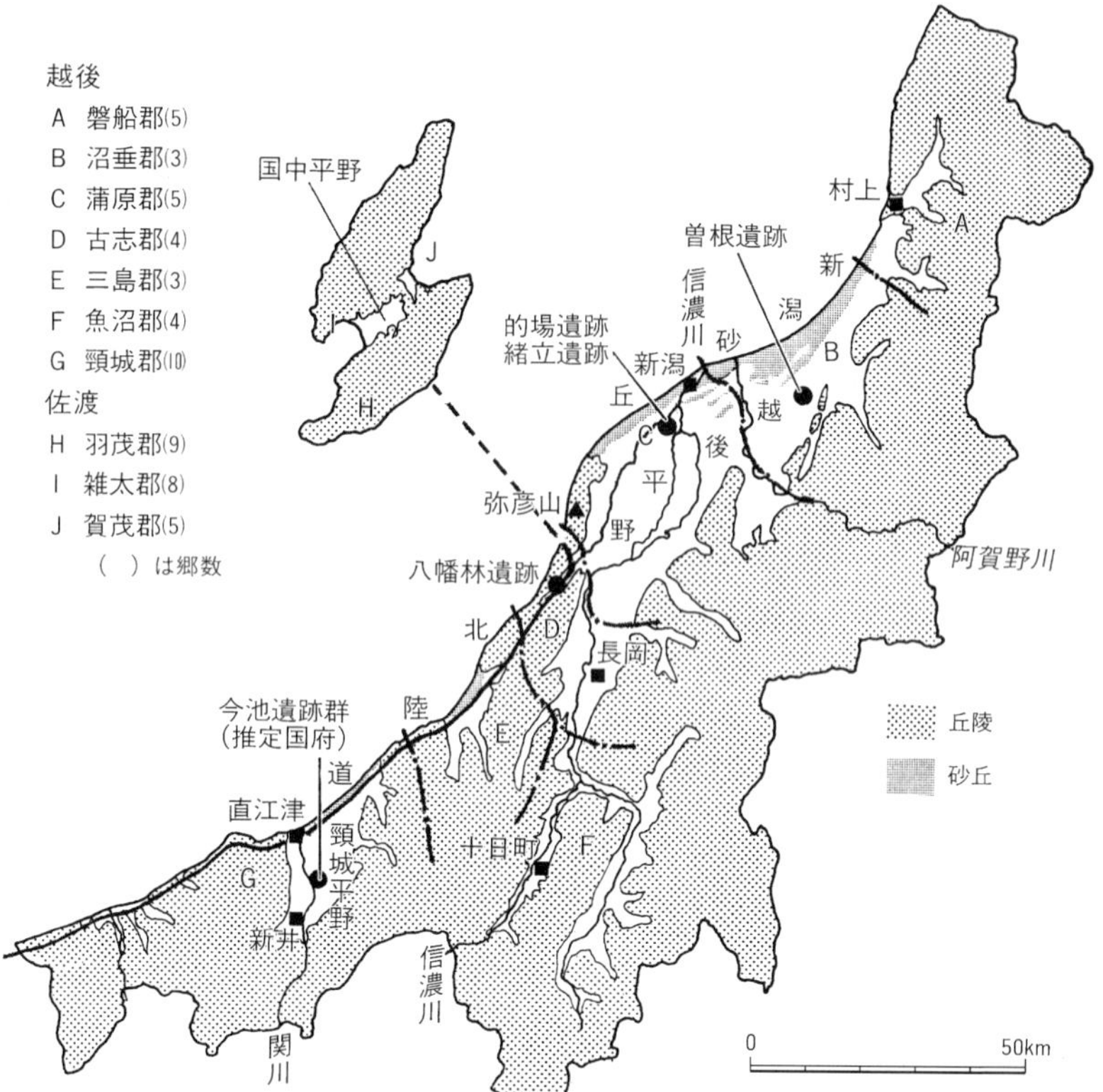

図21　越後・佐渡の地形と郡郷（坂井 1993cより作成）

町、越中が約一万八〇〇〇町である。両者にはあまり大きな差はないが、越後の総面積は越中の約三倍もある。古代の越後は総面積に対していちじるしく水田面積が少なく、開発がおくれていたことがわかる。(2) 現在水田となっているところの多くは、古代には水田とはなっていなかったのである。全国的には越中・佐渡(3)はむしろ平均的なあり方で、越後が特異といえるであろう。

古代の越後は、頸城郡をのぞけば、広大な土地を擁しながら、きわめて少ない耕地しかなく、人口も少なかったと考えられる。(4) 古代越後の生産力を規定した大きな要因の一つは、後世、主要な生産地域となる広大な越後平野の地形環境の特性と考えられる。

越後平野の形状は南西から北東に長い。西側の海岸には弥彦・角田山塊とそこからのびる新潟砂丘があり、東側には丘陵が横たわる（図22・23）。その間が広大な沖積地となる。新潟砂丘は日本最大級の規模で、角田山麓から県北部の村上市まで、距離にして約七〇キロメートルにおよぶ。場所によっては一〇列も海岸線に平行して並び、現在の海岸線から一〇キロメートルも内陸に位置する砂丘列もある。砂丘の標高は平均二〇〜三〇メートル、高いところでは四〇メートル以上にも達する。

表4　越佐の田数（山田 1986より作成）

国名	郷数	和名抄(1)（町）	色葉字類抄(2)（町）	1988年水田(3)（ha）	延喜式(4)（束）	面積（km²）
越後	34(5)	14,997	23,738	163,167	833,455	11,253
佐渡	22	3,960	3,906	9,721	171,500	857
越中	41	17,909	21,359	66,100	830,433	4,250
大和	88	17,905	17,750	20,400	552,200	3,692

註　(1)(2)は田積、(3)は新潟県企画調整部統計課1989による、(4)は延喜式主税上の正税・公廨・雑稲の合計、(5)磐船郡の「余戸」を含む。

平野の規模はきわめて大きく、わが国でも最大級である。地形的には基本的に沖積地で、いちじるしく低平である。丘陵の裾に近い部分をのぞけば、見た目にはほとんど平坦である。これを主要河川でみると、信濃川の河口から約六〇キロメートル上流の長岡市でも、標高はわずか二〇メートルにすぎず、勾配は三〇〇〇分の一である。頸城（高田）平野の関川は、河口から一八キロメートル上流の新井市（現妙高市）で標高六〇メートル、勾配は三〇〇分の一で信濃川の一〇倍もある（図24）。越後平野は頸城平野と比較して驚くほど平坦なのである。富山平野と金沢平野は、庄川と手取川の流域でそれぞれ三四〇分一、一六〇分一であり、越後平野の飛び抜けた平坦さがうかがえる。(5)

越後平野を流れるのが信濃川と阿賀野川である。この二つの河川は長さ・流域面積ともに日本有数である。流量の多い河川の水は、平坦な地形のために、大きく蛇行を繰り返し、容易に海に流れ出ない。これに加えて、海岸に存在する巨大な砂丘があたかも堤防のように水の流れをさえぎり、砂丘の内側には広大な後背湿地・湛水地が形成された。(補註1) 越後平野の開発は、潟湖・後背湿地の水をいかに排水するかにかかっていた。

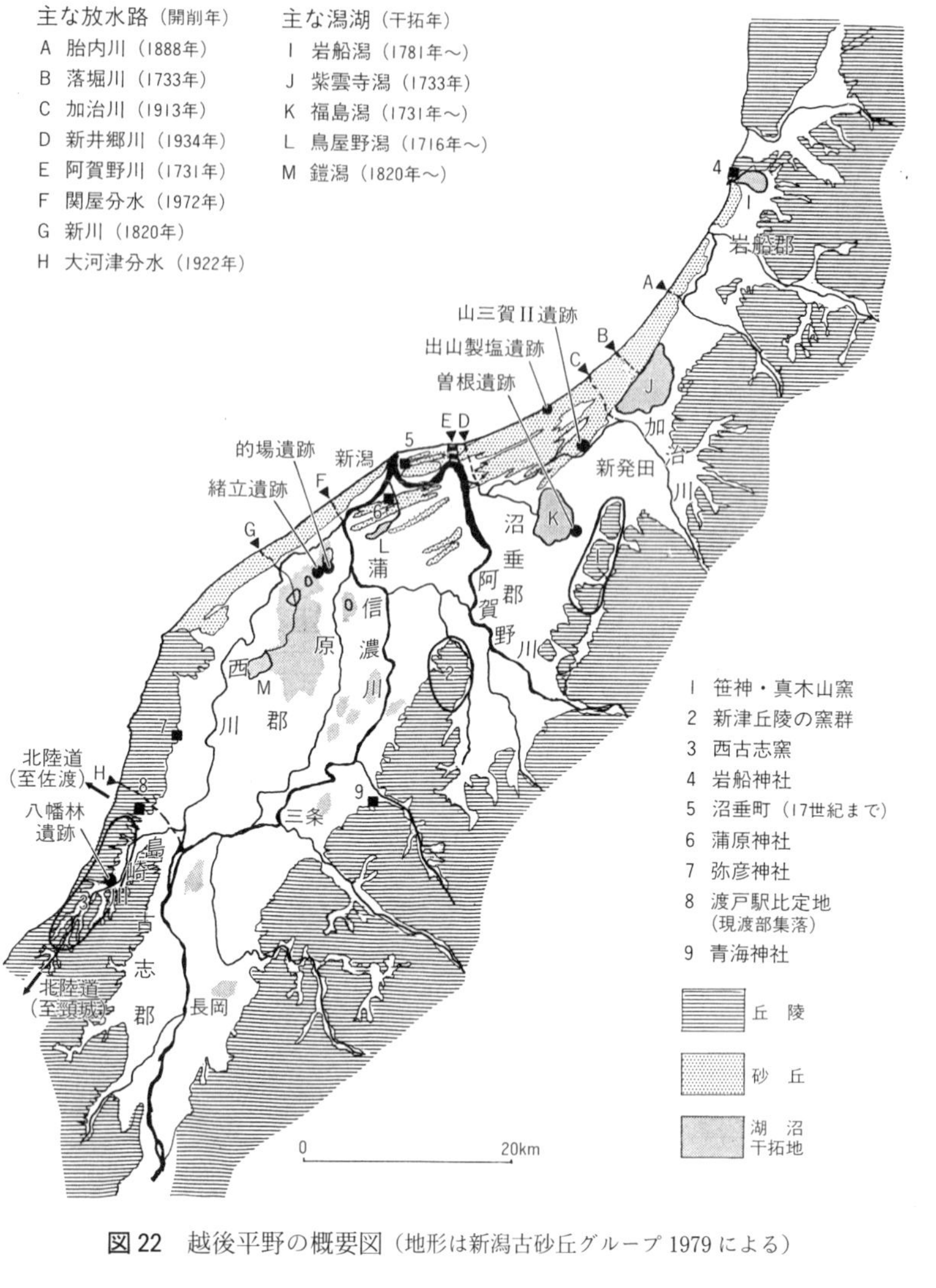

図 22　越後平野の概要図（地形は新潟古砂丘グループ 1979 による）

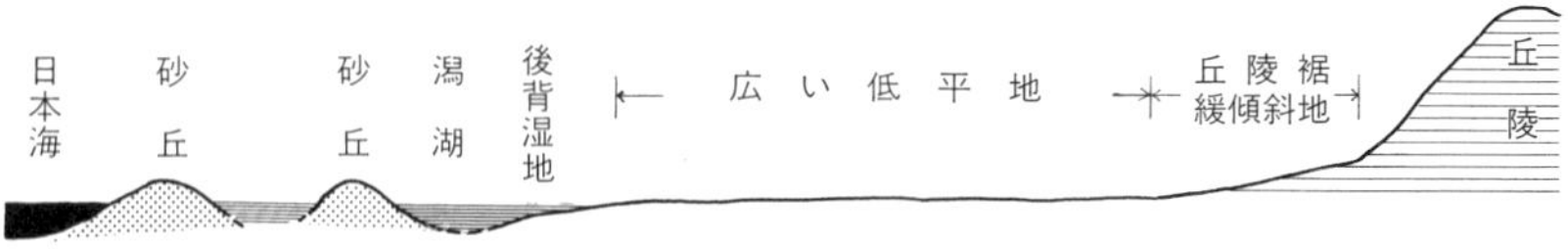

図 23　越後平野の地形模式断面図

現在海岸には多くの河口があるが、信濃川と北部の荒川をのぞくといずれも人工的に開削された放水路であり（図22-A〜H）、越後平野を流れる河川の大半は、かって信濃川に合流して日本海に出ていたのである。阿賀野川の現在の河口は、一八世紀前半に開削されたものであり、それまでは砂丘にぶつかったのちは流路を西に変え、信濃川の河口付近で合流していた。(6) このほか阿賀野川以東の加治《かじ》川・落堀《おちぼり》・新井郷《にいごう》川、信濃川以西の関屋分水・新川・大河津分水などはすべて人工の放水路である。このため、信濃川の河口には広い地域の水がすべて集まってきたのである。

このような地形により、広大な沖積地には潟湖や湿地などの滞水面と、網の目のように流れていた大小河川の流路とその氾濫原が広く存在していた。そしてそれ以外のところも、地下水位が高く、排水不良の低湿地が多かったのである。集落を営むには適さず、水田化したとしても生産性の低い強湿田・湿田であった。越後平野の集落には近世に成立した新田村が多い。とくに西蒲原郡・北蒲原郡などの標高が低いところは、その割合が高い。信濃川と阿賀野川の河口付近を占める新潟市域（合併前）では、近世における約一五〇の村のうち新田村でないのはわずか七カ村にすぎない。(7) 近世以降の開発にともなって多くの集落が成立したことがよくわかる。越後平野における遺跡分布は、沖積地にも見られるものの、砂丘上や東西の丘陵裾に多く、このような平野の開発のあり方と符合する。条里型地割がまったく確認されていないこともこれと関連しよう。(8)

（2）越後平野の内水面交通と港

このようにいちじるしく内水面が発達した地形環境においては、当然のこととして陸上交通よりも水上交通が発達し、水路が平野内部に網の目のようにはりめぐらされていたと推測される。内水面交通は海上交通と比較して、船の転覆などの危険が少なく、操船技術も容易であり、使う舟の構造・装備、港の設備も軽易なものでよかったと思われる。また河川の勾配が小さい平野部では下りだけでなく、上りにも好都合である。物資の輸送においてはとくに舟運

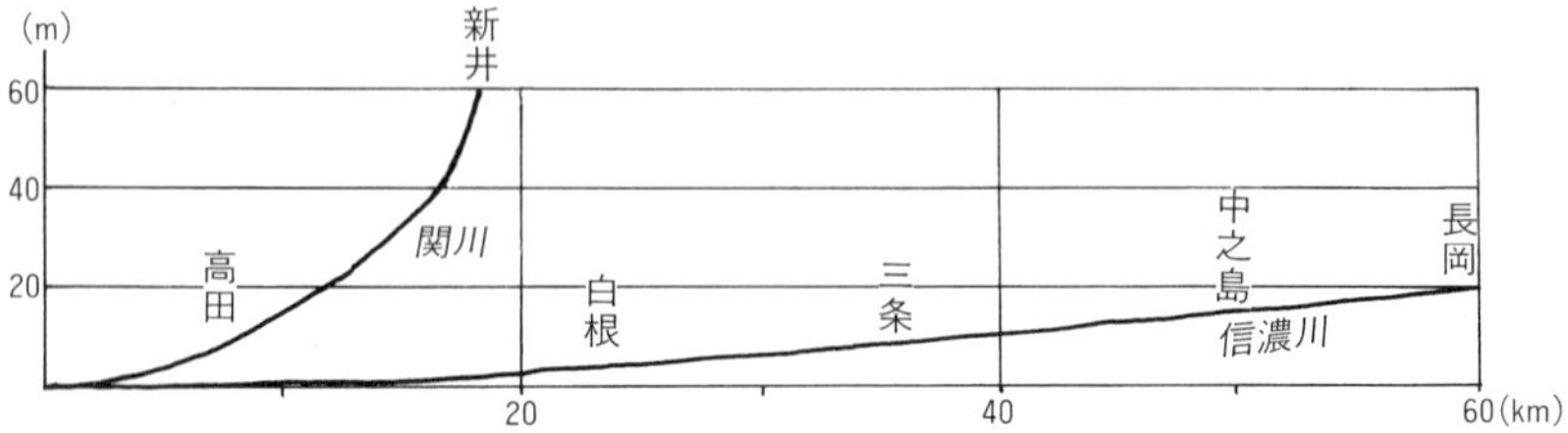

図24　信濃川（越後平野）と関川（頸城平野）の勾配

は有利である。こうした内水面の発達は近世初期の正保国絵図からもよくうかがうことができる（図25）。八幡林遺跡がある和島村（現長岡市）から約一〇〇キロメートル以上北の荒川河口まで船で往来できたように、島崎川・阿賀野川・加治川などの川筋ばかりではなく砂丘内側にも水路があり、平野のなかの内水面はまさに縦横無尽に展開していた。また平野から内陸奥深くまで水路が入り込み、信濃川の上流一二〇〜一三〇キロメートルの六日町・十日町まで米輸送のための川舟がさかのぼっていた（本山・桑原　一九八七）。さらに信濃・会津（陸奥）の中央部まで川でつながっている。

砂丘の発達する日本海側では、平野部において港となりうる地形条件は、一定の規模をもつ河川の河口と潟湖の水門《みと》が適している。日本海側の古代城柵は、東北経営が日本海ルートによって進められたと考えられるため、出羽の秋田城が雄物川河口を選地しているように、港に近接した立地条件を満たしたものと推測される。このような観点から、所在地が不明である越後の城柵についても、渟足柵は阿賀野川の河口、磐舟柵は十八世紀に干拓された岩船潟の水門の周辺に存在したものと類推される。渟足柵は後の沼垂町・沼垂湊に、磐舟柵は岩船町・岩船湊にそれぞれ立地が継承され、中世・近世につながるのであろう。このほか頸城地方の関川の河口にある現在の直江津付近には、古代北陸道の水門駅があり、古代でも重要な港であったと考えられる。これらはいずれも古代・中世・近世を通じて越後を代表する港湾であり、それぞれ越後の北部・中部・南部の中核となる港町・港湾都市として発展した。

日本海に面した港の立地条件に加えて、信濃川・阿賀野川水系は発達した内水面をもっ

註1）河川交通については近世初期のもの。
2）古代の北陸道と駅はおおよその推定位置を示す。
3）古代の城柵等の推定地はおおよその位置を示す。

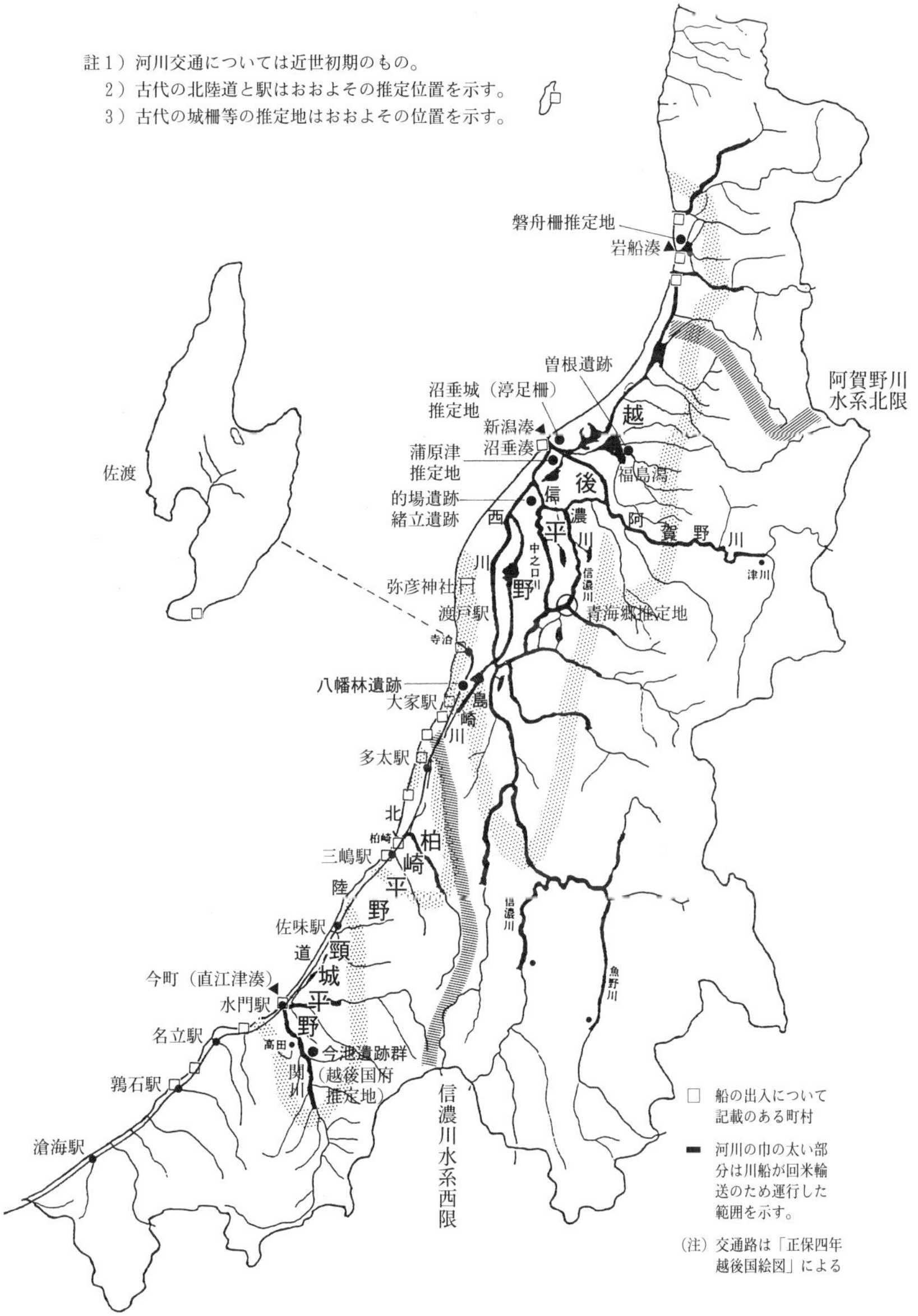

図25　近世初期の内水面と交通（本山・桑原1987より作成）

ており、その河口のもつ役割とその意義はきわめて大きい。日本海とこの広大な内水面は、河口を結節点として、一つのネットワークで結ばれているのである。日本海から信濃川の河口に入れば、越後の三分の二以上の範囲の河川流域に到達することが可能である。その範囲は古代の郡域でいえば、沼垂・蒲原・古志・魚沼の四郡にあたる。そしてさらには国境をこえて信濃・会津にまで到達することが可能である。逆に河口は広大な地域から物資を集め、日本海へ搬出する地点ともなる。日本海と内水面では使用される舟の規模・構造がことなると予想されることから、河口には乗り換え、積み換えなどの拠点が必要となる。このように信濃川の河口は海上・内水面の交通の要としての経済的側面からも、重要な歴史的地位を占めている。『延喜主税式』「諸国運漕雑物功賃条」には、越後の国津として「蒲原津」があげられている。「蒲原津」は蒲原の地名の位置などから、大局的には信濃川の河口に比定される。国津が国府の所在する頸城郡ではなく、信濃川河口に存在する理由はここにある。

2　的場遺跡・緒立遺跡と内水面の漁業

的場遺跡・緒立遺跡は、越後平野の海岸部のほぼ中央、信濃川最下流域の大低湿地帯にある官衙関連遺跡で、ほぼ同時期に営まれ相互に関連した遺跡である。周辺の地形環境や出土遺物からみて水田耕作に依存した集落ではなく、鮭をはじめとした内水面の漁業や水産物加工にかかわる性格をそなえている。遺構・遺物からみてこうした作業に官衙が関与していることが推測される。水上交通との関連も想起され、古代越後の特性をよく示す遺跡といえる。

(1)　的場遺跡の概要

遺跡の立地　新潟市大字小新（現在、的場流通一丁目）に所在する八～十世紀の遺跡である。この周辺は信濃川西岸に

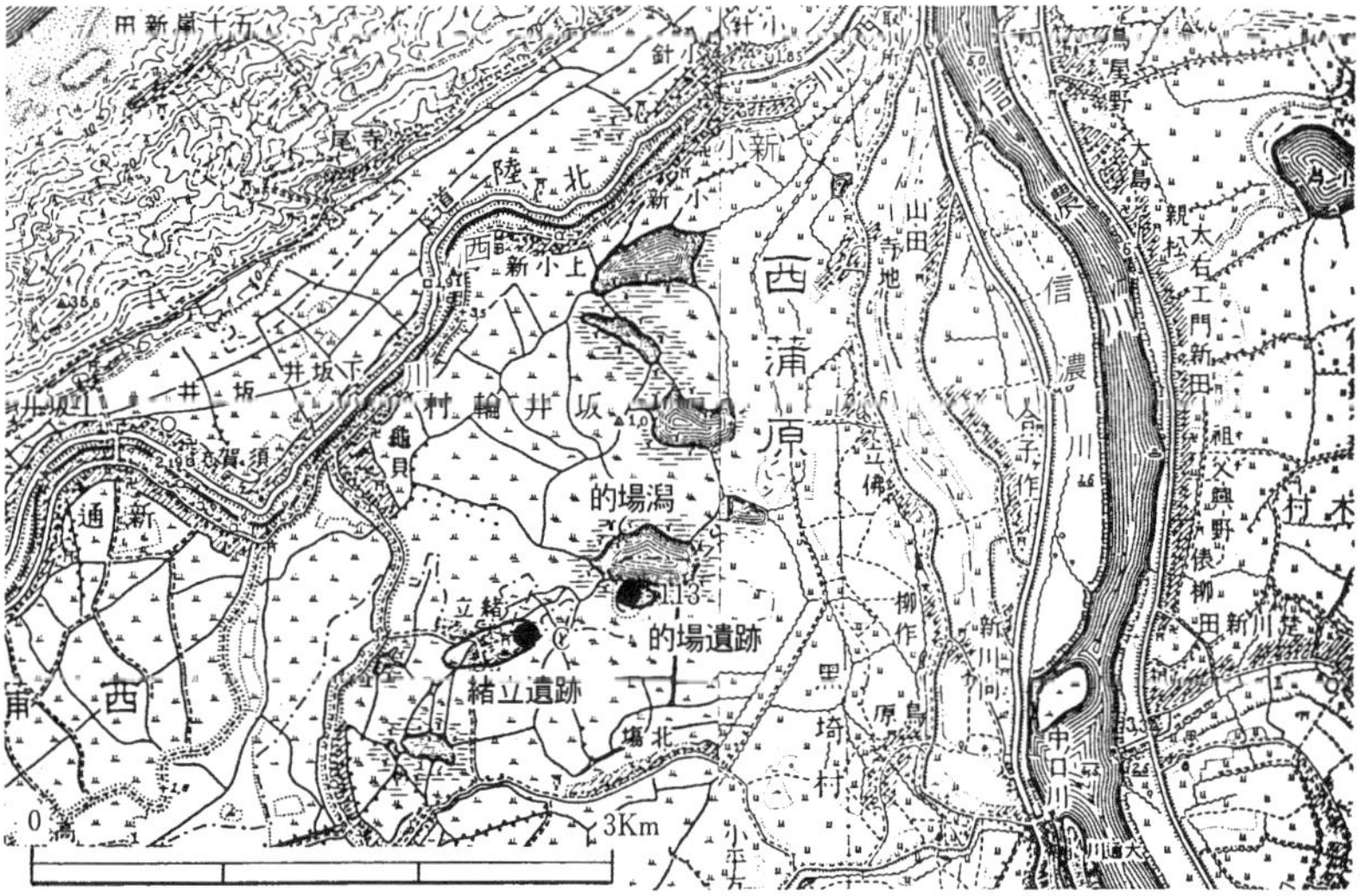

図26　的場遺跡・緒立遺跡と周辺の地形（大正3年版、新潟市 1994より作成）

位置し、古代では蒲原郡域にはいる。的場遺跡の西方約七〇〇〜八〇〇メートルに、緒立遺跡がある（図26）。信濃川の河口からは約一〇キロメートル、海岸線からは約四キロメートルの距離である。砂丘の後背湿地にあたり、標高がマイナスとなる低平かつ広大な低湿地が展開し、新潟市内屈指のゼロメートル地帯として有名である。いまはすでに存在しないが、干拓されるまでは数多くの潟湖が点在しており、周辺の水田はいちじるしい強湿田であった。的場遺跡は昭和五十五（一九八〇）年まで残っていた的場潟の南側の小さな砂丘上に立地する。この砂丘の最高地点は標高一・三メートルで、調査前は低湿地のなかにあたかも小さな島のようにぽつんと浮かんでいた。的場潟は小河川により西川・信濃川と結ばれており、巨視的には信濃川の河口近くに存在していた「蒲原津」の立地に近い。また「沼垂城」とは信濃川と阿賀野川により一〇キロメートル内外の距離で結ばれていたと推定される。

遺構の概要　平成元年・二（一九八九・一九九〇）年に新潟市教育委員会により発掘調査され、当初予想できなかった大きな成果をおさめた（新潟市教育委員会 一九九一、藤塚 一九九三、小池 一九九四、新潟市 一九九四）。これらの報告により、遺跡の状況を概

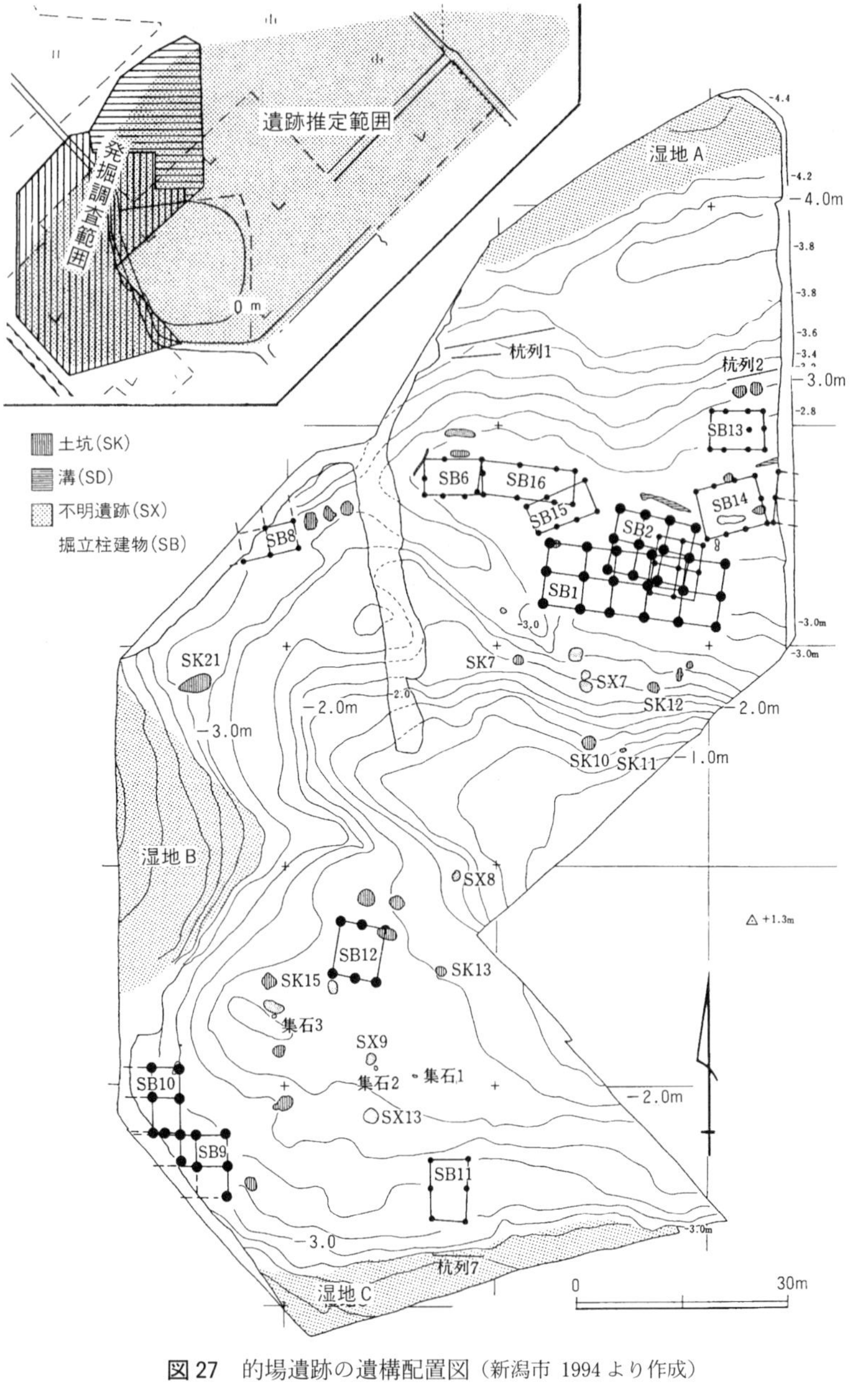

図27　的場遺跡の遺構配置図（新潟市 1994 より作成）

観しよう。

遺跡は東西約二〇〇メートル、南北約一〇〇メートルの島状の砂丘全体にひろがり、面積は約一万五〇〇〇平方メートルと推定される。古代の遺跡の規模としては大きいものではなく、緒立遺跡よりもかなり小さい。調査範囲はそのうちの西側ほぼ三分の一にあたる。調査範囲外にある砂丘の頂点が標高一・三メートルで、そこから四方に向かって低くなる。調査区内の北・西・南の三方の低地にはそれぞれ植物腐食層が分布する湿地がある。的場潟に連なると推定される北側の湿地周辺が標高マイナス四・六メートルでもっとも低い。この高さに当時の水面が位置していたと考えられることから、遺跡が立地している地盤は当時より四メートルは沈下しており、遺跡中央の高いところは水面から五〜六メートルほど高かったと推定される。

検出された遺構は掘立柱建物一六棟、土坑、杭列などである（図27）。掘立柱建物は北側斜面に比較的まとまっており、斜面を平坦に削平した部分に最大規模の建物ＳＢ1がある。この建物は二間（五・七メートル）×五間（一六・八メートル）の総柱建物で、桁行の柱間は三・三メートルもあり、総面積は九六平方メートルになる。このほかにも総柱建物が目立つほか、梁行が短いものや一間であるものなど特異な構造の建物も多く、住居用と考えられる一般的な構造のものはほとんどみられない。倉庫と、漁撈や水産物加工の作業に関連した施設と推測される。なお、建物ＳＢ2の柱穴の位置に和同開珎二〇枚が一括埋納されていた。地鎮にともなうものと考えられ、官衙的なあり方を示す。出土土器からみた遺跡の成立は八世紀前半の第2四半期ころで、十世紀後半に衰退するまで連続して営まれたと考えられる。この間のうち八世紀後半から九世紀後半が遺物量からみてもっとも盛行した時期と推定される。

それぞれの湿地や周辺の出土遺物の分布などから、遺跡内のおおよその空間利用のあり方が知られる。北側の湿地には祭祀具も少量あるが、浮子・櫂・網針などの漁具が多く出土している。的場潟に連なるこの水辺には船着き場があり、その付近には漁撈に関連した作業場があったと推定される。大型の倉庫はこれにともなうように配置されてお

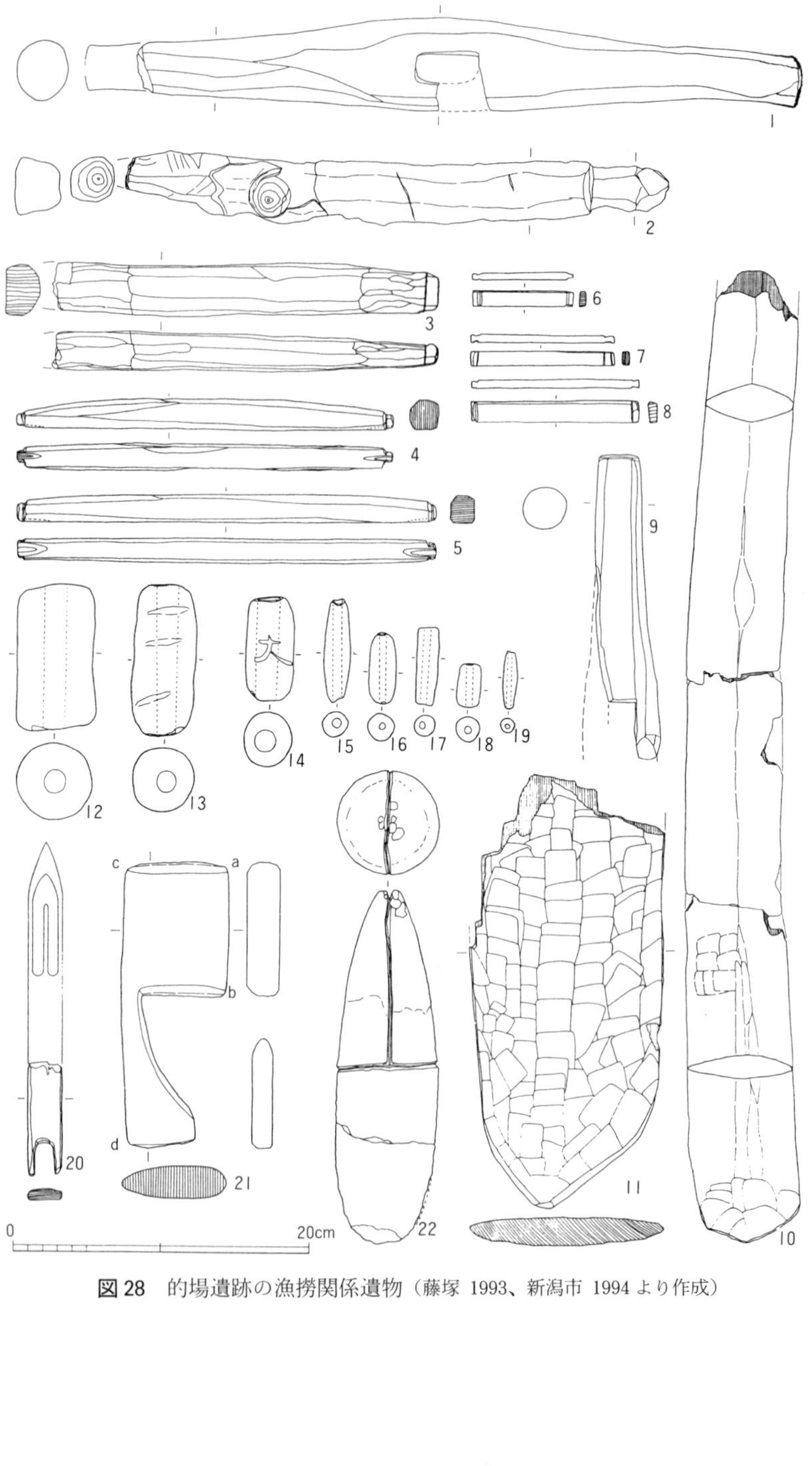

図 28　的場遺跡の漁撈関係遺物（藤塚 1993、新潟市 1994 より作成）

り、水産物などを収納したのであろう。西側の湿地には一括廃棄された土器・木製品があり、木簡や墨書土器、人形や斎串などの祭祀具、木沓・銙帯金具・銭貨など官人に関係した遺物が多い。南側の湿地には土器類・木製品はほとんどなく、大半が木屑や切断面をもつ大型の木片で、近くに木製品や建物・船などの部材の製作・加工をおこなった作業場の存在が推測される。

漁撈関連遺物（図28）　出土遺物には人量の漁具が目立つ一方、農具はまったくみられず、この遺跡の性格を端的にものがたる。周辺の地形環境から安定した水田耕作が営めるとは考えられない反面、内水面における漁撈に適した立地であり、出土遺物もそれを裏付ける。漁具には木製の浮子《うき》と土製の沈子《おもり》がもっとも多く、ほかに櫂・網針などがある。

浮子は、棒状で両端部に紐を結び留めるための溝を刻む。長さ七〜一五センチメートルの小型品（6〜8）と長さ二五〜二八センチメートルの大型品（4・5）に大別され、小型品はさらに細分可能である。出土点数は小型が八二点、大型が一五点で、両者の量比は六対一程度である。網は捕獲する魚の種類によってことなり、それによって網に使われる浮子の大きさもことなると考えられる。小型品は刺網の浮子と推定される（大沼　一九九二）。鮒・鯉など比較的小型の魚に使うものであろう。大型品は近年まで鮭網として使用されていた浮子と形状・大きさともほとんど同じであり、「鮭」の文字を記した木簡や鮭の歯の出土[9]などを考慮すれば、鮭を含む大型魚に使う浮子と考えられる。用途不明とされる木製品のなかに超大型の浮子と考えられるものがある（2・3）。長さ四〇センチメートル以上で、浮子と同様両端にえぐりがあって紐で結べるようになっている。民俗例では曳網の中央部の袋網には超大型品の浮子（恵比須アバ）をつける（図29）（新潟市　一九九一）ことから、これがその浮子とも推測される。

沈子は、いわゆる管状土錘である。土師質の焼成で、浮子と同じく太い大型品（12〜14）と細い小型品（15〜19）に大別される。小型品は長さ二〜六センチメートル、重さ二〜二〇グラム、大型品は長さ五〜一一センチメートル、重さ三〇〜二〇〇グラムである。出土点数は小型が七三〇〇点、大型が一三〇〇点で、量比は浮子と同じ六対一程度である。小型品は数十点から百数十点ほどまとまって出土する例があり、一つの網に装着された状況がうかがえる。小型品は刺網用の沈子で小型の浮子に対応し、大型品は大型の浮子に対応するものと考えられる。大型品は曳網・巻網に使用されるものである（大沼　一九九二）。このほかに紐を結ぶための溝が入っている大型棒状の石錘（22）がある。碇や水深器などの見方もあろうが、民俗例の超大型の浮子に対応する沈子（図29の恵比須石）の可能性も考えられる。

網の製作用具も出土している。網針（20）は針と糸巻きの両方の機能をそなえた、網を編むための専用の道具である。21は網目の寸法をきめる定規（目板）と推定される木製品である。網には捕獲する魚の種類に合った網目の寸法がある。それを一定に保ちながら編む道具がこれである。長方形の板に大きな三角形のえぐりを入れたもので、側辺の短い部分（21-a～b）が網目の寸法と考えられる。この長さは約九センチメートル

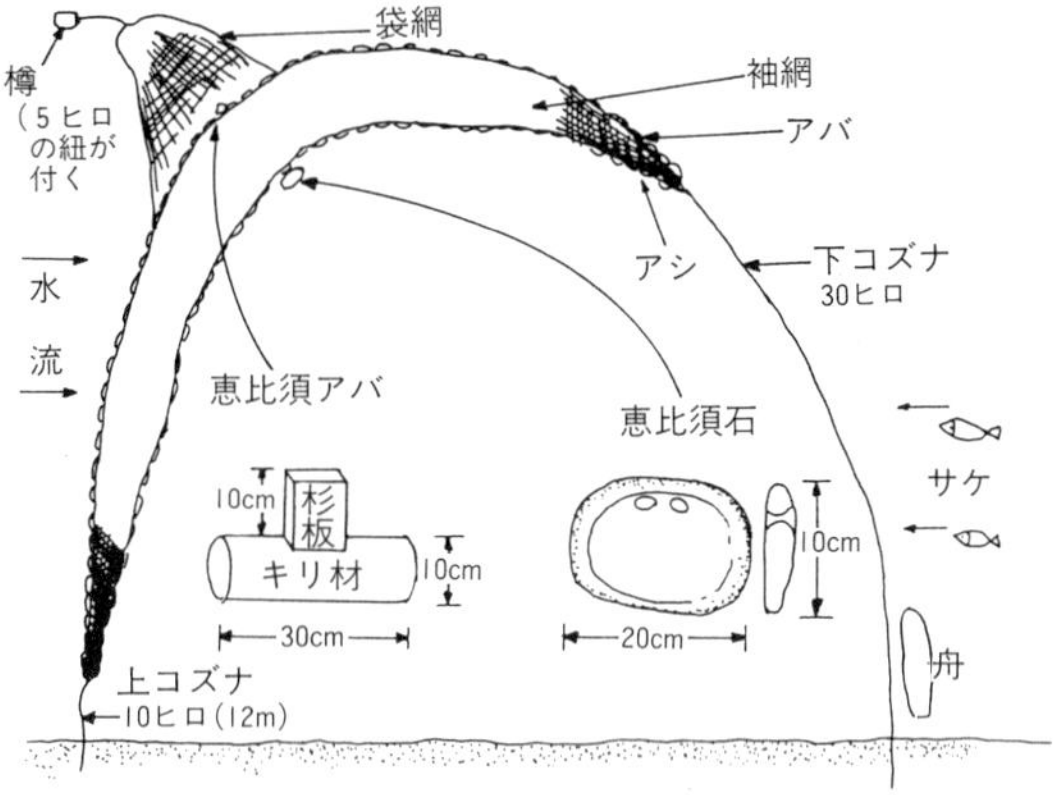

図29　阿賀野川下流域の鮭漁（新潟市 1991より）

（三寸）で、鮒などの小型魚の網目寸法（関　一九九〇）にほぼ合致する。このほか側辺の長い部分（21-c～d）は約一八センチメートル（六寸）を測り、鮭網に適した網目寸法であり、そのような使用法も考慮される。

櫂はいくつかある。先端の幅が六～八センチメートルのもの（10）と一三センチメートルのもの（11）があり、その柄（1・9）もある。船の部材は出土していないが、舟をもやったと推定される縄がある。紡錘車と糸巻きは網の製作にも使われた可能性がある。また椀形滓の出土から鍛冶も行なわれていたことがわかり、魚針や舟釘などを製作していたことも想定される。浮子や櫂などの木製品もここで製作されたものと考えられる。

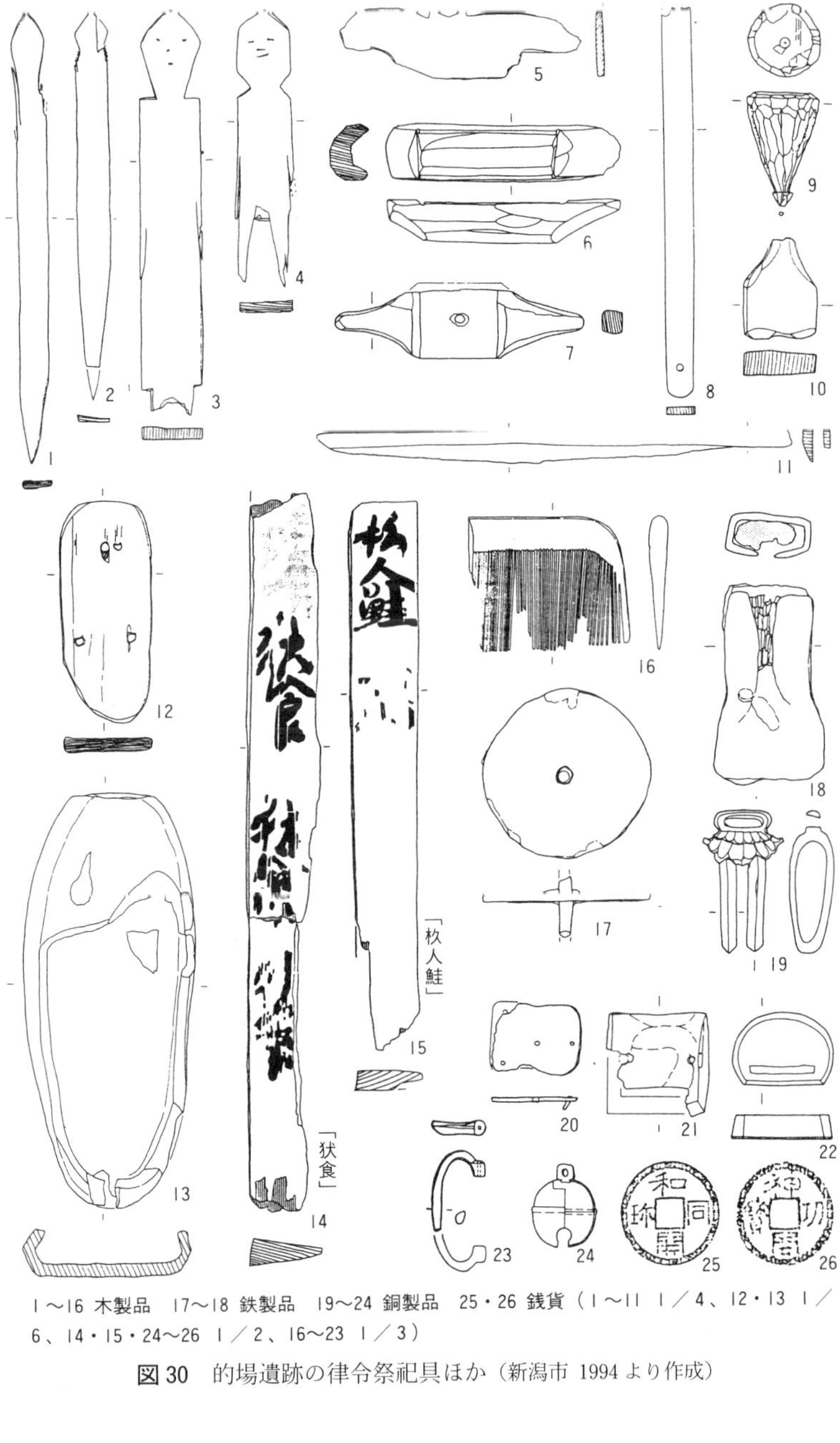

1〜16 木製品　17〜18 鉄製品　19〜24 銅製品　25・26 銭貨（1〜11 1／4、12・13 1／6、14・15・24〜26 1／2、16〜23 1／3）

図30　的場遺跡の律令祭祀具ほか（新潟市 1994 より作成）

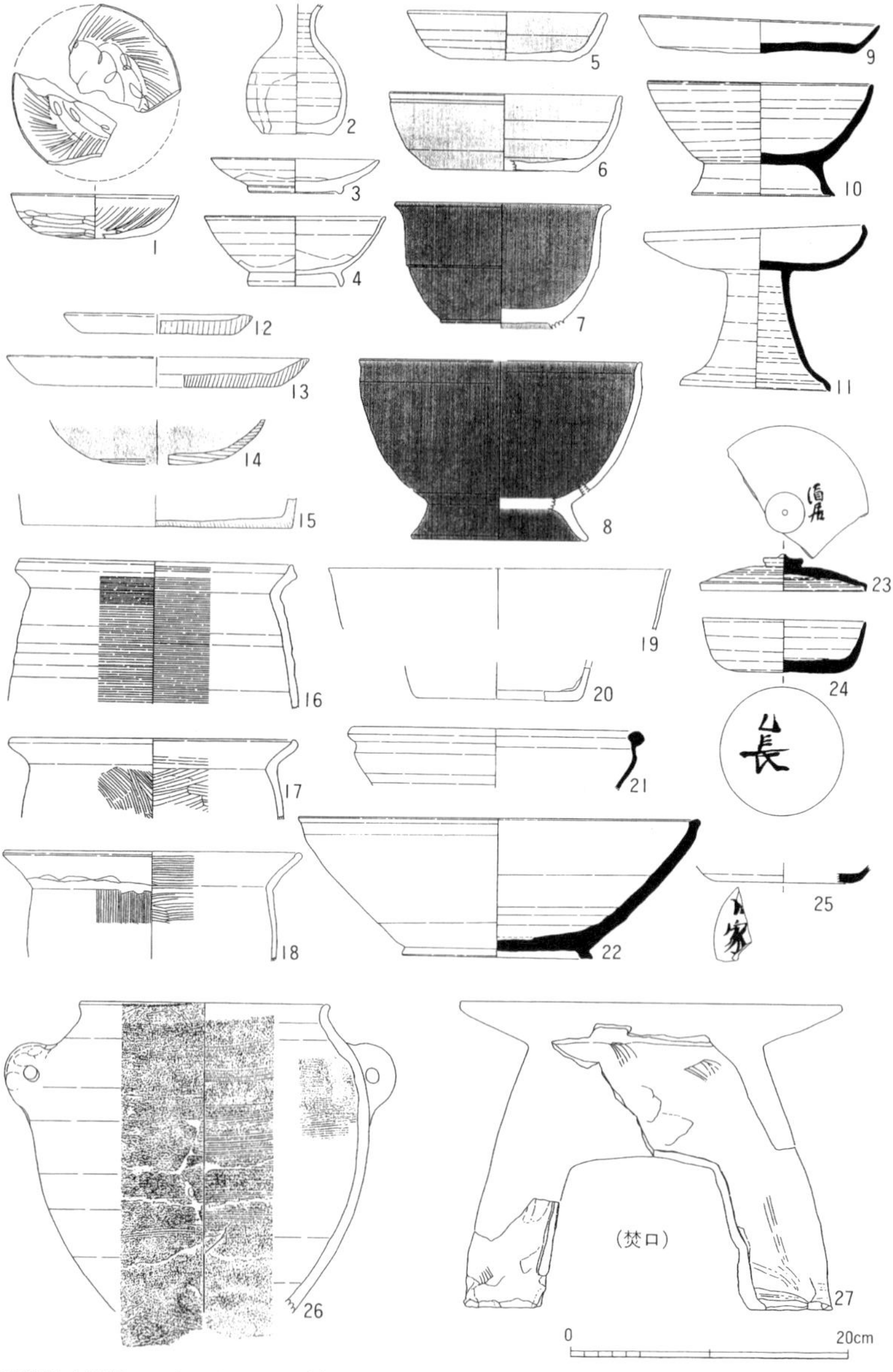

的場遺跡土器類（1・16～18・26土師器　5・6赤彩土師器　7・8黒色土器　9～11・21～25須恵器
12・13木製品　14・15漆器　19・20鉄製品　23～25黒色土器　27土製品）

図31　的場遺跡出土土器類（新潟市 1994 より作成）

律令官人・祭祀関連遺物（図30・31）　以上のように漁撈に関連した道具がひととおり出土しているが、このほかに官衙関連遺跡に特徴的な遺物も豊富に出土しており（図30）、一般集落ときわだったちがいがみられる。装身具などには櫛（16）・檜扇（8）・下駄（12）・木沓（13）などの木製品、鉸具《かこ》（23）・丸鞆《とも》（22）・巡方（21）・鉈尾（20）などの銙帯金《こたい》具、大刀足金物（19）があり、祭祀具には斎串（1・2）、人形（3・4）、馬形（5）、舟形（6）・刀形（11）などの形代、琴柱（10）などが多量にある。和同開珎二〇枚の埋納や銅製の鈴（24）なども注目され、独楽（9）の出土は地方ではきわめてめずらしい。土器にも一般集落ではほとんど出土しない器種や遠隔地の製品が多い（図31）。遠隔地の製品としては緑釉・灰釉陶器のほか、京都府篠窯産の須恵器鉢（21）がある。注目される器種には、須恵器の小盤（9）・足高椀（10）・高杯（11）・台付鉢（22）、土師器の把手付壺（26）・内外面黒色処理された椀（7・8）・両面赤彩の杯・鉢（5・6）、畿内系暗文土器（1）などがある。また越後ではほとんど出土しない佐渡産の土製カマド（27）と非ロクロの甕（18）、鉄鍋・鉄釜（19・20）も一定量出土している。

木簡や多量の墨書土器の出土も官衙的なあり方である。木簡は七点あり、「杉人鮭」の付札（図30-15）、「狄食」の習書（図30-14）、魚の数量を記した「二千三百八十八隻」、「魚の贄」と解される「をの尔へ」などがある。「鮭」は出土した漁具や鮭の歯との関係が具体的にうかがえ、魚の単位である「隻」も鮭の可能性がある。狄食の具体的な内容は不明であるが、越後が出羽・陸奥とともに蝦夷にたいする饗給の役割をもっていることと関係しよう。墨書土器は約三二〇点ある。遺跡の性格を特定するようなものはないが、施設名と考えられる「酒居」（23）・「□家」（25）、人名と考えられる「乙長」（24）などがある。

（2）　緒立遺跡の概要

的場遺跡の西方七〇〇～八〇〇メートルの砂丘上にあり、これと相互に関連する遺跡である。遺跡の範囲は東西約

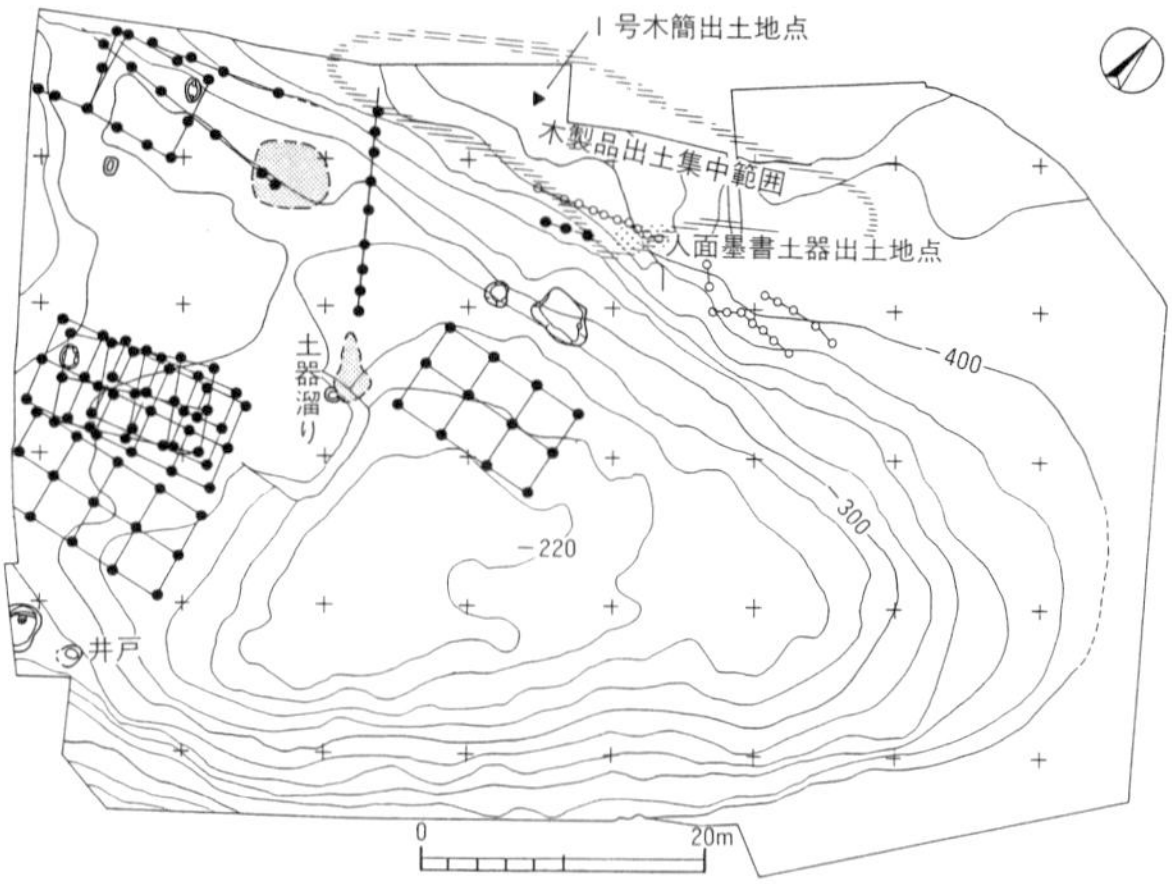

図32　緒立遺跡遺構配置図（黒崎町教育委員会 1994より）

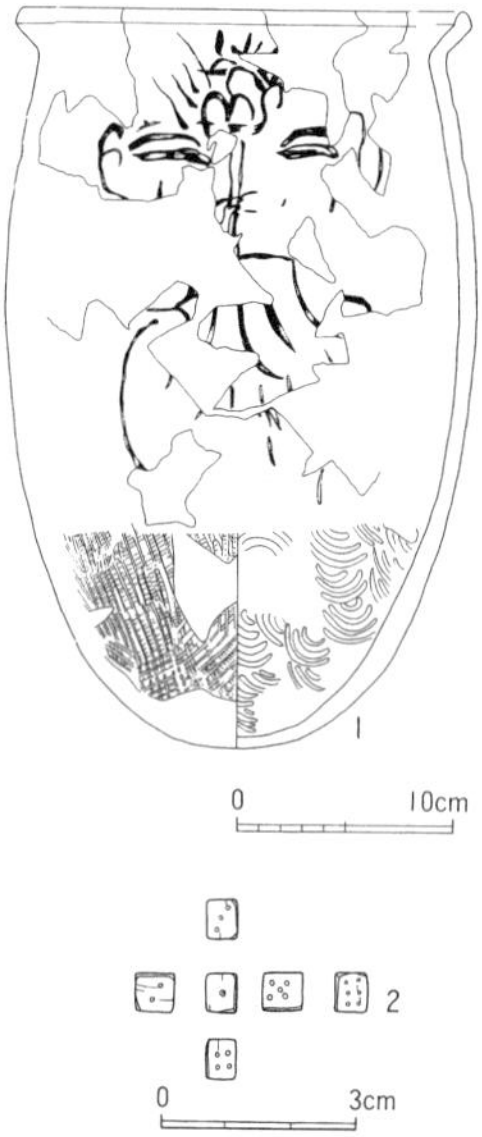

図33　緒立遺跡出土人面墨書土器(1)・サイコロ(2)（黒崎町教育委員会 1994より）

五〇〇メートル、南北約一〇〇メートルで、的場遺跡よりかなり広い。低湿地のなかに浮かぶ島状の砂丘上に立地するが、的場潟のような潟湖には面していない。遺跡のほぼ中央には葺石をもつ前期古墳（緒立八幡神社古墳）があり、その墳頂部が標高二・五メートルで遺跡の最高点となる。官衙的な性格の遺構は、その東端部（C遺跡）、標高マイナス二・二〜マイナス四・五メートルにある（黒崎町教育委員会 一九九三・一九九四）。出土土器からみた遺跡の成立は的場遺跡とほぼ同じかやや遅い八世紀中葉ころで、的場遺跡より早く九世紀後半に衰退する。ただし、ほかの地点では十世紀の遺構があり、遺跡全体の終末は的場遺跡と同様十世紀後半ころと考えられる。

検出された遺構は掘立柱建物五棟、井戸一基、土坑、杭列などである（図32）。地形や遺構のあり方からみて、同時期の遺構はさらに西側にも分布するものと推定される。建物はいずれも総柱で、桁行は三〜五間と比較的大型である。桁行の柱間は約三メートルほどあり、面積は大きなもので約九〇平方メートル、小さなものでも四五平方メートルはある。倉庫と考えられるが、井戸が隣接することからみて食住にかかわる生活空間でもあったと推測される。また調査区中央の建物に隣接して須恵器大甕などの大型貯蔵具多数を含む九世紀の土器溜りがあった。須恵器大甕は一般集落から多くは出土しない器種である。遺跡から出土した木簡には「瓱」「𤭯」「水戸」などの大型の須恵器貯蔵具に比定される容器名が記されていた。木簡はそれら物品の請求木簡ともいわれている。須恵器大甕は醸造などに使われる容器であり（関根　一九六九）、あるいは鮭などの水産物加工などに使用された可能性もあろう。北側には湿地があり、人面墨書土器（図33）などの祭祀具が出土した。

出土遺物も的場遺跡と共通する。農具と確認できるものはなく、土錘や木製浮子などの漁具と銙帯金具・和同開珎、斎串・琴柱などがある、ほかに人面墨書の土師器甕二個体、サイコロ（図33）、瓦塔（隣接するA遺跡出土）などが注目される。ただし、漁具・祭祀具の量は的場遺跡よりも相対的に少ない。的場遺跡のように潟湖に面していない反面、遺跡の範囲が広いこと、大型建物の数が多いこと、井戸が確認できること、瓦塔が出土していることなどから、日常的な政務や生活の拠点となる中枢的・管理的な空間と推定される。

（3）内水面漁業と遺跡の性格

鮭漁の特徴　的場遺跡では大量の漁具の出土や立地条件から、内水面の漁業がおこなわれていたことが確認され、緒立遺跡はこれに関連した加工・管理などがおこなわれていたと推測される。漁撈の対象は、漁具の種類、鮭の歯の出土からみてまず鮭があげられる。大型の浮子・沈子（土錘）はこれに使われるもので、網は曳網・巻網であろう。これより小さい浮子・土錘がさらに多いことから、鮒や鯉などの鮭より小型の魚も刺網により捕獲していたと考えられる。網を使う漁は、一般に繊維製品を多く使用し、舟などの大型の副漁具が必要で、網などの漁具の維持管理にかなりの労力が必要なことから、専門の漁師がおこなうものとされる（大沼　一九九二）。

また民俗例（新潟市 一九九一）からみるかぎり、信濃川の河口に近い流域における鮭漁も専業的で協業が必要な作業である。すなわちその漁は六〜一〇人程度が一組となり、舟で網の一方を川の中央へ引いたのち、岸にあげて網の両端を曳くものであり（図29）、秋の九〜十一月のうち二カ月間ほど毎日おこなう。稲刈りとそれに続く農作業の時期とほとんど重複することもあり、農閑副業ではなく、漁業専業者がおこなった。時代の差はあるが、漁具の類似性からみて、古代もこれとほぼ同様の漁法が推測される。舟をはじめとした道具には、大型の網やこれに装着する多くの浮子と沈子などさまざまな用具が大量に必要であり、その維持管理にもまた相当の経費・労力がかかる。漁そのものにかなりの資本を必要とすることから、自己消費を目的としたものではないことは明らかである。また、収穫した鮭は塩漬けや乾燥などの加工を施す必要がある。一時期に集中的にこれらの作業をおこなわなければならず、ある程度の人手が必要であり、官衙が関与する背景はじゅうぶん存在する。どれだけの漁獲量があったかは不明であるが、大規模な専業集団による漁業と想定される。ここで捕獲・集積され、加工された鮭やその他の魚は、一般集落で消費するだけではないと考えられる。そのおもな供給先として官衙や中央などが想定される。

越後における鮭の意義　『延喜主計式』によれば、鮭は越後が中央に貢進する重要な産物であった。調庸、中男作物などに鮭とその加工品が規定されていたのである。調庸としては鮭、中男作物としては鮭内子ならびに子・氷頭・背腸、年料貢進御贄としては楚割《すはやり》鮭・鮭児・氷頭・背腸がそれぞれみえる。木簡の「をの尓へ」はこれと関連して興味深い。これらの品々は信濃や北陸・山陰地方の国々にも規定されていたが、調庸において「鮭」と規定されているのは全国で越後だけであることは重要である。ほかの国は鮭の一部を用いた加工品か「生鮭」であることから、越後の「鮭」は丸ごと塩漬けや乾燥させたものであることがわかる。また調庸として貢進していることから、貢進する鮭の絶対量が多いことが推測される。平安後期のことではあるが、『新猿楽記』に漆とならんで鮭が越後の特産物として記されていること、『宇治拾遺物語』に「越後国より鮭を馬に負わせて、（略）粟田口より京に」という記述がみられること、長寛三（一一六五）年に三面川の鮭漁をめぐって紛争があったこと、東大寺封物として鮭が代納されていることなどから、越後の鮭は全国的な特産物として知られ、それだけ重要な産物であったことがわかる。これは律令期において調庸として多量に貢進された歴史によるものであろう。

こうした背景のもとに的場遺跡を考えるならば、越後国が政策的に鮭漁を行ない、その加工まで一貫しておこなったこともじゅうぶん考えられる。それを中央に貢進したり、あるいは国衙などの官衙に供給したと考えられる。具体的な官衙としては国衙の出先機関である沼垂城や蒲原津なども考えられる。調庸は人頭税であり、個人でそれぞれ負担するのが原則であるが、大規模で専業的な鮭漁の性格を考慮すれば、国や郡が集中・一貫しておこなったほうが効率的である。調庸の布も一般の人びとが所有する織機では生産できないものであり（狩野　一九九〇）、それに要する糸が特定の集落で集中して生産されたと推定されること（中沢ほか　一九八八）などと同様に考えることができよう。(10)

信濃川の河口・下流で捕獲・加工された鮭を中央へ運ぶ場合、信濃川の河口付近にある「蒲原津」から海路で輸送すれば都合がよい。頸城郡の国府に運ぶ場合は海路のほか、西川・島崎川などの内水面で八幡林遺跡付近を通過して北陸道を使う経路も重要であったと推測される（坂井　一九九五a）。また越後平野の諸官衙への輸送は内水面によって容易におこなうことができる。

国衙との関係　鮭の捕獲・加工・仕分け・運搬等の諸作業を最終的に管理するのは国衙であり、その出先機関となる施設が信濃川河口にも必要であろう。こうした点からも的場遺跡・緒立遺跡は国衙に関連した性格が想定される。出土した習書木簡にみえる「狄食」も国衙に関連した性格を示唆する。越後国は蝦夷に対する饗給が規定されており、「狄食」はそれに関連した食料の可能性がある。饗給に関連した食料を調達するのは国衙であり、的場遺跡がそれに何らかのかたちで関与していたことが想定される。また、的場遺跡の経営期間は古代の遺跡としては異例なほど長く十世紀後半まで継続する。八世紀に成立した郡衙遺跡や集落遺跡は九世紀後半に衰退する例が一般的であるが、的場遺跡は十世紀まで継続する国衙の遺跡と時期的に共通する（第Ⅱ編第1章）。これらの点は国衙に関連した遺跡であることを裏付けるものであろう。出土遺物の内容も国レベルの遺跡としておかしくはない。

舟を操ることにたけ、河川・潟湖について熟知していた的場遺跡の人びとは、漁撈だけではなく、内水面交通においても重要な役割を果たしたものと推測される。的場遺跡・緒立遺跡の位置は信濃川の本流だけではなく、その支流である西川にも近い。この二本の河川は越後平野における東西水路の大動脈である（坂井　一九九五a）。西川が信濃川に合流する地点に位置する小新《こしん》集落がかつて舟運で栄えたことは、その立地条件の特性をよくものがたる。両遺跡から出土している土器には八幡林遺跡が所在する島崎川流域で生産された土師器甕[11]（図31-17）もかなり出土しており、両地域の密接な交流がうかがえる。

信濃川本流ではなく、そこから潟湖に入り込んだところは水面が安定しており、施設の設置・維持に適していたものとみられる。信濃川の下流域においてこうした遺跡はほかにも存在するものと予想されるが[12]、的場遺跡・緒立遺跡については古墳時代前期の有力な集落と古墳が重複して立地していることが重要である。古墳時代前期における越後と畿内・北陸地方との交通路は、古墳の分布や土器の系譜からみて、律令期と同様に日本海ルートから信濃川河口を結ぶものであった（甘粕　一九八六）。三・四世紀を経てくしくも拠点を築いた地点が一致したのは、信濃川下流域周辺においてこの地点が求められた条件をそなえていたことを示唆する。一面の低湿地のなかに比高五〜六メートルの砂丘の高まりは遠くからでも視認できる、ランド・マークとなるとともに、安定した一定の広さの土地を確保できる、数少ない場であったにちがいない。そうであればこそ、二つのことなった時代でありながら同じ場所が選地されたと推測される。こうして的場遺跡・緒立遺跡は、越後平野に展開する八幡林遺跡・沼垂城・蒲原津などの官衙群と密接に結ばれていたのである。

3　須恵器の生産・流通と官衙・内水面交通

交通と密接にかかわるのが物資の流通である。流通はまた生産と表裏一体であり、それに規定されて展開すると考えられる。古代越後における須恵器の生産と流通の実態については、比較的把握されており、これを素材に官衙と交通について考えることが可能である。まず的場遺跡と同様に潟湖の湖岸に立地し、遺構・遺物から官衙に関連した性格が推定される豊浦町（現新発田市）曽根遺跡をとりあげたのち、九世紀中葉以降の佐渡小泊窯製品の広域流通について述べることとする。

（1）　須恵器の生産・流通と曽根遺跡

生産・流通の体制と画期　越後における須恵器生産は、鉄・塩とともに律令体制の波及・確立にともなって八世紀に入るころからはじまり、以後活発に展開する。その後九世紀前半から中葉ころに佐渡小泊窯の生産がはじまり、越後全域に広くに流通するという画期的な変化が生じる（坂井　一九八九c）。

八世紀から九世紀前半までの間は、越後の須恵器窯の分布は岩船郡・魚沼郡をのぞいて郡ごとに大きな生産地がある(補註2)（坂井　一九八九c）。代表的な例をあげると、頸城郡では末野窯、古志郡の西古志《にしごし》窯、蒲原郡の新津丘陵の窯群、沼垂郡の笹神《ささがみ》・真木山《まきやま》窯などである（図34）。製品の流通も郡ごとを基本とする(補註3)。たとえば沼垂郡にある聖籠町山三賀Ⅱ遺跡の須恵器の八〜九割は、笹神・真木山窯の製品であり（新潟県教育委員会　一九八九）、蒲原郡にある的場遺跡の須恵器の多くは、新津丘陵の窯群の製品である。当地域の須恵器の窯場ではロクロ土師器の煮炊具（甕・鍋類）も一体的に生産されている（坂井　一九八八b）。食膳具の杯類が基本的に須恵器であるという当時の土器構成からみると、土師器を含めた土器の大半が須恵器窯において、ともに生産されていたと考えられ、土器生産における須恵器窯の占める位置は大きい。製錬遺跡もほぼ郡ごとに分布し、鉄の生産と流通も同様のあり方であると類推される。

曽根遺跡と内水面交通　こうした須恵器・土師器と鉄の流通に関連した遺跡として、曽根遺跡がある（図35）。曽根遺跡は阿賀野川以北の平野中央にある大きな福島潟の東岸に立地する（図22）。福島潟周辺は阿賀野川以北の地域ではもっとも広大な低湿地帯である。この地域は古代においては沼垂郡にあたり、遺跡の南東側に須恵器窯跡と製錬遺跡が多数分布する笹神丘陵が展開する。笹神・真木山窯は約三〇地点で窯の存在が推定されており、製鉄遺跡とともに越後ではもっとも大規模な生産地である。

曽根遺跡は昭和五十五・五十六（一九八〇・一九八一）年に圃場整備にともなって発掘調査された（豊浦町教育委員会一九八一・一九八二）。まず、報告書により遺跡の状況を概観しよう。遺跡は湖岸東側に発達した浜堤（湖岸砂丘）上、標高一〜二メートルに立地する。遺跡の時期は八世紀第２四半期ころから九世紀後半で、土器量からみて八世紀後半から九世紀前半がもっとも盛行していると考えられる。[13] おもな遺構は掘立柱建物二五棟・井戸九基である。掘立柱建物は梁行二間、桁行二〜四間で、比較的小さなものが多く、明確な官衙遺跡の建物構成ではないが、一般集落遺跡にはみられない遺構・遺物の特徴がある。まず遺構には竪穴住居がまったくみられず、井戸が存在することが注目される。八・九世紀の一般集落は山三賀Ⅱ遺跡のように掘立柱建物を含むものの竪穴住居が主体であり、井戸はみられない。遺物では付札などの木簡数点と多量の墨書土器、斎串・人形・舟形などの律令祭祀具、檜扇・水沓、円面硯などが出土している。墨書土器は二四〇点あり、「郡」「上殿」「門継」など注目されるものがある。「門継」は木簡にもみえる人名である。このほか「佛□有」と記した木簡がある。あきらかに一般集落とはことなる遺物の構成であり、官衙的な様相を呈する。

この遺跡の出土遺物には、多量の木製品が含まれているものの的場遺跡と同じく農具は皆無である。低湿地が広が

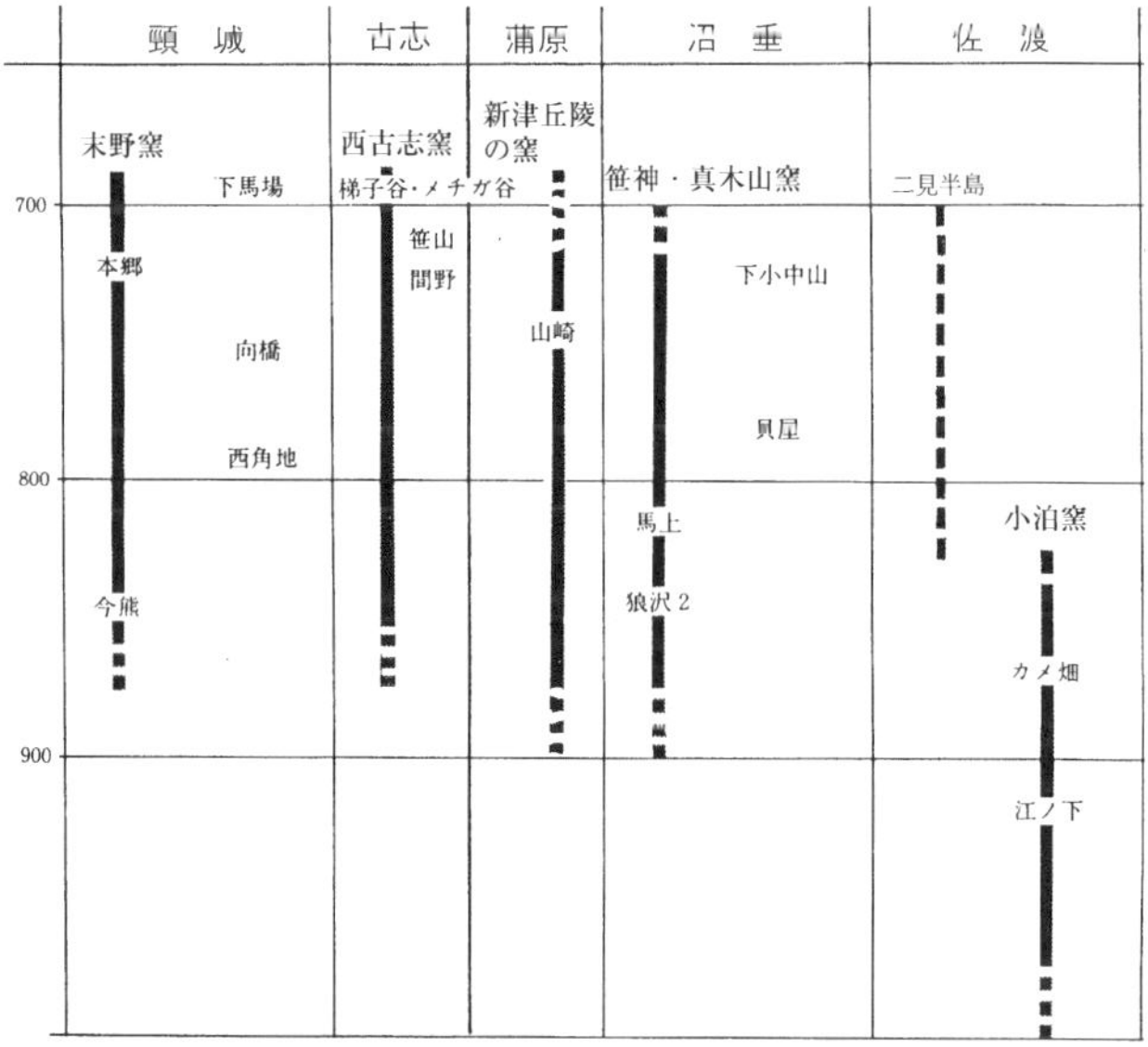

図34　新潟・佐渡の須恵器窯の消長（坂井 1988b より作成）

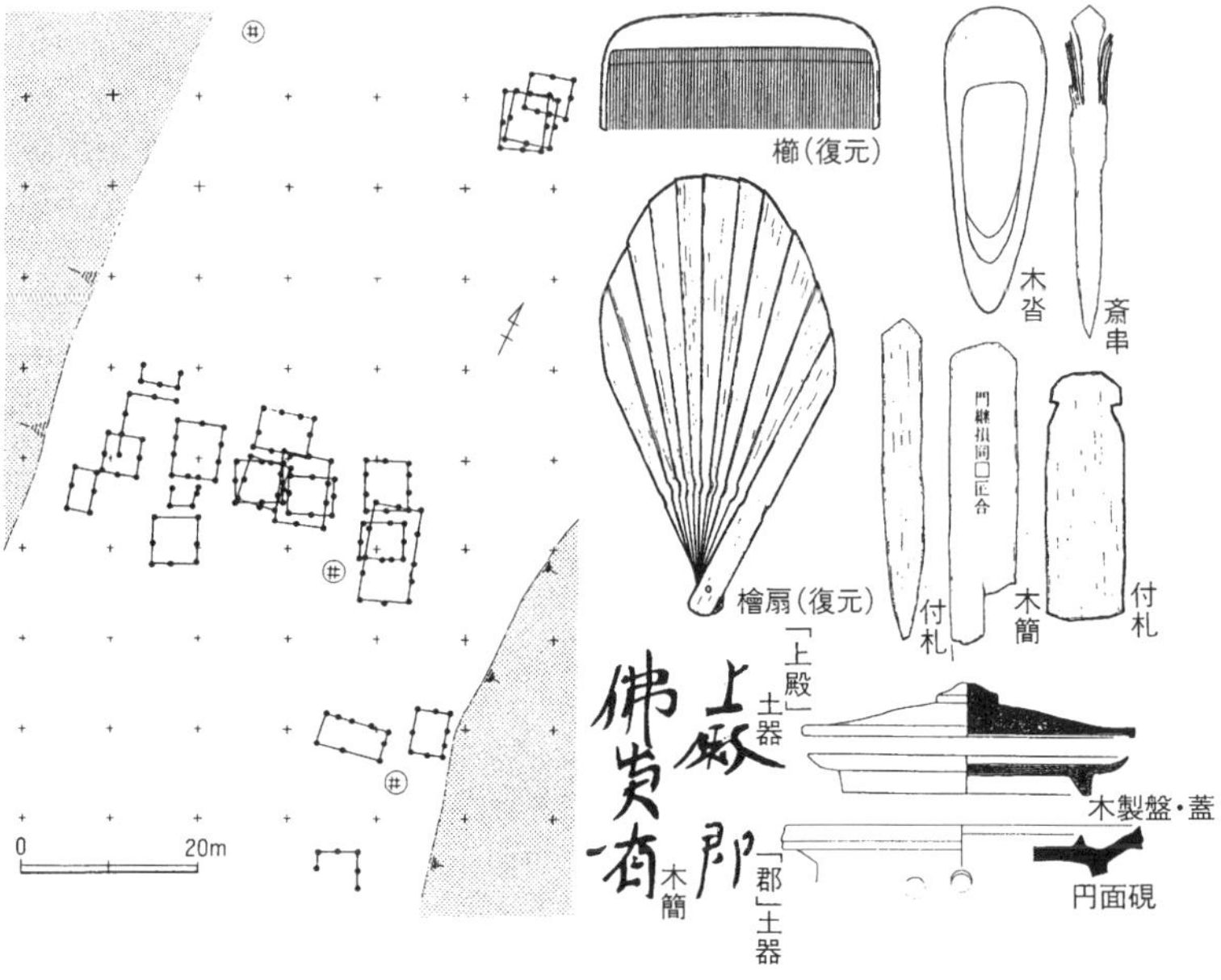

図35　曽根遺跡の遺構と遺物（新潟県教育委員会 1989 より）

る遺跡の周辺は安定した水田を営めるような環境ではなく、農業生産に依存した集落とは考えられない。一方、土錘は四〇点ほど出土しているが、的場遺跡のように浮子などの漁具が大量にまとまって出土しているわけではなく、漁撈を専業的におこなっていたとも考えられない。ここで注目されるのが焼き歪みなどがある須恵器がかなり出土していることである。三キロメートルほどの距離に大規模な須恵器の窯場があるとはいえ、このように須恵器の不良品が目立つことは一般的な消費集落遺跡としては考えにくいことから、この遺跡が何らかのかたちで須恵器生産と関係していたことが推測される。遺跡が衰退する九世紀後半に笹神・真木山窯も衰退することも、両者の関連をうかがわせる。

須恵器の流通　笹神丘陵で生産された須恵器は沼垂郡はもとより、須恵器窯が存在しない岩船郡にも広く流通している。阿賀野川以南の蒲原郡にある的場遺跡や新潟市小丸山遺跡でも一定量の笹神・真木山窯の製品があり、生産された須恵器・土師器は、郡内をはじめとした各地の消費地へ、内水面の舟運によって運搬されることが多かったと考えられる。(14)窯場から各地の消費地に須恵器をもたらすためには、窯場に近くて内水面交通に至便なところに流通にかかわる施設をもつことが不可欠であろう。福島潟は、窯場に近くて沼垂郡の中央に位置し、中小河川を集めるとともに阿賀野川にもつながっている。さらに阿賀野川を通じて沼垂城とも近くてさらに日本海に出ることもできる。まさに内水面の要にあたる。笹神・真木山窯産の須恵器の流通拠点にふさわしい立地である。ここで窯場から須恵器・土師器を集積し、不良品や器種を選別・分類し、さらに消費地へ運搬するなどのさまざまな作業がおこなわれたと考えられる。(15)

山三賀Ⅱ遺跡の土器からみると、笹神・真木山窯の須恵器・土師器は八世紀第1四半期には少ないが、第2四半期以降増加し、生産量の増大が推定される。こうした生産体制の増強には曽根遺跡のような流通に関係する施設の整備が密接にかかわっている可能性がある。生産と流通が一体に掌握され、機能していたからこそ、須恵器・ロクロ土師器が急速にしかも広範に普及したと考えられる。

また、丘陵地帯では一般に土器のほかに、鉄素材・鉄製品や木炭、あるいは材木・木工製品など、それぞれ相互に関連しながら生産されており（宇野 一九九二）、これらの製品もこうしたルートにのって流通したと推測される[16]。あるいは逆に他地域からの多種多様な物資も広く集積され、周辺の消費地にもたらされたであろう。遺跡からは舟の櫂の柄と推定される木製品が出土している。また断面が半円状を呈する木製の井戸枠は、舟の部材が転用された可能性が指摘されており、実際に内水面で活躍した舟の存在がうかがえる[17]。

こうした流通にかかわる施設が遺構・遺物にみるように官衙に関連した性格をもつとすれば、墨書土器の「郡」は示唆的である。この時期の須恵器の生産と流通の単位が郡を基本としていることは、これにかかわる主体が郡司層と関係していることを暗示しており、この遺跡が郡レベルの何らかの官衙であることを推測させる[18]。その意味では郡庁や正倉などの郡衙とは立地も機能もことなった郡衙関連の遺跡といえる。この遺跡は笹神丘陵における須恵器窯が衰退するのに呼応して消滅する。この段階で生産と流通のあり方が大きく変化することとなる。それを象徴するのが次に述べる佐渡小泊窯産の須恵器の流通である。

（2）佐渡小泊窯須恵器の広域流通と内水面

越後における小泊窯須恵器の流通　日本海に浮かぶ佐渡島にある小泊窯は九世紀に入ってから成立し、十世紀まで展開する大規模な須恵器窯で、その製品が海を越えて越後全域に大量に流通[19]したことで注目される（坂井 一九八八b）。小泊窯の須恵器はきわめて特徴的な胎土と器形製作技法により識別しやすいことから、越後の集落遺跡におけるあり方が容易に把握できる。

消費地である山三賀Ⅱ遺跡でその変化をみると、九世紀第2四半期から在地窯産に混じって小泊窯産がみられるよ

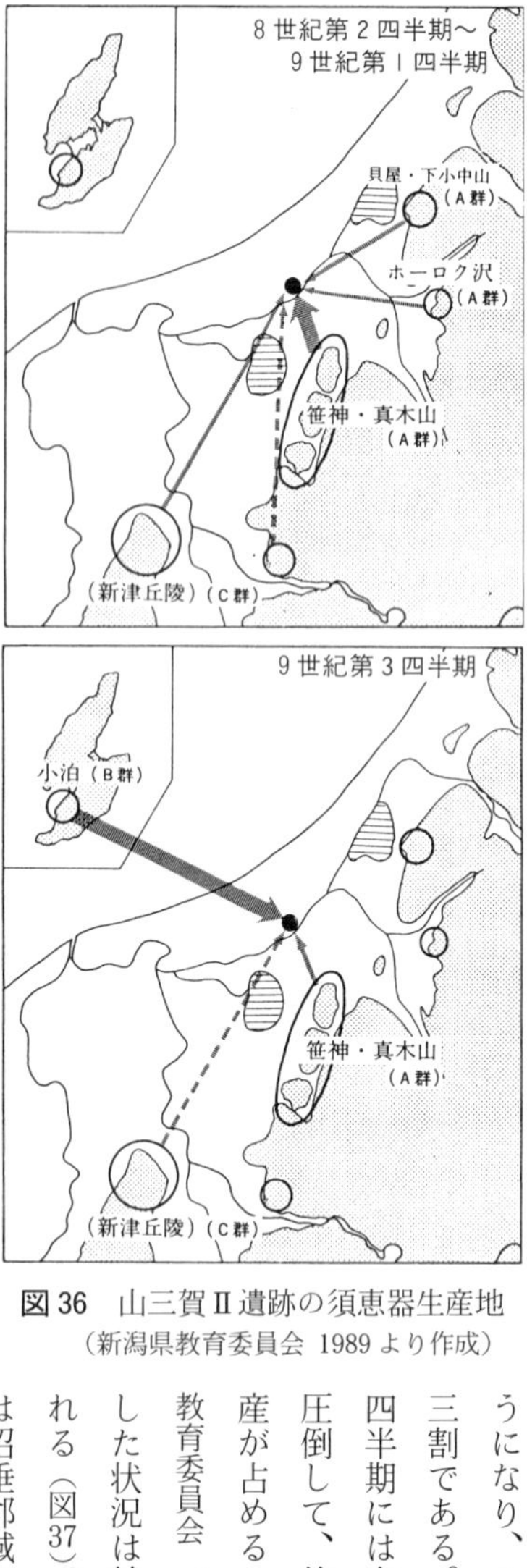

図36　山三賀Ⅱ遺跡の須恵器生産地
（新潟県教育委員会 1989 より作成）

うになり、その割合は二〜三割である。その後の第3四半期には在地産の製品を圧倒して、約七割を小泊窯産が占める（図36）（新潟県教育委員会 一九八九）。こうした状況は越後全域でみられる（図37）。山三賀Ⅱ遺跡は沼垂郡域にあるが、同じ越後平野にある蒲原郡域の栄町（現三条市）半ノ木遺跡では九世紀後半で一〇割、古志郡域の出雲崎町番場遺跡では十世紀初頭で約九割が小泊窯産で占められている。越後平野以外では、頸城郡域の上越市今池遺跡では九世紀末で約六割、上越市一之口遺跡では十世紀前半では一〇割、魚沼郡域の六日町（現南魚沼市）金屋遺跡では九世紀後半で約三割、十世紀初頭で一〇割である（春日 一九九一）。明確な比率は出されていないが、三島郡域の柏崎市戸口遺跡では九世紀後半で大半を占め（柏崎市教育委員会 一九九〇）、岩船郡域の神林村高田遺跡でも同様である（神林村教育委員会 一九九〇）。頸城郡・魚沼郡では九世紀後半から末において、小泊窯産の割合が低く、越後のなかにおける地域差がみられるが、十世紀に入ると越後全域が一様に小泊窯産に変化する。金屋遺跡は信濃川の河口から約一三〇キロメートル上流にあり、このほかの地域でも内陸奥深くまで流通していることが確認され、その流通範囲は驚くほど広い。

小泊窯の須恵器の流通においては、当然日本海の海上交通は不可欠であるが、越後における広範でしかも大量の流通を考えるとき、内水面の水上交通はきわめて重要である。須恵器のように重い物資の輸送は陸上より水上が適して

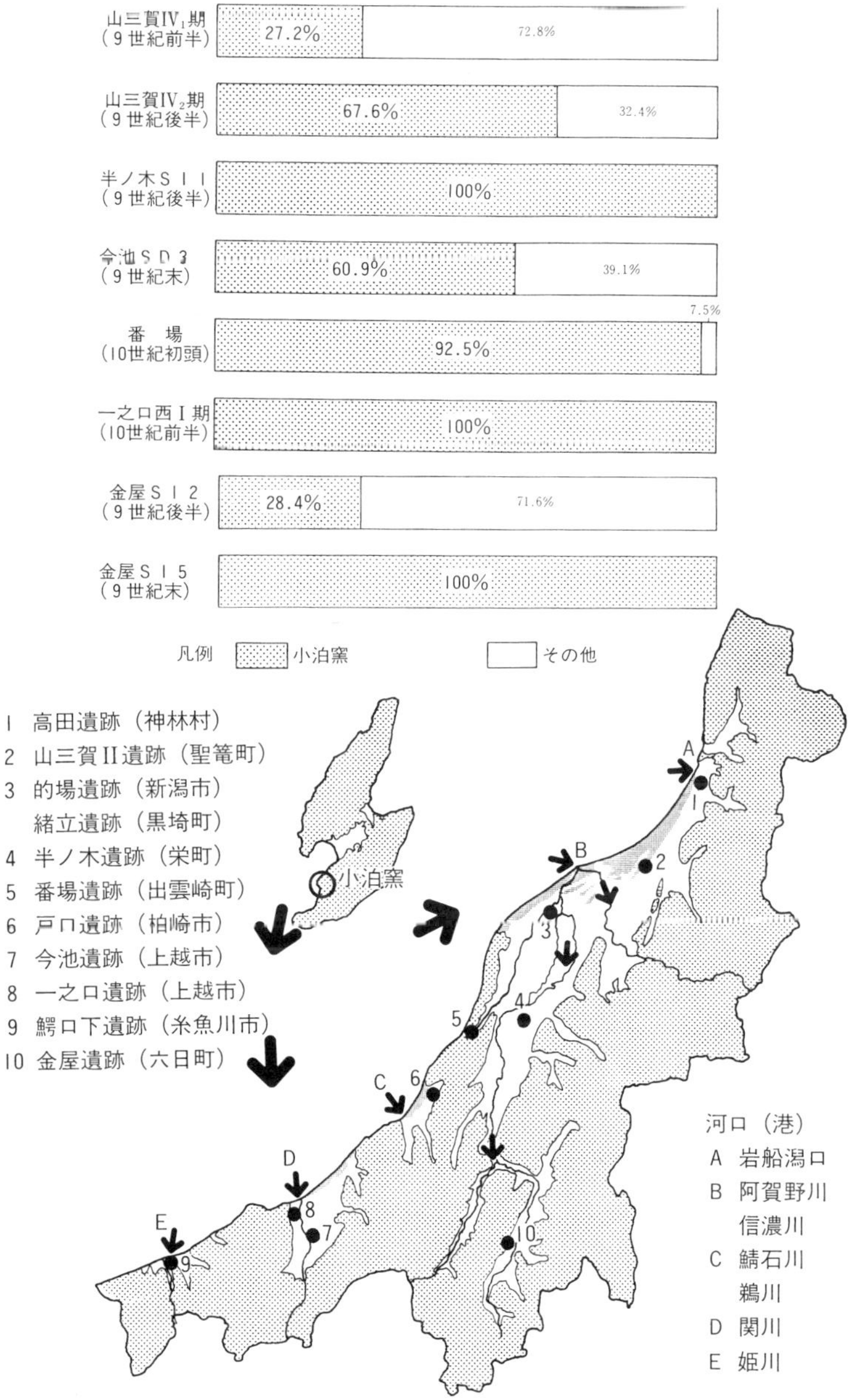

図37　佐渡小泊窯須恵器の流通状況（グラフは春日 1991 による）

おり、越後のように内水面が発達している地域では、流通に有利な条件をもっている。小泊窯産須恵器が越後平野の沼垂・蒲原・古志の各郡域には九世紀第2四半期ごろからいち早く流通し、その比率が高いことはそれを端的に示す。これに魚沼郡域を加えた地域は信濃川・阿賀野川水系であり、蒲原津がある信濃川河口を経由して運搬されたと推定される。佐渡からこの河口に須恵器をもち込めば、水路によりこれだけ広域に運ぶことが可能であるわけである。また河川勾配がきわめてゆるやかなことは上流の地域への輸送にとっても都合がよい。このほかの地域では、頸城郡域が関川（頸城平野）と姫川（糸魚川市周辺）、三島郡域（柏崎平野）は鯖石川と鵜川、岩船郡域が岩船潟と三面川の河口をそれぞれ経由することになろう（図37下）。

日本海からいったん内水面に入ると、運搬に使う舟は替える必要があろう。河川でもその幅や深さ、流れの早さなどの条件に合わせて、舟の規模や形態はことなるものと考えられる。また水路の分岐点や陸上交通路との交差点などで積み荷を仕分けしたり、陸揚げすることも必要であろう。こうした舟の交替、積み荷の仕分け・陸揚げなどを目的とした港が、河川や潟湖の要所に存在したと推測される。このような内水面の輸送にかかわる施設の整備がなければ、佐渡の小泊窯産須恵器が越後において広域にしかも大量に流通することはなかったはずである。考古学的に具体的な状況を把握できる須恵器以外についても、塩や鉄など越後・佐渡の間で相互に交易された物資は多かったものと推定される。[20]

生産と流通の変化　このような小泊窯産須恵器の生産と流通は、越後と佐渡という二つの国を一つの単位としたものであり、従前の郡を基本とした生産・流通体制の崩壊と表裏一体である。生産と流通の体制の大きな変化は、九世紀以降の地方の行政機構の変化に連動しているものと予想される。地方の行政機構の変化については、九世紀後半に郡衙遺跡が衰退することに象徴されるように、郡の独自の機能は大きく低下したことがうかがえる。この変化は「国郡の行政上の連携の強化」とも評価される（山口　一九九一）が、生産・流通においても国衙の存在を見逃すことはできない。小泊窯では佐渡国分寺の瓦を生産しており、国衙との何らかの関係が想定される。[21] また、小泊窯の立地が、島内消費に便利な佐渡最大の消費地である国中平野から離れ、あえて島外輸送に適した位置にある海岸段丘を選んでいることは、薪などの燃料を得るだけの理由ではなく、当初から越後全域への供給をめざしていたことによるものと考えられる。越後における流通については、個別の郡をこえた越後全域にわたる広域の流通機構の成立を前提にしていることから、背景には越後国衙などの権力の関与が想起される。もともと律令の規定によれば、津を管理するのは国郡司であり（松原　一九八五）、国家が支配するものである。複数の郡と国を貫流する長大な信濃川・阿賀野川の津は、国司の関与が考えられるが、九・十世紀においては、地方行政の変化によって、さらに国司の掌握の度合いが強くなったのであろう。蒲原津は古代においては国衙領と想定され（荻野　一九八六）、中世を通じて国衙の支配下の所領として存在した（田村　一九八七）。こうした点から生産と流通における佐渡と越後の国衙のネットワーク（春日　一九九一）の存在が推測される。

地方行政の変化だけで、佐渡小泊窯須恵器の大規模生産、広域流通が実現したわけではなかろう。生産と流通に関係した両国の環境や諸条件が、それに合致したことも大きな要因と考えられる。同じ時期に広域流通する窯は小泊窯以外にもいくつかはあるが、[22] 市場の広さとシェアの高さは卓越している。生産地である佐渡と消費地である越後の総体的な諸条件が大きく作用していたと考えられる。そのなかで輸送に適した越後平野の内水面の発達は重要な条件であったであろう。変容した時代の趨勢だけではなく、地域の特性も大きな要因であったことを強調しておきたい。

佐渡の須恵器が越後にも大量にもたらされたことに象徴されるように、九世紀以降は海上交通が以前よりも発達したと推測される。これはかならずしも越後と佐渡の間だけではなく、北陸・畿内地方、出羽から北方にかけての遠隔地との海上交通の発達も示唆するものである。こうした水上交通の発達は、古代官道の遺構が九世紀以降幅が縮小したり、衰退する傾向にあることや、『延喜式税式』の「運漕雑物功賃」が、貢納物の運脚による輸送から、効率のよい船や駄による輸送への転換を示すものと考えられることからも推測される。越後の海路の起点に蒲原津が規定されていることは、ここを結節点とした海上・内水面の交通体系のあらたな編成を示唆する。

むすび――古代越後平野の展開過程――

これまで越後平野に展開した的場・緒立遺跡や曽根遺跡をはじめとした古代官衙遺跡が、交通や産業において発達した内水面と密接にかかわっていたことを考察してきた。これらの遺跡は文献や木簡にみえる沼垂城や蒲原津などとも同じ時期に存在し、相互に関連しながら機能していたと考えられる。ここでは越後平野の西端に位置する八幡林遺跡や、集落や生産と流通などのあり方も合わせて、この地域の動向を四つの時期に分けて総括し（図38）、これまで述べてきたことのまとめとする。

第一期（七世紀中葉〜八世紀初頭）

前半（七世紀中葉〜後半）と後半（七世紀末〜八世紀初頭）に分けられる。

前　半　七世紀中葉の大化年間に、越後平野の沿岸中央に渟足柵が、北端に磐舟柵がそれぞれ設置される。いずれものちに沼垂郡・岩船郡となる阿賀野川以北の地域にある。畿内王権は能登を介して日本海ルートで阿賀野川の河口、岩船潟の水門を経由して城柵に到達したと推定される。越後平野では七世紀代の集落遺跡・古墳がほとんど知られておらず、この地域の人口は少なく、開発は相対的に進んでいなかったと考えられる（坂井　一九九四ａ・一九九五ｂ）。越後平野の地域内でも相互の交通網はほとんど発達せず、のちの北陸道駅路のような頸城地方からの陸上の交通路も、ほとんど機能していなかったと類推される。（補註４）

後　半　越後平野の地域において集落が成立するのは、七世紀末から八世紀初頭である。蒲原郡域では新津市（現

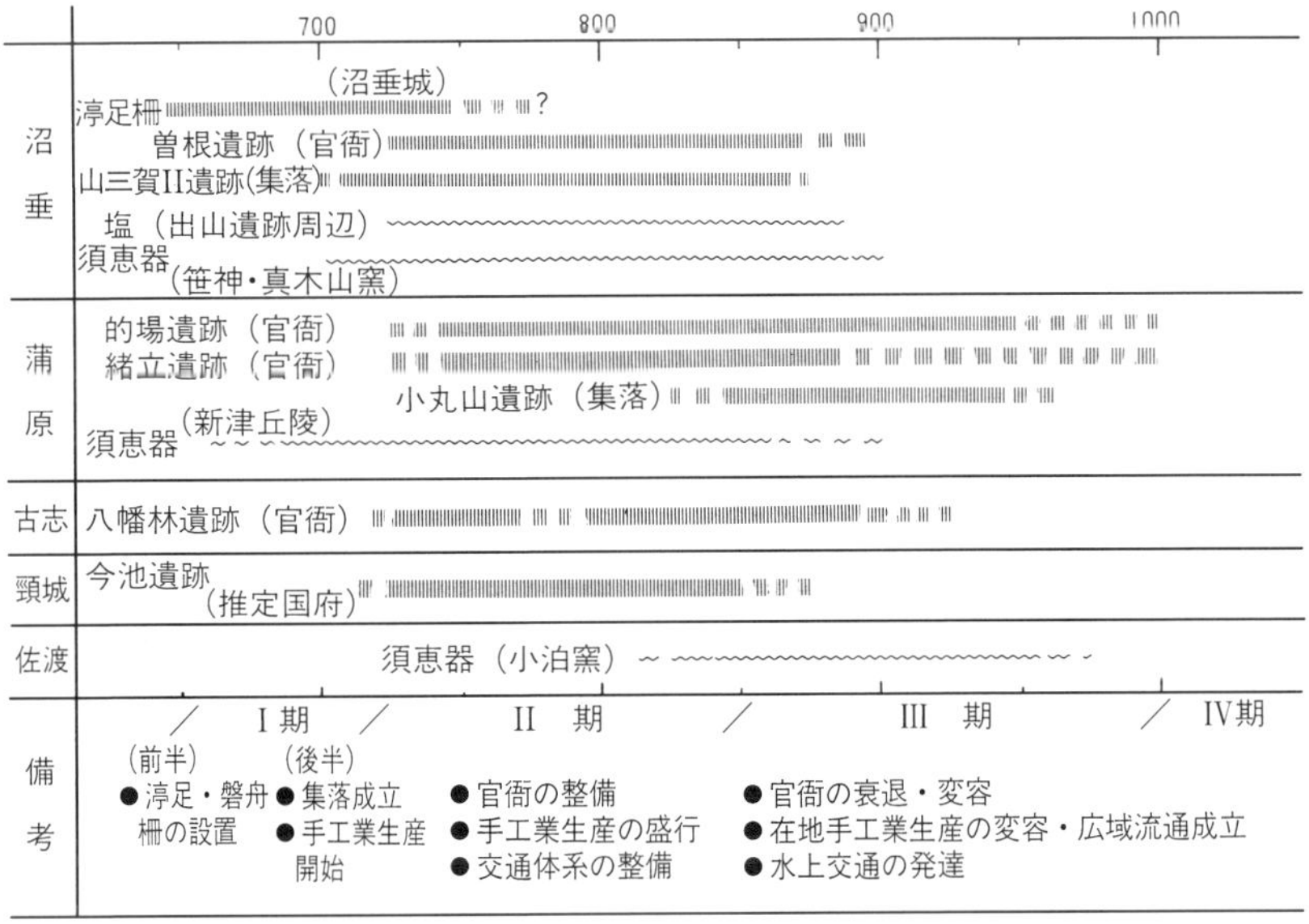

図38　越後平野の地域動向

新潟市）長沼遺跡（新津市教育委員会　一九九一）のように七世紀末であり、沼垂郡域では山三賀Ⅱ遺跡などに代表されるように八世紀に入ってからである。須恵器生産の開始も阿賀野川以南の古志郡・蒲原郡で七世紀末に近い時期、阿賀野川以北の沼垂郡で八世紀初頭から前半の時期である。[23] したがって渟足柵・磐舟柵の設置とともに地域の開発や手工業生産がすみやかに開始されたわけではないことが注意される。渟足柵は半世紀に近い間あたかも越後平野中央に孤立するかのような存在であったと思われる。同じ時期の太平洋側では集落活動・手工業生産はともに活発であり、東北経営の進め方も日本海側とまったくことなった状況がうかがえる。

第二期（八世紀前半〜九世紀前半）

越後平野で官衙とこれに関連した遺跡がいっせいに成立するのが八世紀第2四半期から中葉の時期である。(補註5) 渟足柵は八世紀前半には「沼垂城」と名をかえ機能を続けていた。そこから一〇キロメートルほど離れた信濃川最下流域の潟湖に面した地点に的場遺跡・緒立遺跡が成立して、八世紀後半以降隆盛した。阿賀野川以北の地域に

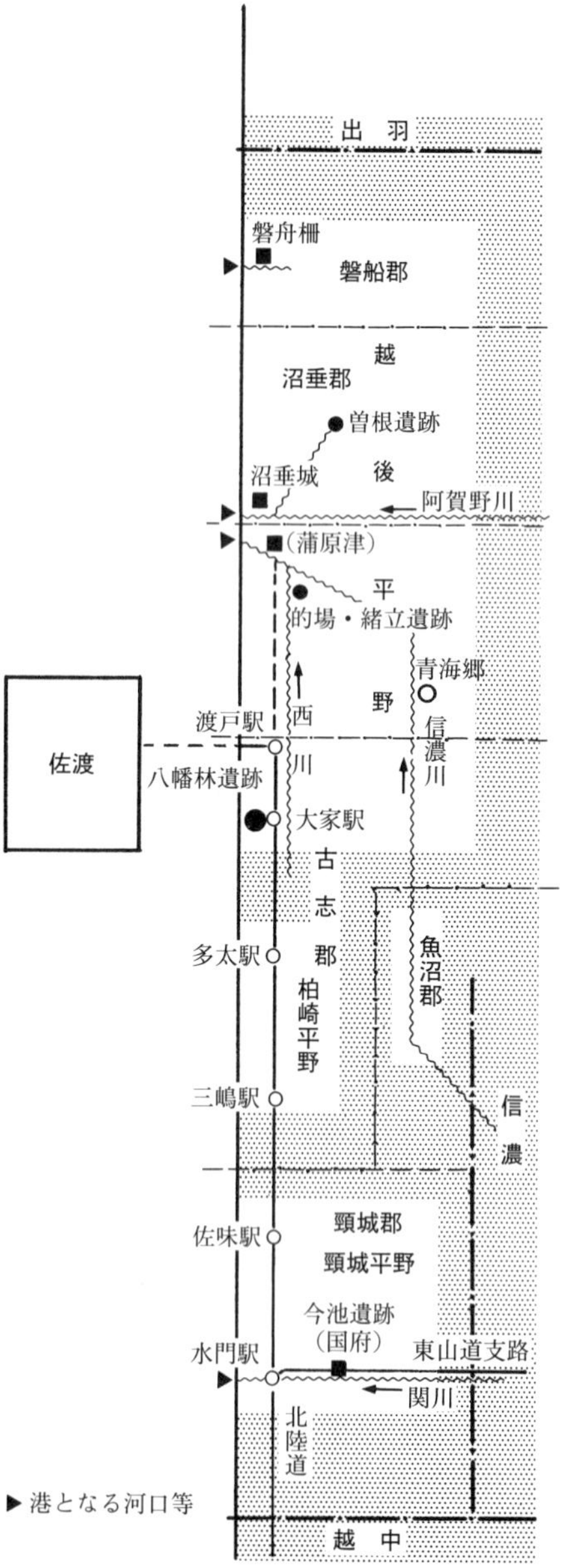

図39　古代越後の交通体系概念図（8世紀前半～中葉頃）（坂井1995ａより）

おいても福島潟の湖岸に曽根遺跡が成立し、阿賀野川・信濃川水系とも公的な諸施設が設置され、内水面の交通網が発達する契機となったであろう。一方、的場遺跡・緒立遺跡は、越後平野の西端に位置する八幡林遺跡と、信濃川の支流の西川を介して約三五キロメートルの距離で結ばれ、八幡林遺跡を起点とした陸路により、さらに国府が所在した頸城地方とつながっていた[24]。八幡林遺跡は北陸道の大家駅の位置にあり、駅路・駅家の整備などとほぼ同時に成立したと推測される。ここに北陸道を軸にした陸路と越後平野の水路による国府—八幡林遺跡—越後平野（的場・緒立遺跡—〔蒲原津—〕沼垂城—曽根遺跡）という頸城平野と越後平野の交通体系が整備された（図39）（坂井　一九九五ａ）。こうした交通体系は国衙とその直轄機関である沼垂城を拠点としているように、その中間に位置する八幡林遺跡を含めて、その整備の背景に国衙の関与が推定される。

的場遺跡では信濃川や潟湖において鮭をはじめとした内水面の漁撈と水産物加工をおこない、中央に調庸・中男作物などとして貢進していた。また曽根遺跡では背後の笹神丘陵において生産された須恵器・土師器・鉄などの物資の集積・輸送などをおこなったと考えられる。このころから郡を基本単位とした須恵器・鉄・塩などの生産は活発となり、九世紀前半ころまで展開する。越後平野における官衙群が互いに関連しつつ、地域社会の交通・生産・流通などさまざまな分野にわたって有機的に機能しながら、人びとの生活を変貌させていった過程が想像される。第二期は律令体制を象徴とする時期といえる。

第三期（九世紀中葉～十世紀後半）

第二期のあり方は九世紀中葉から後半を境に大きく変化する。曽根遺跡は衰退のきざしがみえ、十世紀にはいるころには消滅する。八幡林遺跡も同様である。[25] このように郡レベルの官衙は山三賀Ⅱ遺跡に代表される大規模な集村形態の集落の衰退（第Ⅱ編第1章）に呼応するように衰退する。同時に越後の在地窯の須恵器生産も衰退・消滅し、越後全域に佐渡小泊窯須恵器が大量に流入する。その背景には生産と流通における佐渡と越後両国の国衙の連携が想定される。越後における広域流通にとっては内水面交通の発達が果たした役割は大きい。

こうしたなかで的場遺跡は国衙勢力を背景としてか依然機能しており、鮭漁や内水面交通などに関係していたと推定される。佐渡産の須恵器の流通からみて、海を越えた佐渡・越後両国間の交易は前の時期よりもかなり活発になったと類推され、広域流通の状況からみて海上を含めた水上交通の比重が高くなったことはまちがいない。信濃川河口にある蒲原津の重要性が増し、機能を拡充するのはこれ以降であろう。佐渡ばかりではなく、北陸・畿内地方などとの遠隔地交通もいちじるしく発達したと思われる。中世前期の広域流通の素地となる段階と評価される。律令国家から王朝国家へ移行した段階といえよう。

第四期（十一世紀）

十世紀後半には的場遺跡が衰退し、佐渡小泊窯も生産停止した。十一世紀以降、国衙関係遺跡を含めてほとんどの遺跡が確認できなくなる。少なくとも十二世紀中葉以降に中世陶器が流通するまでは大半の種類の遺跡の実態がわからなくなる。土器様相の大きな変容ともかかわるが、遺跡のあり方も大きく変化すると考えられる。交通体系も含めて社会・体制は「古代」から「中世」へと転換しつつあったと類推される。

註

（1）この点についてはすでに述べたことがあるが（坂井　一九九三c）、ここでは越後平野の地形環境が重要な問題であり、重ねて記述することにする。

（2）『色葉字類抄』に記された越後の面積は約二万四〇〇〇町で、『和名抄』の約一・六倍である。この増加は平安時代の間のものとみられるが、他国よりもきわめて高い増加率である（山田　一九八六）。平安時代の田積の増加は九世紀中葉以降の集落遺跡が急激に増加する状況と符合するが、それでもなお全体の面積からみると開発の度合いは低いといわざるをえない。

（3）佐渡の総面積は越後の七・六パーセントにしかすぎないが、古代の水田面積は約四〇〇〇町もある。古代において佐渡は越後よりもかなり水田化が進んでいたことになる。郷数も佐渡は二二郷で、面積に対しかなり多く、人口密度もそれだけ高かったと類推される。

（4）沢田吾一による人口推計（沢田　一九二七）によれば越後が約九万八〇〇〇人、越中が約九万九〇〇〇人である。（補註6）面積との比率を考えると、人口密度は越後がかなり低く、耕地の絶対的な少なさは、少ない人口からも裏付けられよう。

ただし越後のなかでは頸城地方だけはかなり開発が進んでいたと推定される。すなわち、越後には郡が七、郷が三四ある（図21）が、郡別の郷数は頸城郡が一〇で、ほかの郡の三から五に比べとくに多い。平野部を主とした面積は、頸城郡がほかよりとくに広くはないことから、頸城郡は郷の分布密度が相対的にかなり高いといえる。そのなかでも一〇郷のうち九郷までが分布する頸城平野の地域は、越後ではもっとも高いことになる。頸城平野の地域は郷の分布密度、すなわち人口密度が高く、その背景として生産力も高いことが考えられる。このことは東大寺への封物額における郡別の差にもあらわれている

（桑原　一九八六）。国府が頸城郡に置かれたのも、こうした背景があってのことであろう。

（5）　北陸地方以外では、越後平野のように平野が河口の六〇キロメートル上流まで連続するところは、濃尾平野や大阪平野を含めてもほとんどない。ただ関東平野の荒川流域だけは越後平野に匹敵する広さと平坦な地形勾配であるが、関東平野は洪積台地とそこに入り込む樹枝状の谷が発達しており、地形の条件は同じではない。

なお、越後平野の開発の遅れをすべて地形環境で説明できるかどうかはべつに検討する必要がある。大規模な干拓・排水事業が実施される以前の近世初期において、新田村が多数成立しているからである。古代の越後は北陸地方と東北地方の接点に位置しており、弥生時代・古墳時代以来の畿内地方との政治的・社会的な関係の度合いなども総体的に検討する必要があろう。

（6）　信濃川の河口付近に阿賀野川が合流したことが確認できるのは、十七世紀前半以降のようである（新潟市　一九八九）。それ以前は完全には合流していなかったようであるが、ほとんど同じ位置に河口が存在したことはまちがいないであろう。

（7）　この数字は『図説新潟市史』（新潟市　一九八九）の二六・二七頁の図により算出した。

（8）　越後平野における遺跡や条里型地割のあり方以外に、越後の生産力が低かったことを示す一例として、古墳の規模と数量がある。古墳の規模は畿内王権との関係などの要素もあり、そのまま生産力に比例するかどうかの問題もあるが、被葬者集団の「力」の一端を示すものと考えられる。越後における古墳の概要（甘粕　一九八六、坂井　一九九〇c）によると最大の古墳は、新津市（現新潟市）古津八幡山古墳である。この古墳は径五六メートルの造出し付きの円墳である（新津市教育委員会　一九九二）。前方後円墳では全長五四メートルの巻町（現新潟市）菖蒲塚古墳が最大である。越後の古墳は小さく、絶対数もかなり少ない。古墳時代の越後の生産力は、古墳の規模と数量に応じて低かったとみられる。中期・後期の古墳が少なく、継続的に古墳が築造されていないこともそれと関連しよう。

（9）　松井章（奈良文化財研究所）の鑑定による。このほかスズキの歯の骨、ニホンジカ・イヌ・ウシの骨も出土している。

（10）　三〇キロメートル以上さかのぼった地点にある八幡林遺跡においても、鮭の付札木簡や鮭の文字が記された文書木簡が出土しており、こうした鮭漁は信濃川の河口付近や下流域以外でもおこなわれていたことが知られる。八幡林遺跡の木簡には、何らかの儀式のために鮭とほかの食品・食器などが官衙に納められていたと類推されるものがあり、すべての鮭が中央に貢進する物品として集められてはいない。

（11）島崎川流域の土師器長甕は砂を多く含む胎土で、体部上半をロクロナデせずハケ目調整で終るという明瞭な特徴をもち、他の地域のものと比較的容易に識別できる（坂井　一九九〇b）。山三賀Ⅱ遺跡でも一点出土している。

（12）類似する遺跡として山木戸遺跡（新潟市　一九九四）がある。阿賀野川に近い砂丘上に立地した九・十世紀の遺跡で、石帯や「寺」の墨書土器、京都篠窯産の須恵器鉢や緑釉・灰釉陶器など注目される遺物が出土している。

（13）古代のほかに古墳時代前期にも遺跡が営まれている。的場遺跡・緒立遺跡と同様であり、福島潟湖岸の卓越した立地条件が示唆される。

（14）笹神・真木山窯の須恵器は石英・長石などを含む胎土の特徴により識別しやすい。笹神・真木山産と思われるものが頸城郡域の今池遺跡でも一点（九世紀の鉢）が出土している（新潟県教育委員会　一九八四）。

（15）「王」字状の刻印をもつ須恵器が出土しているが、これはこの遺跡が須恵器の生産と関係していたことを示唆する可能性がある。須恵器の窯場の管理もこうした施設でおこなわれていたことも考えられる。

（16）沼垂郡では、砂鉄による製錬も笹神丘陵において須恵器とほぼ同時にはじまると推測され、塩生産は新潟市出山遺跡にみるように八世紀第2四半期にはじまる。日常生活に密接に関連した製鉄・木材などの物資も同様に普及し、この時期における変化の大きさがうかがえる。

（17）遺跡からは舟の櫂の柄と推定される木製品が出土している。また、井戸枠は舟の部材が転用された可能性が指摘されている。舟とすれば幅一メートル弱、深さ〇・四メートルの刳舟であるという。これと同様の井戸枠は緒立遺跡、栄町半ノ木遺跡など越後平野の古代遺跡でもみられ、この地域において舟の利用が盛んであり、内水面が発達していたことを裏付けるものと考えられる。

（18）福島県いわき市所在の荒田目条里遺跡から出土した郡符木簡（吉田　一九九五）は郡司が津長にあてたもので、郡司が津の支配・管理にあたっていたことを示し、物資の流通にも関与していたことをうかがわせる。この遺跡は磐城郡の中央を流れる夏井川に近く、その河口から約二・五キロメートルの位置にあり、磐城郡衙と考えられる根岸遺跡にも近い。河口近くに津が存在したことと、それが郡司に支配されていたことを直接示す貴重な資料である。なお、夏井川の流域の一部は郡域を越えるが、郡司の権力で支配可能な規模といえる。これに対して長大な信濃川や阿賀野川は複数の郡や国を貫流し、国司の関与のもと管理されていたと類推される。

(19)　小泊窯須恵器は県外では越中東部のじょうべのま遺跡、信濃北部の飯山市内の遺跡で出土している（坂井　一九九三a）。

(20)　佐渡では小泊窯の経営時期とほぼ一致する時期の製塩遺跡がきわめて多く、越後に塩が供給されていたと類推される（坂井・高橋保　一九九四）。

(21)　『政治要略』には承和元（八三四）年に佐渡国守嗣根が海浜山沢の利を独占したとして郡司百姓に訴えられたことがみえる（西別府　一九九四）。これは国衙勢力が海岸での製塩や山野での須恵器生産に関係していたことを裏付けるものと考えられる。

(22)　たとえば石川県の南加賀窯製品は加賀北部にはあまり流通していない。また、福島県会津地方の大戸窯の製品はかなり広範に流通しているが、会津地方以外では長頸瓶などを中心とした器種にとどまっている。ただし、青森県の五所川原窯の製品は岩木川を通じて日本海に搬出され、東北北部のほかに北海道にも広く流通しており（三浦　一九九四）、広域流通の条件を示唆する。

(23)　阿賀野川以南の古志郡域では出雲崎町メチガ谷窯があり、蒲原郡域では窯は確認されていないが、新津市長沼遺跡で七世紀後半から末ころの須恵器が一定量出土しており（新津市教育委員会　一九九二）、新津丘陵にこの時期の窯が存在することが推定される。

(24)　八幡林遺跡出土の郡符木簡からも、養老年間前後には越後国府は頸城地方に所在していたと推定される（小林昌　一九九二）。上越市の今池遺跡群は国府に関連した遺跡の可能性が考えられる（本編第3章）。

(25)　郡衙遺跡の消滅後は、門新《かどしん》遺跡（和島村教育委員会　一九九四）のような大型の建物を主体とした屋敷を形成する遺跡が在地支配にかかわったと推定される。

補註

（補註1）　最近、越後平野の北部に所在し近世十八世紀に干拓された旧紫雲寺潟の内部において、発掘調査により青田遺跡が発見され、発掘調査された結果、縄文時代晩期の集落と平安時代九世紀の遺物包含層が確認された。これは越後平野の地形環境に関する注目すべき成果である。すなわち、九世紀の包含層下に数回の地震痕跡がみとめられ、包含層の上面から湖底堆積層が厚さ二メートルにわたり堆積していたことから、九世紀の地震により地盤が陥没して紫雲寺潟が形成されたと考えられることとなった（高濱ほか 二〇〇一）。越中・越後等においては、貞観五（八六三）年、大地震があったことが『日本三代実録』に記録されており、このときのものと考えられる噴砂層が長岡市（旧和島村）八幡林遺跡や新潟市（旧黒埼町）釈迦堂遺跡などでも確認されており、かなり広範に大きな被害をもたらし、地形環境も変えたことが推測される。このように絵図などから確認できる近世の地形はそのまま古代までさかのぼらないことに十分留意しなければならないが、この地域の砂丘内側には、九世紀以前においても広大な後背湿地が存在したと考えられている（高濱・ト部 二〇〇六）。

（補註2）近年、須恵器窯跡の新たな発見や発掘調査事例が増えてきている。かつて越後最北の岩船郡においては須恵器窯は確認されていなかったが、八世紀後半から九世紀初頭ころまでの荒川町元山窯跡群があらたに確認された（荒川町教育委員会 一九九九）。そのほか、胎内市（旧黒川村）松山窯跡（黒川村教育委員会 一九九八）、上越市滝寺・大貫窯跡群（新潟県教育委員会ほか 二〇〇六）などの発掘調査がおこなわれており、須恵器窯の資料はかなり豊富になった。

（補註3）集落などの消費遺跡の発掘調査も飛躍的に増加し、土器は郡ごとの流通を基本とするという見方も一部見直されている（春日編 二〇〇四、春日 二〇〇六b）。たとえば古志郡西部の島崎川流域で生産されたと考えられる「西古志型甕」と称される土師器甕が島崎川流域のみならず、その下流西川流域の蒲原郡西部まで流通しているのにたいして、古志郡東部にはみられないという（春日 二〇〇六b）。郡域に縛られない生産と流通のあり方は、古墳時代以来の伝統的な交流関係にもとづいたものと想定されている。また、阿賀北地方の生産と流通については新潟古代土器研究会により詳細に分析されている（春日編 二〇〇四）。沼垂郡では北部の紫雲寺潟周辺は南部の福島潟周辺とはことなった生産・流通圏であったとされている。このなかで筆者も多少の検討をおこなった（坂井 二〇〇四a）。ただ、岩船郡ではなく北蒲原郡にあたる紫雲寺潟北岸は、古代では岩船郡に含まれていた可能性が指摘されており（平川 二〇〇五）、その場合、郡ごとの生産・流通のあり方となる。

（補註4）七世紀における歴史の動きについては、当該期における遺跡の発掘調査事例がほとんどなかったこともあって、かってはあまり重視していなかった。しかし、七世紀中葉から後半にかけての時期に、上越市（旧柿崎町）木崎山遺跡、長岡市（旧和島村）下ノ西遺跡、燕市三角田遺跡などの官衙関連遺跡が成立することがあきらかになりつつあり、渟足柵の造営にともなって、これらの遺跡が北陸道沿いに成立し、城柵の後方支援をになった可能性が指摘されている（春日二〇〇六b）。従来ほとんど不分明であった七世紀の遺跡の発掘調査事例にもとづいた意見であり、おおいに注目される。なお、北陸道駅路は出羽までのびていたとされる（中村太 二〇〇二）ことから、八世紀前半には越後平野を縦貫する陸路が整備されていたと考えられる。

（補註5）　春日真実による出土土器の検討によれば、曽根遺跡や的場・緒立遺跡をはじめ、「暦木簡」「健児木簡」出土の阿賀市（旧笹神村）発久遺跡、「少日御館」木簡出土の胎内市（旧中条町）蔵ノ坪遺跡など、越後平野の官衙官衙関連遺跡はいずれも八世紀中葉前後に成立したという（春日 二〇〇六b）。重要な指摘である。

（補註6）　沢田吾一『奈良朝時代民政経済の数的研究』（一九二七）では、推計人口の数値が三つある。『弘仁式』と『延喜式』によりそれぞれ算出されたもの（AとB。一八七～一九一頁）と、それら二つの平均値（C。二九八～三〇〇頁）である。越後はAとBはほとんど変わりないが、越中はBがかなり大きくなっている。ここで示した数値はBによる。なお、第Ⅱ編第4章の表11もBの数値である。

第Ⅱ篇　東日本・北日本における集落・官衙・生産

第1章　古代の官衙・集落からみた館の形成

はじめに

与えられた課題は古代の城と館について考古学的に論じるというものである。それに対し、この報告では、古代における館の形成を考えることにする。古墳時代の豪族居館を別にすれば、古代の館は考古学的にはほとんど明確にされていないが、中世においては、方形館を代表として、館はかなり普遍的な存在としてみられる。現状の認識では、古代と中世の館には大きなちがいがあるといってよい。

中世の館を念頭におくならば、それがどのように成立するかという問題は、それ以前の古代を考えることが必要である。考古学的資料からみれば、古代律令期は「集落」のほかに「官衙」がもっとも明確に存在した時代である。整然と配置された政庁を核とする国衙（国府）・郡衙（郡家）は、律令体制において支配の根幹をなす施設であり、その社会を象徴する存在でもある。一方、集落は官衙と隔絶した存在のようでもあるが、たがいに密接に関連した動向を示しており、律令期以降においては、それぞれの遺跡としての区別は明確ではなくなっていく。したがって、古代においては官衙と集落をあわせた検討が必要である。

ここで対象とする時期はおもに八〜十世紀で、地域は東国を中心とする。古代における館の形成の起点を探り、九世紀後半ころに大きな画期が存在することを述べる。この時点ですぐさま中世の館と同質のものが成立するわけではないが、古代から中世に大きく傾斜する様相をよみとることができよう。

1　国庁と国司館

地方官衙で中心的なものは国衙と郡衙である。(補註1) 文献史料と考古資料から、これらは政庁を中心に、館・厨などから構成されることが確認されている。ここではまず国衙を検討する。

国衙は中央から派遣された官人である国司が長官として統轄する官衙である。在地の豪族が長官（郡司）となる郡衙に対して上位にあり、それとは基本的な性格がことなる。国衙において、国司が公的な政務をおこなうのが、国衙の政庁、国庁であり、国衙の公舎が国司館である。考古学的に確認される国衙の遺構は平安後期以降は明確でなくなる。もっとも明瞭な国衙の遺構とは正殿と両脇殿でコの字型の配置をなす国庁である。しかし、平安後期以降も国司は任命されており、国衙の機構・組織も存続してる。国衙はいぜん地方における政治の中心地であった。その場合、国の政治の中心をなす場として注目されるのが国司館である。国司館の機能がしだいに高まることは文献史料からもある程度推測される。(1) 考古学的に国司館はどのようにとらえられるのであろうか。

（1）　国庁の成立と衰退

近年の発掘調査の成果によれば、国衙の成立時期は七世紀にさかのぼる例はほとんど明らかではなく、八世紀代とみられる（表5）（山中　一九八四）。詳細にみると、八世紀でも初頭から前半にかかる出雲などをのぞけば、多くは八世紀中葉から後半以降である。郡衙は国衙より早く成立し、七世紀末から八世紀初頭にそのピークがある。これは律令

表5　国衙遺跡の存続時期（山中 1984より）

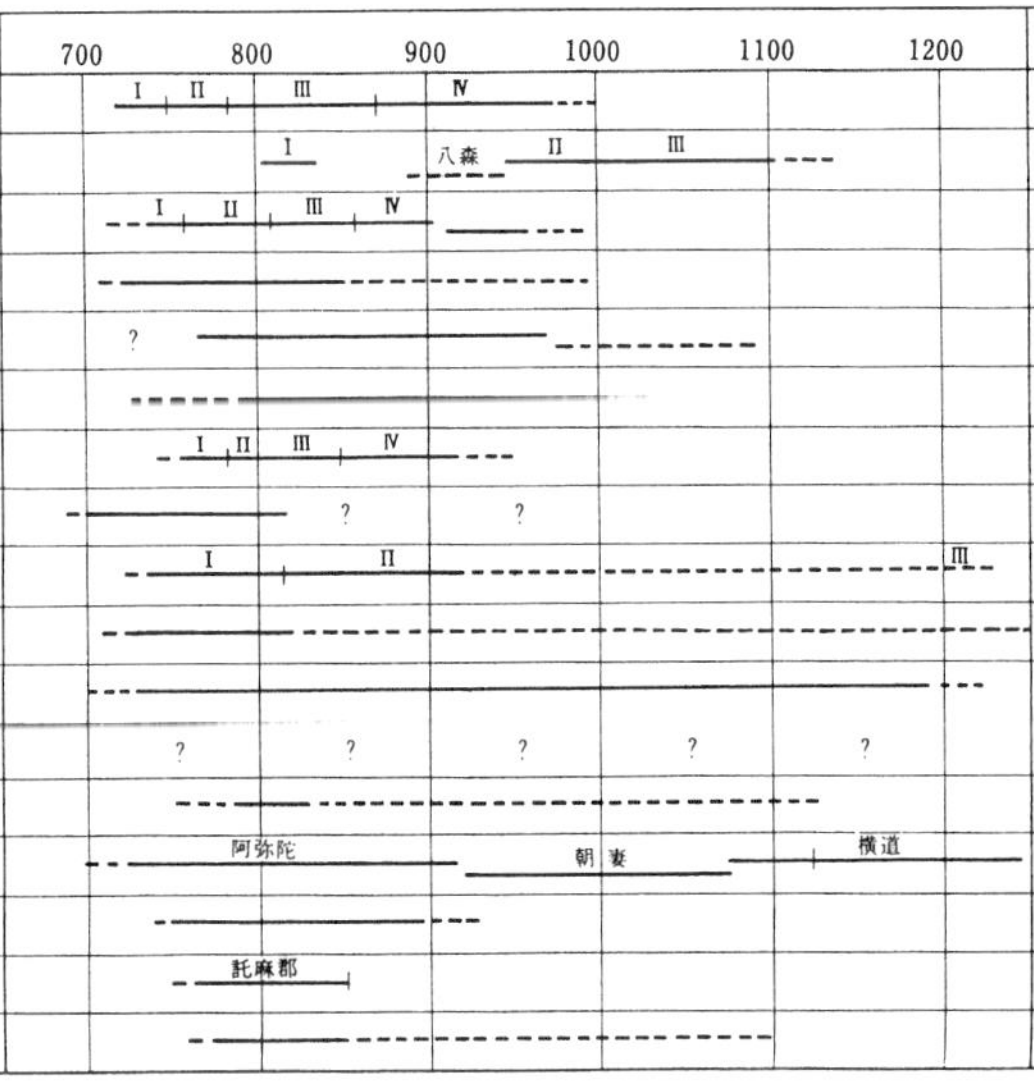

国名	等級	700〜1200	備考
陸奥	大	I II III IV	10世紀後半には廃絶
出羽	上	I 八森 II III	一時八森遺跡へ移転
下野	上	I II III IV	10世紀初め北に移転？
武蔵	大		
近江	大	?	10世紀後半政庁廃絶
因幡	上		
伯耆	上	I II III IV	
出雲	上	? ?	意宇郡衙と同処
美作	上	I II III	713年に創置
播磨	大		10世紀ごろに大きく変化
周防	上		
讃岐	上	? ? ? ? ?	
土佐	中		
筑後	上	阿弥陀 朝妻 横道	2度移転
肥前	上		小城郡へ移転？
肥後	大	託麻郡	飽田郡へ移転？
薩摩	中		

体制において、在地豪族出身の郡司がまず地方行政の基本的な官人として位置付けられ、郡衙がその中心施設として早くから整備されたことを示す。国衙は律令体制の成立時にいまだ整備されていない状況があると予想される。

一方、国衙の衰退の大きな画期は十世紀である。国庁はいずれも十世紀代には衰退している。早い例は下野の十世紀初頭、遅い例でも陸奥（多賀城）・近江の十世紀後半ころである。（補註2）十世紀前半には多くが衰退に向かっていたと推測される。この衰退の時期も郡衙のほうが国衙よりも早く、多くは九世紀後半である。後述のように東国の集落遺跡は九世紀後半に衰退する例が多く、郡衙の衰退期とほぼ一致する。郡衙が国衙より在地社会に密着して機能していたことからすれば、郡衙が集落と同時に衰退することも理解しやすい。

このようにみると、地方官衙の国衙・郡衙の存在形態は、同じではない。考古学的に明確に官衙と認識できる遺構は、規則的に大型・長大な建物が配置された定型的・画一的な政庁であり、その存続期間は、郡衙の政庁（郡庁）はほぼ八・九世紀、国庁は八世紀から十世紀までである。郡衙は平安後期以降衰退・消滅したと考えられるが、国衙は史料的には存続しているものの、国庁の遺構は十一世紀以降考古学的には確認できなくなる。こうした点からするならば、官衙といっても、定型的な政庁を伴う官衙と、それをともなわない官衙とに区別できよう。前者は律令期に存在することから、「律令官衙」ともいえる。律令官衙の衰退期に注目されるのが、国司館である。

2　国司館

国司館の遺構の発見例は、国庁の遺構よりも少ないが、陸奥・下野・筑後などで確認されている。具体的にみてゆこう。

（1）陸奥国府（図40）

陸奥国衙は城柵である多賀城でもある。多賀城跡は低い丘陵上に立地し、方約一キロメートルの規模をもち、外郭・内郭を築地などで区画する。内郭に政庁がある。八世紀第2四半期に成立し、十世紀中葉ころまで政庁は建て替えられながら存続する。国司館と考えられる遺構は、多賀城の外の館前地区と山王遺跡の計四カ所で発見されている。

館前地区（高倉　一九九一）　多賀城外郭の東南隅から約二〇〇メートル離れた小さな独立丘陵上に立地する。沖積地との比高は約五メートル。平面が三角形をなす丘陵上部を平坦に整地し、そのうえに六棟の掘立柱建物を規則的に配置する。中央に七×四間（約二三五平方メートル）の大型の四面廂付建物と、七×二間の二棟の東西建物が南北にあって、その周囲に四棟の建物を配置する。地形の制約によって、建物の方位はそろっていないが、同時期に存在したものと考えられる。時期は九世紀前半ころである。遺物からは積極的に国司館と特定できるものはないが、政庁にも匹

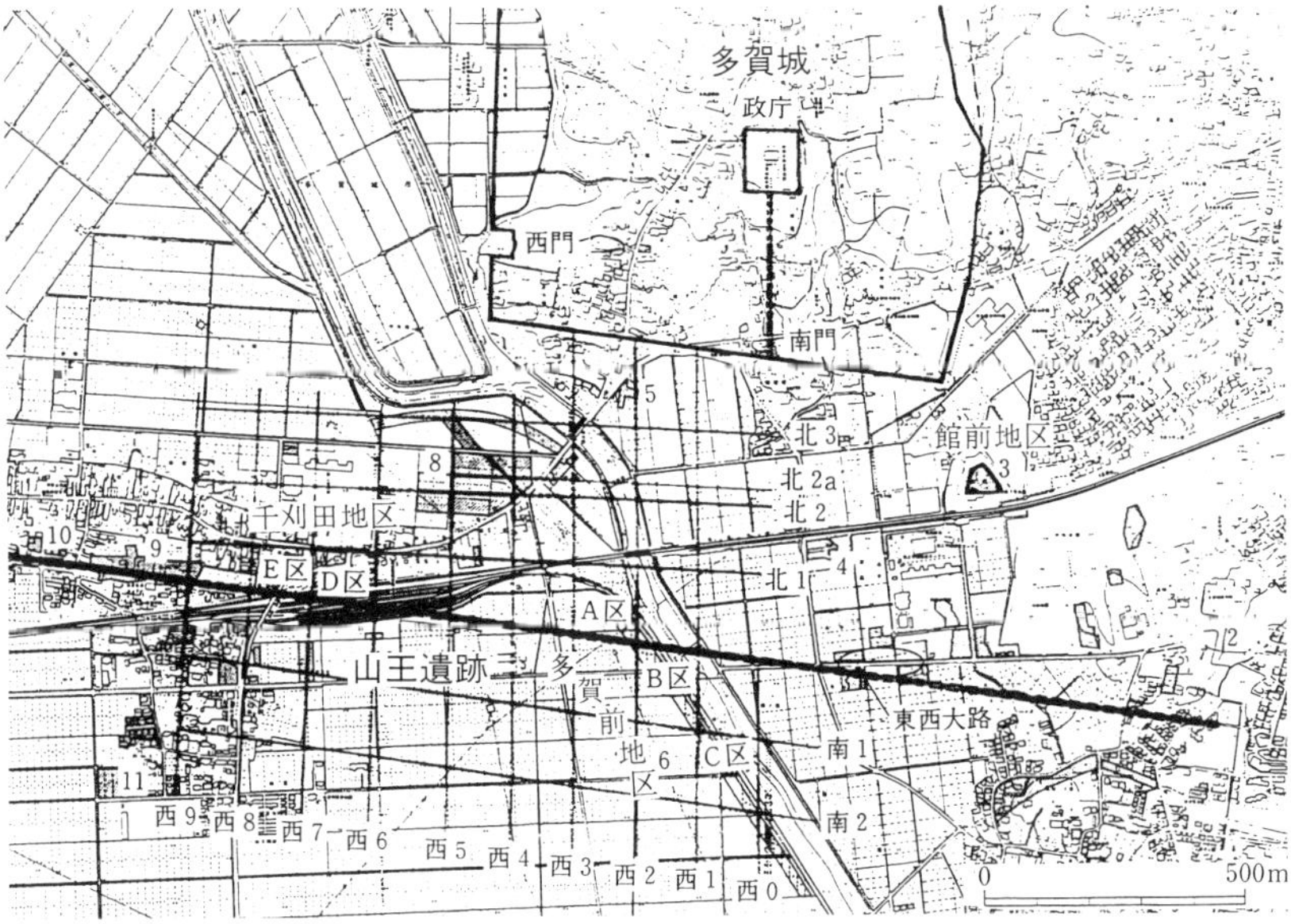

図40　多賀城跡周辺の地割と遺跡（菅原 1993より作成）

敵する規模・格式の建物であることから、国司館の可能性が指摘されている。

山王遺跡（多賀城市埋蔵文化財センター 一九九三ほか、菅原弘 一九九三）　多賀城の南から南西の沖積地に広く展開する遺跡で、ほぼ一町を基本とした方格の地割が発掘によって確認されている。地割は側溝をもった道路遺構を基準としており、その道路遺構の成立は八世紀末にさかのぼる可能性があり、廃絶は十世紀中ころと推測される。道路遺構には東西・南北に各一条ずつ幅の広い「大路」がある。大路の方向は、南北は政庁中軸線、東西は多賀城外郭南辺に平行し、両者は直交しない。国司館推定遺構は道路遺構のうち東西大路に面したところに、三カ所確認されている。千刈田地区D区と多賀前地区A・B区である。いずれも全容は明らかではないが、遺構・遺物のあり方は共通している。時期は九世紀後半から十世紀前半である。以下、各地区を概観する。

千刈田地区D区（図41）　東西大路の北側に面する方一町の屋敷地である。敷地のほぼ中央に九×四間の四面廂付建物（約一八〇平方メートル）があり、ほかに建物・井戸・土器廃

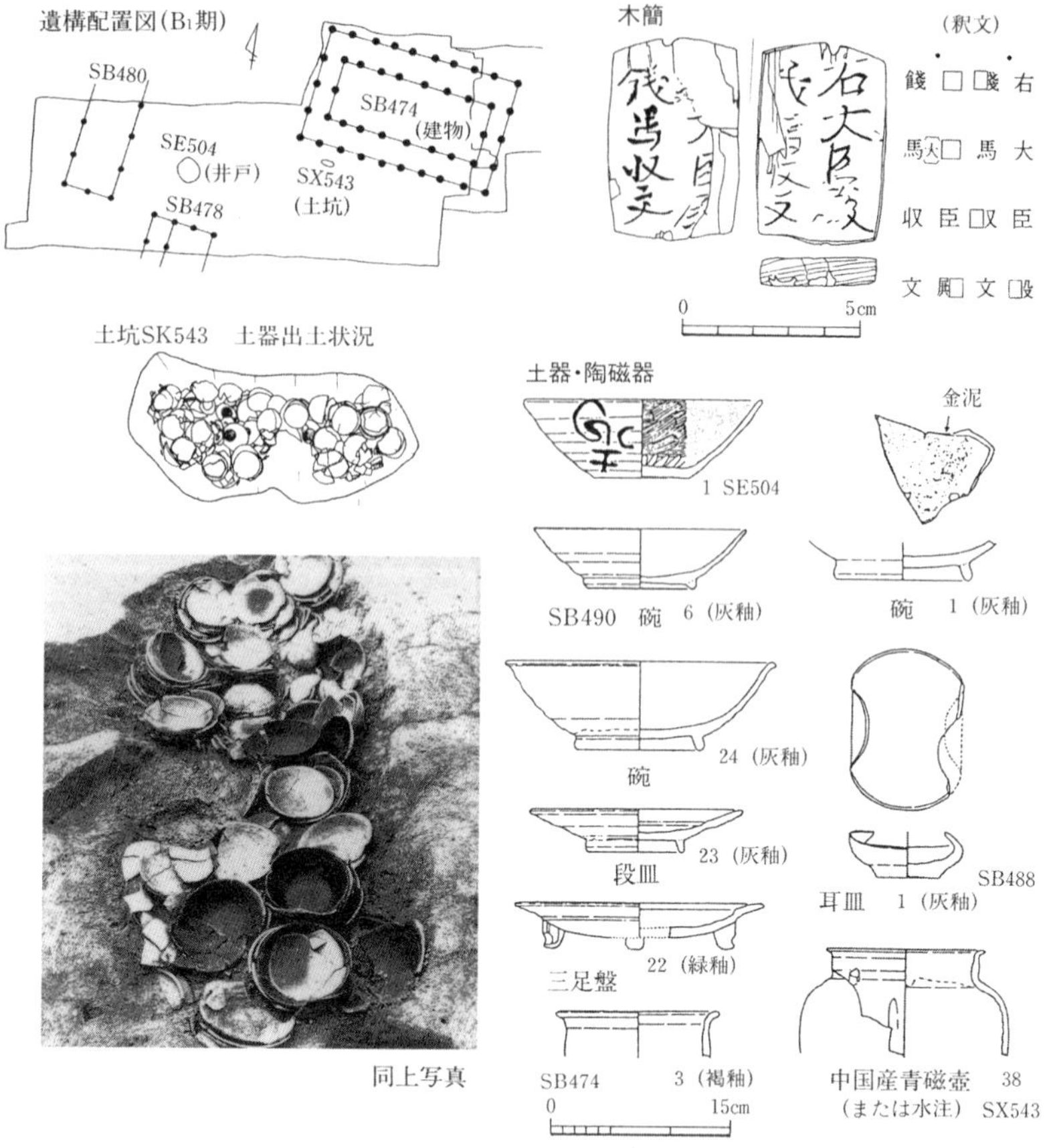

図41　山王遺跡千刈田地区D区の遺構と遺物（多賀城市教育委員会 1991・1993、古代城柵官衙遺跡検討会 1994より作成）

棄土坑などがある。出土した題箋《だいせん》木簡により、国守の館と推定されている。建物の南側に土器を一括して廃棄した土坑がある。土坑内からは完形品の土師器椀を中心に二六五点以上の土器が出土した。饗宴に使用した食器を一括廃棄したものと考えられる。この地区では中国産青磁・白磁・褐釉、多量の緑釉・灰釉陶器が出土しており、緑釉には陰刻花文などがみられる。時期は九世紀後半から十世紀前半である。

多賀前地区A区（図42）　多賀前地区は高規格道路の建設にともなって、事前の発掘調査が実施されて明らかになった。A区は東西大路の北側に面する屋敷地である。その全体規模は不明であるが、多くの掘立柱建物が存在する。これらは廂付きや総柱の建物であり、方向をそろえて配置されている。建物群の北側には土器が廃棄された土坑があって、中国産青磁・白磁、多量の緑釉・灰釉陶器が出土している。時期は十世紀前半を中心とする。国司館とは決めがたいが、位置や遺構・遺物の質からみて、その可能性が考えられる。

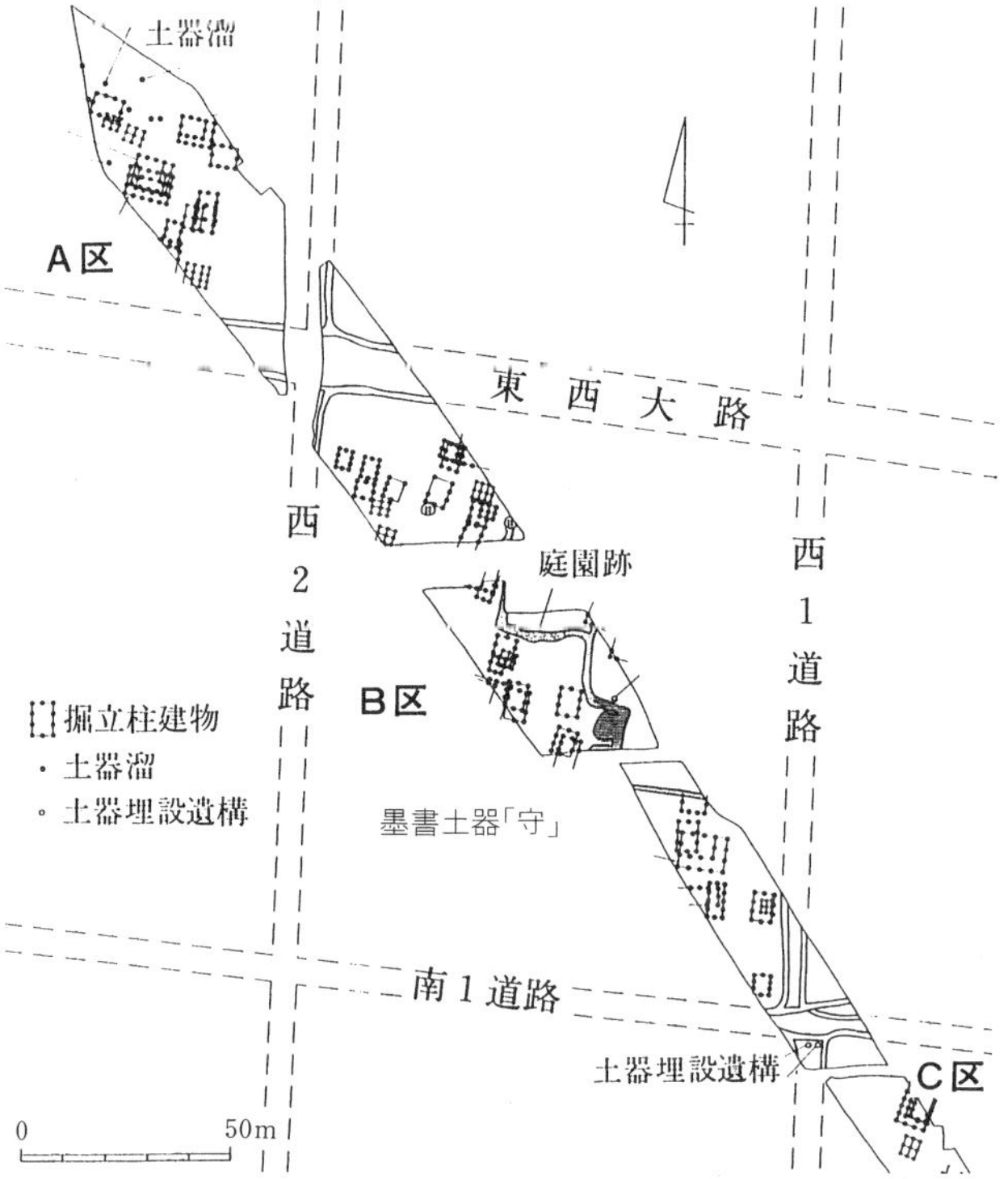

図42　多賀前地区A・B遺構配置図（菅原弘 1993より）

多賀前地区B区（図42）　A区と東西大路をはさみ、南側一町に位置する方約一町の屋敷地である。その中央部に庭園があり、(2) これを取り囲むように廂付建物と総柱建物が配される。主屋と考えられる大型の建物はみられない。中国産青磁・白磁・黄釉、多量の緑釉・灰釉陶器が出土している。墨書土器に「守」の字のあるものが出土しており、庭園の存在や屋敷地の規模などからみて、国守の館の可能性がある。時期は九世紀後半から十世紀初頭を中心とする。

以上の国司館と考えられる三カ所の遺構は同時に存在したものではないが、次のような特徴が指摘される。

①広範囲の一町方格の地割のなかで、メインストリートである東西大路に面するところに位置する。

②屋敷地は方約一町の広い規模をもつ。都城では一町規模の屋敷地は五条以北に限られており、①とあわせ高位の住人が居住していたことを示す。

③千刈田地区では主屋となる大型の掘立柱建物があり、それ以外のところでも廂付きなどの格式の高い建物がある。

④土器を一括廃棄した土坑がある。土器は食膳具が中心で、饗宴などで一時的に使用されたものが一括して廃棄されたと考えられる。[3]

⑤中国陶磁器の出土、緑釉・灰釉陶器の大量出土がみられる。中国陶磁器の出土は地方ではまれであり、緑釉・灰釉の大量出土も同様である。このようなあり方は、平安京の規模の大きい邸宅、地方においては国府に関係した遺跡においてみられる。

⑥時期は九世紀後半から十世紀前半で、多賀城の後半期でも終末に近い時期にあたる。

多賀城が廃絶する十世紀後半以降は、山王遺跡も廃絶するようであり、国司館についてもその実態は不明である。ただここで注目されることは、館前地区が丘陵上の独立した空間にあるのに対して、これより新しい九世紀後半以降の山王遺跡は、沖積地のなかに施行された計画的な地割のなかに、方一町の館が配置され、ある程度継続して使用されたことである。政庁とは別の場に国司館を中心とした広い空間が形成された意義は大きい。東西大路では国府が主催する仏教行事である万燈会がおこなわれている。[4] こうした国の重要な儀式が国司館周辺で実施されていることも同様に注目される。

（2）　下野国府（図43）

下野国府は広範囲の調査により、政庁とその周辺の様相がかなり明確に把握されている。政庁は八世紀第2四半期に成立し、衰退する十世紀初頭まで四期の変遷をへている。国司館あるいはこれに相当する遺構が政庁の南北二カ所でみつかっている。

政庁南側（22・25・26・27次調査区）　政庁正面の南側約三〇〇メートル、南大路の西隣にある。東西約七〇メートル、南北一〇〇メートル以上の区画を掘立柱塀や溝で囲む。四期以上の変遷が認められる。中心的な建物は廂付きの大型建物で、規模は一〇〇平方メートルをこえる。墨書土器に「介」「介□」がある。時期は政庁とほぼ同じ八世紀後半から十世紀初頭ころである。

政庁北側（2・3・5次調査区）　政庁の北東約二〇〇メートルの微高地に位置する。東西南北とも五〇メートル以上の区画を溝により囲み、大型の建物を配する。中心建物は七×五間（約二〇〇平方メートル）で、建替え後は礎石建物となる。土師器の食器を中心に、多量の土器を出土する土坑がいくつかある。時期はおおよそ十世紀前半から後半に及び、政庁の最終末期からその衰退後にあたる。注目される遺物に中国産青磁・白磁の碗、多量の緑釉・灰釉陶器がある。緑釉には香炉・香炉蓋・輪花の椀皿などの特殊な器種が含まれる。遺物からは国司館と特定できないが、溝による区画と建物の規模・格式などから地方の上級官人の居宅と考えられる。ここで重要なことは、政庁の衰退以後もその周辺に有力な屋敷地が存在することであり、こうした場が政治の中枢として機能していたと推測される。

（3）　筑後国府（図44）

筑後国府は四時期の変遷が考えられている（松村一　一九九一）。それぞれの時期により国府の位置が移動したとされるが、八世紀中葉から十世紀前半の第二期とされる国府に、国司館と考えられる遺構が発見されている。西海道に面した南側に方約二〇〇メートルの広さの区画で、外郭と内郭にそれぞれ築地をめぐらす。（補註3）内郭・外郭とも平面形は方形ではない。内郭には長大な掘立柱建物があり、外郭内にも四面廂付き建物などが規則的に配置されるようである。

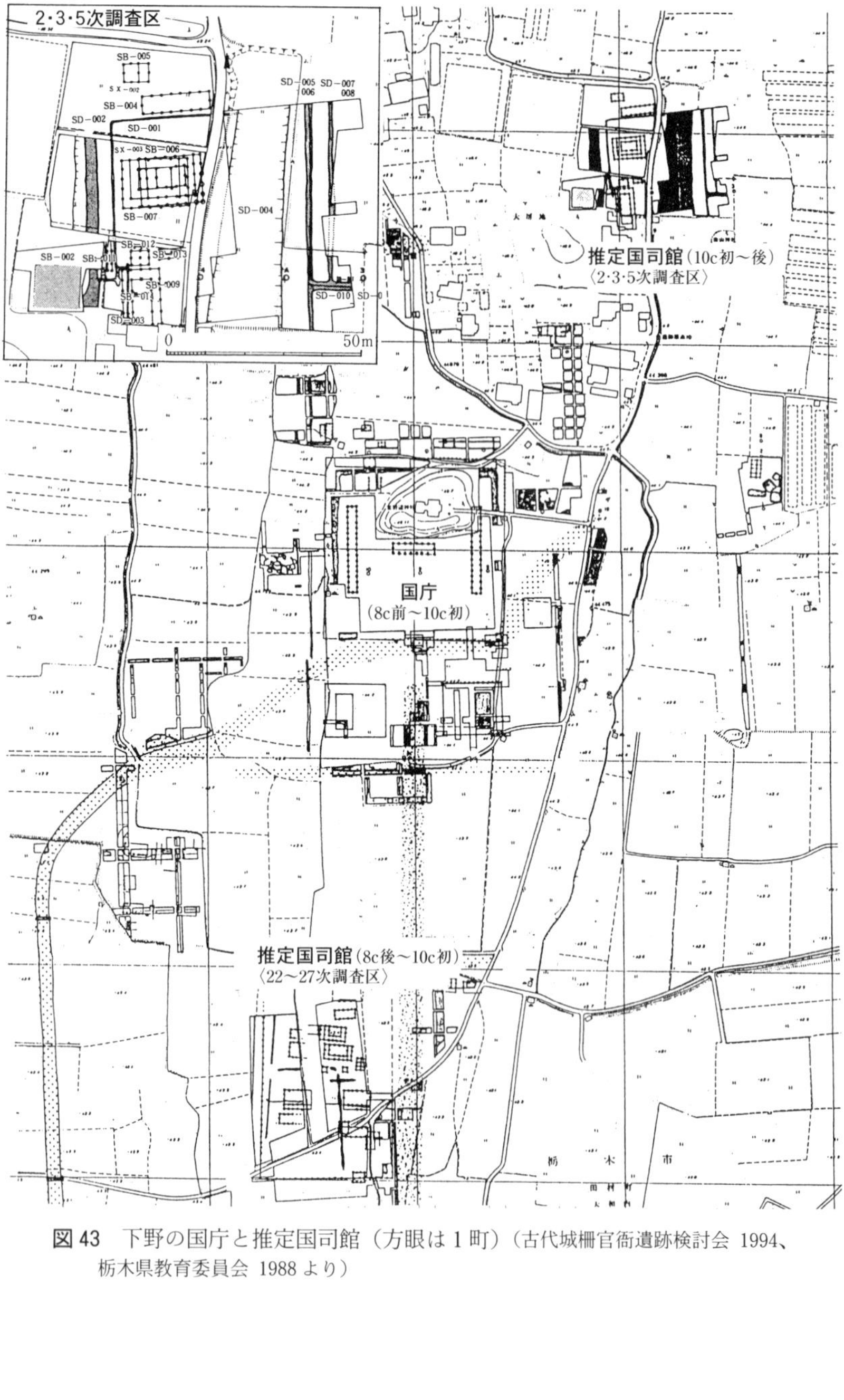

図43　下野の国庁と推定国司館（方眼は1町）（古代城柵官衙遺跡検討会 1994、栃木県教育委員会 1988 より）

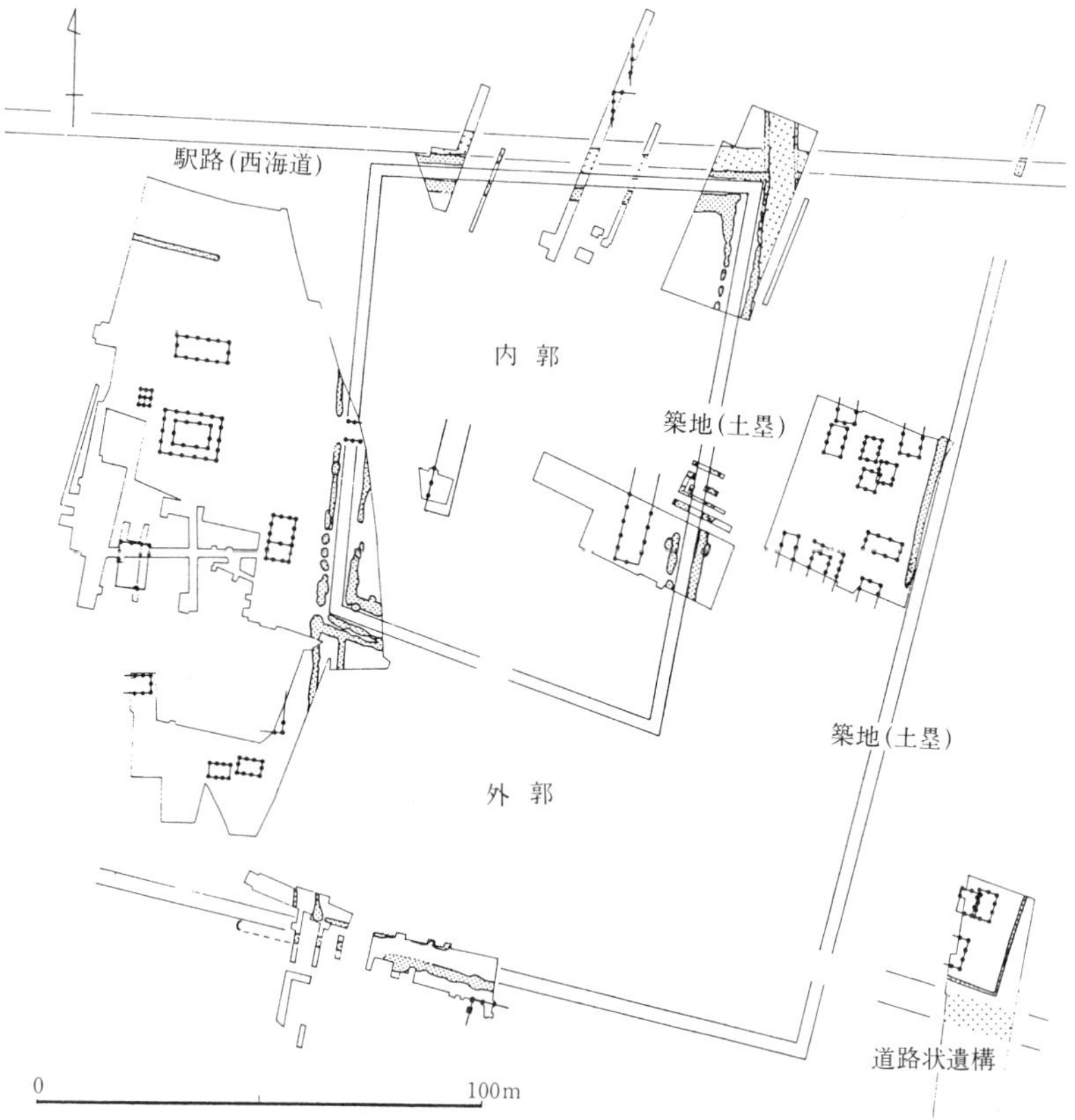

図44　筑後の国司館（松村一 1991より）

築地にそって土取りの土坑があり、ここに多量の土師器食膳具が投棄されている。山王遺跡と同様に饗宴に用いた食器と推定される。ほかに円面硯、中国産青磁、緑釉香炉、墨書の「守第」「介」、鋳造関係遺物が出土している。遺物や墨書土器から国司館と推定され、時期は九世紀後半から末である。『日本三代実録』元慶七（八八三）年七月条には、班田制を復活しようとした筑後守が、国司館において、それに反対する現任国司らによって射殺され、財物を掠奪されたことが記されている。その館がこの遺跡である可能性があるという。国務の中枢が国司館に移っていることを象徴しているできごとである（松村一 一九九一）。

（4）　国司館の様相

以上、国司館の可能性が考えられる遺構について概観した。いずれも国庁に比較的近いところに位置しており、官道や主要街区という基幹道路に面して、方一町程度の広い敷地をもつ。区画施設は築地・柵・溝などであるが、大規模な堀で囲まれるものはない。敷地のなかには廂付きの大型建物を中心に、井戸などをそなえており、日常生活も行なわれたとみられる。集落ではほとんどみられない高級な中国産陶磁器や国産の施釉陶器を豊富に使用し、多量の土師器の食器を一時的に使用する饗宴が行なわれたものと推定される。なかには庭園が確認される例もある。遺構の時期は八世紀後半から十世紀後半である。下野をのぞくと九世紀以降である。国庁が衰退した十一世紀以降は国司館についても実態は考古学的にはほとんど不明であり、それが地方政治の中心の場をなしていたかどうかは明確ではない。（補註4）しかし、注目されるいくつかの点がある。

陸奥国府では九世紀以降には、多賀城とは別の地点（山王遺跡）に国司館を中心とした地区が形成されたことが注目される。とくに九世紀後半以降にこの地区は建物が多くなり、城内とは対照的に繁栄したようすがうかがえる。ほかに国司館とも推定される館前地区は、丘陵上に単独に存在し、継続期間は短い。これが国司館としても、山王遺跡はこれに続く時期で、いくつかの施設の規模とその分布の広さは、館前地区とは比較にならない。しかもそこでは国府が執行する仏教行事もおこなわれている。国司館を中心とした地区が、文化面においても中心地となっていたのである。筑紫では鋳鉄などの生産もおこなわれていた。下野国府では国庁が衰退した後もその近くにしばらく館が存続している。この館は国庁の南側にあった従前の館にかわるものであり、十世紀における国の政治の場であったことをうかがわせる。

国庁は国の儀式・饗宴・政務の場である。これらはいずれも公式の形式的・儀式的な行事であり、国庁という荘厳な施設でおこなわれることに意義があった。国衙の成立当初は、国庁を中心にこうした公式行事がおこなわれていたのが、九世紀後半以降に国司館が隆盛してくると、そこでもさかんにおこなわれるようになったと推定される。出土遺物の土師器の食器は宮都様式の饗宴の実施を示し、それに国司がかかわっており、なかば公的な性格があった。饗宴以外の行事もおこなわれ、国庁と国司館の複眼的なあり方に移行していると推測される。陸奥・筑後などの例からみて、九世紀後半の時期が国司館の拡充する画期であって、このころにはこうした状況が各地で生まれていたと考えられる。

国司館の遺構が不明になる十一世紀以降は、国府そのものがほかの場所に移動する例が多い。古代律令期の国衙遺跡の多くで、中世国府の遺構が重複しないのはそのためであろう。古代末期から中世の国府は、港・道路など交通の要所の近くに選地される例が多い。それにともなって国司館も移動したものと推測される。しかしながら、これまで十一世紀以降の国司館の遺構が確認されていないのは、それと認定するのが困難であることにもよるであろう。国司館の遺構と認定できる条件は、新しい時期の国府推定地の周辺で、ある程度の大きさの屋敷地に、大型の建物をもち、高級な陶磁器や大量の土師器の食器が出土するというくらいで、国庁のように明瞭な指標に乏しい。国司の在国の問題ともからんで、今後の検討課題である。

3　東国集落遺跡における館の形成

(1)　集落遺跡検討の視点

中世の居館としては堀と土塁をめぐらした方形館が普遍的な存在である。方形館の成立時期は、東国と西国ではことなることも考えられるが、考古学的にはおおむね十三〜十四世紀以降に成立するとされ、古代との時期的なへだたりは大きい。しかし、こうした方形館はその前の時代からいくつかの過程をへて形成されてきたと考えられる。

中世の居館は近世の村、現在の大字ごとではないにしろ、国司館などよりははるかに数多く存在し、集落レベルで存在した。また、居館は領主の屋敷であり、地域の支配拠点となる施設でもある。ある意味では集落を構成する一要素である。中世の領主の館・屋敷はそのすぐ周辺に直営の田畠が広がり、さらにその外側に荘・保・郷などとよばれる地域単位が囲むものと図式化されている（石井　一九七四）。館はイエ支配が貫徹する屋敷の空間を占有するばかりでなく、概念的には生産地である耕地と支配する土地の中心に存在するのである。

この点からすると、集落の考察にあたっては、屋敷と耕地とがどのような位置関係にあるかが重要である。従来の古代集落の研究においては、住居を中心とした居住の場がおもに対象とされ、耕地との関係はほとんど考えられてこなかった。ここでは、このような視点から、古代の集落遺跡を検討し、居館形成の起点を検討するものである。

（2）　越後における古代集落遺跡の二類型

近年、古代の集落遺跡については、多くの調査例が蓄積されている。とくに関東地方を中心にした東国では顕著であり、発掘調査のかなりの部分がこの時期の遺跡を対象としている。ここではまず筆者がフィールドとしていた新潟県越後の調査例を概観したのち[5]、関東地方やその周辺地域も視野に入れ、東国の集落遺跡を考えることとする。それは、関東地方の資料は膨大で全体を整理することは容易ではないことと、後述するように関東地方の調査対象は台地上が主体で沖積地は少なく、明らかにされている集落の様相にかたよりがあることが予想されるからである。

越後の古代集落遺跡の調査例は、概算で大小約一〇〇カ所程度に及ぶ。これら遺跡の時期は七世紀から十一世紀で、大部分は八〜十世紀である。このうちとくに九・十世紀の例が多い。遺跡の様相は一様ではなく、いくつかのタイプがみられるが、平地の遺跡では「山三賀《やまさんが》型集落」と「一之口《いちのくち》型集落」という時期をことにした二つの代表的な類型が抽出できる。

山三賀型集落　標式は聖籠町山三賀Ⅱ遺跡（新潟県教育委員会 一九八九）であり、十日町市馬場上遺跡（十日町市教育委員会 一九七五・一九七六）、青海町（現糸魚川市）須沢角地A遺跡（青海町教育委員会 一九八八）もこの類型である。次の一之口型集落に比較して類例はかなり少ない。

山三賀Ⅱ遺跡は海岸から約五キロメートル内陸側の砂丘上、標高五〜六メートルに立地する（図45）この周辺には海岸に並行して一〇列もの砂丘列が発達し、砂丘の内陸南東側には広大な後背湿地が広がるという、越後平野特有の地形が展開している。国道バイパス建設に先立って調査され、遺跡を横断するかたちで、幅約八〇メートル、長さ約一八〇メートルの範囲を発掘した。

遺跡は八世紀初頭に成立し、九世紀後半に衰退する。おもな遺構は竪穴建物（住居）約九〇基、掘立柱建物二七棟。竪穴建物の規模は約一〇平方メートルから約七〇平方メートルの幅があり、大型のものは帯金具・和同開珎などの出土遺物があり、上位の階層の住居と推測される。掘立柱建物は二×三〜四間（面積二五〜四〇平方メートル）を主とした側柱建物と二×二間（面積一〇〜一五平方メートル）を主とした総柱建物がある。前者は住居、後者は倉庫と考えられる。面積三〇平方メートル以上の比較的大型の竪穴建物は、九世紀に入るころからみられなくなる。掘立柱建物の住居はこれとほぼ同規模であり、大型の竪穴建物にかわって出現したと推定される。したがって、八世紀代の住居はほとんど竪穴と考えられる。調査地内で竪穴と掘立柱の住居は四群程度のグループを形成する（図46）が、それぞれは定形的な土地を占有することはない。倉庫もそれぞれのグループに所属せず、複数のグループに共有されていたと考えられる。井戸はまったくみられず、おそらく砂丘縁辺の裾に、集落共同の水場が存在したものと推定される。集落の形態は大規模な集村である。竪穴建物や掘立柱建物が群をなして明確にまとまって分布しており、集落が景観としては「かたまり」としてみえる。「遺跡」の範囲がほぼ「集落」に相当するといってよい。

土器以外の出土遺物には、土錘などの漁具がごく少数存在するが、鉄製の鎌・鍬鋤などの農具もあり、この集落は

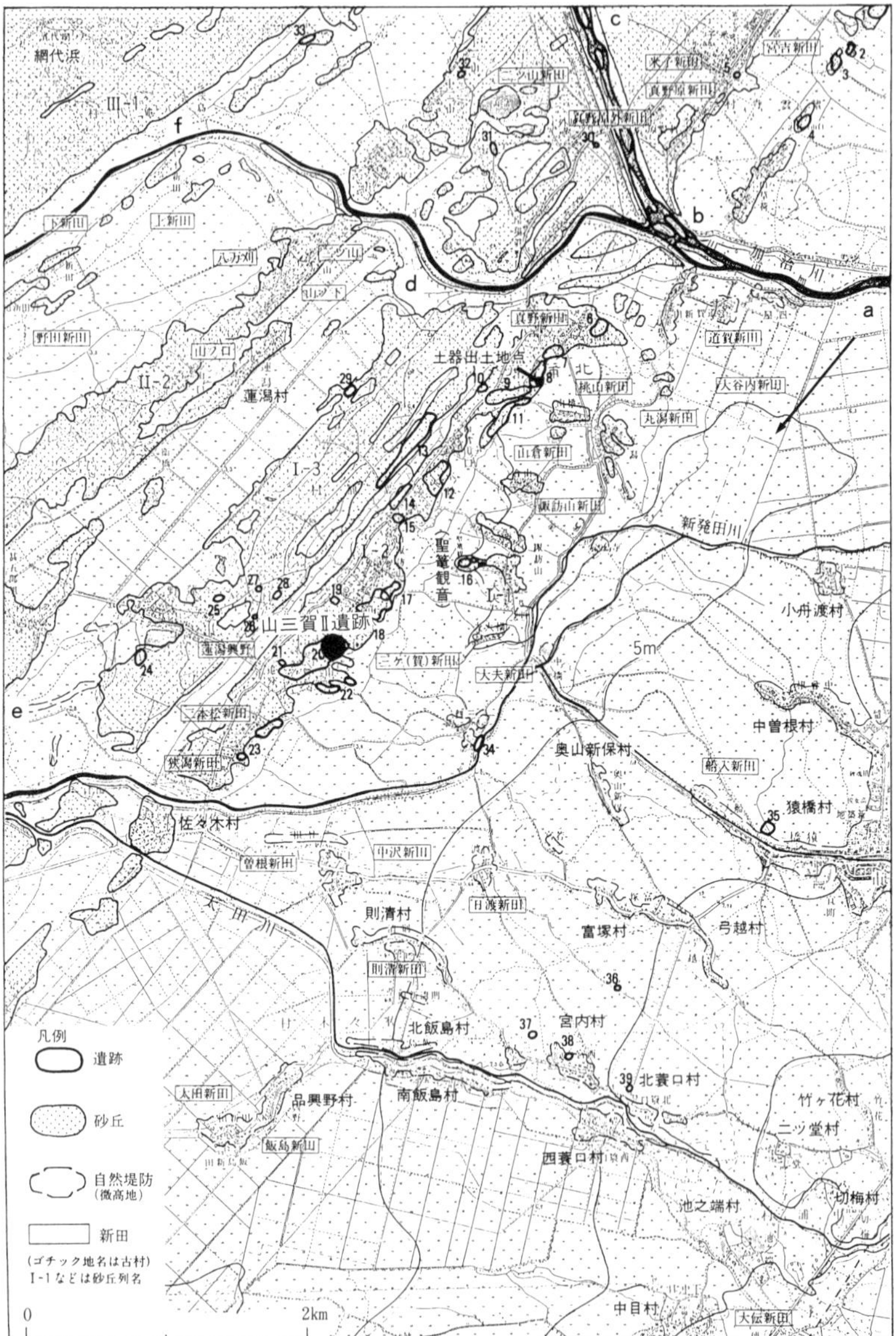

図45　山三賀Ⅱ遺跡の位置と周辺の地形（新潟県教育委員会 1989より作成）

図46　山三賀Ⅱ遺跡の竪穴・掘立柱建物のグループ（新潟県教育委員会 1989より作成）

基本的に農業生産に依存していたと推測される。砂丘上で畑作をしていたことは否定できないが、畑の遺構である平行する小規模な溝群は、確認されていない。したがって、沖積地における水田耕作が基本であったと考えられる。ここで水田を求めるとなると、砂丘内側の後背湿地と沖積地である。

山三賀Ⅱ遺跡と同じ八・九世紀の集落遺跡は同じ砂丘列上に比較的多く存在するが、砂丘内側の後背湿地・沖積地には同時期の遺跡は確認できない。相対的に高い砂丘上にいくつかの集落があり、それら集落の耕地が低い沖積地にあったと考えられる。つまり居住する場と耕作する場が明確に分離した景観である。このことは次の一之口型集落との対比において重要である。なお、この砂丘内側の後背湿地は、近世

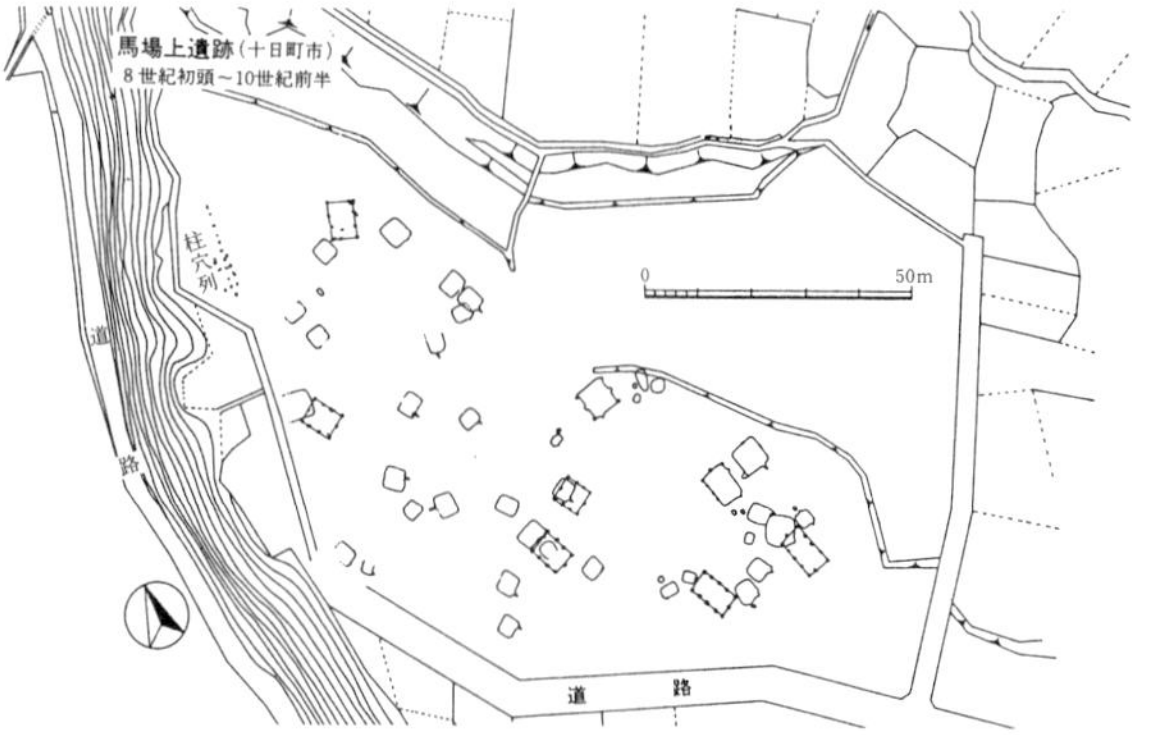

図47　十日町市馬場上遺跡（新潟県教育委員会 1989より）

の河川改修によってはじめての排水事業がおこなわれたことにより新田開発されたところであり、(6) 古代においては砂丘に近い部分ほど水田には不適当な湛水地であったと推定される。(補註5) 砂丘から内陸側に一～二キロメートルほど離れたあたりからは安定した沖積地となり、かつてはここに水田を求めた可能性が高い。このように考えた場合、集落と耕地の分離はいっそう明瞭である。

馬場上遺跡は信濃川に面した段丘上縁辺にある（図47）。遺跡は八世紀初頭に成立し、一部十世紀前半に及ぶが、主体は九世紀後半に衰退する。遺構の構成・推移は基本的に山三賀Ⅱ遺跡と同じである。水田を求めるとすれば、段丘の下の沖積地であろう。砂丘と段丘という地形のちがいはあるが、集落と耕地の景観上の分離は山三賀Ⅱ遺跡と同じく明確である。

一之口型集落　標式は上越市一之口遺跡（新潟県教育委員会 一九八六）で、類例は新潟市小丸山遺跡（新潟市教育委員会 一九八七）など比較的多い。一之口遺跡は頸城（高田）平野西辺の自然堤防上、標高約一〇メートルに立地する（図48）。この自然堤防は、西から東に流れる正善寺川の北岸に沿う微高地であり、高速道路の建設にともなった調査範囲は、これとほぼ一致している。遺跡は九世紀後半に成立し、十世紀後半に衰退する。遺構は掘立柱建物・井戸・土坑・畑などがある。竪穴建物はなく、住居はすべて掘立柱建物である。これらはすべて同時期に存在したものではないが、建物は雑然と分布するのではなく、方位にほぼ一致した方向で、一定の距離をもって存在する。そしてそれぞれの建物に井戸や土坑・畑などをともない、遺構群を形成している（図49・50）。土坑はゴミを廃棄する穴で、畑の遺構は平行する小溝群である。

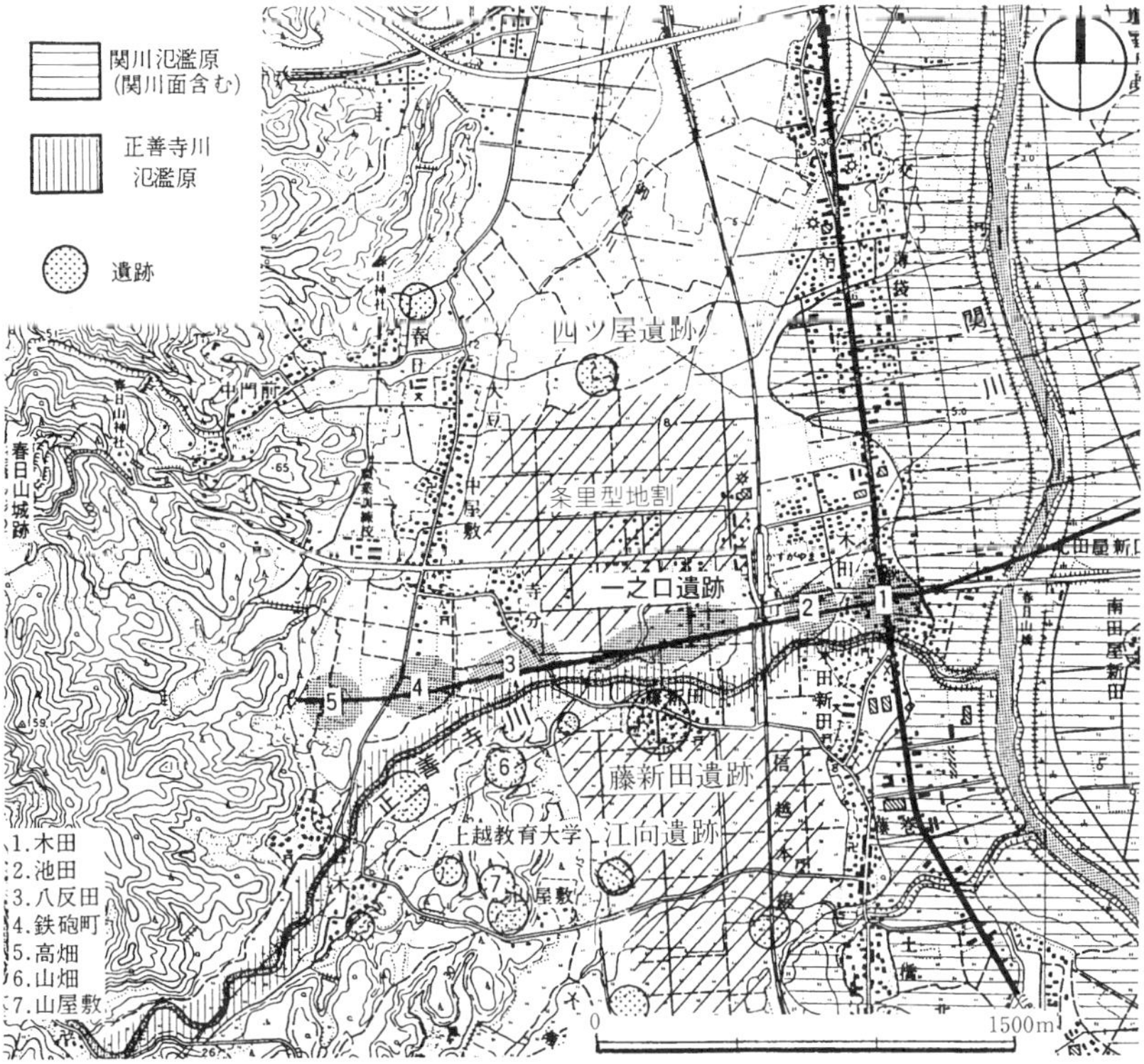

図48　一之口遺跡周辺の地形（新潟県教育委員会 1986より作成）

調査された東西二〇〇メートルほどの範囲内では、遺構群はA・B・C・Dの四群がみとめられる。それぞれの建物には規模の格差があり、出土遺物にも差がある。もっとも大きいのが西端のA群である。建物は総柱となる身舎の四面に廂をもった格式の高い大型建物である。調査区の関係で、建物の全容は不明であるが、前記の宮城県山王遺跡の国司館とほぼ同じ面積の約一八〇平方メートルの規模をもつ可能性がある。これにともなう井戸は方形の井戸枠をもち、ほかの素掘りのものとの差は大きい。また灰釉陶器が集中的に出土していることも、建物の規模と関係する。これに次ぐのがB・D群、もっとも小さいのがC群である。B・D群の建物規模は推定三〇〜四〇平方メートルで、C群の建物は柱の配列も不規則でごく小さい。しかしそれぞれの

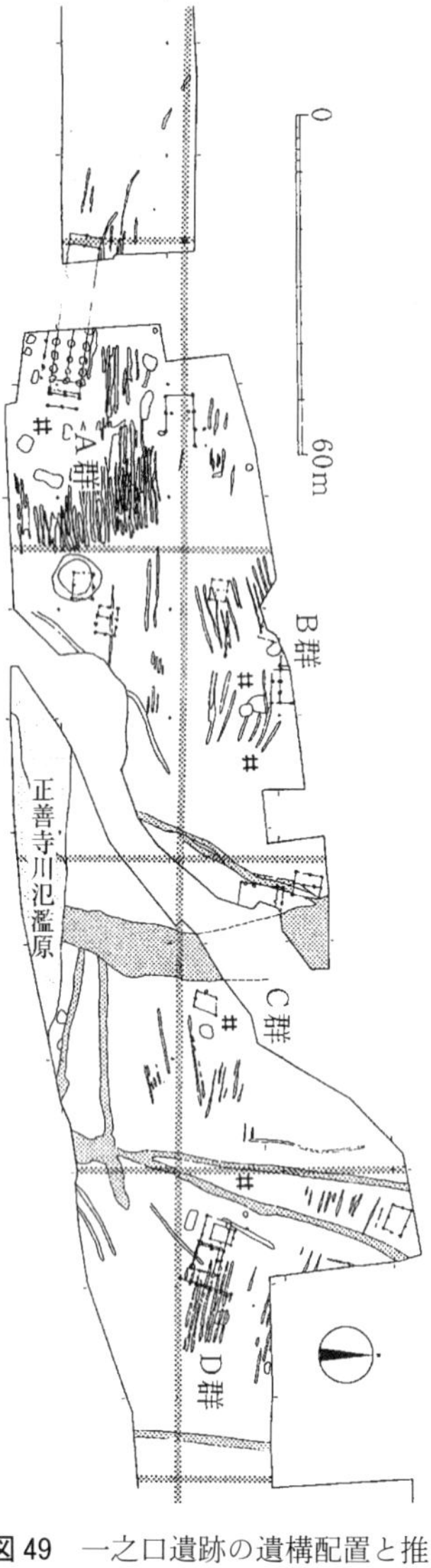

図49　一之口遺跡の遺構配置と推定地割（新潟県教育委員会 1989より）

建物に井戸・土坑・畑などを伴っており、それぞれの遺構群が基礎的な消費と生産の単位として、独立していることを暗示する。これらの遺構群は一定の土地を占有し、屋敷地を形成しているといってよい。

それぞれの遺構群の単位は溝などの明確な区画施設をもっていないが、遺構の分布からみると、ほぼ方形の土地区画をともなって存在していると推定される（図49）。遺構の方向と分布を基準にして半町（約五四メートル）の格子目を描いてみると、四つの遺構群がほぼそれに一致した分布を示す。したがって、この地区においては、一町を基本とした方格地割、すなわち条里型地割がこの時期には施行されたと考えられる。この地割を参考にすれば、A群の屋敷地は方約半町（約三〇〇〇平方メートル）以上の規模と推定される(7)。

この集落は北側に展開していたと推定される耕地をおもな生産地としていたと考えられる。発掘された遺構には堰をそなえた灌漑用水路があり、調査区の北側に同時期の水田が存在することが知られる。遺跡の北側すぐと正善寺川の南側には、条里型地割が分布している（図48の斜線部）。この地割が施行された時期は明確ではないが、さきに想定した集落内の方格地割と方向がほぼ一致し、その設定は遺跡の時期まではさかのぼるものと推定される。遺跡が立地す

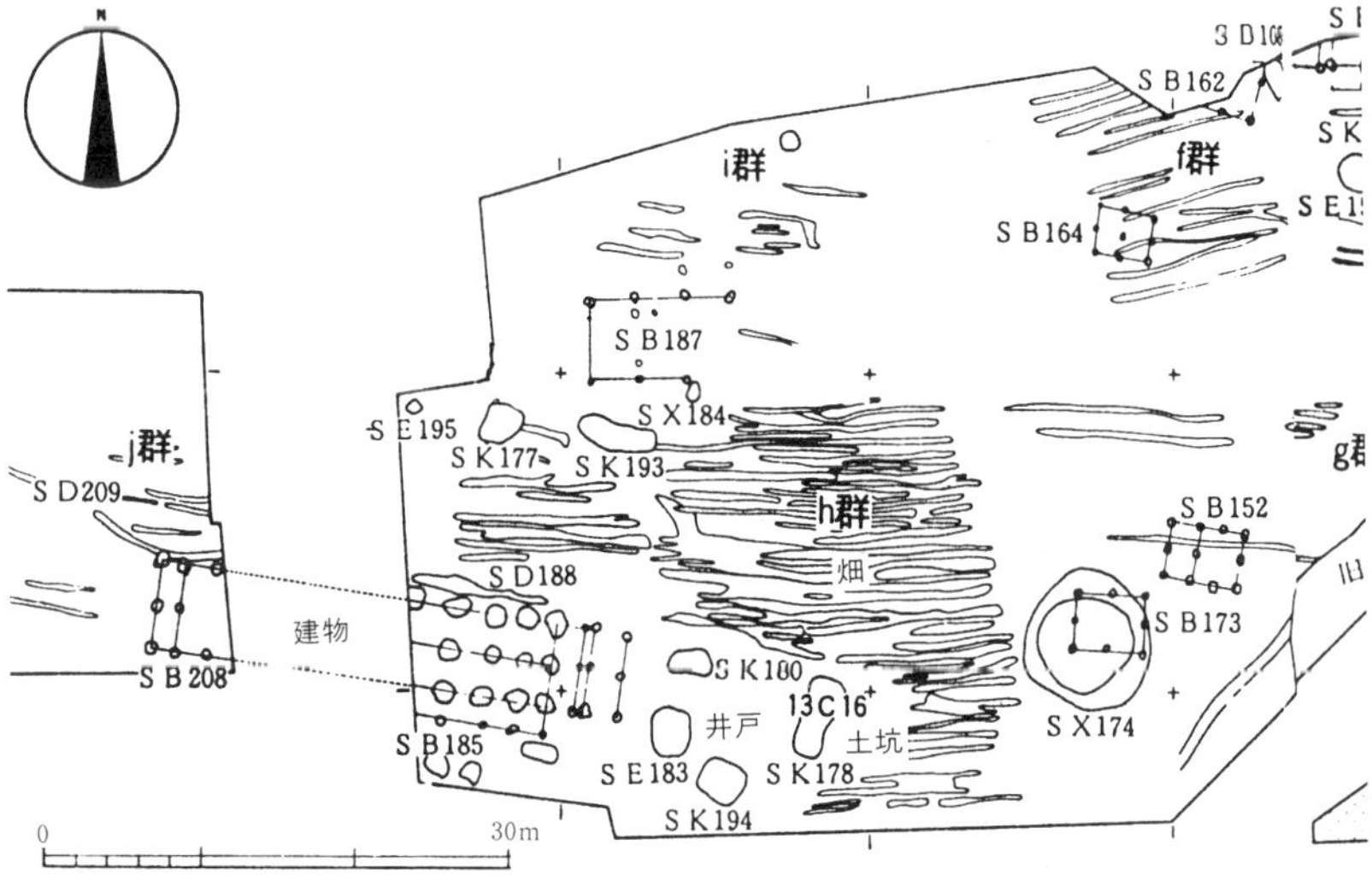

図50　一之口遺跡のA群遺構配置（新潟県教育委員会 1986より作成）

るところは北側の条里型地割の部分よりはわずかに高いが、集落と耕地が地形的な明確な段差をもっているわけではない。また、条里型地割の部分も低湿地ではなく、そのなかに同時期の大小の集落も分散して存在している。九・十世紀の遺跡は、高速道路建設により調査した範囲だけでもいくつかあり、それらは広く分布している（図48-2〜5）。それぞれの遺跡はいずれも小規模な掘立柱建物が存在する程度で、山三賀Ⅱ遺跡のように一定の範囲に集中的に建物が分布する様相はない。[8] したがって、ここにみられる集落の形態は集村ではなく、建物を中心とした遺構群が散在するという、散村・疎塊村ともいうべきものである。いうならば耕地のなかに大小の屋敷地が展開する景観であり、山三賀Ⅱ遺跡とは対照的に集落と耕地が一体となったあり方が注目される。

周辺に存在する九・十世紀の遺跡のうち、四ツ屋遺跡・江《え》向《むかい》遺跡（上越市編二〇〇三）では廂付きの大型建物が主体をなす。これに井戸・土坑がともなって一つの屋敷を形成しており、一之口型集落に含められる。四ツ屋遺跡では中国産越州窯系青磁、香炉をふくむ緑釉、灰釉が、江向遺跡では「高有私印」の銅印がそれぞれ出土しており、高い階層の人びと

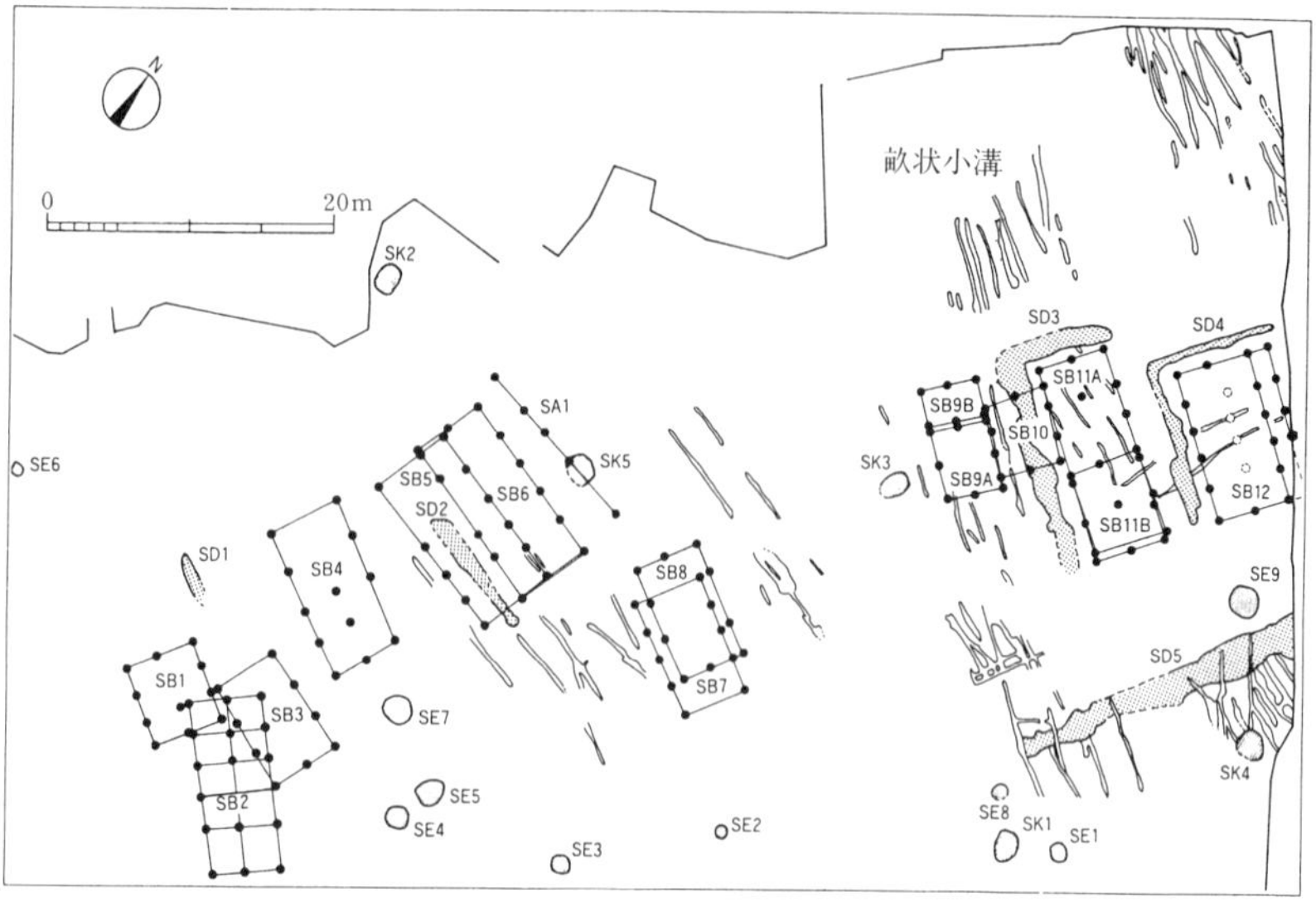

図51　小丸山遺跡遺構配置図（新潟市教育委員会 1987 より）

の屋敷と考えられる。これらの遺跡はほぼ一キロメートルの間隔で南北に分布している。このように階層の高い遺跡が近接して分布することや条里型地割を基調とした開発の背景には、この地区が国府所在地に近いという条件も考慮される。

小丸山遺跡は、越後平野にある内陸砂丘縁辺に位置し、砂丘から沖積地に転換する地点に立地する。遺跡は九世紀中葉に成立し、十世紀後半に衰退する。三〜四時期の変遷があるが、一之口遺跡と同様に建物・井戸・土坑・畑が単位となっている（図51）。一之口遺跡のように集落・耕地となった土地に条里型地割が施行された痕跡はないが、周辺の地形からみて耕地は建物群に接したところに求めることができ、耕地と集落が一体となった景観は一之口遺跡と同様である。ここでは条里型地割の有無にかかわらず、一之口型集落の類型に含めて考える。また、ここにあげた遺跡は相対的に階層が高い人びとのものであるが、遺構・遺物からそのような人びとの居住が考えられないものも多く、その場合にも基本的な構造は一致している。

山三賀型集落から一之口型集落へ　山三賀型集落と一之口

型集落の二類型をみてきたが、あらためてそれぞれの特徴を整理すると、まず山三賀型集落の特徴は[9]、以下のとおりである。

①砂丘や台地の上など沖積地と明確に区別される地形上に立地する。
②集落形態は比較的大規模な集村で、まとまりが明確である。
③竪穴建物・掘立柱建物は群をなすが、各群に倉庫や井戸は付属せず、屋敷地としての独立性は希薄である。
④耕地は集落の立地や形態と関連して、集落から離れている。住居と耕地が離れた「住耕分離型」の集落である。
⑤以上の点からみて竪穴建物・掘立柱建物のまとまりはあっても、集落全体の紐帯が相対的に強いと推測される。
⑥遺跡の成立の時期は、七世紀末から八世紀前半で、九世紀後半に衰退する。

これに対し、一之口型集落の特徴を山三賀型集落と比較して列挙すると、次のとおりである。

①沖積地の微高地に立地する。
②集落の形態は散村で、複数の建物群は全体のまとまりがはっきりしない。小規模分散型ともいえる。
③掘立柱建物を住居とし、一定の土地を屋敷地として占有する。屋敷地は階層によって規模の格差がある。大きなものは方半町ほどの広さをもつ。
④屋敷には住居のほか井戸やゴミ廃棄穴があり、畑をもつこともある。
⑤屋敷の周辺に耕地としての水田がある。住居と耕地が離れていない「住耕一体型」といえる集落である。
⑥集落の形態からみて、屋敷ごとの独立性が強く、集落の紐帯は相対的に弱いと推測される。「個別経営」の単位が景観にあらわれているともいえる。
⑦九世紀中葉から後半に成立する。

これら二つの類型の時期は、九世紀中葉ころから後半をのぞけば、ほとんど重複しない（補註6）ことから、おもに九世紀中葉から後半を境にして、山三賀型集落から一之口型集落へと展開するとみられる。[10]山三賀Ⅱ遺跡周辺の分布調査によると、砂丘上には多くの遺跡が分布するが、九世紀後半から十世紀を主体とする遺跡はほとんど確認できない。一方、砂丘に接した後背湿地から離れた沖積微高地には、この時期の小規模な遺跡が存在する。砂丘上の集村が解体して、人びとは沖積地に進出したものと推定される。「住耕分離型」から「住耕一体型」への集落の変化である。あらたに沖積地に形成されたこの周辺の集落形態は未調査であるが、一之口型集落の散村と推測される。山三賀Ⅱ遺跡の立地は砂丘であるが、段丘など台地上に立地する八・九世紀の比較的規模が大きい集落も同様に衰退する。

一之口型集落が存在する九世紀から十世紀には遺跡数がかなり増加し、その分布もさまざまな地形に展開することから、この類型だけがこの時期の集落ではない。九世紀中葉以降はそれまでほとんど遺跡が確認されない標高の高い地域や丘陵上、沖積地の微高地にも数多くの遺跡が分布するようになる（坂井　一九八五）。遺跡の増加は、一つには大規模な山三賀型集落が解体して、小規模な集落に分散したことによると考えられるが、[11]一之口型集落はこのうち沖積地を基盤として水田耕作を指向した類型でといえる。

山三賀型集落から一之口型集落への歴史的な展開を考えた場合、山三賀型遺跡のなかに、九世紀以降、比較的大型の掘立柱建物を中心とするグループが出現することが注目される。こうしたグループは八世紀の大型竪穴建物を含む群を継承するものであるが、これが核となって沖積地に存在する耕地の周辺に進出し、独立した屋敷を形成していくものと理解される。これらのグループが八世紀以降成長して、自立の傾向を高めた結果、一之口型集落にみるような耕地と屋敷が一体となった集落が形成されたのであろう。こうして建物を中心とする独立した屋敷地が普遍的に成立し、屋敷地の周辺に耕地が展開するということが、古代の集落における大きな画期と評価される。耕地がその周辺に存在する屋敷に所有されることが一般化したことをみてとれる。

（3）　東国における九世紀中葉から後半の画期

越後の集落遺跡を二つの類型に代表させて、八世紀から十世紀の変化をみた。このなかでは九世紀中葉から後半に大きな画期が存在することが明らかになった。この集落形態の変化とその時期は越後のみの特殊な様相であろうか。次に関東とその周辺地域の集落遺跡のあり方を検討する。

台地上の集落遺跡　関東地方の古代集落遺跡は調査例がきわめて豊富である。とくに地形的に台地が発達していることとも関係して、台地上の大規模な集落遺跡の調査が多い。その反面、沖積地の調査はかならずしも多くはない。そのため、越後で想定した台地上から沖積地への集落立地の変化は、豊富な調査例をもとに論じることができないが、台地上の遺跡の様相は共通しており、同様の変化を予想させる。

千葉県の常総台地にある千葉市南部地区（図52）では、長期にわたる大規模な調査の結果、いくつかの集落遺跡が発掘されている（笹生　一九九〇）。これらの遺跡はおもに竪穴建物から構成される山三賀型集落である。竪穴建物の数でその消長をみると、九世紀後半から十世紀前半の間に、急速に減少する。このあと掘立柱建物だけで構成される集落はみとめられないことから、台地上の集落は衰退したと考えられる。このような傾向は常総台地上に立地した多くの集落遺跡でみられる。これらの集落の成立は八世紀前半から中ころにピークがあり、その背景に畑の開発も想定されるが、台地上で畑の遺構が明確でないこと、台地上の集落が水田適地の沖積地に近い台地縁辺にかぎって立地していること、集落が衰退する十世紀以降に畑作もいっせいに衰退する要因が考えにくいことなどから、これらの集落は沖積地の水田に多くを依存していたと考えられる。台地の上に居住し、耕地は台地の下の沖積地に求めたと考えられ、集落と耕地は明瞭に分離した景観である。これら以外の地域でもおおむね同様の傾向を指摘することができる。埼玉県では、七世紀後半に集落立地が低湿地[12]から台地へと変化し（井上尚　一九八八）、台地上の集落は九世紀中葉以降解体が進行するという（鈴木　一九八九）。

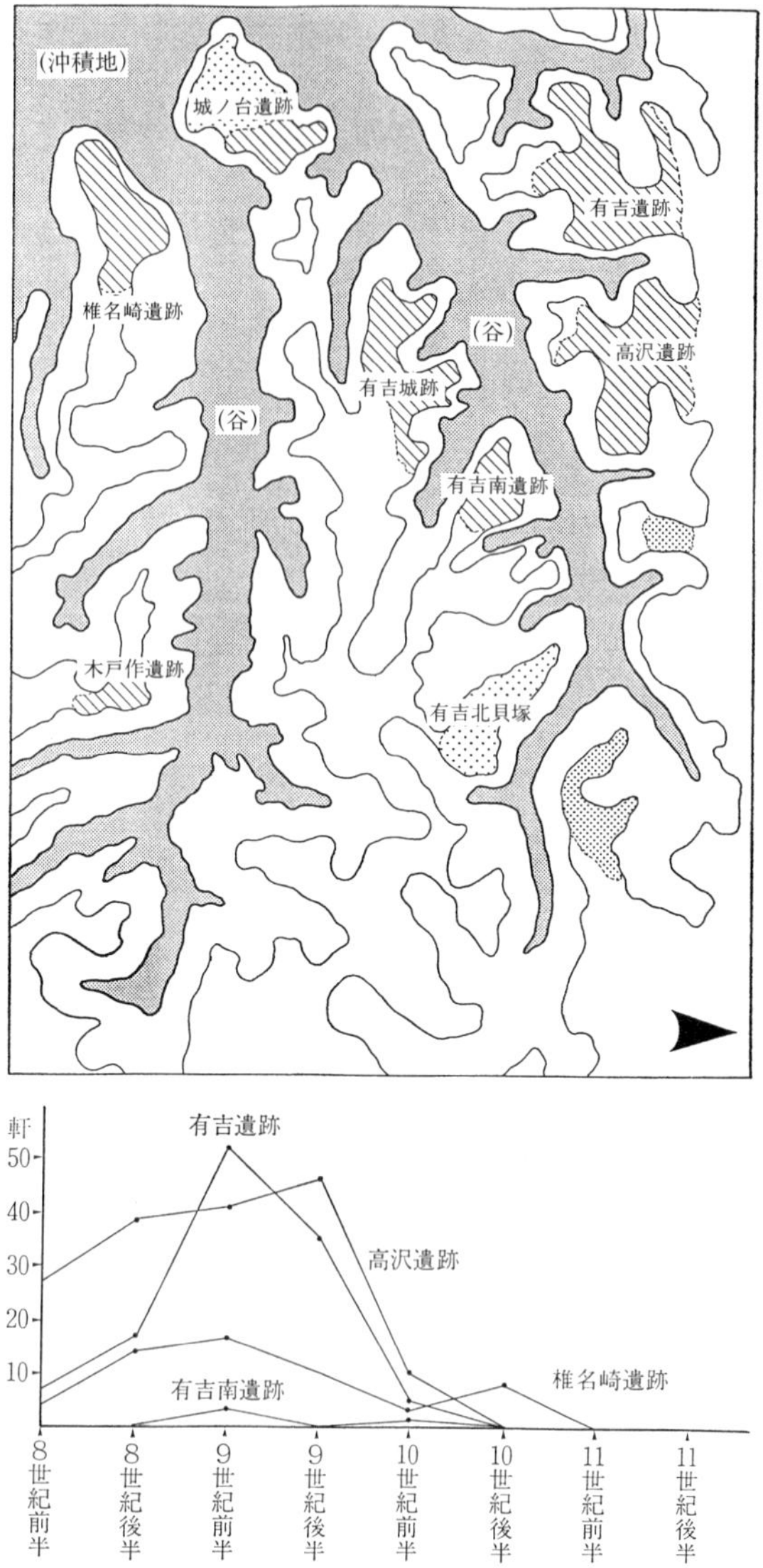

図52　千葉市南部地区の集落遺跡（上）と住居数の変化（下）（笹生 1990より作成）

沖積地の集落遺跡と屋敷の形成　台地上の遺跡がほぼいっせいに衰退することは、集落が沖積地へ進出したことを示唆する（笹生 一九九〇）。沖積地の集落遺跡の例として東京都日野市落川遺跡がある（福田 一九八八a）。遺跡は奈良時代以前に成立し、十一世紀後半に図53のような遺構配置となる。方六〇〜七〇メートルの範囲にかなり大型の建物が配置される。ある程度の階層の屋敷である。このようなあり方は十世紀後半までさかのぼるという。周辺の沖積地には八・九世紀の集落遺跡も存在しており、(13) 九世紀以降になって沖積地にはじめて集落が形成されたわけではないが、十世紀以降において台地上に有力な農業集落が存在しないことに注目するならば、こうした沖積地の遺跡の存在は台地上の集落の衰退と関連して考えてよいであろう。越後でみたように、大勢として、集落は耕地が存在する沖積地に進出し、ここに集落と耕地の一体化がなされたと考えられる。[14]

関東地方以外でもこの傾向はみとめられる。長野県東信地方の鋳物師屋遺跡群（佐久市・小諸市・御代田町）は、八世紀初頭から大規模な集落が形成されるが、九世紀後半に急速に衰退する（御代田町教育委員会　一九八九）。集落の立地は変わらないものの、集落構造が変化する例として、長野県吉田川西遺跡（長野県埋蔵文化財センターほか　一九八九）がある。この遺跡は八世紀初頭に成立する山三賀型遺跡である。古代末から中世に連続するまれな遺跡であるが、九世紀後半に溝が

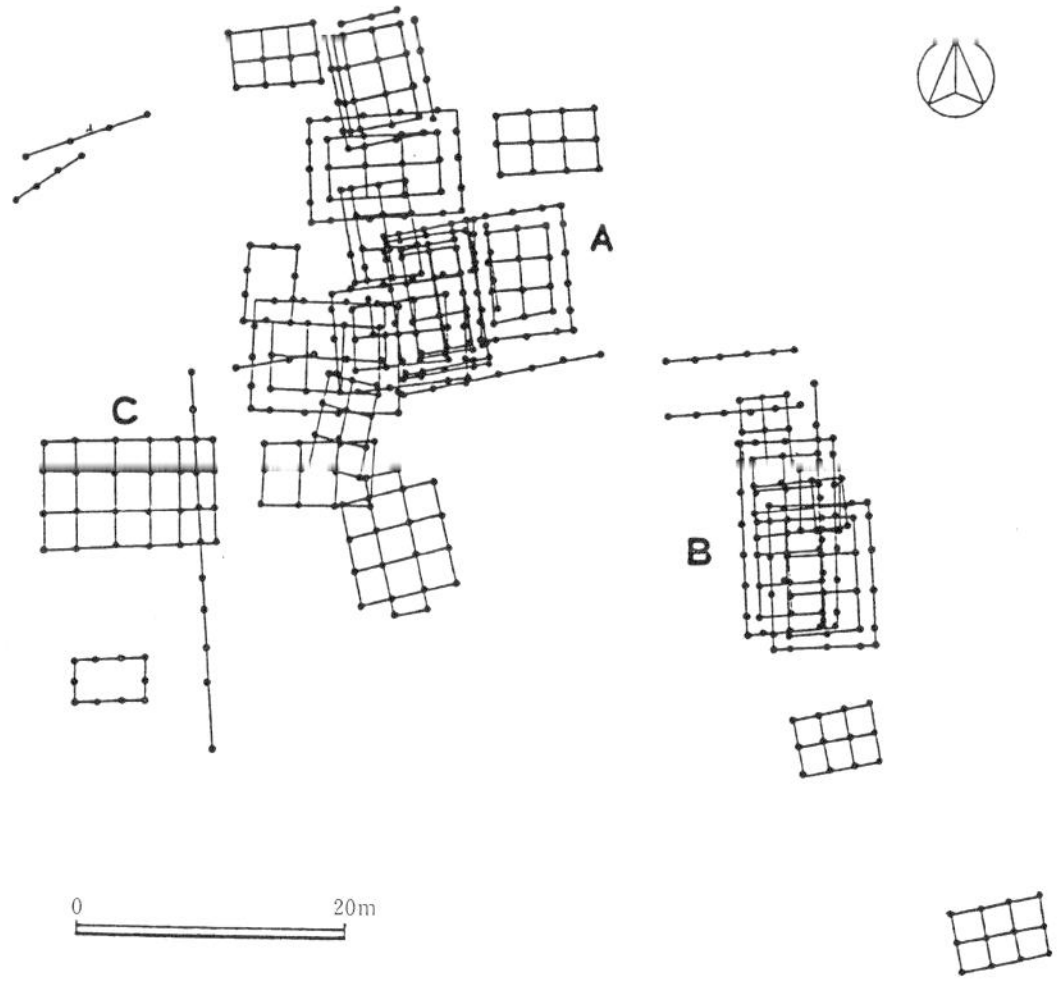

図53　落川遺跡の11世紀後半の建物群（橋口 1990より）

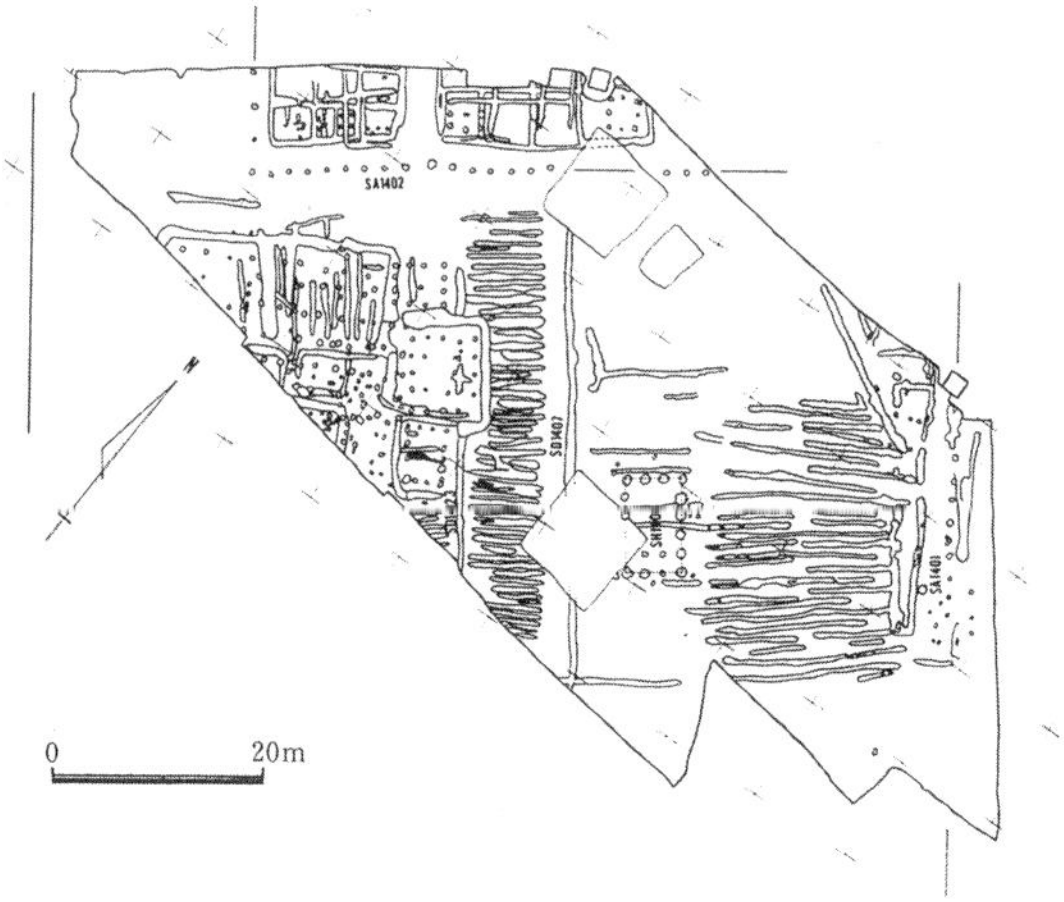

図54　静岡県内荒遺跡（平野吾 1986より）

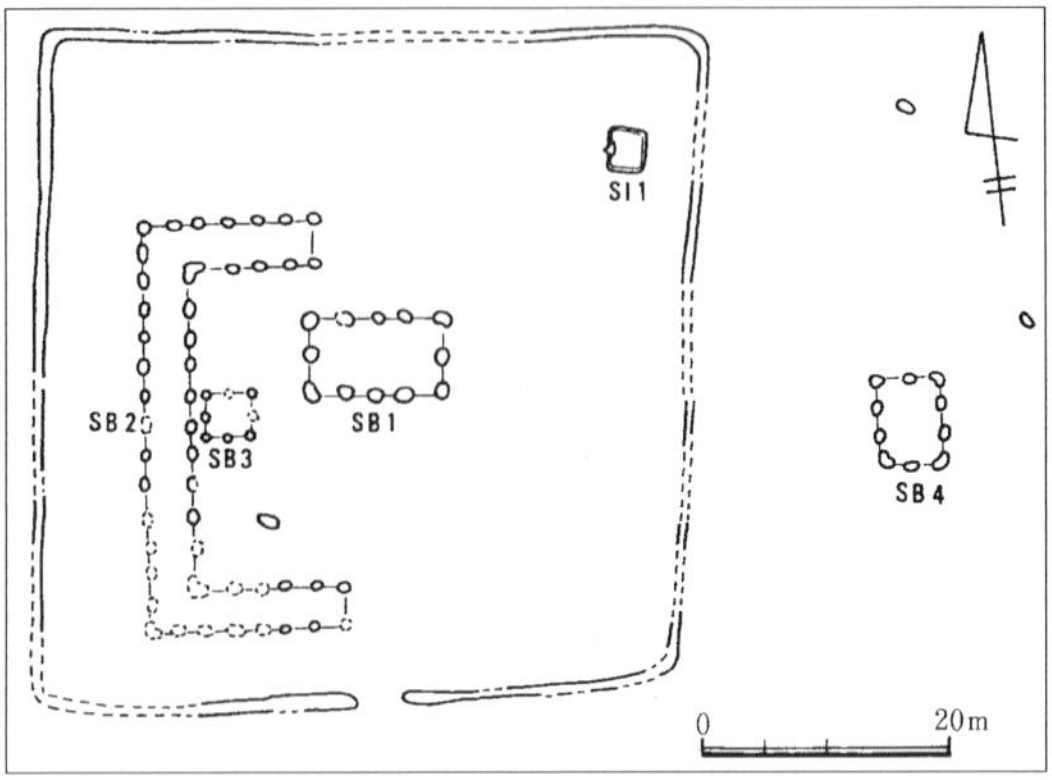

図55　神奈川県神隠丸山遺跡（神奈川県立埋蔵文化財センター 1992 a より）

掘られ、それによって囲まれた内部から、双耳壺・三足盤・花文椀皿などの特殊な緑釉陶器や朱墨パレットが集中的に出土している。住居は竪穴であるが、大型のものがある。これらの遺物などから、ここは相対的に高い地位にあるものの屋敷地と考えられる。十一世紀中ころには一辺約八〇メートルの溝で区画された方形の屋敷地が形成された。九世紀後半の動向がさらに進展したものと評価される。

有力者の屋敷地と推定される例として、郡衙の館や厨などと考えられている静岡県内荒遺跡（図54）（平野吾 一九八六）がある。この遺跡には小規模な柵や溝によって区画された一辺約八〇メートルほどの方形の土地があり、そのなかに掘立柱建物と畑などの遺構がみられる。時期は九世紀中葉ころ（黒笹一四号窯式期）である。郡衙を構成する中心的な施設のなかに、畑が存在することは不自然である。周辺は条里型地割の水田が展開しており、そこでの農業生産に立脚した有力な屋敷地とみたい。

このほかに、溝によって方形に区画された遺跡で、従来より「館」と考えられてきた遺跡がいくつかある。神奈川県神隠丸山遺跡（図55）（横浜市教育委員会 一九八六）・千葉市芳賀輪遺跡（千葉市教育委員会 一九八〇）などである。これらの時期は九・十世紀ころと推定されるが、遺物の出土量はきわめて少なく、井戸や廃棄用の土坑もなく、日常生活の痕跡は認められない。館とは日常生活の場としての性格があり、農業生産地である耕地を周辺にひかえていると考えられるならば、台地上に孤立するように存在するこれらの遺跡は、こうした要件をそなえていない。また、神隠丸山遺跡の建物の規模・形態は住居としては特異である。溝で方形に区画された遺跡には、神社・寺院などの宗教施設と推定される例(15)がある。したがって、これらの遺跡についても、方形の区画をもつものの、人が日常的に居住する館とは考えられない。

集落における館の形成　以上の検討から、東国の集落においても、越後と同様に九世紀中葉から後半を境に大きな変化があったとみてよいであろう(16)。その変化によって成立する一之口型集落のうちの有力者の屋敷は、堀や土塁といった区画施設はもたず、中世の居館との差は明確であるが、共通性も指摘される。それは住居のほかに、倉庫・井戸などをそなえ、生活の場として独立した方形の屋敷地をもち、屋敷地の周囲には生産の場である耕地をもつことである。ここに地域支配の拠点としての館の初現的な形成を認めることができ、これが館の成立の起点と評価される。この屋敷の主は研究史上「私営田領主」と称される人びとのイメージに重なる。律令期の山三賀型集落は、独立した屋敷地をもたず、耕地とも隔絶した関係にあり、中世の居館とは根本的に相違している。

また、集落ばかりではなく、地方官衙にも大きな変化が生じていることは、こうした初現的な館の性格を考える場合、重要である。地方官衙のうち郡衙は山三賀型集落と同じく九世紀後半にはほぼ衰退する。在地社会の基礎をなす集落の変化と呼応して、在地支配において最も重要な機能を担っていた官衙が衰退する。一方、九世紀以降は地方政治において国衙の果たす役割が相対的に増大するとされ、十世紀以降その傾向がいっそう強まる（佐藤宗　一九八九）。しかし、政庁をシンボルとした律令的な郡衙が消滅したのちも、なお在地の郡郷レベルのなんらかの支配機構は存在したと推測される。現状で把握されている遺跡のなかで、その存在を明瞭に認知できないのは、そうした施設の構造がそれまでの「官衙」とは異なっており、それと明確に認識できないことによるものと考えられる。言うならば、「官衙」が「集落」のなかに埋没して存在しているとみられる。その意味においては一之口型集落のなかの有力な屋敷地にそうした性格の遺跡が含まれる可能性がある。そこにはみずからの土地ばかりではなく、在地の支配にかかわる性格も想定されるのである。

おわりに

　地方官衙と集落にわけて、東国の古代遺跡から館の形成を検討してきた。その結果、官衙・集落とも九世紀後半ころから十世紀前半ころに大きな画期が存在することが判明した。国衙においては、その中枢をなす政庁である国庁が十世紀前半ころから衰退する傾向を示し、十世紀後半以降にはいずれの国衙においてもほぼ完全に衰退する。九世紀後半ころから、この国庁とは別のところに国司の館を核とした地区が形成され、政治・経済・文化において国の中心となった。考古学的に国庁が消滅する十一世紀以降は、国府の移転などにもより、国司館の状況は不分明になる。国司館は、国庁に近接しているという条件のほかに、屋敷地の規模、建物の規模・構造、出土土器類、木簡・墨書土器などの文字資料などにより、推定されるものである。「館」といっても、堀や土塁をめぐらした特別の構造ではない。十一世紀以降は、国庁が消滅し、文字資料も相対的にごく少なくなるため、それを適確に把握することはむずかしいと予想される。今後こうした事情を念頭におき、国司館を考古学的に追究し、古代末期の地方政治の実態を明らかにする必要がある。

　一方、集落においては、九世紀中葉から後半には独立した屋敷地を形成し、沖積地に立地して、周囲に耕地をもつことが一般化する。有力層は井戸・倉庫・畑等をそなえた方半町ほどの屋敷地をもつ。ここに領主の拠点としての館の成立の起点がある。こうした屋敷地が一般的になる以前は、住居群が形成されつつも、全体に大きなまとまりとなって集落を形成しており、耕地は集落全体から離れて存在していた。そこには土地に根ざした館の景観はまだみられない。(17) 古代における館の形成について、九世紀後半の時期が大きな起点であることが明らかになったが、中世の館との構造的な差はなお大きい。決定的なちがいは、中世の館が屋敷の周囲に堀と土塁をめぐらすことである。それは屋敷が防御的性格を強め、武装していることを示す。おのずとそれを必要とした社会への変化が考えられる。十一世紀中ころから後半にかけて、長野県吉田川西遺跡や石川県田尻シンペイダン遺跡（石川県教育委員会 一九七九）のように、土塁はもたないものの比較的規模の大きい溝で方形に区画する屋敷が出現することは、次への過程を考えるとき注目される。調査例が著しく少ない十一・十二世紀の資料の増加がまたれる。

ここで画期とした九世紀後半は、律令体制が衰退に向かう時期でもある。東国では律令期には官衙と集落が比較的明確にわかれて存在していた。そのあり方が九世紀後半に崩壊する。官衙と集落の存在形態における区別は解消され、共通した構成の屋敷地が生まれることになる。山王遺跡の国守館と一之口遺跡の有力層の屋敷の構成は共通しており、両者の区別はその規模や出土遺物の格差にあらわれている。国衙遺跡においても十一世紀以降は存在形態のきわだった特異性はなくなる。地方においてはこのとき特別の構造をもった「官衙」はなくなるのではなかろうか。さまざまな「館」が形成される時期といってよい。「館」の定義にもよるが、それはどこか一つ、たとえば、国司の館などが起点となって形成されるものではないと思われる。社会全体の変化のなかから生まれたものと考えたい。集落を重視したゆえんである。

註

（1）鬼頭清明は文献史料から、国司館を検討している（鬼頭 一九八六）。それによると、奈良時代は館の造営について特定の財源をもたないのが、平安時代の弘仁年間（九世紀前半）になって政府の管理下におかれ、出挙稲を基盤に修理されて、国司館が政庁並みに重視されたことを示す。さらに国司館は国司の経済活動の拠点となり、利益の蓄積をもたらしたとする。国司館が重視される時期が陸奥国府周辺で方格地割が整備される時期と一致することは興味深い。一方、佐藤宗諄は国府の建物について、十世紀に入ると官舎あるいは官舎修理に関する官符等があまりみられなくなるとし、十一世紀には「庁」と「館」が同じものと意識されているという。古代末期の国府はほぼ十世紀初頭からの変容の時期をへて、十一世紀半ばをもって終りを遂げるのではないかと結論している（佐藤 一九八九）。いずれにしろ、国庁に対して、国司館の地位がしだいに高くなっていったことは、遺構のあり方を考えると重要な指摘である。

（2）国司館には庭園が存在したことが推定されている（鬼頭　一九八六）。

（3）このような土器の食器の使い方は宮都で成立したものであり、それがこのような国司により地方にもたらされたものであろう。これは中世の「かわらけ」に共通する使い方である。

（4）東西大路に伴う土器廃棄土坑から「観音寺」の墨書土器が出土している。これらの土器は国府が主催する仏教行事である万燈会で灯明皿として使用されたものと推定される。この行事を執行した寺が観音寺（多賀城廃寺）である（菅原弘　一九九三）。

（5）越後の古代集落遺跡については、かつて述べたことがあり（坂井　一九八九b）、ここでの整理も基本的にそれに従っている。

（6）この周辺の主要河川である加治川は、現在砂丘を横断して日本海に流れ出ている（図6、a→b→c）が、これは大正年間（一九一三）に開削された流路である。近世、十七世紀までの加治川の河道はa地点から図の矢印の方向に砂丘の内側に沿っていたものと推定される。詳細について述べる余裕はないが、明暦元（一六五五）年にa→b→dの開削（聖籠新川開削）によりa→b→d→eとなり、享保十一（一七二六）年にd→fの二ツ山開削により、a→b→d→fと流路が改変された。当時の地形環境を正確に復元することはむずかしいが、かりに図45の標高五メートルのラインを参考にして湛水地の範囲を推定すると、遺跡周辺はこれに含まれることとなり、水田になりえない土地と推定される。

（7）A群の東側の半町の区画は、小規模な建物のみで井戸・畑がみられないことから、独立した屋敷地ではなく、A群と一体となるかこれに従属した区画の可能性もある。その場合、A群の屋敷の規模はさらに大きくなる。

（8）遺跡のあり方と関係して、山三賀型集落は一つの「遺跡」の範囲がほぼ一つの「集落」として把握しやすい。これに対し一之口型集落は、実際の発掘調査においても「集落」の範囲を明瞭にとらえがたく、一つの「遺跡」をそのまま単純に「集落」と表現することが躊躇され、むしろ「屋敷」と称したほうがふさわしい感がある。

（9）この類型は鬼頭清明が七・八世紀の東国の農村構造とするタイプ（鬼頭　一九七九）と類似する。また、集落と耕地が離れた集落景観は、関和彦が『出雲国風土記』から復元したもの（関和　一九八四）と共通する。

（10）山三賀型集落は八・九世紀の律令期に典型的にみられることから、「律令型村落」、一之口型集落は山三賀型集落の衰退と関連して、九世紀中葉以降に出現することから「王朝国家型村落」と、それぞれよぶこともできる。越後では七世紀末から八世紀前半が集落遺跡の成立の大きな画期であり、山三賀型集落の成立と衰退の画期は、この地域における官衙や生産などとも共通したあり方（坂井　一九八九c）をみせており、その背景にある社会の動向を反映していると考えられる。文献史学における律令国家から王朝国家への変化の時期は、遺跡にあらわれた変化の時期とはやや齟齬があるものの、社会体制の名称を集落の型式名として用いる理由はここにある。なお、これはあくまでも東国における区分であり、畿内ではその変化はさらに早い時期に生じていたと考えている。

（11）遺跡の増加は山三賀型集落の解体のほかに、律令体制下において在地に移植された鉄・窯業などのさまざまな手工業生産により、地域の生産力が向上したことも大きいであろう。多様な地域の開発も推進されたと考えられる。

（12）七世紀中葉以前の鬼高期の集落（埼玉県上敷免遺跡・新屋敷東遺跡など）は沖積地に立地していても、その形態は多くの住居が群在しており、基本的な構造は山三賀型集落と共通している。なお、これらの遺跡では八世紀の遺構はないが、九世紀中葉から十世紀の住居は確認でき、八・九世紀に集落が台地上に移動し、その後再び沖積地において集落が営まれていたことを示唆する。

（13）具体的には古墳時代前期から近世まで存続する日野市南広間地遺跡（森　一九九二）がある。この遺跡では八世紀前半から十一世紀まであまり大きな変化はなく継続しているという。少ない沖積地の調査だけに今後検討したい。

（14）集落様相の変化は、律令制社会の変質と密接にかかわるであろう。集落と耕地の関係からすれば、とくに土地制度の変化が注目される。律令制下の村落を規定していた戸籍の作成とそれによる班田制は、九世紀の三〇年代から急速に解体しはじめ、延喜の諸改革をへて十世紀には崩壊する（吉田孝　一九七六）。戸籍による人を単位とした班田制は、土地を単位に支配・課税する方式に変化する。班田制の解体期に、山三賀型集落から一之口型集落へと展開することから、両者が表裏一体の動向であることがわかる。人を単位とする班田制においては、耕地が集落（居住地）から離れていてもさほど問題ではない。実際、かなり離れたところに口分田を班給された例が知られている。しかし、土地を単位とした方式は、居住地が耕地と離れている状況にはなじまず、両者が一体として存在していることを前提とする。集落のあり方の変化に対応した方式といえよう。なお、現在の関東地方の集落は台地上にはほとんどみられず、台地の直下や沖積地に立地するものが一般的である。中世以降近年の高度経済成長期における大規模な住宅開発がはじまるまでは、人びとは台地上にはほとんど住むことがなかったのである。したがって、中世から近代の集落のあり方からみれば、むしろ古代の台地上に展開した大規模な集村こそが特異といえる。

（15）　群馬県鳥羽遺跡、千葉県荻生道遺跡は、建物の構造などから神社跡の可能性が指摘されている（松村恵　一九八九）。

（16）　東国では、九世紀後半以降の集落遺跡の一般的な動向として、集落の分布域の拡大と集落数のいちじるしい増加とがみられる。分布域の拡大は、一つは沖積地への広範な進出のほか、丘陵地へも進出するという集落立地の多様化である。山梨県の八ヶ岳山麓では標高の高いところまで多くの遺跡が分布し（萩原　一九八六）、長野県の状況も同様である（長野県埋蔵文化財センターほか一九八九）。これらの遺跡は総じて小規模である。つとに指摘された「離れ国分」（中山　一九七六）といわれる平安期の小規模集落、「山棲み集落」（能登　一九八五）の出現も、同様の流れのなかでとらえることができる。一之口型集落の成立だけではなく、多様な集落の展開があった点においても、この時期の変化の大きさが知られる（本編第2章）。

（17）　八・九世紀の段階で、郡司がどこに居住していたかは明確ではない。郡衙か、集落か、両者からは離れたところか。郡司の「館」の実態の解明も大きな課題である。

補註

（補註1）　近年の豊富な発掘調査の成果をふまえた地方官衙のあり方については、最近概観したところである（坂井　二〇〇五）。

（補註2）　筑後国府では七世紀末から十二世紀までの国庁とされる遺構が四カ所あり、国庁は三回移転したとされている（松村一　一九九一）。このうち十世紀中ごろに成立する「三期国庁」では、近年の調査で正殿のほかに南北棟を二つ縦列配置した東脇殿があらたに確認され、コの字状の建物配置であることが明確となり、十一世紀後半に廃絶することが判明した（神保　二〇〇五）。この施設は東西一三七メートル、南北一四一メートルあり国庁としては最大規模で、幅約三メートルの大溝で区画されている。また、掘立柱建物の柱穴掘方は大きな方形のものである。こうしたことから施設の規模・形態と建築技術は伝統的な律令期の形式を継承しているといえる。この時期は全国的にすでに国庁が衰退しているのが一般的なあり方であり、あらたに国庁が建造された筑後の事例はまれである。同じ西海道北部にある大宰府政庁も藤原純友の乱で焼失した後に再建されたことが確認されており、筑後国府と共通した様相を呈している。なお、十一世紀末から十二世紀後半の四期国庁とされる遺構については、中世の国庁に関するものだけにその評価はあらためて検討する必要があろう。

（補註3）　その後、この周辺で発掘調査がおこなわれた結果、それまで考えられていたように築地塀により内郭・外郭の二重構造をとるのではなく、独立した院が南北に連結して二つ並ぶ構造であることが判明した（久留米市教育委員会 二〇〇四）。

（補註4）　備中国府遺跡とされる岡山県総社市の御所遺跡において、古代末・中世初期の方約一町規模の居館と推定される遺構が発見され、注目されている（総社市教育委員会 二〇〇六a・b）。河川改修事業にともなう発掘調査で、居館の東辺を区画する溝とその内側南北両隅付近でそれぞれの「井戸」が確認されている。東辺の溝は幅約四メートルほどで、南辺のみ土塁がともなうことが確認されている。南の井戸は井戸枠が設置された湧水面までおりる階段と湧水を堀の外に出す導水路が設置されており、通常の井戸ではなく水にかかわる祭祀などにともなう遺構と考えられる。北の井戸は湧水面におりる階段は確認されていないが、堀に水を落とす構造となっており、同様に通常の井戸とは考えられない。また、この施設内からは大量の土師器皿が出土していることも注目される。土器からみて居館の年代は十一世紀前半から十二世紀末葉に比定される。

（補註5）　新発田市（旧加治川村）青田遺跡の発掘調査において、後背湿地のなかにかつて存在していた紫雲寺潟は、九世紀の地震による地盤の陥没により成立したことが判明した（第Ⅰ編第4章補註1参照）。そのため、山三賀Ⅱ遺跡周辺における砂丘後背地の湛水状況はここで想定したよりも程度は軽かった可能性が高い。

（補註6）　近年、活発に平野部で古代遺跡の発掘調査がおこなわれており、集落の消長や動態はこれほど単純なあり方をしていないことが判明している。七世紀中葉から後半には頸城平野においてあらたに成立する拠点的な津倉田遺跡などの集落が確認されており（春日 二〇〇五b、上越市編 二〇〇三）、八世紀後半から九世紀後半においては、頸城平野・越後平野ともあらたに成立する集落がある程度確認されきており（春日 二〇〇六b、笹澤 二〇〇三）、これらの遺跡の成果をふまえてあらためて考察をおこなう必要がある。北陸の手取川扇状地でも八世紀後半にかなりの密度で集落が成立することが指摘されており（田嶋 一九九六）、広域におなじ動向があらわれている可能性がある。かつて沖積地における集落の成立を九世紀前半とみなした（坂井 一九九九a）が、発掘調査事例に即した再検討が必要である。

第2章　東日本における古代集落の展開

はじめに

遺跡の発掘調査は近年かなりの速度で増加し続けており、現在では全国で年間一万件近く実施されている。これらの調査の大半は道路・住宅・農地などの建設工事にともなって実施されるものではあるが、じつに多くの遺跡が学術的に発掘調査されていることになる。

全国で発掘調査されている遺跡の時代をみると、地域ごとに差はあるものの奈良・平安時代が相対的に多い。東日本においてはとくに多く、全体の半数からそれ以上の調査においてこの時代の遺構が確認されているのである。[1] これらの遺跡の多くはいわゆる集落であり、その多さ自体重要な歴史的意味をもっているが、ここでとりあげる古代集落に関した考古資料はすでにかなり蓄積されている状況にあるといってよい。

多くの遺跡が発掘調査されている現在、特定の時代・時期や立地条件における遺跡のあり方には、一定の傾向があることが知られてきている。たとえば関東地方であれば、台地上には奈良・平安時代の遺跡がきわめて多く、相対的に大規模なものが目立つこと、そしてそれらの遺跡は平安時代後期にはほとんど姿を消すことなど、古代遺跡についての理解はある程度共通のものになっている。

集落の時代・時期、立地、規模などについて総合的に把握できることは、考古資料がもつ有力な特性であり、集落研究においては重要な意義をもっている。これによって耕地などを含む集落の構造や景観が、時代を追ってどのように展開したかを概観することができる。近年の土器研究の進展はこの作業をより有効なものにしている。各地域とも発掘資料の増加にともなって、編年とその年代観が詳細に検討されてきており、集落とこれに関連する官衙、生産と流通などの様相を全国的に比較検討することも可能になっている。

しかし、一方では大きな問題もある。現時点においてどれだけ全体の遺跡の存在を正確に把握しているかという点である。東日本とりわけ関東地方においては、遺跡立地に関する伝統的な考え方と調査契機となる開発事業の立地の事情から、発掘調査の多くは台地上でおこなわれてきた。(2) そのため沖積地に立地する遺跡はこれまであまり知られていなかったが、近年その存在が少しずつ明らかになっている。現状ではすべての遺跡の存在を正確に把握しておらず、調査された遺跡の成果も地域的・地形的な偏りがあることについて十分認識する必要がある。

これまでの調査成果によれば、奈良・平安時代の間においては、九世紀中葉から後半を画期にして、奈良時代以来の集落が解体するとともに、新たな集落が多様な立地に展開することが指摘され（坂井　一九八九b、本編第1章）、八・九世紀の律令期の集落とその後の集落のあり方は大きく変化することが知られている。この点について、豊富な資料が蓄積されている東日本を中心に、各地域の成果を基礎にしながら、その展開過程と歴史的背景を考えることにしたい。

1　律令期の集落

これまで関東地方で発掘調査されている古代の集落遺跡は、著名な千葉県の山田水呑遺跡や村上込の内遺跡などのように、台地上に立地しているものが多い。これらの遺跡から律令期の集落のあり方をまず概観しておこう。

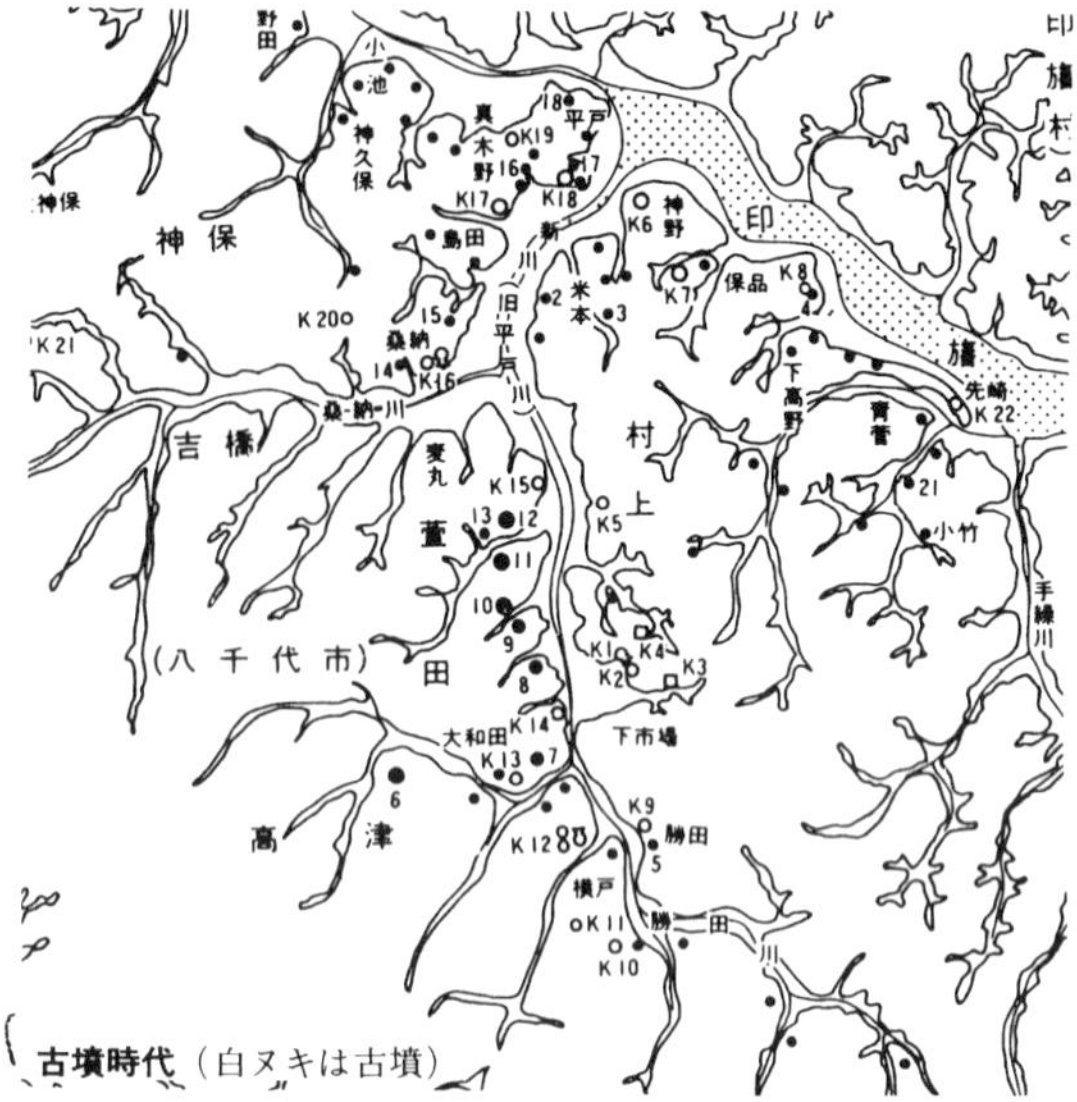

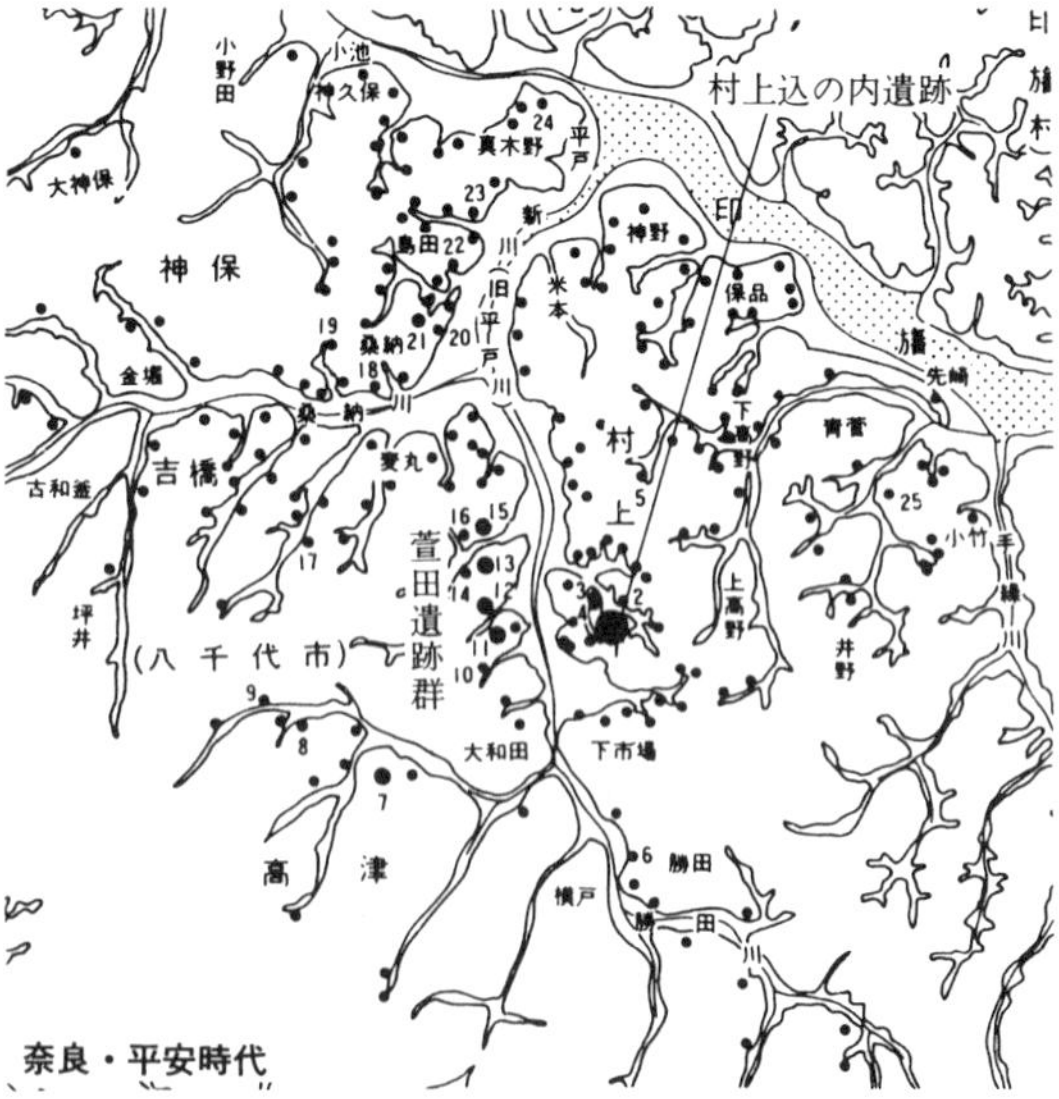

図56　千葉県八千代市村上込の内遺跡周辺の遺跡分布
（天野 1986より作成）

千葉県の台地上の遺跡　村上込の内遺跡が所在する台地上周辺における遺跡数をみると、古墳時代が四二、奈良・平安時代が一八二で、奈良・平安時代は四倍以上に増加する。古墳時代の遺跡分布は大きな谷に面した部分にほぼ限られていたのが、奈良・平安時代になると小規模な支谷沿いにもまんべんなく広がるようになる（図56）（天野 一九八六）。古墳時代後期の遺跡は、竪穴建物（竪穴住居）は数棟から二〇棟ほどにすぎないが、奈良・平安時代の遺跡はほぼ同じ調査面積でも数十棟から二〇〇棟以上に達するほど大規模であり、両者の規模の格差は大きい。これらのことから台地上においては奈良・平安時代に集落の数が急激に増加し、個々の集落の規模が大きくなり、その分布域が拡大したことがわかる。

村上込の内遺跡は古墳時代には遺跡が存在しなかった支谷に面して立地し、八世紀前半に成立して九世紀後半に衰退する。三五〇メートル×二五〇メートルほどの広さの台地上から竪穴建物一五五棟、掘立柱建物三三棟が検出された（図57）。調査範囲からみてこれらの遺構のひろがりが二世紀近く営まれたこの「集落」全体のまとまりといえる。これらの建物は約一〇〇メートルほど距離をおいて五つの群にまとまる。それぞれの群が集落を構成する単位であり、この単位は時期を経てもなお維持されたことが知られる。この単位はさらに細分される可能性がある。

山田水呑遺跡（山田水呑遺跡調査会　一九七七）もほぼ同様なあり方を示し、成立・衰退の時期も同じである。竪穴建物四三棟、掘立柱建物五二棟がほぼ五つの群に分かれている。掘立柱建物のうち少数の総柱建物と平面方形の建物は

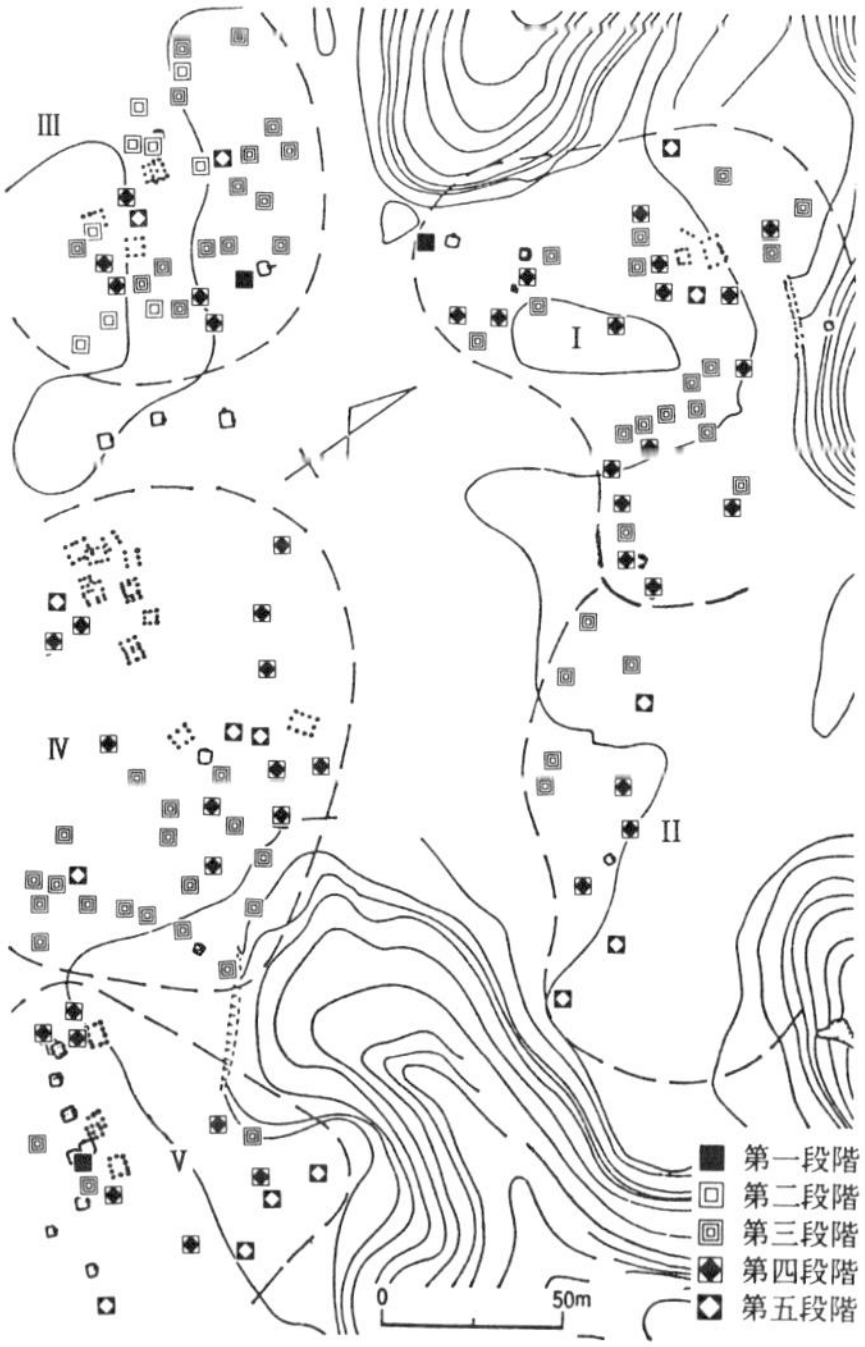

図57　千葉県村上込の内遺跡（阪田 1983・阿部義 1989より作成）

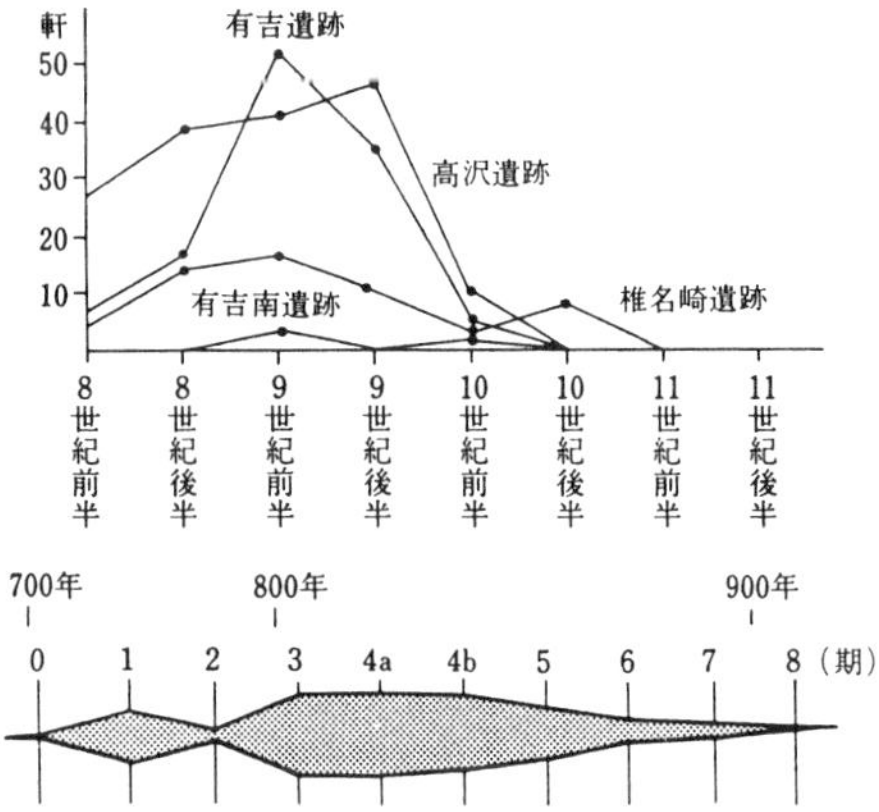

図58　千葉県千葉東南部地区（上）と萓田遺跡群（下）の時期別竪穴建物数（笹生 1990・千葉県文化財センター 1991より作成）

倉庫と推定され、これをもつ群ともたない群がある。住居として使われた掘立柱建物はおもに九世紀以降多くなり、大型の竪穴建物に代わって採用されたと考えられる。

村上込の内遺跡や山田水呑遺跡にみる集落は、多くの竪穴建物に掘立柱建物がともない、これらが五つほどの群を形成しつつ、相互に近接しながら営まれている。一時期の竪穴建物数は両者とも二〇〜三〇棟であり、これに掘立柱建物を加えると、住居数は比較的多い。

村上込の内遺跡と山田水呑遺跡はともに八世紀前半に成立し、九世紀後半に衰退した。広範囲に複数の集落遺跡を調査した千葉東南部地区（笹生　一九九〇）の竪穴建物の総数は、八世紀代から九世紀前半にかけて増加し続けるが、九世紀後半から減少傾向に転じ、十世紀前半にはいちじるしく少なくなり一部の小規模遺跡を除いて廃絶する（図58）。この傾向は同様に大規模に調査された萱田遺跡群（千葉県文化財センター　一九九一）でもみられる（図58）。これらの事例から千葉県で調査された台地上の奈良・平安時代の集落遺跡は、八・九世紀の律令期を中心に営まれ、十世紀に入るころ急速に衰退したことが知られる。

下総・常総台地の場合、律令期の集落は沖積地や谷に面する台地縁辺に立地し、手工業生産などを裏付ける遺構・遺物も少ない。したがって台地上における畑作も十分考慮されるが、これらの集落はおもに水田耕作に基盤をおいて成立したと推定される。東京都・埼玉県の武蔵野台地においても、奈良・平安時代の遺跡は古墳時代よりかなり増加する。これらは多摩川や荒川の広い沖積地に近い台地縁辺部に集中して分布していることから、水田適地を意識して集落が選地されていることがうかがえる（小林公　一九九三）。集落は台地上に立地していたとしても、そのおもな生産基盤は台地下の谷や平野に拓かれた水田であったと考えられる。

他地域の状況　埼玉県北部の児玉地域や大里地域の櫛挽台地にも多くの奈良・平安時代の遺跡が分布している。白山遺跡、熊野遺跡、古井戸・将監塚遺跡（埼玉県埋蔵文化財調査事業団　一九八八）、今井遺跡群などが代表例である（大里

時期	神戸遺跡	上二子遺跡	中二子遺跡	下神遺跡	南栗遺跡	北栗遺跡	三の宮遺跡	北万遺跡	計
1期					33	6	16		55
2期		1	9	1	29	15	12		67
3期			2	2	11	13	2		30
4期	7		2	11	21	33	8		82
5期			6	40	24	46	13		129
6期	1		1	34	3	19	15		73
7期			2	42	11	22	47		124
8期	7				33	26	25	27	118
9期					8	1			9
10期					5				5
11期	1				7	1			9
12期					16	2	1		19
13期	3				32	3	4		42
14期					41	17	2		60
15期	1				12	1	8	5	27
不期	3		4	11	37	30	26		111
計	23	1	26	141	323	235	179	32	960

(年代) 700　800　900　1000　1100

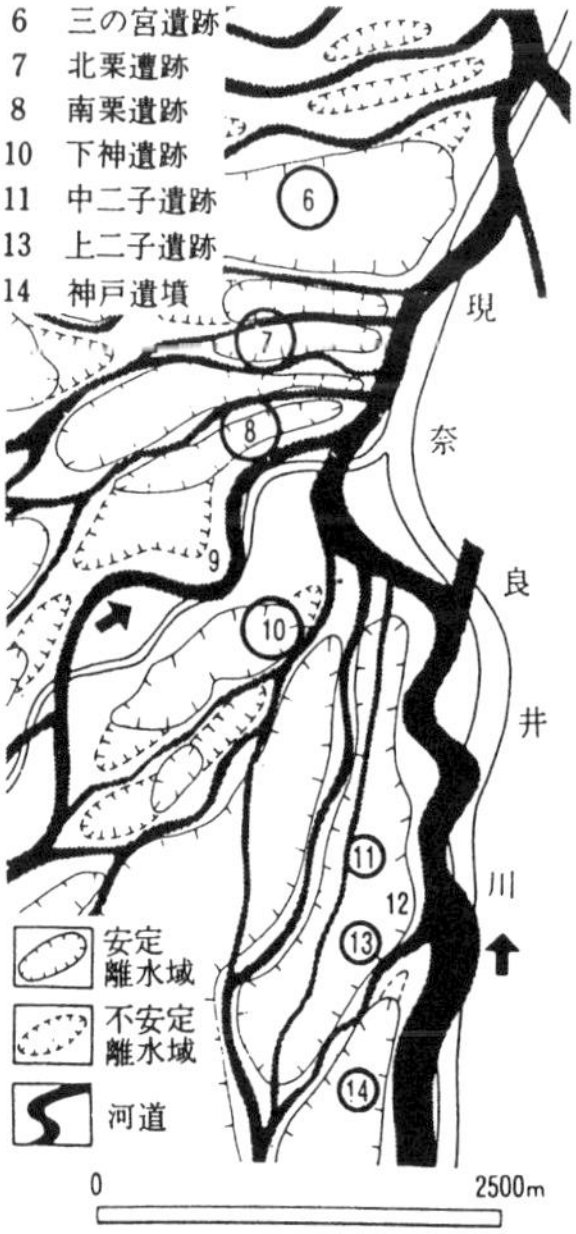

図59　長野県松本盆地奈良井川左岸の遺跡と時期別竪穴建物数（長野県埋蔵文化財センターほか 1990より作成）

郡市担当者会 一九九二・一九九三）。これらは七世紀後半から末に成立し、千葉県の台地上の集落と同じく九世紀末から十世紀に衰退している。

関東地方以外でも八・九世紀に集落遺跡が盛行する傾向がある。長野県松本盆地の奈良井川左岸の段丘化した沖積地には七世紀末から中世に至るまで集落遺跡が広く展開した（長野県埋蔵文化財センターほか 一九九〇）が、時期ごとの竪穴建物の数をみると、八世紀には数十棟、九世紀中葉から後半には一二〇棟もありながら、(3)十世紀前半にはわずか九棟に減少していることがわかる（図59）。竪穴建物以外に掘立柱建物も存在しているが、十世紀の掘立柱建物の住居は確認できないので、この時期に集落が急速に衰退したのである。これらの集落は盆地内の低地にあり、水田耕作に基盤をおいたものと推定される。長野県ではこのほかに吉田川西遺跡（長野県埋蔵文化財センターほか　一九八九）や鋳物師屋遺跡群（御代田町などの大規模な集落（堤　一九九二）が七世紀末から八世紀初頭に成立する。吉田川西遺跡は中世まで継続した特異な事例であるが、鋳物師屋遺跡群は九世紀末に衰退する。新潟県でも山三賀Ⅱ遺跡（新潟県教育委員会　一九八九）に代表されるように同様の傾向が指摘できる。

以上のように東日本の広い地域で律令期の集落が九世紀末から十世紀前半にいっせいに衰退したことが確認できる。その成立は七世紀末から八世紀前半の時期が多く、八世紀中葉・後半の例もかなりみられる（笹生　一九九〇）。規模は相対的に大きく、長期間継続するものが多い。沖積地の調査が相対的に少ない現在、八・九世紀に盛行した台地上の集落がどれだけ普遍的なものかは検討を要するが、そのあり方が律令期集落の一つの典型的な類型と位置づけることができ、そこに律令期集落の特質があらわれているといえる。

2　律令期以後の集落

律令期の集落遺跡が衰退する九世紀後半から十世紀になると、これと交替するかのように新たな遺跡が成立する。これらの遺跡は沖積地のほかに丘陵や山地・高原まで広く多数分布する傾向がある。遺跡の水平分布と垂直分布が拡大し、多様な集落が展開したといえる。

（1）沖積地の集落

埼玉県妻沼低地　利根川に沿った櫛挽台地の北側には、比高五〜一〇メートルの妻沼低地と称する沖積地が展開する。その微高地に立地する新屋敷東遺跡（埼玉県埋蔵文化財調査事業団　一九九二）においては、古墳時代後期に大規模な集落が廃絶した後、平安時代になって再び集落が営まれた。平安時代の遺構は竪穴建物一四棟で、一〇〇メートルから一〇〇メートルの距離をおいた三つの群からなる。時期は九・十世紀であり、一時期には二〜三棟の群であったと考えられる。建物が分布する北側に旧河道が埋没した低地があり、そこが水田として利用されていた。周辺にある上敷免遺跡（埼玉県埋蔵文化財調査事業団　一九九三）も古墳時代後期の大規模な集落で、七世紀に入るといちじるしく住居数が減少するが、平安時代の九世紀後半になると再び増加し、竪穴建物のほかに掘立柱建物も加わる。このほか根絡遺跡・田島遺跡（埼玉県埋蔵文化財調査事業団　一九九五a・b）など九・十世紀の遺跡は最近かなり知られてきている。いずれも規模はおおむね小さく、水田・畑・溝などの遺構から、農耕集落と考えられる。

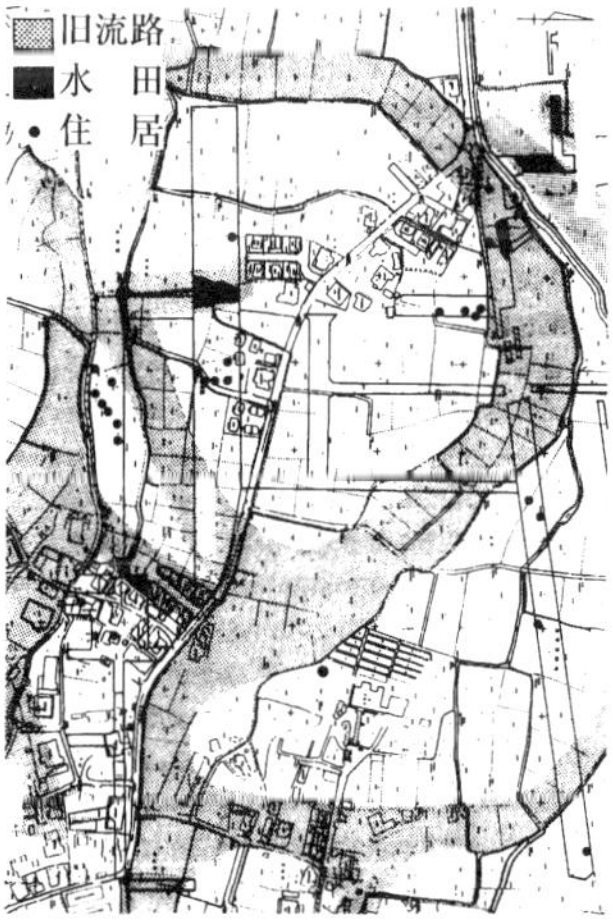

図60　東京都南広間地遺跡の10世紀代の住居分布（梶原 1991より）

東京都多摩沖積地　多摩丘陵北側周辺は台地が発達せず、多摩川の氾濫原を含む沖積地が展開する地形であり、そこに落川遺跡（福田　一九八八b）や南広間地遺跡（梶原　一九九一）などが立地している。落川遺跡は古墳時代から十一世紀まできわめて長期にわたり継続するが、十一世紀には四面廂付建物の主屋に倉庫・鍛冶工房・畑などが併存する屋敷地などがみられる。同様の遺構は隣接する一の宮遺跡（落合・一の宮遺跡調査会　一九九三〜一九九五）でも確認されている。南広間地遺跡では、古墳時代には一地点のみに住居（竪穴）が分布し、妻沼低地と同じく後期にその数が増す。七世紀末から八世紀初頭に断絶する

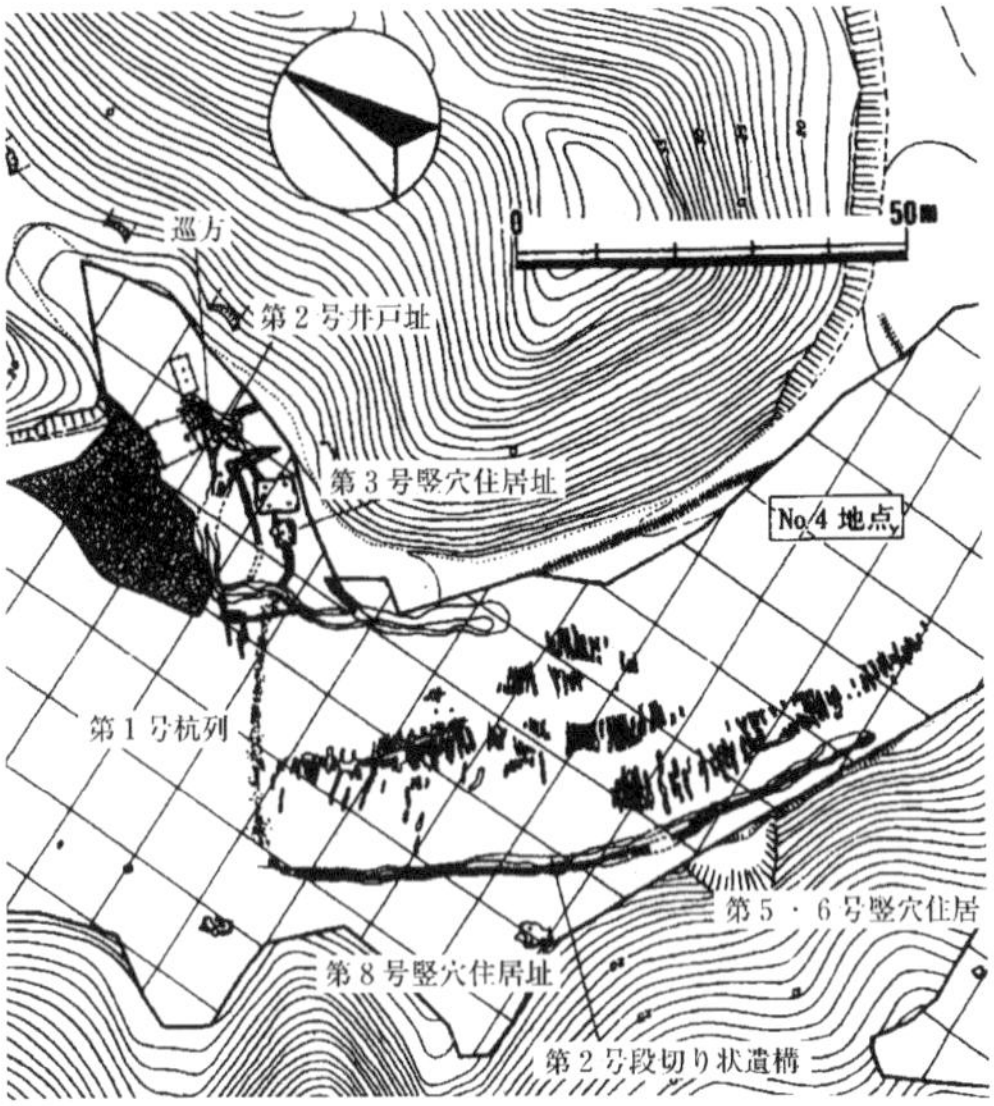

図61　神奈川県池子遺跡群№4地点の平安時代遺構
（神奈川県立埋蔵文化財センター 1992bより）

ことはないものの、住居の位置が変わることが注目される。住居が分布する地点は、八世紀前半までは二地点であるが、八世紀後半には四地点、九世紀には六地点、十世紀には一〇地点（図60）と、時期を追うごとに増加し、十一世紀には減少する。住居はいずれも水田として利用されている旧河道に面して分布し、水田開発の進展にともなって集落が広範に展開したと考えられる。とくに十世紀は分布が拡大し、開発の進展がうかがえる。

神奈川県池子遺跡群　丘陵内に深く入り込んだ谷に立地する。古墳時代後期と平安時代の遺跡はいくつかあるが、奈良時代の遺跡は皆無である。平安時代のおもな遺跡は№四地点、№八地点の二カ所にある。このうち№四地点の支谷の三〇メートル×一五メートルほどの狭い空間に、掘立柱建物の住居と倉庫があり、井戸をともなう（図61）（神奈川県立埋蔵文化財センター 一九九二b）。竪穴建物は大小二基あり、同時のものと推定されるが、掘立柱建物とは時期をことにすると推測される。主谷には杭列と溝に区画された畑の遺構がみられる。時期は九・十世紀である。

北陸・東北地方　関東地方以外では、台地地形が発達していないこともあって沖積地における調査は比較的活発であり、九世紀以降多くの遺跡が出現することが確認されている。新潟県の越後平野や頸城平野、山形県庄内平野、福島県会津盆地では、八世紀までほとんど遺跡が確認されていなかった自然堤防上に急速に集落が展開するようになる。越後では千葉県の台地上の集落に類似した律令期の集落（「山三賀型集落」）と交替するように、一之口遺跡（新潟県教育

委員会　一九八六）や小丸山遺跡に代表される、掘立柱建物二～三棟の単位が散在する集落（「一之口型集落」）が九世紀中葉以降十世紀に成立する（本編第1章）。一之口遺跡では、周辺の条里型地割の方向と一致した半町単位の地割のなかに四つの建物群が配置されている。建物群には溝などの区画施設はもたないが、大型の廂付建物を核に倉庫・井戸・畑・土坑などの施設をもつ有力な「園宅地」もある。大型建物の類例としてはこのほかに江向遺跡（上越市編　二〇〇三）、道下遺跡（田上町教育委員会　一九九四）、門新遺跡（和島村教育委員会　一九九五）など十世紀の遺跡で目立つ傾向があり、銅印や漆紙文書の出土なども注目される。一之口遺跡のような建物群が散在する集落形態は、ほぼ同時期の富山県五社遺跡（富山県文化振興財団埋蔵文化財調査事務所　一九九八）、石川県漆町遺跡（田嶋　一九八三）でも共通してみられる。

庄内平野では九世紀以降掘立柱建物からなる集落が数多く成立する。この動きは出羽国府と推定される城輪柵跡の成立に呼応したものでもあろうが、その近隣だけではなく、平野のほぼ全域に及ぶものである。越後と同様大型の掘立柱建物もかなり多い。会津盆地でもこれらの地域とまったく同じあり方がみられる。この時期に北陸・東北地方を含めて、各地で広く沖積地に集落が成立したことが確認される。

（2）丘陵・山地の遺跡

東京都多摩丘陵　ここ三十年来の多摩ニュータウン建設に伴う大規模な調査により、集落と開発の展開のようすが具体的に把握されている（鶴間　一九九一）。遺跡は八世紀前半までは多くはないが、八世紀後半以降九世紀初頭にかけて増加し、居住域が拡大する。集落は沖積地に面した段丘上に立地する傾向があり、なかには規則的に掘立柱建物が配置される拠点的な性格のものもある。立地からみると谷水田の開発を目的とした集落と考えられる。集落のあり方は九世紀以降変化する。九世紀前半以降は居住域がさらに拡大し、十世紀には一～二棟から構成される集落が目立ち、丘陵内部まで分布するようになる。十世紀末以降はこの動きがさらに進み、丘陵最奥部の尾根や斜面地・谷部まで集落が進出し、掘立柱建物も出現する。注目されるのは、九世紀以降畑作に関係する貯蔵施設と考えられる「円形土坑」がともなうことと、十世紀以降は鍛冶遺構がさらに増加し、土器焼成遺構がみられるなど手工業生産と関連した集落が多いことである。十一世紀後半ころからは遺跡が確認できなくなる。多摩丘陵における手工業生産の隆盛は武蔵国府との関係が想定されている。

律令期以後の台地　多摩丘陵で十世紀以降に顕著になる畑作と鍛冶・土器などの手工業生産に基盤をおいた集落は、律令期の大規模な集落が衰退した後の台地上においてもみられる。千葉県の台地上では、製鉄・鋳銅・土器の生産に関連する遺跡が、九世紀中ころから十世紀代に出現し、十一世紀前半まで存続する（笹生　一九九〇）。生産に関わる集落の時期的な盛衰については律令期の集落と対照的な動向をみせる。また律令期の集落遺跡からは、集落廃絶後の十・十一世紀の畑作に関連する円形土坑がしばしば検出されることから、集落跡地が畑地として利用されたことが知られる（大上　一九九二）。台地上の土地利用は居住地としての集落から、金属・土器などの手工業と畑作といった生産の場へと変貌したことが知られる。

山地・高原の遺跡　九世紀後半以降は丘陵のほかに山地・高原にも数多くの遺跡が成立するようになる。長野県松本盆地の東南部周辺（長野県埋蔵文化財センターほか　一九八九）では、まず八世紀前半に吉田川西遺跡など田川に面した標高の低い所に大規模な集落が形成され、八世紀後半にその上流に新たな集落が出現する（図62）。いずれも立地からみて水田耕作に基盤をおく集落と考えられる。その後九世紀後半にはそれまで継続していた遺跡が衰退するとともに、標高が高い地点に多くの遺跡が成立する。竪穴建物数棟の小規模な遺跡のほかに、二〇棟ほどのものもあるが、水田耕作に適した地形ではなく、継続期間は短い特徴がある。一方、松本市三間沢川左岸遺跡（松本市　一九八八）のように沖積地に立地し、九世紀中葉以降十世紀まで継続する遺跡で、出土遺物などから有力者によって新たに開発されたと

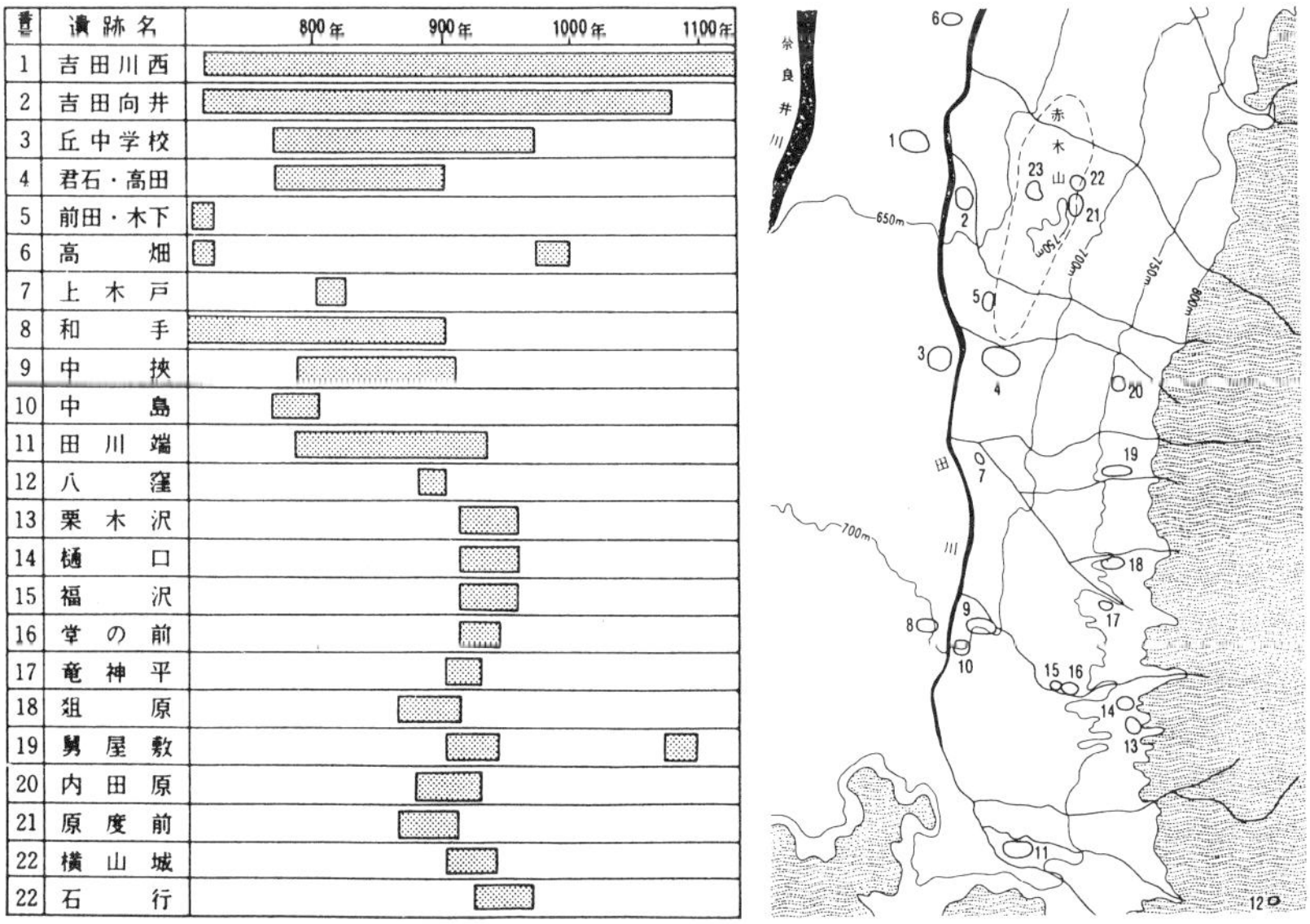

図62　長野県松本盆地東南部における古代の遺跡分布と遺跡の継続（長野県埋蔵文化財センターほか 1989より）

考えられる農業集落もあり、山地への進出のほかに、沖積地における新たな集落の成立も同時に進行していたことが知られる。

こうした様相は山梨県の八ヶ岳山麓においても共通する（萩原 一九八六）。九世紀後半以降急速に遺跡の数が増加し、水田耕作に不向きな標高七〇〇〜一〇〇〇メートルの高原地帯まで多くの遺跡が分布している。鍛冶遺構を伴う例がかなりみられ（保坂 一九九二）、炭窯もこの地域に集中して分布していることが注目されている。丘陵・山地・高原・段丘上などに平安時代の小規模な遺跡が数多く分布することは早くから注目されており（桐原 一九六八、中山 一九七六、橋口 一九八五）、北陸地方（宇野 一九九一）や関東地方でも同様のことが指摘されている。「山棲み集落」（能登 一九八五）もこの類型に含められよう。しかし、数多く成立した遺跡も比較的短期間で廃絶し、十一世紀後半にはほとんど確認されなくなるのである。

3　古代集落の展開とその背景

(1)　律令期集落の成立

八・九世紀に盛行した台地上などの律令期の集落の成立を考えるとき、重要な示唆を与えるのが埼玉県北部の古墳時代後期から律令期にかけての遺跡のあり方である。妻沼低地の微高地上には、新屋敷東遺跡（埼玉県埋蔵文化財調査事業団　一九九二）・上敷免遺跡（埼玉県埋蔵文化財調査事業団　一九九三）など、古墳時代後期の大規模な遺跡が数多く分布する（図63）これらの遺跡は七世紀後半になると、ほぼいっせいに衰退するか規模を縮小する。新屋敷東遺跡では七世紀第3四半期までの間に竪穴建物約一五〇棟が営まれたが、その後集落は廃絶している。上敷免遺跡（埼玉県　一九九五）は八世紀においても営まれたが、その規模は小さくなっている。古墳時代後期の集落は台地上にも存在し、かならずしも沖積地だけにみられるものではないが、その多くが衰退することの意味は大きい。古墳時代後期の集落の衰退に替わるように、近在の台地上に大規模な集落が成立することは相互に関連した動向であり、律令国家の政策である五十戸一里制・班田制の施行にともなう集落の編成（利根川　一九八二、井上尚　一九八八）、水田開発などとも関連した計画的集落（鈴木　一九九一）との指摘がある。この見方は集落と律令国家との関係に着目した「計画村落」（高橋一　一九七九）の視点にも通じる。

東日本における七世紀末から八世紀初頭の時期は、集落以外にもいくつかの大きな変化が生じた。郡衙が国衙に先んじて成立し地域の律令的支配の拠点が出現するとともに、地方官人に組み込まれた在地豪族は競って寺院を建立した。一方、須恵器や鉄などの手工業生産も彼らが主導したと考えられる。須恵器生産は東日本各地で規模を拡大し、土師器生産も再編成され大規模化や須恵器との一体化により、各地域において新たな生産と流通の体制が成立した。

また砂鉄を原料にした製錬がはじまり、鉄生産が飛躍的に拡大する契機となった。北陸地方・東北地方南部においても手工業生産に同様の動向がみられる。これ以外にも大規模な灌漑用水の開削や条里水田の開発（鈴木 一九九一）などがおこなわれ、農業生産の向上も想定される。このように、この時期の東日本においては、官衙・寺院の造営、手工業生産と流通、農業生産などがいっせいに新たな展開をみせたのである。これらには多大な労働力の編成や新技術の摂取が必要であり、律令国家の一連の政策のもとに郡司層を核にそれらが進められたことが推察され、集落の変化もその一環として位置づけられるものと考えられる。

律令制の基本的な制度である五十戸一里制は、飛鳥京跡出土木簡から東国においても七世紀後半から末には成立したことが確認される。(4)すでに指摘されているように律令期集落の単位集団は、現存戸籍との比較から郷戸に近似する規模であり、律令期の集落実態と戸籍はある程度一致している。したがって律令体制の成立期の七世紀後半から八世紀初頭に集落立地が変化したり、単位集団の位置などが変化し

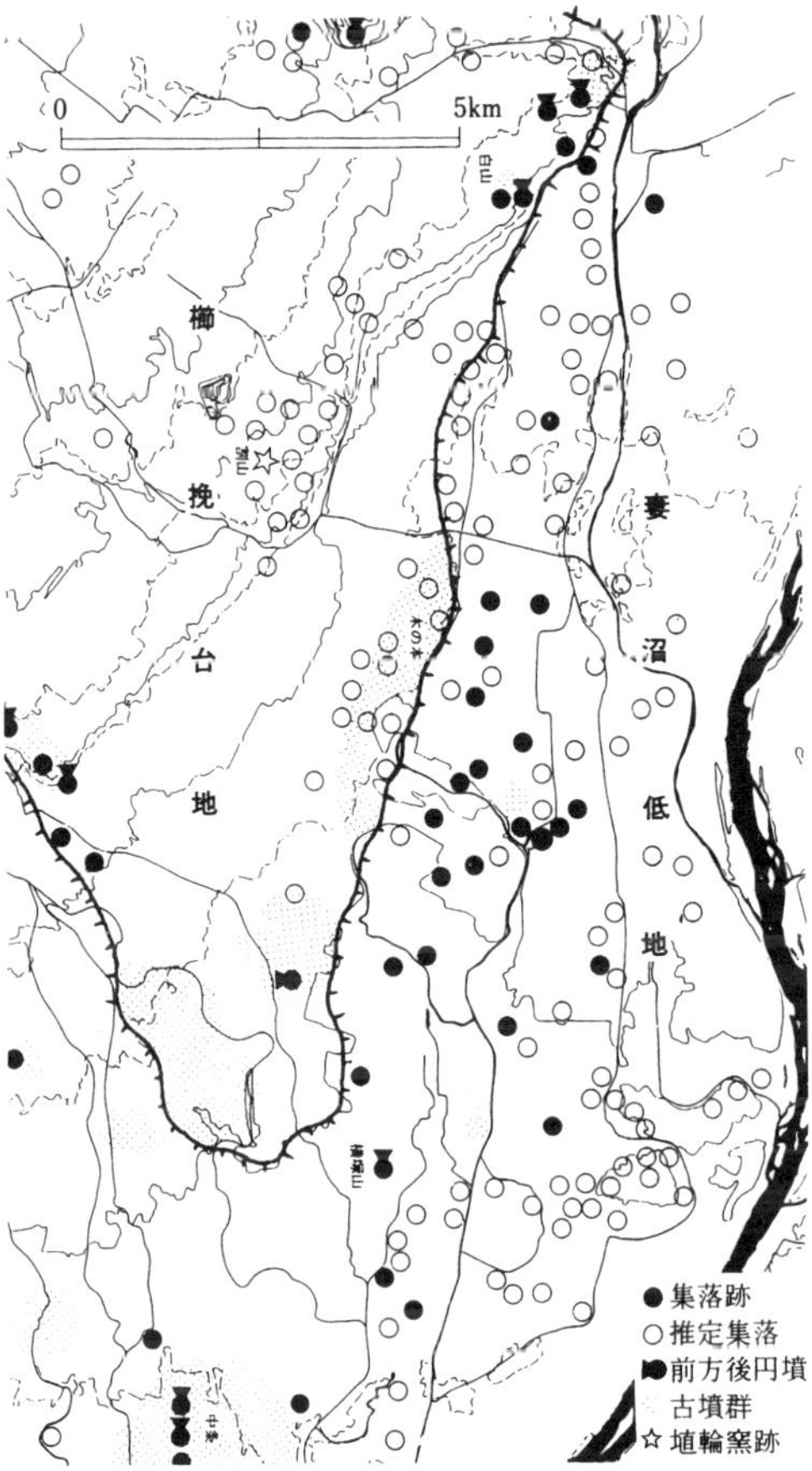

図63　埼玉県妻沼低地周辺の古墳時代後期遺跡分布
（埼玉県埋蔵文化財調査事業団 1995ｃより作成）

た背景には、編戸が関係している可能性もあろう。[5] この時期以降の八世紀中葉から後半以降に新たに成立する例も多く、八世紀前半の三世一身法、墾田永世私財法などの国家の開発政策が、新たな土地の開発にともなう集落の成立をうながしたと考えられる。八世紀を通じて成立した集落は台地上に選地するものが多く、旧来の集落と同様の社会的規制を受けていたと推測される。

(2)　律令期以後の集落

九世紀から十世紀にかけては、沖積地や丘陵内の谷に多くの集落が成立したが、この動向は台地上などに立地する律令期の大規模な集落の解体に呼応すると考えられる。律令期の集落が国家の政策と関連して成立したとすれば、この衰退・廃絶は律令体制の変質に深く関わっていると類推される。班田制は九世紀の三十年代から急速に解体し（吉田孝　一九七六）、戸籍は実態とかけ離れたものになり、班田制も十世紀初頭に実施されなくなったとされる。ここに律令制下に成立した集落が解体の方向に転じる背景がある。[6]

この時期の沖積地の集落は、建物二〜三棟の住居に倉庫・井戸・畑などをともなった単位が散在した様相を呈し、住居の近辺に水田をもつことが一般化したと考えられる。建物二〜三棟の基本単位は北陸地方でも一般的で（田嶋　一九八三）、関東地方の丘陵地帯でも竪穴建物二棟が基本である（土井・渋江　一九八七）。この単位は律令期集落の単位集団内部にも見出すことができ、その集団が九世紀中葉以降に既存の集落から離れて居住地を移動したことにより、新たな集落が生まれ、既存の集落が衰退したと推察される。新しい集落は複数の基本単位が緩く結びついたものと考えられる。律令期を通じて高まった在地の生産力と経済力が、一方ではこうした単位集団の成長・自立をうながしたのであろう。関東地方では多摩丘陵などの様相が注目されてはいるが、妻沼低地・多摩沖積地などの調査例からは、沖積地における広範で活発な集落の展開が十分想定できる。そこにおいては集落の建物方向が広範囲にわたって一致する例があることからも、律令成立期に施行された点的・局地的な条里水田がさらに面的に拡大されたと思われる。

律令期以後の集落は、住居と耕地が律令期と比べて近接しており耕地所有の観念が強いと考えられる。これに対し台地上の律令期の集落は、律令社会の規制と集落としてのまとまりが強いことに加えて、耕地である水田からの距離があり、単位集団ごとの特定の耕地に対する所有の意識は薄かったと推測される。古墳時代後期の畑遺構の検討からは、単位集団の固定的な耕地の所有権は成立していないとされ（若林　一九九五）、その形態が律令期まで継承されたと推測される。また、山三賀Ⅱ遺跡のように、倉庫が各単位集団には付属せず、集落共有のものが存在したこと、住居に付属した井戸ではなく、台地下の水場を共用していたと想定されることも、集落全体の結合の強さを象徴する。

図64　新潟県門新遺跡（和島村教育委員会 1995より作成）

ところで十世紀には、大規模な掘立柱建物を核とした建物単位が成立する。典型例は延長六（九二八）年の紀年銘のある漆紙文書が出土した新潟県門新遺跡（和島村教育委員会　一九九五）である。溝や河川によって区画された面積約三二〇〇平方メートルの屋敷地に、面積二〇〇平方メートル以上の主屋のほかに倉庫、鉄器・漆器工房などの六棟の建物がともなっている（図64）。漆紙文書の内容は米・武器（大刀）の請求に関わるものであり、在地支配に関わる遺跡の性格を示唆する。こうした屋敷地は、周辺の開発を進めた有力者の居宅と考えられ、階層分化の進行を示すが、郡衙施設が崩壊する九世紀後半以降に成立することが注目される。門新遺跡の成立は約三キロメートルの距離にある古志郡衙の八幡林遺跡（和島村教育委員会　一九九四）が衰退した直後にあたり、こうした遺跡が郡衙の機能を一部継承したことを推測させる。同じように大型建物をそなえた新潟県江向遺跡では「高有私印」の銅印が出土しており官衙に類似した性格の一端を示す。

一方、沖積地ばかりではなく丘陵・山地・高原にも広く集落は進出した。これらの集落は水田耕作が想定できない立地であることが多く、鍛冶遺構を伴う事例などからも、畑作や鉄生産などを生産基盤としていたことが推定される。この鉄生産は農工具の生産など沖積地の開発を一方で支えたと思われる。傾斜地を中心とした山林原野の広大な開発がはじめて本格的に実施されたことは注目される。これらの集落には緑釉・灰釉陶器、帯金具など一定の階層を示唆する遺物をともなうものがあり、開発の直接的な主体者には有力層が含まれており、その背景に開発と同時に山林原野の領有も意図されていたと推定されている。

沖積地と丘陵・山地に広範に成立した集落は、活発な農業・手工業生産を推進し、東国社会の生産力は総体的に向上したと考えられる。(7) ただし、いずれも継続期間が短い集落であった点がこの時期の特徴といえる。

(3)　平安末期の様相

数多く出現した集落は十世紀後半から十一世紀には廃絶し、その後の様相は中世集落が明確になる十二世紀後半ころまでほとんど明らかでない。この状況は東日本全般に共通するが、大開発の時代とされるこの時期に、人口が急激に減少したことは考えられず、集落のあり方が前時期までとはことなったものになったと予想される。この時期の遺跡が明確でない理由としては、それまでよりさらに短期間で集落が移動したと推測される（宇野　一九九一）ことに加えて、考古資料としての遺構・遺物が認識しにくいものに変化したこと（加児　一九八五）もその一因と考えられる。この時期の住居は遺構として確認しやすい竪穴建物ではなくなった。礎石建物になったとは考えられず、引き続き掘立柱建物であったと考えられるが、それも柱穴の小型化と柱間寸法の不規則化という変化が生じたため建物として把握するのが相対的に困難になる。同時に東日本では、生活用具が土器から通常は残存しにくい素材へと変化し、煮炊具は鉄製品、食膳具は漆器となった。これらの素材は中世にも継承されるが、中世になると中国陶磁器と甕・壺・すり鉢の国産陶器が一定量ともない、集落の継続期間が二世紀ほどと比較的長くなるというちがいにより集落遺跡として認識しやすい面がある。こうした点が平安末期の集落遺跡について正確に認識することをむずかしくさせていると考えられる。長野県松本盆地のように竪穴建物が十二世紀まで残る地域で、この時期の集落が把握できるのは一面ではこのことと関係しよう。

一方、組織的な悉皆調査をおこなった多摩ニュータウン地区において、十一世紀後半以降の集落が明確でないことを評価するならば、沖積地に分散した集落も存在したと推測される。十一世紀の長野県南栗遺跡では竪穴建物が群をなさず一棟ずつ点在し、前時期よりもさらに小規模で分散した様相を呈する。この後、中世東国社会が成立することを考慮すると、この時期にさらに広範な沖積地の開発がおこなわれ、中世東国社会の下地が準備されつつあったことが予測される。

まとめ

これまでみてきたように、古代の集落遺跡には三つの画期を読みとることができる（図65）。

第一の画期（七世紀末から八世紀前半ころ）　集落の多くが古墳時代後期の集落と立地・位置・配置を変えて成立した。関東地方などの台地上に立地する集落がこの律令期における集落の典型事例であり、集落は複数の単位集団の結合体として集村的な景観を呈していた。集落は農業・手工業生産、官衙など律令体制を支えた諸要素の一つとして再編成され、その背景に編戸との関連も想定される。しかし、古墳時代の集団関係を温存しながら集落が形成されたと考え

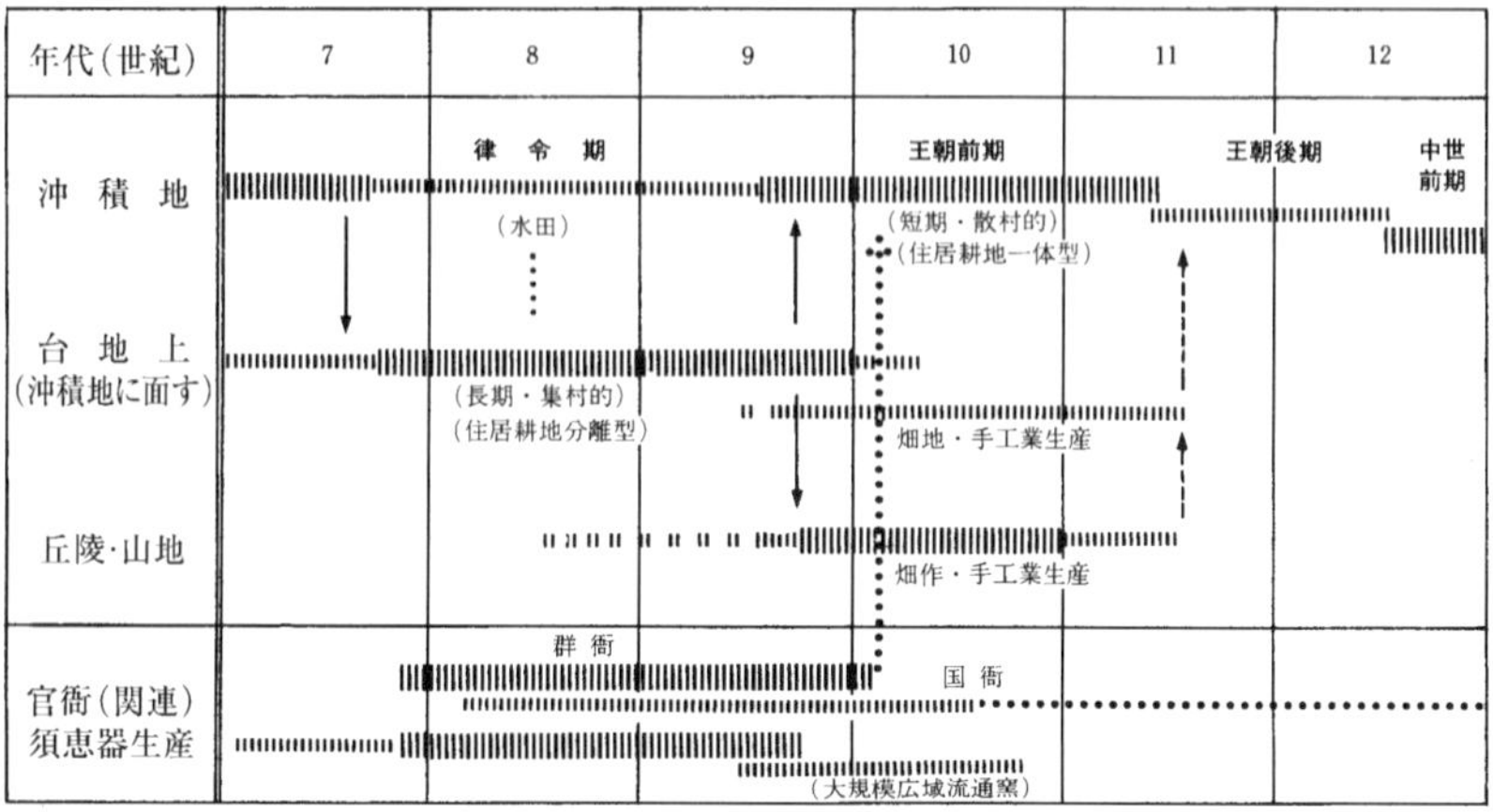

図65　東日本古代集落の展開模式図

られる。台地上の集落は生活基盤を水田におき、集落内には井戸がなかったため、水田の耕作や飲料水の確保など生活には不便であったと思われるが、長期にわたって複数の単位集団が結合を保ちつつ営まれた。このことが律令期集落の本質を暗示すると考えられる。

第二の画期（九世紀中葉から後半ころ）　律令期の集落が衰退し、かわって新たな集落が沖積地・丘陵・山地など多様な立地に展開した。九世紀後半から十世紀を中心にした王朝前期の集落である。律令期の集落を構成していた単位集団は、二〜三棟の住居を基本単位として独立性を強め、集落のまとまりから離れて、台地上から沖積地に移住した。新たに成立した集落は散村的な景観であり、周辺に水田を控えていたため、律令期に比べて自らの耕地に対する所有の意識を強くもっていたと考えられる。これを契機に水田開発は活発に進展したものと推測される。水田耕作以外に畑作・手工業生産などに立脚した集落も丘陵・山地に多数成立した。集落の変化は、律令体制下で伸張した在地の生産力を基盤に、国家が政策転換を図った結果でもあろう。そしてまた課税が戸籍による人に対する方式から、土地を基礎にした方式へと変化したことも、集落の変化と連動した動きであろう。しかしこの時期の集落はいずれの立地においても、継続期間が一世紀以下の短期間であることが一般的であり、その後の固定的な集落の成立にはつながらなかった。

第三の画期（十一世紀後半ころ）　それまで数多く成立した集落のほとんどが衰退する。確認できる集落遺跡の数はいちじるしく少なく、集落の様相は明確ではない。このことは竪穴建物形式の住居の衰退や土器の減少など、遺構・遺物の内容・性質が変化し、遺跡がとらえにくくなることにも起因するが、短期で小規模分散型の集落が移動を繰り返した結果とも考えられる。集落の多くは丘陵・山地から移動し、沖積地にさらに進出したものと想定される。不明な点は多いが、王朝後期の集落としておきたい。

このように集落の形態や立地は、集落を構成する集団のあり方を反映し、同時にその時代の社会体制が基礎とする、土地制度や税制などとも密接に関係するといえよう。東日本に比して西日本では相対的に古代の集落遺跡の調査例は少ないが、東日本とはややことなった展開があったようである。たとえば、七世紀初頭に集落の衰退と成立の画期があり、この時点で長期に継続する集落が成立する（広瀬　一九九四）が、これは東日本の律令期の集落の動きが一世紀ほど早くはじまっているともいえ、律令体制への段階の相違が集落のあり方に反映したことを示唆しよう。

東日本では古代集落に関する考古資料はいまや膨大な量に達しているが、ここではそのごく一部の動向をたどることに終始した。現状では律令期以後の中世までの間の状況はあまりに不分明である。現在の発掘調査の大半は開発事業に伴うものであり、調査が活発な多摩ニュータウンなどの丘陵地の集落様相が注目されているが、平将門や鎌倉政権を生む基盤は沖積地の大規模な開発によって醸成されたと考えられる。今後の沖積地における調査の増加が期待される。現在の遺跡調査が重要な歴史資料を提供している重みを再確認し、今後とも調査成果の吟味を続けたいと思う。

註

（1）平成五（一九九三）年度の発掘調査において、奈良・平安時代の遺構・遺物が検出された調査例は、神奈川県が三〇〇件余りのうちの六〇％（神奈川県年報）、千葉県が四六三件の五〇％（千葉県略報）、群馬県が二五六件の五〇％（群馬県年報）

をそれぞれ占める。ちなみに西日本の島根県では三〇％以下（島根県年報）であり、東日本との差はある。

（2）千葉県における平成五（一九九三）年度の調査のうち四四三件（九五・七％の遺跡）が台地・段丘・丘陵上に立地した遺跡が対象となっている。中世の集落遺跡の調査事例がきわめて少ないのはこの点に起因していると考えられる。

（3）九世紀には超大型竪穴建物を核に小型の竪穴建物・鍛冶遺構を伴い、円面硯・緑釉陶器・鉄製品などを保有する建物群が成立する。こうした集団が財産を蓄積し自立性を強めて、まず集落から離脱すると考えられる〔3―（2）参照〕。

（4）飛鳥京跡第一三一次調査出土の天武朝の付札木簡に「碓日評」「无耶志国仲評」「三形評三形五十戸」などがみえ、この時期に律令制の地方行政制度と税制の基礎が成立したことがうかがえる（奈良県立橿原考古学研究所　一九九五）。

（5）養老五年戸籍の下総国葛飾郡大嶋郷に比定される東京低地には、古墳時代から奈良・平安時代の遺跡がいくつか確認されているが（谷口　一九九四）、この地区では古墳時代の集落が律令期に衰退することはなかった。ただし、古墳時代には漁労が盛んであったのが、律令期には農耕に比重をおくようになったと考えられており、集落の性格が変わることにともなって、なんらかの集落編成を受けたと考えられる。南広間地遺跡にみるように、沖積地の集落がすべて衰退し台地上に移動したのではなく、台地の発達度などの地形環境や在地勢力などの諸条件によって、集落立地の変化の度合が規定されたと考えられる。立地が変わらない南広間地遺跡においても、単位集団の数や位置が変化していることが注目される。

（6）律令期の須恵器生産は律令制の崩壊に呼応するように、大規模広域流通窯を除き十世紀には衰退し、その存在基盤を暗示する。手工業生産も律令期特有のあり方を見せる。

（7）北日本の岩手県や青森県においても遺跡数が増加し、九世紀後半から末以降には須恵器・鉄・塩の生産もはじまることから、この時期に生産力が急速に拡大したことがうかがえる。律令体制が直接及ばなかった北日本が大きく変貌したのはこの段階といえよう。

補註

新潟県の古代集落遺跡については、近年沖積地における発掘調査が増加し、集落の展開のあり方の見直しがなされている（本編第1章補註6参照）。

第3章　日本海側の古代城柵と北方社会

はじめに

東北地方の古代城柵は、古代国家が支配領域を拡大するために設置した施設とされ、『日本書紀』『続日本紀』などに二〇例ほどが記録されている。城柵が設置された地域は、日本海側では越後・出羽の新潟県北部から秋田県中部まで、太平洋側では陸奥の宮城県中部から岩手県中部までである（図66）。

近年、これらの地域でも古代遺跡の調査が進展し、集落や手工業生産などの様相も明らかになりつつある。それによると城柵が設置された地域の状況は、かならずしも同じではない。たとえば、渟足柵・磐舟柵が設置された七世紀半ばの越後平野では、集落と古墳がきわめて少ないのに対し、ほぼ同時期に成立した城柵遺跡である郡山遺跡が所在する仙台平野では、いずれも一定の数が確認されている。このことから七世紀の越後平野と仙台平野においては、人口や生産力などに差があったことが示唆される。越後平野と同様の傾向はその北の出羽においても認められる。

ところで、文献史料上最古の城柵である渟足・磐舟柵は、日本海側では最初に設置されたものであり、その設置が記録されている希有な例でもある。これに加えて八世紀前半までの間の史料には、東北の日本海側や北海道などの北方地域の記事が目立ち、日本海側の城柵の機能・性格との関連が注目される。ここでは七世紀中葉から八世紀前半に焦点をあてて、日本海側の城柵と北方社会との関連について考えたいと思う。

1　渟足・磐舟柵設置以前の越後平野

『日本書紀』によると、渟足柵は大化三（六四七）年に、磐舟柵はその翌年に造営された。このほか六五八年には都岐沙羅柵が存在したことが知られる。磐舟柵は七世紀末に二回修造の記事があり、渟足柵は和島村（現長岡市）八幡林遺跡出土木簡により、養老年間（七二〇年ころ）には「沼垂城」として存在していたことが知られる。いずれの柵も遺跡は確認されておらず、都岐沙羅柵の位置はまったく不明であるが、大局的には、渟足柵は新潟市の信濃川の河口（旧阿賀野川の河口右岸）周近、磐舟柵は近世に干拓された岩船潟周近に、おおよその位置が推定されている（図67）。

これら二つの柵が設置された越後平野は、日本でも屈指の規模の沖積平野であり、越後の中部から北部にかけて長さ約一〇〇キロメートルにわたって展開する。渟足柵はこの平野の沿岸部中央に、磐舟柵はそこから約五〇キロメートル離れた平野北端に位置する。越後平野はきわめて低平で、海岸には大規模な砂丘が発達し、その内側には広大な後背湿地が広がっていた。この平野はいまでこそ豊かな水田地帯であるが、近世以降の開発が始まる以前は、排水不良で生産性の低い低湿地が広がっていたのである（坂井　一九九五b、第Ⅰ編第4章）。

古墳と集落　越後平野における古墳時代の遺跡は面積が広い割には少ない。古墳は前期のものが多く、新津市（現新潟市）古津八幡山古墳（円）、三条市保内三王山古墳群（前方後円・前方後方・円）、巻町（現新潟市）菖蒲塚古墳（前方後円）などがある。最大の古墳は径五六メートルの円墳、古津八幡山古墳であり、全国的にみれば全体的に規模は小さい。古墳分布の希薄さに加えて当地域の生産力の低さがうかがえる。

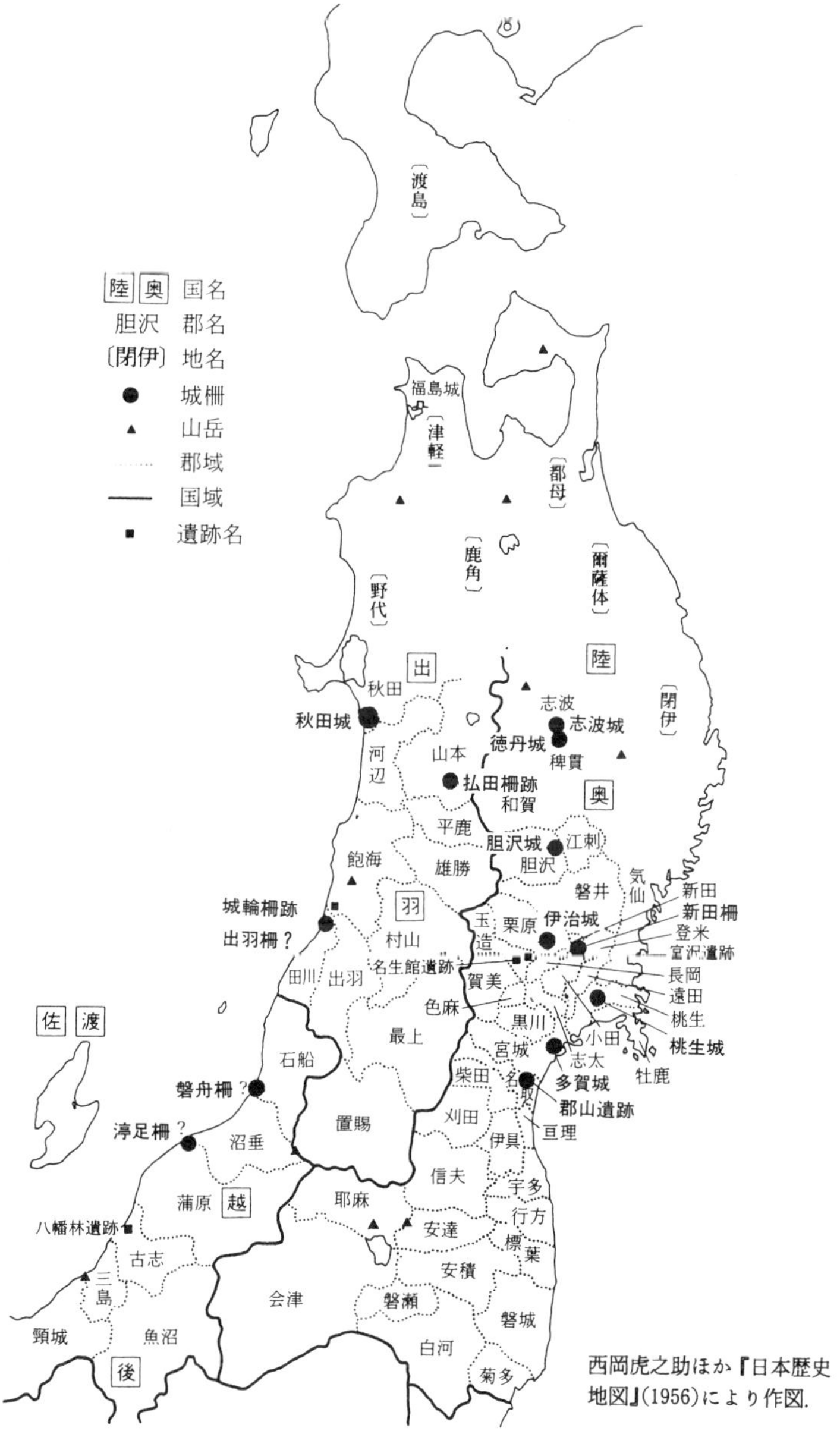

西岡虎之助ほか『日本歴史地図』(1956)により作図.

図66　東北地方の古代城柵の分布・一覧（熊田 1994より作成）

表6　古代城柵一覧（熊田 1994より）

城柵・遺跡名	初見・造営年代	比定地・所属郡
渟足柵	**647年**	越後国沼垂郡
磐舟柵	**648年**	越後国岩船郡
都岐沙羅柵	658年	
優嗜曇の柵	689年	陸奥（出羽）国置賜郡
出羽柵	709年	出羽国出羽郡
出羽柵	**733年**	秋田県秋田市
阿支太城	760年	秋田県秋田市
多賀城	**724年**	宮城県多賀城市
玉造柵	737年	宮城県古川市（現大崎市）など
新田柵	737年	宮城県田尻町
牡鹿柵	737年	宮城県矢本町（現東松島市）など
色麻柵	737年	宮城県中新田町（現加美町）など
桃生城	**760年**	宮城県河北町・桃生町（現石巻市）
中山柵	804年	
雄勝城	**760年**	出羽国雄勝郡
伊治城	**767年**	宮城県築館町（現栗原市）
覚鱉城	780年	
大室塞	780年	
由利柵	780年	出羽国飽海郡
胆沢城	**802年**	岩手県水沢市（現奥州市）
志波城	**803年**	岩手県盛岡市
徳丹城	**812年**	岩手県矢巾町
郡山遺跡		宮城県仙台市
名生館遺跡		宮城県古川市（現大崎市）
城生柵遺跡		宮城県中新田町（現加美町）
宮沢遺跡		宮城県古川市（現大崎市）
払田柵遺跡		秋田県仙北町・千畑町（現大仙市・美郷町）
城輪柵遺跡		山形県酒田市

注）城柵名のうち太字は遺跡の確認できるもの、城柵名が確認できないものは一字下げて記した。初見・造営年代のうち太字は造営年代で、そのほかは初見年代。

中期の古墳は確認できない。後期の古墳は保内三王山古墳群（約一〇基）、平野北部の村上市浦田山古墳群（二基）など小規模の群集墳が知られているにすぎず、六世紀後半以降、一般的に盛行する横穴式石室墳はまったく確認できない。越後全体では、五世紀後半から七世紀の時期には、上信国境に近い南部から西部の魚沼・頸城地方に、大規模な群集墳が集中し、越後平野の状況と対照的なあり方である。これはこの時期の古墳文化がおもに東山道ルートで波及し、平野部にはあまり達しなかったことを示す。

集落のあり方も古墳とほぼ同様である。（補註1）前期の遺跡としては、黒崎町（現新潟市）緒立遺跡・聖籠町山三賀Ⅱ遺跡などがあるが、いずれも中期に入るころには衰退する。中期の遺跡は新津市（現新潟市）舟戸遺跡があるが、これ以外ではほとんど確認できない。後期の六世紀の遺跡は小規模なもののみであり、七世紀前半から中葉の遺跡はほとんど確認できない。北海道系土器は中期以降は確認できず、その系統の人びとが居住した痕跡も認められない。手工業生産においては、北陸地方の越中以西では七世紀初頭には須恵器生産が成立しており、越後との格差は大きい。

おもな古墳・遺跡

1　浦田山古墳群（6C）
2　岩船神社
3　高田遺跡（6C）
4　出山製塩遺跡（8～9C）
5　山三賀Ⅱ遺跡（8～9C）
6　馬見坂遺跡（6C）
7　曽根遺跡（8～9C）
8　笹神・真木山窯（8～9C）
9　小丸山遺跡（9～10C）
10　旧沼垂町（～17C）
11　緒立八幡神社古墳（4C）
　　緒立遺跡（4・8～9C）
12　的場遺跡（4・8～10C）
13　山谷古墳（4C）
14　菖蒲塚古墳（4C）
15　八幡林遺跡（8～9C）
16　西古志窯（8～9C）
17　新津丘陵の窯群（8～9C）
18　舟戸遺跡（5C）
19　古津八幡山古墳（4C）
20　保内三王山古墳群（4・6C）

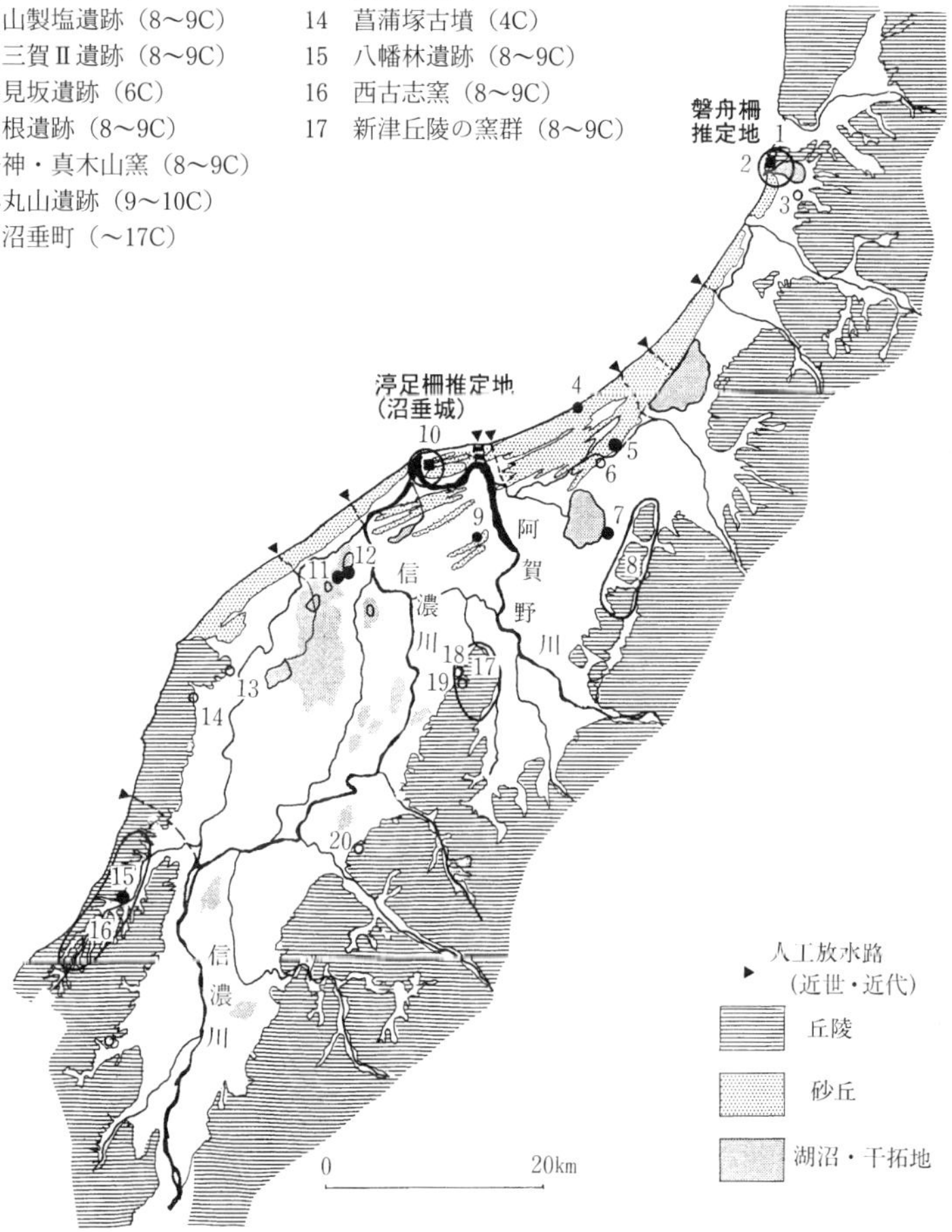

図67　越後平野の地形と遺跡分布（地形は新潟古砂丘グループ 1979 による）

古墳時代の越後平野は、前期から中期に入ると古墳と集落がともに大きく衰退したとみられることから、集落や人口の数はいちじるしく減少し、古墳を造営する集団が衰退したと推測される。北陸地方と共通した前期の土器様相が、後期には東北地方と共通するようになる（春日　一九九六）のは、こうした動向と関係しよう。後期に入っても中期の状況は大きく変化しないままである。この地域には「高志深江国造」の存在が認められ、ヤマト王権との関係をもった勢力が知られているが、継続的な再生産の展開とそれを基盤にした在地社会の発展は明瞭ではないのである。その背景としては、ヤマト王権から地理的に遠く離れているうえに、容易に開発できない地形環境であり、降雪量が多く寒冷な気候であることなどが考えられる。(補註2)

2　渟足柵・磐舟柵の設置と北方社会

古代の集落と手工業生産　越後平野に古代の集落遺跡が成立するのは、七世紀末から八世紀初期である（第Ⅰ編第4章図38参照）。代表例は渟足柵が設置された沼垂郡にある山三賀Ⅱ遺跡である。この遺跡は八世紀初頭に成立した大規模な律令期の集落である。八世紀前半には八幡林遺跡、的場・緒立遺跡（新潟市・黒崎町〔現新潟市〕）、豊浦町（現新発田市）曽根遺跡などの官衙関連遺跡も成立した。

手工業生産においても七世紀末から八世紀前半は大きな画期であった。須恵器窯は、阿賀野川以南の西古志窯、新津丘陵の窯群が七世紀末には成立し、阿賀野川以北の笹神・真木山窯も八世紀初頭に成立した。生産単位は郡を基本とし、急速な須恵器の普及により、日常的な食膳具は基本的に須恵器によって構成されるようになる。鉄生産も須恵器と同じ地域ではじまる。明確な開始時期は不明であるが、炉の形態などからみて八世紀前半にははじまったと推測される。塩生産も新潟市出山遺跡にみるように八世紀前半にははじまる。このように手工業生産は柵設置のおおよそ半世紀後にはじまり、この地域の開発を推進したと考えられる。

二つの柵は七世紀半ばに設置されたが、その直後のこの地域は、古墳時代後期と同様に集落活動と手工業生産はともに活発ではなかった。二つの柵は広い平野のなかで孤立するような存在であり、海上交通路を基盤に経営されていたと考えられる。（補註3）柵の造営にともなっては柵戸が配置されており、それによる地域開発は少しずつ進められていたと思われるが、すぐには大規模に進展していなかったとみられる。

表7　7・8世紀の東アジアと日本海・北日本年表（佐藤信 1994より作成）

西暦	東アジア	日　本
645	唐、高句麗遠征をはじめる	「大化改新」新政権、発足
647		渟足柵の造営
648		磐舟柵の造営
658		阿部比羅夫による秋田の蝦夷遠征
660	唐、新羅軍、百済を滅ぼす	阿部比羅夫による粛慎国遠征
663	白村江で日本軍大敗	
664		対馬・壱岐・筑紫に防人を置く
668	高句麗滅亡	
698	大祚栄が振(震)国(渤海)を建国	
708		越後国に出羽郡建郡
712		出羽国を置く
720		渡嶋津軽津司による靺鞨国視察
727	渤海使はじめて来日(のち、渤海使しばしば出羽に着く)	
733		出羽柵を秋田に移す
737	唐で安史の乱おこる	陸奥・出羽連絡路を通す
755		
757	恵美押勝、新羅征討計画	東国兵士からの防人停止
759		桃生城(陸奥)・雄勝城(出羽)を築城
767		伊治城(陸奥)築城
780		伊治呰麻呂の乱、多賀城焼失

国際情勢と北方政策　一方、七世紀後半においては、海上交通路による出羽から北方の地域との交渉が活発におこなわれていた（表7）。六五八～六六〇年には越国守阿部比羅夫が三回にわたり船団を率いて北方に遠征している。その対象となった地域は秋田県秋田・能代地方、青森県津軽地方、さらには北海道地方（渡嶋）、「粛慎」に及んでいる。

こうした北方地域との交渉は、緊張した北東アジアの国際情勢に起因すると考えられる（図68）（笹山一九九三、佐藤信　一九九四）。唐が六一八年に成立し、七世紀半ばに高句麗に遠征する一方で、朝鮮半島では新羅が唐と同盟しながら統一にむけて動き出し、百済は六六〇年に、高句麗は六六八年にそれぞれ滅

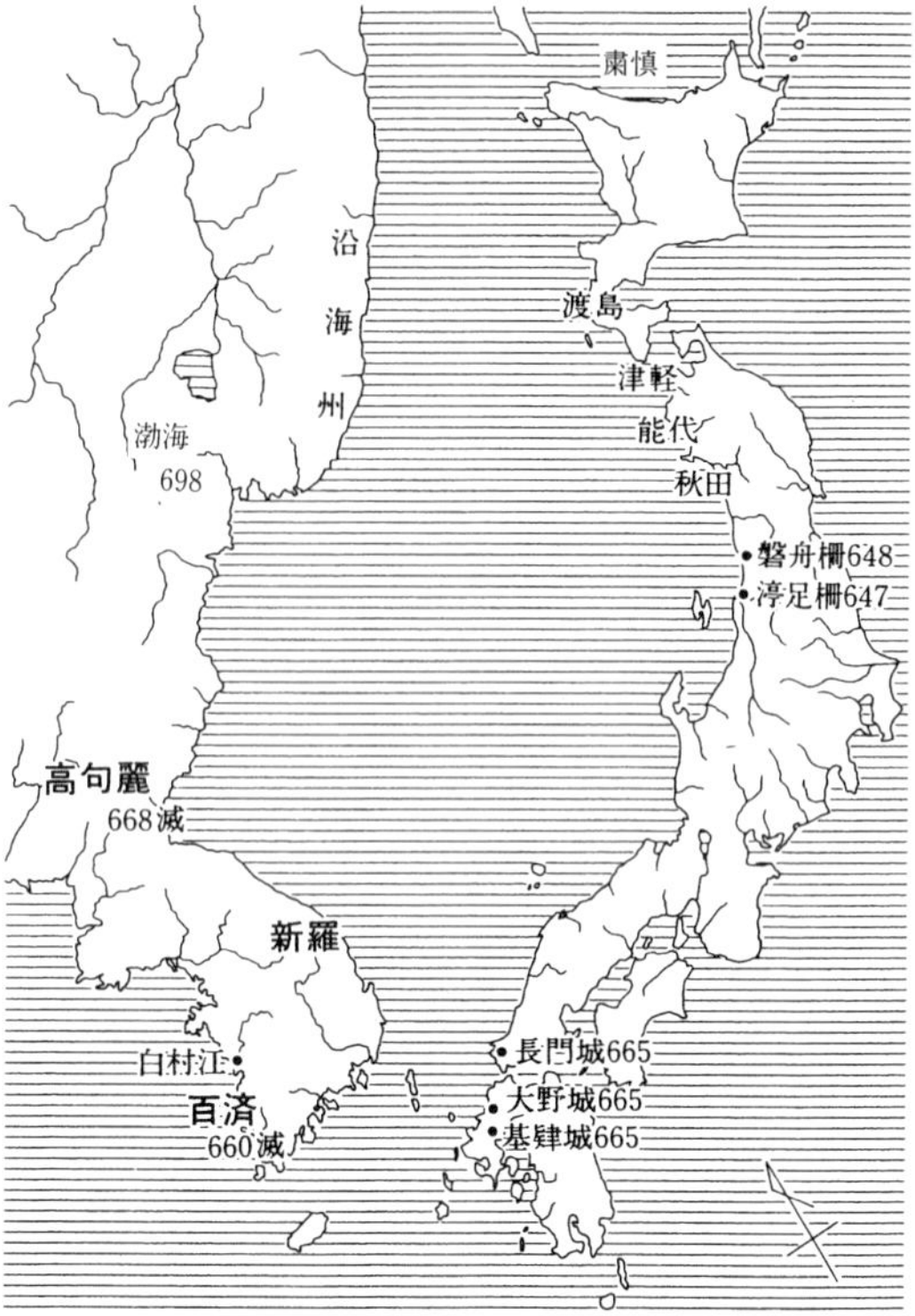

図68　7世紀後半の日本と北東アジア（小林昌 1995 より作成）

亡した。百済白村江の敗戦のように日本もこうした情勢に敏感に対応していたのである。

阿部比羅夫の北方遠征は、こうした状況のなかで、北方領域の確定をおこなう目的があったものと考えられる。当時の畿内からは、太平洋側の陸奥は東方に、日本海側の出羽は北方に位置すると観念され（熊田 一九八六）、畿内―北陸（越）―出羽―津軽―渡島―粛慎・靺鞨という連続した地理的概念があった。これらの地域を結ぶのが日本海の海上ルートであり、日本海側の城柵が港をともなう立地であることとの関連がうかがえる。渟足・磐舟柵は遠くの北方地域と畿内・北陸を中継する位置にあり、北方遠征のための拠点施設として大きな役割を果たしたといえよう。この点では二つの初期の柵は郡山遺跡と同じ機能を果たしていたとはかならずしもいえず、規模・構造もことなっていた可能性もある。

3　出羽の城柵と北方地域

出羽柵の設置　渟足・磐舟柵の設置後、八世紀初頭までに出羽柵が山形県庄内地方に設置された。庄内地方は七〇八年に越後国出羽郡として建郡され、和銅五（七一二）年に出羽国となった。出羽柵は天平五（七三三）年には秋田地方に遷置され、のちに秋田城となった。出羽柵の庄内・秋田地方への進出は、越後の城柵の支援によるところが大きいと考えられる。出羽建郡以降の短時間のうちに、出羽柵に兵器・船などの器材が送られ、合計一二〇〇戸という多くの柵戸も北陸諸国・信濃・上野などから移配された。その運搬・移動の多くは日本海ルートによるものと推定され、沼垂城・磐舟柵がその拠点となったとみられる。八幡林遺跡の「沼垂城」木簡がまさにこの時期のものであることは沼垂城の機能について示唆的である。

七世紀末に磐舟柵が修造されたのは、出羽への支援と関係すると考えられるが、一方では、六九八年に渤海が建国されたという北方の国際情勢も考慮される。養老四（七二〇）年には出羽に渡島・津軽の津の管理官が置かれ靺鞨国を視察しており、中央政府は依然として東北・北海道以北の動向に注目していた。神亀四（七二七）年には実際に渤海使が出羽国に来着した。出羽柵は北方地域との交渉に当たる施設という性格をもっていたのである。

出羽の古墳と遺跡　庄内・秋田地方における遺跡分布をみると、八世紀までは集落・生産遺跡ともきわめて希薄である。庄内地方の古墳は、五世紀の長持形石棺とされるものが一基あるだけで、七世紀後半以降の終末期を含めてもほとんど確認できない。古墳時代の七世紀までの集落遺跡も少数の前期のものをのぞくとほとんどみられない。

庄内地方では圃場整備事業に伴う悉皆的な発掘調査が長年にわたり実施され、約一〇〇カ所もの遺跡が調査されてきた。しかし、八世紀の遺跡はごく少なく、墨書土器出土遺跡一覧（斎藤俊一九九六）によると、八世紀前半にさかのぼるのは酒田市生石2遺跡だけであり、八世紀末のものも数例数えられるにすぎない。多くの遺跡が成立するのは九世紀前半の城輪柵跡の成立以降、とくに九世紀後半以降十世紀である(補註4)。須恵器生産が活発になるのも九世紀以降である。越後平野でも沖積平野には九世紀中葉以降の遺跡が多く、八世紀の遺跡は砂丘上に立地している傾向がある。そのため、庄内地方でも遺跡が砂丘に埋没している可能性もあるが、出羽柵の設置後急速に地域開発が進展したとはあまり考えられない。

秋田地方の状況もほとんど同じであり、八世紀の遺跡は秋田城に隣接する後城遺跡以外ほとんど知られていない。集落遺跡が多く確認できるようになるのは九世紀以降である（高橋学　一九九五）。秋田地方では郡制の成立も遅れており、秋田城周辺が飛地として確保されていたにすぎない。

庄内・秋田地方は、城柵設置前はきわめて人口が少なく、八世紀前半の城柵設置後の八世紀代までは、集落活動・手工業生産はともに低調であった。多くの柵戸が移配されたものの、未開発の広大な土地を急速に開発することは困難であり、北方地域への拠点を整備するにとどまったものと思われる。それでも城柵設置の意義は満たされていたのであろう。

4　陸奥の城柵とその特徴

陸奥の城柵の特徴　太平洋側の陸奥で最初に設置された城柵は、七世紀中葉に成立する郡山遺跡と考えられる。郡山遺跡は文献史料にはみられないが、成立当初から三町×六町の広い範囲を大溝・材木塀で区画する構造をもち、七二四年造営の多賀城の前身施設と推定される。この後に多くの城柵が設置されたが、陸奥の城柵のあり方は日本海側の越後・出羽の城柵とは多くの点でことなっている。

第一は数と分布密度である。文献上陸奥には越羽（越後・出羽）の倍近い一三例が確認される。多賀城など六例は遺跡が確認されており、このほかに立地や構造から城柵と考えられる遺跡も多い。数が多いだけ分布密度は高い。とくに七・八世紀においてはその傾向が顕著であり、宮城県北部では面的に分布している。第二は城柵の北への進出の速度である。陸奥では、八世紀後半までは郡山遺跡から五〇キロメートルほど北に進んでいるにすぎず、九世紀初頭にようやく一五〇キロメートル北の志波城（盛岡市）の設置をみる。これに対して越羽では、八世紀初頭に、渟足柵から約一三〇キロメートル北の庄内地方に出羽柵が設置され、さらにこの出羽柵は約一〇〇キロメートル北の秋田地方に遷置され、のちに出羽柵（秋田城）となった。第三は立地である。越羽の城柵は日本海に面し、陸奥の城柵は内陸に立地しており、その設置・経営を支えた交通路は、越羽は日本海ルート、陸奥は内陸ルートである。このような陸奥の城柵の特徴は在地の状況とも関連するものと考えられる。

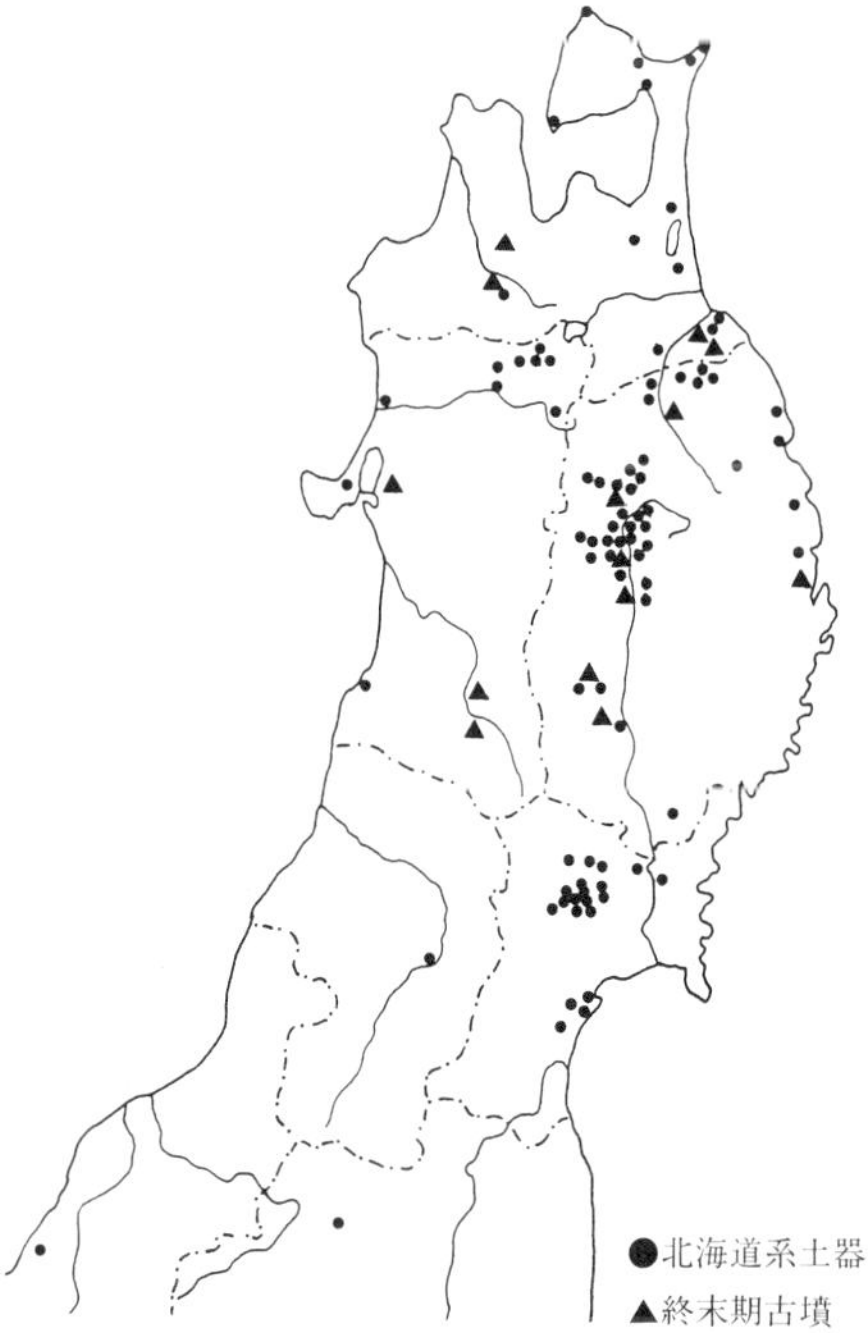

図69　東北地方の主な北海道系土器（後北C_2・D式、北大式）と終末期古墳（10基以上）の分布（高橋信ほか 1994、群馬考古学研究所 1989 より作成）

陸奥の古墳と集落　古墳時代における陸奥の遺跡数は越羽よりかなり多い。宮城県仙台市を例にとると（須藤ほか 一九九五参照）、前期の遺跡が多く中期・後期と減少するが、終末期の七世紀になると、ふたたび増加する傾向がある。なかには南小泉遺跡のように古墳時代を通じて継続する拠点的な集落もみられる。

古墳としては、郡山遺跡や多賀城が所

在する宮城県中部には、七世紀前半の仙台市法領塚古墳など比較的規模の大きい横穴式石室墳があり、北部には色麻町色麻古墳群（約五〇〇基）や古川市（現大崎市）日光山古墳群などの大規模な群集墳がある。横穴墓もかなり多い。岩手県では古墳時代の土師器を出土する遺跡はほとんど明確ではないが、七世紀に入ると遺跡の数が明確に増加する（相原　一九九二）。古墳時代に並行する北海道系土器の出土遺跡も宮城県ともに山形県・秋田県より圧倒的に多く（高橋信ほか　一九九四）、七世紀中葉以降の末期古墳もかなり造営される（図69）。

遺跡・古墳のあり方から陸奥の地域をみると、日本海側の越羽の地域よりもかなり人口・集落が多く、それだけ生産力が高かったものと類推される。八世紀の遺跡は、前の時期よりさらに増加し、その分布密度も陸奥が越羽よりもかなり高い。城柵が分布する地域の平安時代における郡・郷の分布密度もかなりの差がみられる（図66）。

在地勢力と城柵　支配対象となる在地の人びとが多くて、城柵の設置に対する在地の抵抗が強い場合は、それだけ城柵の分布密度が濃密になり、城柵設置の北進速度は遅くなると考えられる。陸奥には在地の蝦夷の人びとが多くてその抵抗も強く、越羽はその逆であったことが示唆される。実際に八世紀後半から九世紀初頭には、海道蝦夷による桃生城攻撃にはじまる三十八年戦争という蝦夷の激しい抵抗があった。陸奥では鎮兵制が恒常的にあり、軍団は二〜七団置かれていた。これに対して八世紀の越羽においては、鎮兵制は恒常的ではなく、軍団も置かれなかった（今泉　一九九二）。軍事力における陸奥と越羽との大きな差は、在地の蝦夷勢力の強弱を如実に示すものである。

また、城柵の設置・経営をおこなううえでの交通路も北進の速度と関係する。越羽の城柵が北に早く進出することができたのは、海上ルートにより城柵の設置と経営に必要な人と物資の移動・運搬が可能であり、途中の地域を十分支配に組み込むことなく、北の地域へ進むことが可能であったことによるであろう。沿岸地域における城柵の飛石状の分布と飛地的支配はこれをよく示す。これに対し陸路で進出する陸奥では、着実に地域を支配下におさめなければ先に進むことはできない。八世紀後半の陸奥の状況がまさにこれである。

陸奥の城柵と記録　陸奥の拠点施設である郡山遺跡は、渟足・磐舟柵とほぼ同時期に成立したにもかかわらず、『日本書紀』にはその記事がなく、神亀元（七二四）年とされる多賀城の設置も『続日本紀』に記録されていない。『日本書紀』は日本が朝鮮諸国を従属させる帝国を形成した歴史に重点をおいて語っており（吉田孝 一九九四）、日本の国際的地位を高めるために国際外交問題に関係する記事が意識的に採録されていると考えられる。渟足・磐舟柵の記事は直接的には阿部氏の家記が『日本書紀』の編纂材料にされたことによる（熊谷 一九八六）。しかし、それは北方の国際外交問題に関連したできごとであったのに対して、陸奥における初期の城柵の設置と経営は、地域の開発と支配という国内問題であったことを示唆するのではなかろうか。

おわりに

城柵が設置された東北の日本海側、越後・出羽と太平洋側、陸奥を比較すると、日本海側は七・八世紀の遺跡が相対的に少ない。これは現在認識されている遺跡に限ったことではあるが、日本海側の地域は、城柵が設置されるまでは人口が少なく生産力も低く、城柵の設置後もしばらくは地域開発が大規模に展開しなかったと考えられる。これに加えて、日本海側の初期の城柵は海に面して飛石状に分布し、北へ一気に進出している特徴がある。地域開発と支配領域の拡大という城柵の基本的性格を否定するものではないが、当時の北東アジアの激動する国際情勢を考えると、日本海側の城柵は、日本海を通じた北方地域との交通・交渉の拠点としての役割も大きかったことがうかがえる。

出羽の秋田城はその後も蝦夷との交易、渤海との交渉などにみられるように国家の北の玄関と位置づけられ、列島と北方社会とを結ぶ交通は一貫して日本海側にあった。そこに太平洋側の陸奥との大きなちがいがある。越後と出羽との関係は、八世紀中葉に出羽と陸奥とを結ぶ陸路が開通することなどによって、しだいに薄くなり、出羽に対する

沼垂城・磐舟柵の役割も低下し、両柵はやがて停廃を迎えたものと予想される。(補註5)

考古資料から地域の具体的な人口や生産力を明らかにすることはかなり困難ではあるが、豊かな歴史像を構築するためには、さまざまな観点からこれを追究することが必要である。東北の日本海側と太平洋側を比較した小稿は、そうした試みの一つである。

補註

(補註1)　阿賀野川以北においては、最近道路建設に伴う発掘調査で、多くの遺跡の存在が明らかになっている。それによれば、古墳時代前期の集落遺跡はかなり確認されるが、中期の遺跡は急速に減少し数はわずかであり、後期の六世紀には遺跡数はある程度増加する。七世紀にはいると再びほとんど確認できなくなる。阿賀野川以南においては七世紀中葉以降成立する遺跡がみられ、古志郡西古志窯においては、七世紀後半に須恵器生産の開始が推定されている。(第Ⅰ編第2章補註2参照)。

(補註2)　このことについては第Ⅰ編第1章において論じたところである。

(補註3)　最近の七世紀代の遺跡調査事例により、渟足柵の造営にともなって、頸城地方から越後平野に至る間に、後方支援になう官衙関連遺跡が整備されたとの指摘がある（春日 二〇〇六b、第Ⅰ編第4章補註4参照）。また、春日は、沼垂郡内の新発田市馬見坂遺跡では、上越市一之口遺跡のものと酷似する、七世紀後半の円筒型土製品、板状土製品、底部多孔甑という特徴のある遺物が出土していることから、頸城地方から城柵が設置された阿賀北地方への移住がみとめられるとしている。さらに、壁際に柱がめぐる特徴を有する竪穴住居（側柱竪穴）が七世紀後半に頸城平野で確認され、同じ形態のものが八世紀前半の沼垂郡内の山三賀Ⅱ遺跡にみられることからも、人びとの移動をうかがうことができるという（北野 一九九七、春日 二〇〇六b）。なお、頸城平野の側柱竪穴は近江や加賀などに類例があり、それらの地域からの波及が想定域されている。

(補註4)　庄内地方の遺跡のあり方については本編第4章でもふれている。

(補註5)　胎内市藏ノ坪遺跡の「少目」木簡や長岡市下ノ西遺跡の「掾大夫借貸」木簡などから、越後の国司制は陸奥・出羽と同じく分割統治方式を採用していたとされる（平川 二〇〇五）。これに加えて、阿賀野市発久遺跡の「健児」木簡により、八世紀末から九世紀においても国司の一員が沼垂郡に駐在していたことが示唆され、広域行政府としての城柵の機能が長期にわたって維持されていたことが確認されるという見解がある（相沢 二〇〇五）。

第4章　東北の古墳社会と古代出羽の開発

はじめに

日本海側の地域すなわち日本海域の北部、東北地方は、弥生時代前期においてその北端津軽地方まで水田稲作が伝播したが、その後、古墳時代そして古代へと段階的に順調に発展したとは思われない。この地域は古代国家成立期において国家の枠外にあった。そのため古代を通じて国家が律令的支配に組み込もうとしたのは、このような弥生時代以降の歴史と密接に関連すると考えられる。東北地方の地域支配や開発のあり方は、日本海域と太平洋側とで同じように進行したのであろうか。発掘調査によって蓄積された成果によれば、両者はかなりことなったあり方を見せる。そこに古代日本海域の地理的・歴史的な特性があらわれているように思えるのである。

その一つに、東北地方の出羽は、同じ日本海側にあるにもかかわらず、北陸道ではなく東山道に含まれていることがあげられる。古代以前から日本海域は伝統的な文化のつながりがあったにもかかわらず、越後と出羽はことなった行政区に組み込まれたのである。日本海域の範囲は奥行きが浅く、新潟を境にして北へは一気に寒さが増すことは、第Ⅰ編第1章で確認したところであるが、ここではこうした気候・風土と日本海域の開発の展開について考えてみたいと思う。

1　古墳寒冷期における東北地方

弥生時代前期末には本州北端の津軽平野に水田稲作が及んだ。しかしながら稲作が東北全域に広がり、古墳時代から古代にかけて農耕社会へと順調に展開したわけではなかった。東北地方の南端をのぞけば古代国家に組み込まれず、中央政府は大化年間ころに日本海側の越と太平洋側の陸奥とに城柵（渟足柵・磐舟柵、宮城県郡山遺跡）を設置し（今泉 二〇〇一）、以後も多くの城柵が造営され、蝦夷との抗争も繰り返された。この断絶ともいえる東北地方の歴史は何に起因するのであろうか。

表8　登録されている遺跡（集落跡・散布地）数（文化庁記念物課 2001より作成）

	縄文	弥生	古墳	古代
北海道	1,150	337	—	681
青森	3,026	196	—	1,442
岩手	6,750	398	30	2,436
宮城	2,383	564	882	3,876
山形	2,448	54	86	647
福島	4,340	907	1,422	4,625
新潟	2,946	218	321	2,125
栃木	2,604	458	1,786	2,384
神奈川	3,552	1,271	1,487	2,222

青森・岩手・山形の各県では、これだけ大規模に発掘調査がなされていてもなお古墳時代の遺跡の数がきわめて少ない（表8）（文化庁記念物課 二〇〇一）。秋田県のデータはないが、古墳時代は縄文・弥生時代と比べると集落・人口とも激減した可能性がたかい。これらの地域では古墳は前期に宮城県雷神山古墳（前方後円墳、一六八メートル）や新潟県八幡山古墳（円墳、五六メートル）などが築造されたが、中期には全域で造営が途絶し、中期後半に岩手県に最北の前方後円墳、角塚古墳が飛び石状に分布するのみである。こうした状況からするとヤマト王権の広がりは波状的で断絶した可能性があり、とくに北部では農耕社会への成熟はみられなかったといえる。

こうした状況を引き起こした大きな要因と考えられるのが、古墳時代の気候の寒冷化である（工藤 一九八九、坂井 二〇〇四cなど）。図70の古気温曲線（阪口 一九九五）は、群馬県尾瀬ヶ原の泥炭層に含まれた、寒冷な気候に生息するハイ

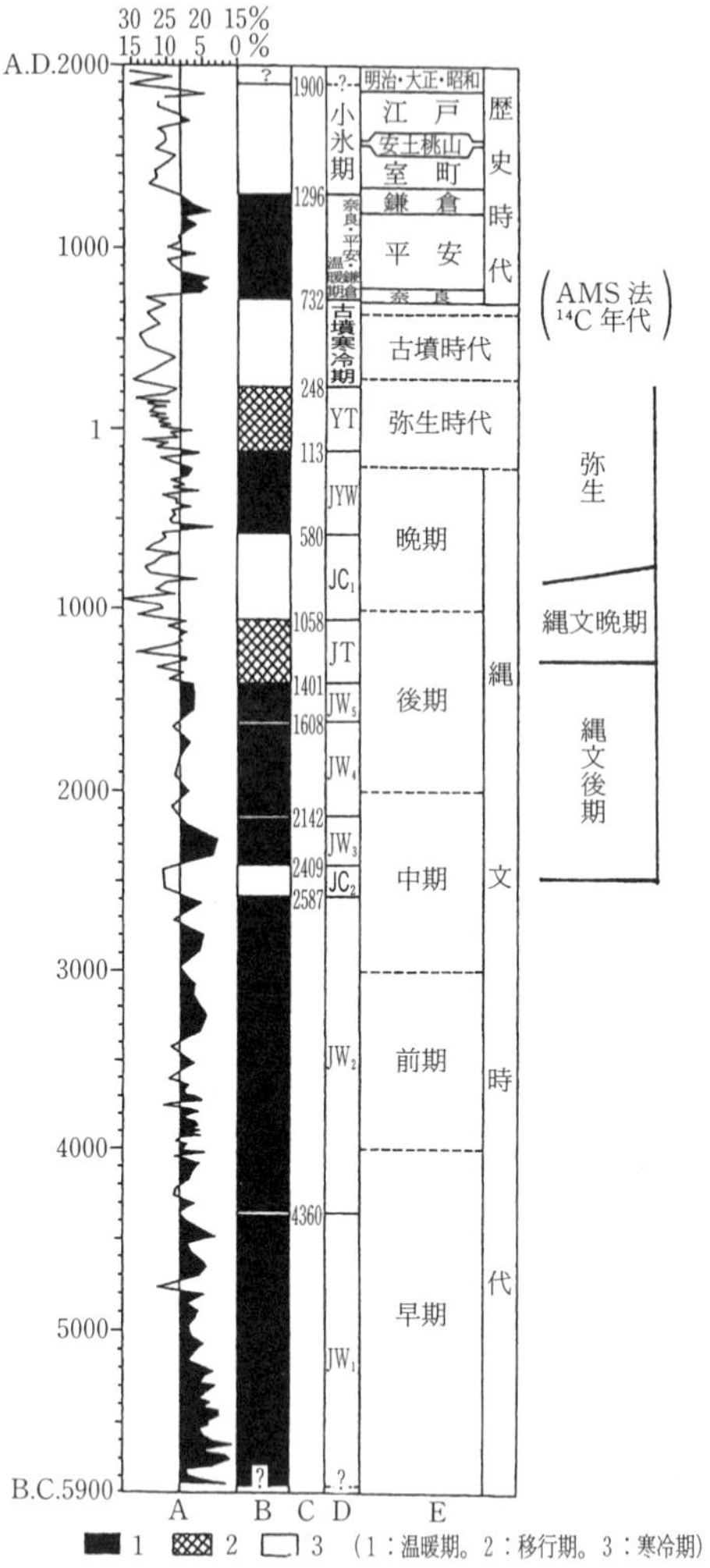

図70　古気温曲線（阪口 1995より作成）
A：古気温曲線（30〜15％の目盛は1800年以降）、B：寒暖の傾向。C：気候期境界の年代。D：気候期の名称。E：先史・歴史時代区分

マツの花粉の増減にもとづくもので、年代は放射性炭素年代測定法（年輪年代による補正値）によっている。これによれば三世紀後半から八世紀前葉にかけての時期が「古墳寒冷期」であった。東北地方で遺跡がごく少ない時期とほぼ重なる。（補註1）寒冷化により水田稲作は持続、定着せず、人口の減少が生じたものと考えられる。この時期には北海道系の続縄文文化が広がり狩猟などの生業を営んでいたとみられる（熊谷 二〇〇四）。北海道ではオホーツク文化の南下もみられる。地域も時代もことなるが、中世ヨーロッパでは十四世紀以降の寒冷化により大規模な移住や人口の急減がみられた（桜井 二〇〇三）。気候の寒冷化はそれまでの人びとの生活基盤を崩壊させ居住地の移動をうながすほどの要因となることが知られるのである。

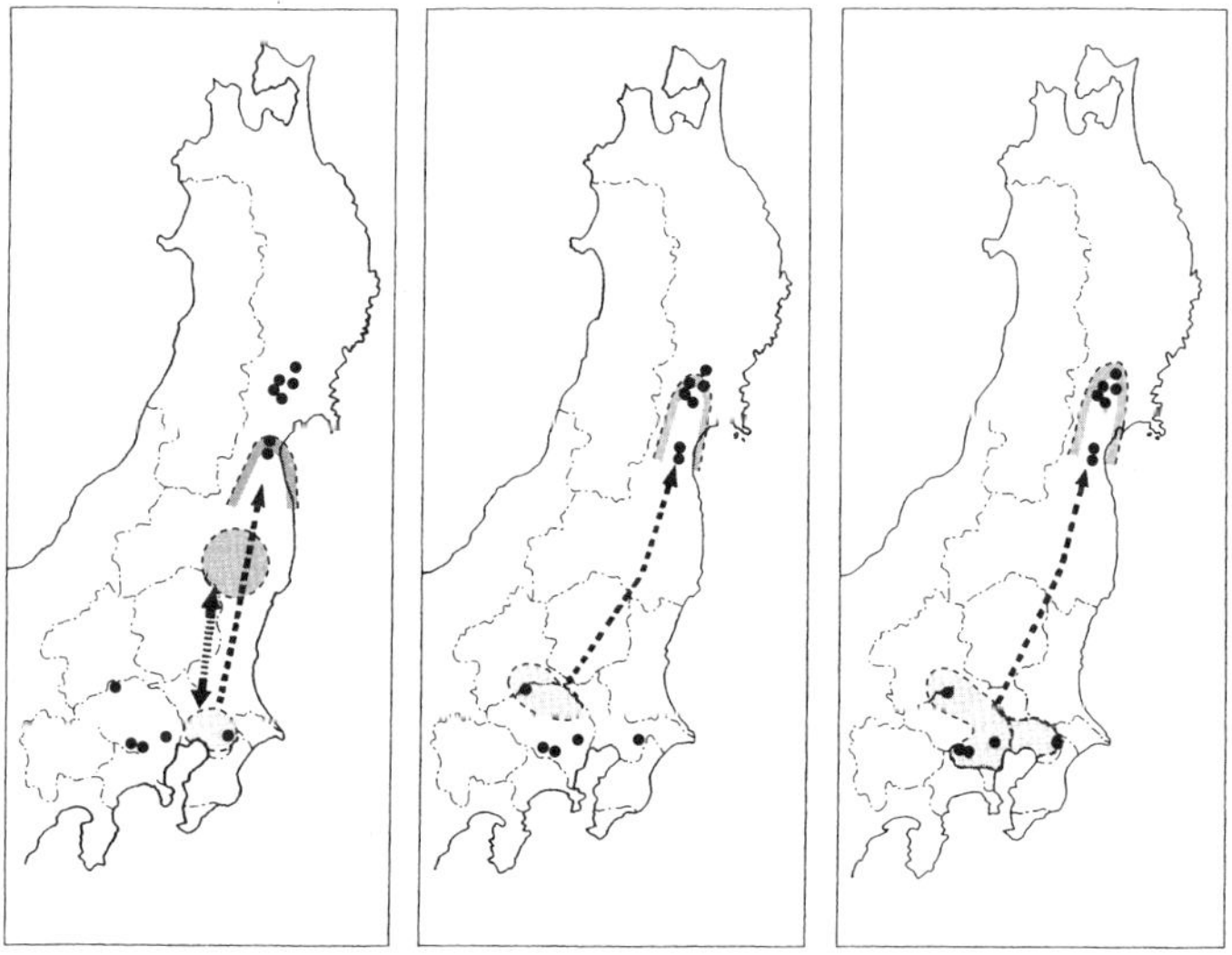

図71　土器からみた関東から東北への動き（長谷川 1993より）

2　陸奥と出羽における古代遺跡の動向

東北地方とりわけ北部では古墳時代に人口が減少したと推定されるが、これに続く古代における遺跡の動向はじつに興味深い。日本海域と太平洋側とで集落展開の時期が大きくことなるのだ。太平洋側では七世紀半ば以前から宮城県南半部で移民を含む集落が形成され、大化以後の城柵設置へとつながる。移民の出身地は土器や竪穴住居・カマド、横穴式石室墳・横穴墓などの特徴から関東地方や東北南部、福島県域が主体とみられる（図71）（長谷川 一九九三、古川 一九九六、村田 二〇〇〇など）。文献史料から知られる柵戸の主な出身地も坂東であり、ほかに郷名から甲信地方からの移民がわずかに推測される程度である。八世紀後半には宮城県北部、九世紀初頭には岩手県の南部・中部に城柵が設けられ、その地域では須恵器の普及、掘立柱建物や井戸などの出現がみられ新たな生活様式へと変化した。

南半部のこうした動きに対して、七世紀以降、岩手県の北上盆地や岩手県北部から青森県にかけての馬淵川流域でも、カマドを付設した竪穴住居から構成される集落が確認されるようになる。これらは国家側から蝦夷と位置づけられた人びとのものであり、九世紀まで小型・低墳丘で周溝をもつ末期古墳の造営がみられる。これらの地域の土器の特徴や住居の構造・形態は東日本のものと基本的に共通している。このことから関東や東北南部からの直接的な移住も想定されるものの、基本的にはヤマト王権が七世紀以降、蝦夷地域の伝統的な交易ネットワークを掌握し、蝦夷集団との間に朝貢関係を結んだことによると考えられている（熊谷 二〇〇四）。

一方、日本海域では、古墳時代から飛鳥時代の七世紀までは全域で集落遺跡はほとんど確認されていない。明確に把握できるおおよその時期は、山形県庄内平野・秋田平野周辺で八世紀後半、秋田県北部・青森県津軽地方は九世紀後半である（古代城柵官衙遺跡検討会 一九九八・二〇〇五など）。集落の増加はそれより半世紀ほどあとになる。庄内平野では長年にわたり圃場整備に伴って発掘調査が続けられてきており、悉皆的かつ面的な遺跡確認がなされた点で重要な成果と評価できる。それによれば古墳時代の遺跡は多少確認できるものの、多くは九・十世紀の集落である（山口博 二〇〇三）。集落がほとんど確認できない八世紀前葉には、庄内地方に出羽柵が所在しており、出羽柵に数百単位の柵戸が移配されている（表9）。その所在も考古学的には確認されておらず大きな課題であるが、考古学資料からすると、平野部において基本的に農業生産に立脚した社会が広く成立し、多くの人口を擁していたとは考えにくい。

八世紀初頭には庄内に出羽柵が設置され、その後しばらくしてそれが秋田に移転するのであるが、飛び石状に日本海を一気に北上した城柵は、地域における集落・水田開発を急速かつ着実に推し進めたものではなかったといえる（本編第3章）。

3　日本海域の歴史的な交流

歴史上、人口が少ない地域を開発する場合、移民を政策的におこなうことがみとめられる。明治政府による北海道開拓は武士や士族屯田兵などの移民によるところが大きい。明治二（一八六九）年にわずか六万人であった人口は、十九年には二九万人と急増している（北海道開拓記念館　一九九三）。古代東北地方においても、多数の移民が軍事力と開拓農民として配されたことが文献史料（表9）や考古学資料から確認されている（熊谷　二〇〇四）。蝦夷政策に伴う人と物資の供給にあたって重要な役割を果したのが関東地方、坂東である（平野卓　一九九八）。関東地方からの移民は、土器や集落のあり方などからみて国造制が施行されていた福島県域において六世紀末ころすでに確認されている（菅原祥二，〇〇四）。

日本海域の越後・出羽においても、文献史料や地名などから移民が配されたことが知られる。磐舟柵に越と信濃の柵戸がおかれた。出羽柵・国に移配された人びとの出身地は東山道・東海道・北陸道諸国であった。城柵が設置された沼垂郡・岩船郡の郷名には足羽・利波・山家など、越前・越中・信濃の郡郷名がみられ、移民の出身地を示唆する。ところが、出羽国の郷名のうち他地域の地名に由来する可能性のある事例二八例（高橋崇　一九九六）のうちの大半は関東・甲信飛地方であり、北陸地方は五例しかみられない（表10）。このことは日本海域に所在する出羽が、行政上、東山道に含められていることからすれば、ある意味で自然ではある。秋田地方の須恵器には群馬県に系譜が求められる短頸壺などがみられ（本編第5章）、実際に東山道地域との結びつきも確認できる。

しかしながら、日本海域においては、日本海を通じた広い交流が時代を超えてさかんであった。とうぜん人びとの移動もあったと考えられる。たとえば、北陸の弥生時代後期の法仏式土器は、有段で擬凹線をめぐらす口縁部を特徴

表9　八世紀前半までの東北移民（熊谷 2004 より）

年月日	事項	出典
(1)大化三（六四七）・一・一	渟足柵を造って柵戸を置く。	日本書紀
(2)大化四（六四八）・一・一	磐舟柵を造って、越と信濃の民を柵戸とする。	日本書紀
(3)和銅七（七一四）・一〇・二	尾張・上野・信濃・越後国の民二〇〇戸を出羽の柵戸とする。	続日本紀
(4)霊亀元（七一五）・五・三〇	相模・上総・常陸・上野・武蔵・下野六国の富民一〇〇〇戸を陸奥に移配。	続日本紀
(5)霊亀二（七一六）・九・二三	信濃・上野・越前・越後四国の百姓各一〇〇戸を出羽国に配属する。	続日本紀
(6)養老元（七一七）・二・二六	信濃・上野・越前・越後四国の百姓各一〇〇戸を出羽の柵戸とする。	続日本紀
(7)養老三（七一九）・七・九	東海・東山・北陸三道の民二〇〇戸を出羽柵に移配する。	続日本紀
(8)養老六（七二二）・八・二九	諸国司に柵戸一〇〇〇人を選定させて陸奥の鎮所に移配する。	続日本紀
(9)神亀元（七二四）・二・二五	陸奥国の鎮守軍卒らを陸奥国の戸籍に付けて、家族を招くことを許可する。	続日本紀

表10　出羽国の郷名とその出自（高橋嵩 1996 より作成）

郡	郷	対比
最上	那可	武蔵、常陸那珂郡
最上	山方	下総埴生郡
最上	芳賀	上野勢多郡 下野芳賀郡
最上	阿蘇	下野安蘇郡
最上	八木	近江愛知郡 上野群馬郡
最上	山辺	上総山辺郡
村山	大山	武蔵男衾郡 常陸河内郡
村山	**長岡**	近江坂田郡 越中砺波郡
村山	大倉	上総武射郡 下総海上郡
村山	梁田	下野梁田郡
置賜	広瀬	武蔵播羅郡、又下野広妖郷
置賜	屋代	信濃埴科郡
雄勝	大津	駿河志太郡 常陸茨城郡
雄勝	中村	相模、武蔵、下総、常陸
平鹿	大井	駿河、甲斐、武蔵、安房、下総、常陸、下野、
平鹿	**邑知**	能登羽咋郡
山本	山本	美濃不破郡
飽海	大原	近江坂田郡 飛騨大野郡
飽海	飽海	飛騨荒城郡
飽海	**井手**	越前、加賀、又上野井出郷
河辺	**川合**	甲斐、越中、又相模河会郷
河辺	**中山**	越前今立郡
河辺	田部	下総匝瑳郡 下野足利郡
河辺	稲城	尾張丹羽郡
田川	新家	上総武射郡 上野甘楽郡
出羽	大窪	下野足利郡
出羽	井上	甲斐山梨郡 常陸行方郡
出羽	大田	下総、常陸、信濃、上野

註）太字は北陸地方にみられる郷名

とし、器種・器形などが山陰と共通する。両者の土器型式の広がりは東西八〇〇キロメートルに及ぶ。それとともに山陰地方を特徴づける墓制、四隅突出型墳丘墓も福井県から富山県中部まで広がっている。やや特異な事例であるが、新潟県海運橋遺跡出土の長頸壺（川村 一九九〇）は北部九州系の土器であり、一〇〇〇キロメートルをこえた直接的な交流を示唆する。その一方で、この時期、日本海からわずか三、四〇キロメートル内陸に位置する長野県北部では、個性的な赤い箱清水式土器の世界が存在した。海上交通が果たした役割の大きさがうかがえる。

古墳時代後期、北部九州系の横穴式石室墳が若狭・能登にかなりみられ、佐渡・越後北部にも点的に分布する（北野一九九六）。古代の北陸では甕・鍋の煮炊具は須恵器の技法により長胴・丸底の形態が確立し、出羽にも波及し定着する（図72）（坂井 一九九〇d）。出羽は平底を基本とする陸奥と明確にことなっている。また、出羽庄内地方の九世紀以

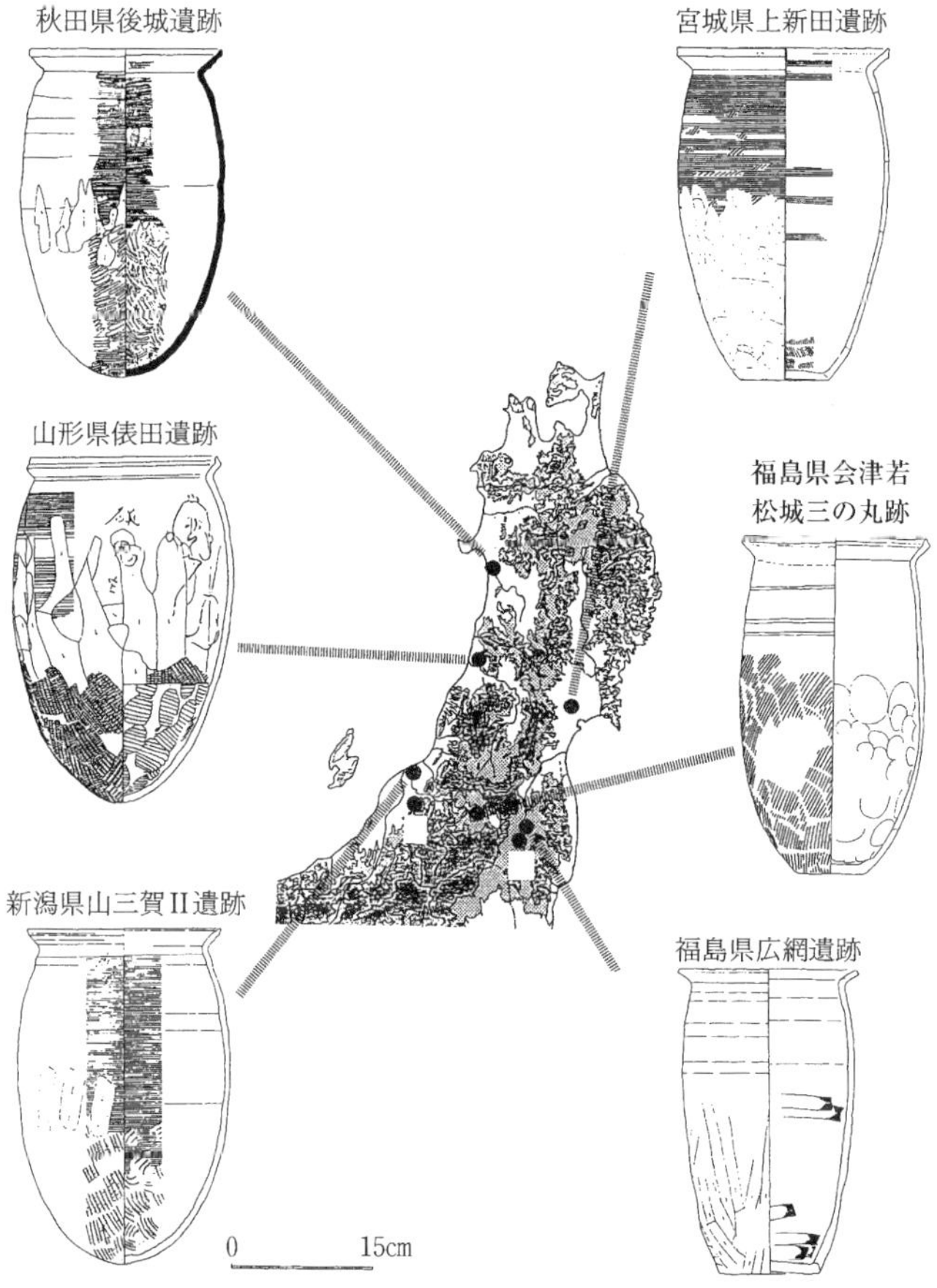

図72　出羽型甕（北陸型）と陸奥型甕（坂井 1990dより）

降の集落は、北陸地方と共通して掘立柱建物を主として構成される。こうした集落は秋田平野でもみとめられる。秋田城跡出土の九世紀半ばの第一五号漆紙文書（秋田市二〇〇一）には「江沼臣」「高志公」などがみえ、加賀・越後など北陸地方を出自とした人びとの存在が知られる。中世でも日本海域の流通圏は若狭から北海道南部まで「日本海域流通圏」に包括されている（小野編二〇〇一）。

このようにみると、日本

海を通じた文化の交流と、それを媒介とした人びととの移動が各時代にあったことがうかがえる。七世紀半ばの斉明朝には、越国守の阿部比羅夫が船団を率いて、秋田・津軽・北海道方面に遠征している。そもそも日本海に面している出羽国は、和銅五（七一二）年に越後国から割かれた歴史がある。当初は北陸道に属しており、駅路も越後からのびていたとされる（中村太 二〇〇三）。しかし、その後、養老五（七二一）年、出羽国は陸奥按察使の管轄下となり、天平九（七三七）年に陸奥国から出羽国へ通ずる陸路が開かれ、東山道に転じたものと考えられる。とはいえ考古学資料からみるかぎり、七世紀以降に関東・東北南部から陸奥へ多くの人びとが移住したように、北陸地方から出羽へ移住した形跡は希薄である。それはなぜだろうか。

4　越後の生産力と出羽の開発

出羽に人と物資を送り込む地域としては、地理的にみれば同じ日本海側にあって隣接している越後がもっとも有力な候補となるはずである。ところが、七世紀における越後の生産力はかならずしも高くはなかったと考えられる。古墳時代前期の有力な古墳や多くの集落が阿賀野川以北の地域まで確認されるが、中期の遺跡はごく少なく、後期に増加する傾向はあるものの、飛鳥時代の七世紀の遺跡数はとくに少ない。南部の魚沼地方や西部の頸城地方など内陸においては、五世紀後半以降の比較的大規模な群集墳が知られてはいるが、越後平野とその周辺においては、三条市三王山古墳群や村上市磐船浦田山古墳群などがあるものの、古墳の数はきわめて少ない。新潟市周辺には古志深江国造の存在が推定されており（小林昌 一九九五）、城柵の設置以前にヤマト王権による独自の防衛情報システムを設けた可能性が指摘されている（小林昌 二〇〇五）が、六・七世紀の有力な勢力に乏しいことは否めない。出羽地域とある程度共通した様相といえる。

人と物資を供給するためには、一定の生産力が保持されていいなければならない。地域の生産力を示す指標の一つが人口である。古代の人口に関する沢田吾一の古典的な研究（沢田 一九二七）は『弘仁主税式』（八二〇年完成）、『延喜主税式』（九二七年完成）の出挙稲などから推計されたもので、（補註２）近年の新たな資料による検討でも大きな齟齬はみとめられない（鎌田 一九八四）。それによれば全国の人口は現在のおおよそ二〇分の一、五六〇万人、一平方キロメートル当たりの人口密度は平均二〇人である。これに対し、越後の人口は約一〇万人、人口密度（藤岡編 一九七五）は、八人ときわだって少ない（表11、図73）。北陸道七カ国の人口は合計四七万人であり、北陸道の半分の面積を占める越後をのぞけば、各国の人口密度は二〇人から四〇人と坂東諸国と大きな差はない。しかし、東西に細長く奥行きが浅い地理的特性ゆえに、北陸道の全域が出羽への供給地とはなりにくい。これに対して陸奥への供給地となった坂東は、列島の幅が最大となる地域に位置し、広大な関東平野を擁している。そのため東海道と東山道の二道に属した八カ国が近隣に所在し、供給地として恵まれた地理的条件をそなえている。その人口は計九四万人

表11　古代の国別推計人口と人口密度（藤岡編 1975 による。越後・佐渡の人口密度は浅香 1977 により修正）

	国名	総面積（方里）	郷数	沢田計算による人口（延長５年ごろ）（人）	沢田説人口に基づく人口密度 1㎢当り
東海道	尾張	102.0	69	55,400	35
	三河	219.0	69	56,000	16
	遠江	135.0	90	90,800	43
	駿河	252.3	59	75,500	19
	伊豆	104.7	21	21,000	13
	甲斐	282.8	31	68,700	16
	相模	116.0	67	102,000	57
	武蔵	408.2	119	130,900	21
	安房	35.0	32	40,200	74
	上総	141.4	76	125,800	57
	下総	184.6	91	120,600	42
	常陸	330.0	153	216,900	42
東山道	近江	225.3	93	141,900	41
	美濃	284.2	131	103,400	23
	飛驒	509.2	13	12,500	2
	信濃	838.0	67	105,100	8
	上野	509.5	102	104,200	13
	下野	419.1	70	102,700	16
	陸奥	1,507.2	188	186,000	8
	出羽	882.1	71	102.600	8
北陸道	若狭	45.0	21	28,300	41
	越前	213.0	55	120,800	37
	加賀	137.4	90	80,600	38
	能登	123.0	26	45,300	24
	越中	299.0	42	98,700	21
	越後	1,199.9	34	97,900	8
	佐渡	162.0	22	20,200	23

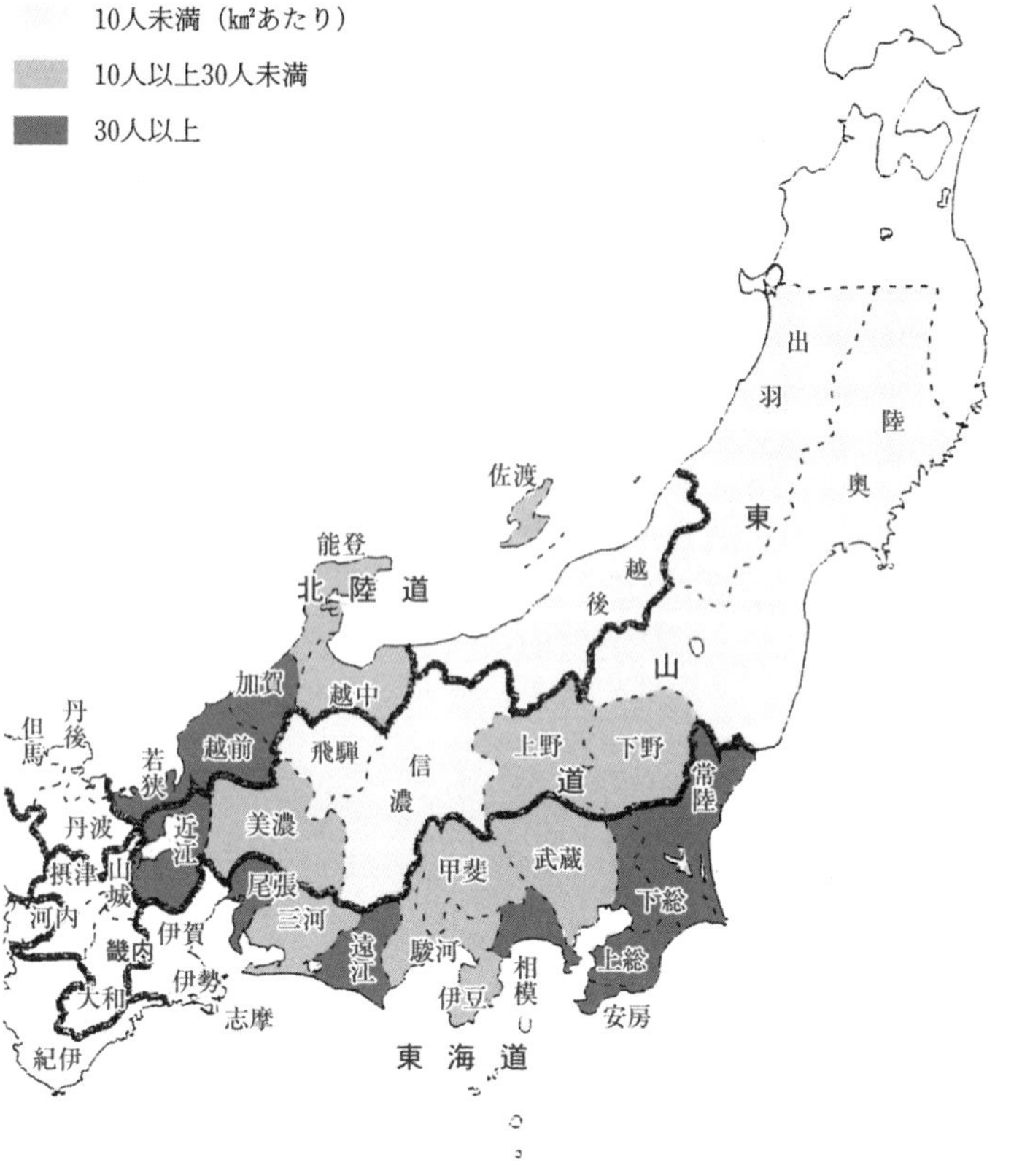

図73　古代の東日本各国の人口密度

である。人口密度は上野・下野は二〇人未満であるが、平均四〇人である。これらの数値はあくまでも平安時代のものであるが、これから七・八世紀の状況はある程度推測できよう。

越後の水田面積は『和名抄』と『色葉字類抄』の田数からみて、平安時代に飛躍的に増大した（山田英一九八六）。九世紀以降、遺跡数がかなり増加することはそれを裏づけるものであり、開発がかなり進展したことが推定される。しかし、それでもなお、主要な沖積地である広大な越後平野は低湿・低平な地形でもあり人口密度はいちじるしく希薄であった（坂井一九九三c）。日本有数の米どころで明治半ばまで全国一の人口を擁していた新潟県ではあるが、古代ではまったくことなった状況にあったのだ。そのこともあって、それに先立つ七世紀半ばから八世紀にかけての段階では、越後は当初北部に城柵が設置されたのであり、みずからさらに地域開発を進め、人口増加をはかる必要があったと考えられる。出羽など他国に移民や物資を供給する余力は相対的に乏しかったといえよう。ただし、越後のなかにあっては、西南部の頸城郡だけは、郷の分布密度からみて人口密度はかなり高かったと推測される。頸城郡の頸域平野には、七世紀代の大規模な集落や群集墳が確認でき、越後においては特異である。和銅七（七一四）年・霊亀二（七一六）年に、越後から柵戸が出羽に配属されているが、こうした状況からすると、その供給地はおもに頸城郡と類推される。(補註3)

こうした越後とは対照的に陸奥に隣接する坂東は、北陸道全域の二倍の人口を擁していた。これに福島県域の陸奥南部が加わり、陸奥を支える力は日本海側を圧倒していたといえる。関東や福島県における古墳時代の遺跡数（表8）はけっして少なくはなく、福島県域の六世紀後半から七世紀にかけての集落や古墳のあり方は質量ともにかなり充実している（日本考古学協会福島大会 二〇〇五）。そのため出羽に対しては坂東・陸奥南部が大きな役割を果たしたと考えられる。(補註4)陸奥では七世紀半ばの城柵の設置とともに、陸奥南部の福島県浜通り地方に大規模な製鉄遺跡が成立し、蝦夷政策を推進するための鉄や窯業など手工業生産もすみやかにはじまった。越後における製鉄遺跡の成立は現状では七世紀後半・八世紀初頭まではさかのぼらない（渡邊 一九九八）。

九世紀初頭になると、越後は出羽の雄勝城と陸奥の志波城に米と塩を送っており、九世紀には越後の開発が一定程度推進したと考えられる。この時期以降に出羽の庄内地方で北陸地方と共通して掘立柱建物を主とした集落が数多く成立するようになる。文献史料にはみられない越後を含めた北陸地方からの移民があったものと思われる。

律令国家の成立期において、日本海域の出羽にあっては、伝統的な日本海域の結びつきを超えて関東から多くの人びとや物資が供給された。それは同じ日本海域にある北陸地方、とりわけ越後に供給地としての生産力・経済力が十分でなかったことによる。そこに、出羽が北陸道から東山道に編入された一つの理由があったのであろう。そのような政治的事情とはべつに、関東で生まれ育った人びとにとって、寒冷で長く雪に埋れる出羽の地での生活はどのようなものであったろうか。

補註

（補註1）　東北地方においては、前期古墳は仙台平野まで大型のものがみられるのに対して、中期古墳は確認されなくなるという大きな変化がみられる。この古墳造営にみられる断絶はかならずしも「古墳寒冷期」の始まりの年代と一致しない。この点については、約五〇〇年ほどの長期にわたる古墳寒冷期の期間内においても、比較的大きな気温の変動がみられることに留意する必要がある。図1の古気温曲線に着目すると四世紀にいったん温暖化に向かった後にほぼ西暦四〇〇年を境に寒冷化している変化がよみとられる。これが中期古墳の断絶に関係するものと考えられる。

（補註2）　沢田吾一『奈良朝時代民政経済の数的研究』（一九二七）における人口推計の数値（第Ⅰ編第4章補註6参照）のうち、表11は『延喜式』により算出されたものである。

（補註3）　特徴のある遺物や遺構により、七世紀後半から八世紀にかけての段階に、頸城平野から阿賀北地方へ城柵の設置に伴う移民が配されたとする意見がある（北野　一九九七、春日　二〇〇六b）（第Ⅱ編第3章補註3参照）。さらにこれらの遺物・遺構は八世紀後半以降、東北地方の日本海側にみとめられることから、その分布の基点としての阿賀北地方の重要性を指摘する（春日　二〇〇五b）。頸城平野の生産性の高さについては、第Ⅰ編第4章註4参照。

（補註4）　日本海側の出羽と太平洋側の陸奥との間には山脈が横たわっており、もともと交通の便はよくなかったため、天平九（七三七）年になって陸奥と出羽を結ぶ交通路が開かれた。この交通路にそった位置にある宮城県北部、加美町東山官衙遺跡周辺で、注目すべき発掘調査の成果があげられている（斎藤篤　二〇〇五、加美町教育委員会・宮城県教育委員会二〇〇七）。加美郡家と推定されている東山官衙遺跡は平野に面した台地上に立地するが、そのすぐ下の沖積地（壇の越遺跡）をとり込んで東山官衙遺跡と一体となる外郭南面の築地塀とそれに設置された門が確認され、さらにその周辺の広い範囲にわたって方格地割が施行されていたことが判明した。その施行は八世紀中葉ころである。方格地割内には材木塀で区画された施設が複数発見されており、ここにかなりの人びとの居住を見込んで、計画的に都市的な場を造営したものと考えられる。この地は陸奥側から出羽国境を越える際の平野最奥部にあたり、陸奥側における拠点を築くのに適した位置にある。こうした立地も合わせ考えると、東山官衙遺跡と壇の越遺跡は、出羽地域の経営のために陸奥側から大量の物資や移民を送り込む拠点として整備されたことが推測される。

なお、八世紀後半になると東山官衙遺跡を広くとり囲む外郭施設が設置される。すなわち、方格地割の一部を破壊し築地を造営し、さらに東山官衙遺跡が立地する丘陵上の背面（早風遺跡）においても、土塁と空堀をめぐらしている（宮城県教育委員会 二〇〇七）。なおかつ、東山官衙遺跡の東方には数キロメートルごとに城柵遺跡がほぼ同時に造営されたとみられる。八世紀後半における外郭施設や城柵遺跡の造営は三十八年戦争など蝦夷との激しい抗争にそなえたものと推定される。

第5章　古代北日本の土器と生産

はじめに

平成四（一九九二）年二月に開催された第一八回古代城柵官衙遺跡検討会（青森大会）においては、シンポジウム「北日本における律令期の土器様相」が開催された。東北地方の南部は律令期に城柵が設置されたが、その北部と北海道は城柵が設置されず、律令体制がおよばなかった地域と位置づけられている。これまで城柵が存在する地域の土器については、その時期決定の必要性もあって、論じられることはあっても、その北側の地域の土器については、他地域からはあまり注目されることはなかった。自戒をこめていえば、日本の古代国家にとって無縁とはいわないまでも、ほとんど関係しない地域との無意識のうちの認識が、その地域の土器に対しても強い関心をよばない結果となっているものと思われる。

しかし、今回のシンポジウムでは、東北北部・北海道も対象に含めたことにより、そしてまた律令期だけではなくその前後、古代末期までの長期にわたる土器様相を概観したことにより、北日本の古代土器の実態を鮮明に浮かび上がらせた。そして、その様相は土器だけにとどまらず、手工業生産全般や社会体制にもおよぶ問題をも示唆したようにおもう。ここでは、シンポジウムに参加し各地の報告に接して教えられたことと、そこで触発されて考えたことを書きとめるものである。なお、このシンポジウムの記録は、その後すみやかに刊行されている（古代城柵官衙検討会青森県大会事務局　一九九二、以下『青森シンポ資料』と略す）。

１　土器様相からみた地域区分と変遷画期

シンポジウムの報告は加藤道雄「宮城県の土器と様相」、八木光則「古代斯波郡と爾薩体の土器様相」、小松正夫「秋田城とその周辺地域の土器様相」、三浦圭介「青森県における古代の土器様相」、横山英介「北海道の古代集落出土の土器様相」である。東北地方は宮城・岩手・秋田・青森の四県に分け、これに北海道を加えて、各地の土器様相の概略が報告された。

それぞれが対象とした時期は、おおよそ七世紀から十一世紀である。時期の比定については、各地方とも絶対年代を決定しうる資料はほとんどなく、詳細な検討を要する部分もあろうが、地域間相互の比較がなされており、大きなちがいはないものと考えられる。

それぞれの報告内容については省略するが、それにもとづいて各地の様相を時期ごとに概観すると、全体の動向がよく把握できる（表12）。それにより北日本の地域区分と画期の設定が可能である。

地域区分（図74）　城柵の設置された地域と設置されなかった地域の区分が、やはり重要である。この区分は律令体制が及んだ地域と及ばない地域を意味する。

北海道を別にすれば、城柵が設置されたのは、宮城県・岩手県・秋田県であり、青森県は設置されていない。また、岩手・秋田両県の北部には城柵は設置されておらず、それぞれの地域は南北に二分される。したがって、東北地方は、城柵が設置された南部と城柵が設置されなかった北部とに分けられる。南北を分ける地理的な境界は、太平洋側の青

表12　北日本の土器様相と関係事項

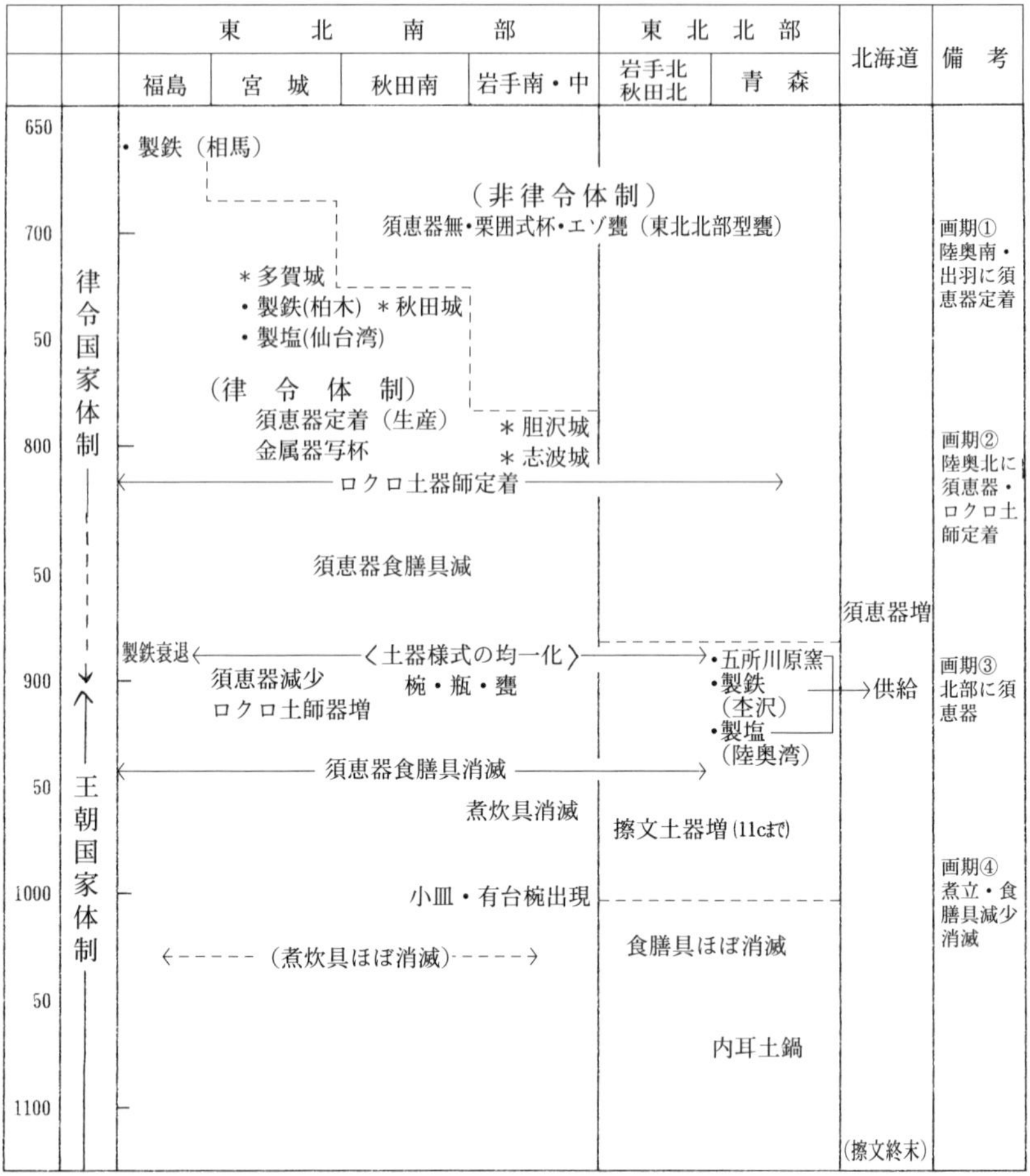

森県から岩手県北部にかけての馬淵川上流域と、日本海側の秋田県北部の米代川流域とを結ぶあたり、ほぼ北緯四十度の線である。東北地方の地域性が南北に二分されることについては、平成三（一九九一）年に開催された日本考古学協会仙台大会のシンポジウムにおいてもテーマとして議論された(1)（日本考古学協会 一九九四）。それによれば、この南北に二分される地域性は縄文時代以来の歴史にもとづくことが指摘された。このことから、城柵の分布は地域の長い

歴史性に規定されていることがうかがえる。この東北地方の南北二地域に北海道を加えると三つの地域に分けられる。

変遷と画期　七世紀から十一世紀にはおおよそつぎの画期がある。①七世紀末葉〜八世紀前半：宮城県中部・秋田県中部に須恵器が定着。②八世紀末葉〜九世紀初頭：岩手県中部まで須恵器が定着。③九世紀後半〜末葉：東北地方北部まで須恵器が定着。④十世紀後半〜十一世紀：土器の食膳具と煮炊具の衰退。

以下、これらの画期の内容について、城柵・手工業生産・社会体制との関係や、土器の変質などに焦点を絞り、節をあらためて述べる。

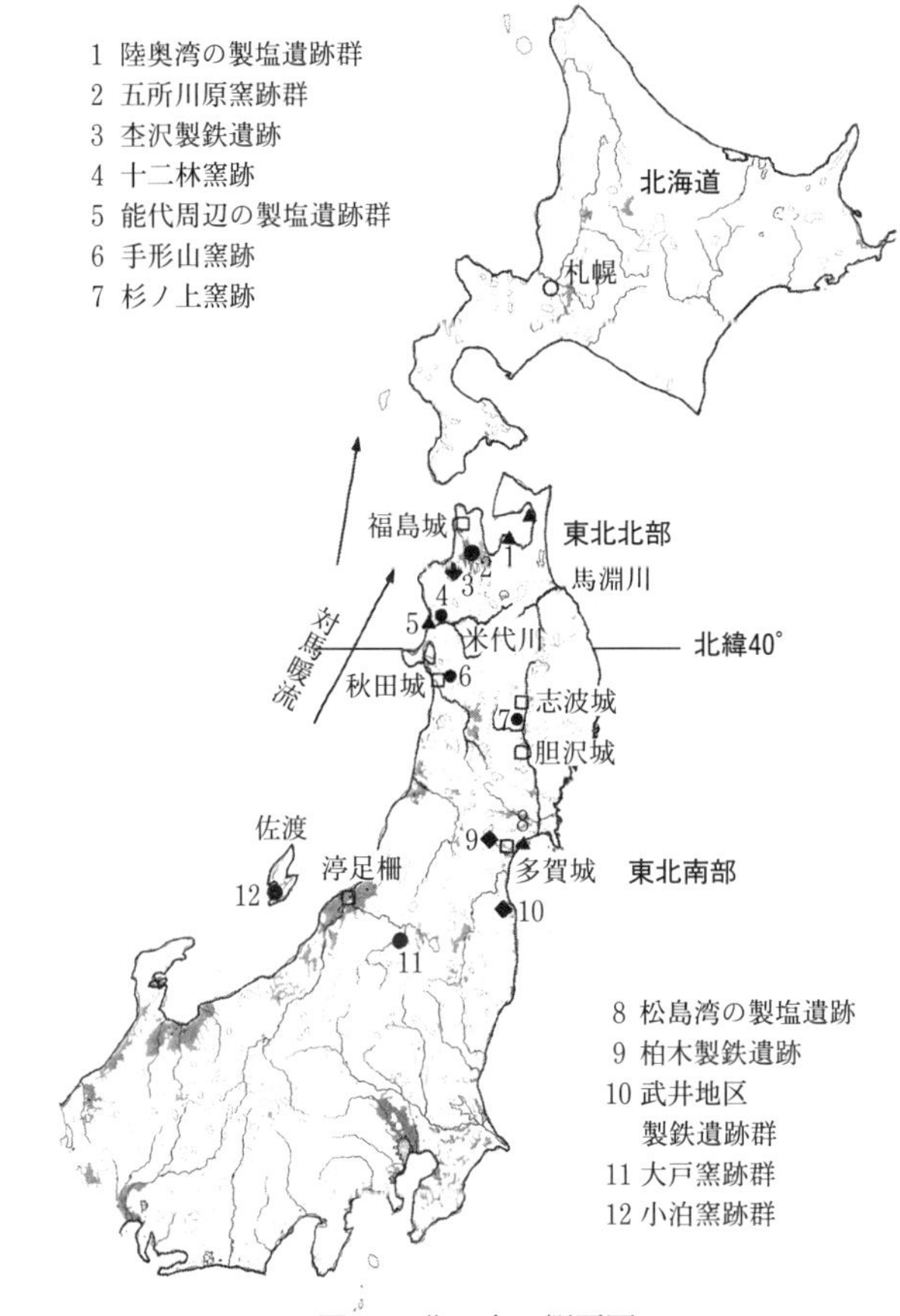

図74　北日本の概要図

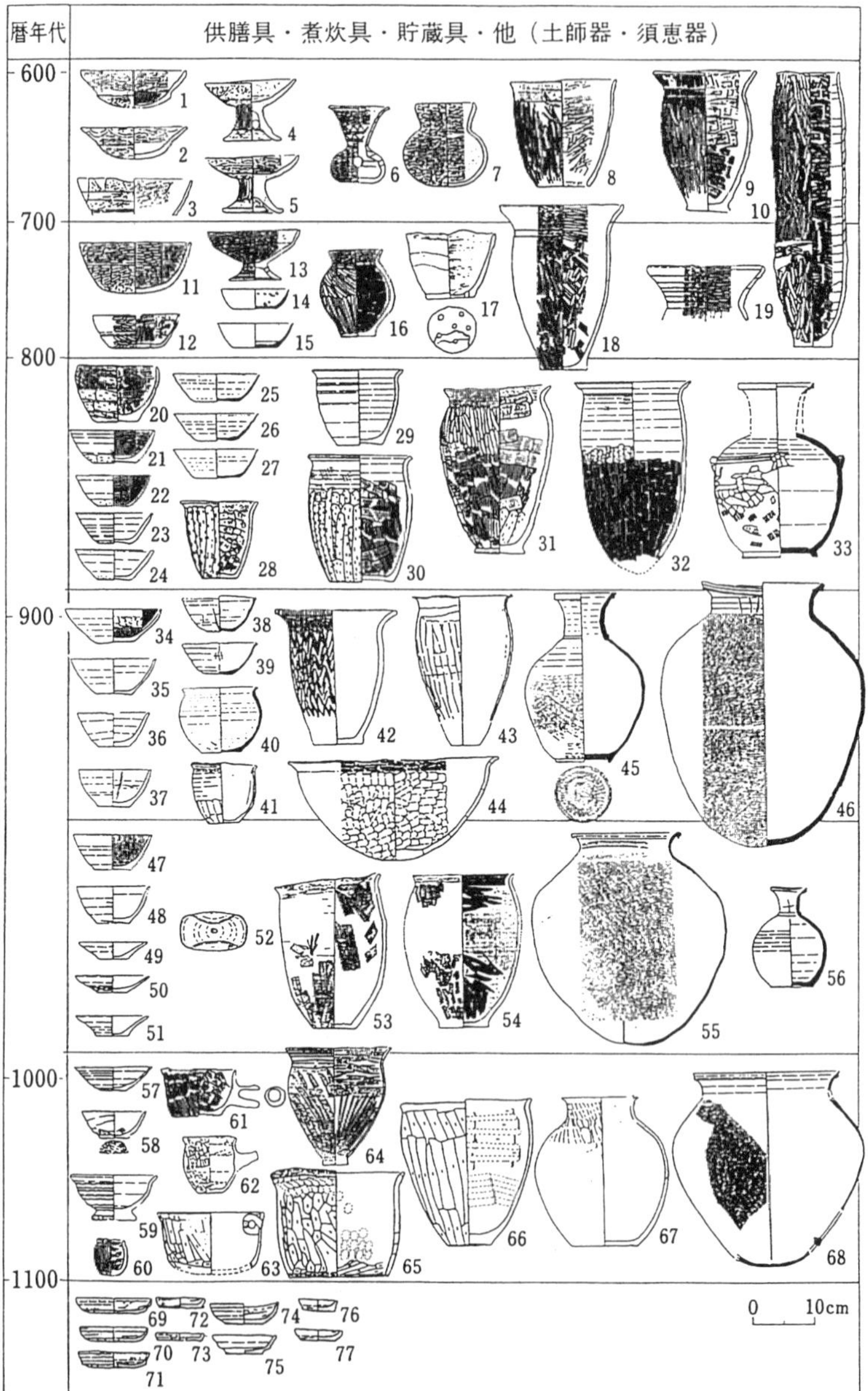

図 75　青森県の古代土器（三浦 1994 より作成）

2　八・九世紀の須恵器と官衙・城柵

東北地方南部に須恵器が定着する地域的な大きな画期には、①七世紀末葉から八世前半と、②八世紀末葉から九世紀前半の二つの時期がある。

（1）七世紀末葉から八世紀前半

東北地方では、陸奥南部（福島県）をのぞくと、古墳時代、おおよそ七世紀までは須恵器は生産されていない。（補註1）そのため、七世紀までの土器は基本的にすべて土師器から構成され、須恵器は搬入品が多少含まれる程度である。

こうした様相を変えたのが須恵器生産の開始であり、これに伴ない須恵器が一定量存在することとなる。須恵器生産が始まるのは、陸奥の仙台平野周辺で七世紀末から八世紀初頭（小井川・村田　一九九四）、出羽の秋田県秋田平野・横手盆地周辺で八世紀前半から中葉である（船木ほか　一九八五、小松　一九八九、利部　一九九一）。須恵器の器種は食膳具の杯、貯蔵具の壺甕類が主体である。官衙ではとくに豊富な器種がみられる。在地におけるそれまでの土師器の杯はいわゆる栗囲式系の杯で、丸みをもつ底部で体部に段をもち、内面黒色処理したもので、須恵器の金属器写しの杯とは、基本的にことなる器種である。須恵器の杯こそが律令期を特徴づける器種といえよう。

須恵器が定着した時期は、その地域において官衙や城柵が成立とほぼ一致する。仙台平野周辺では、七世紀中葉から八世紀初頭の仙台市郡山遺跡、七世紀末葉成立の古川市（現大崎市）名生館遺跡、神亀元年（七二四）成立かとされる多賀城市多賀城跡、秋田平野周辺では天平五（七三三）年造営の秋田市秋田城（当初は出羽柵）などが存在する。こうした官衙・城柵の設置・整備にともなって、須恵器生産が本格的に開始され、土器様式のなかに須恵器の器種が定着し

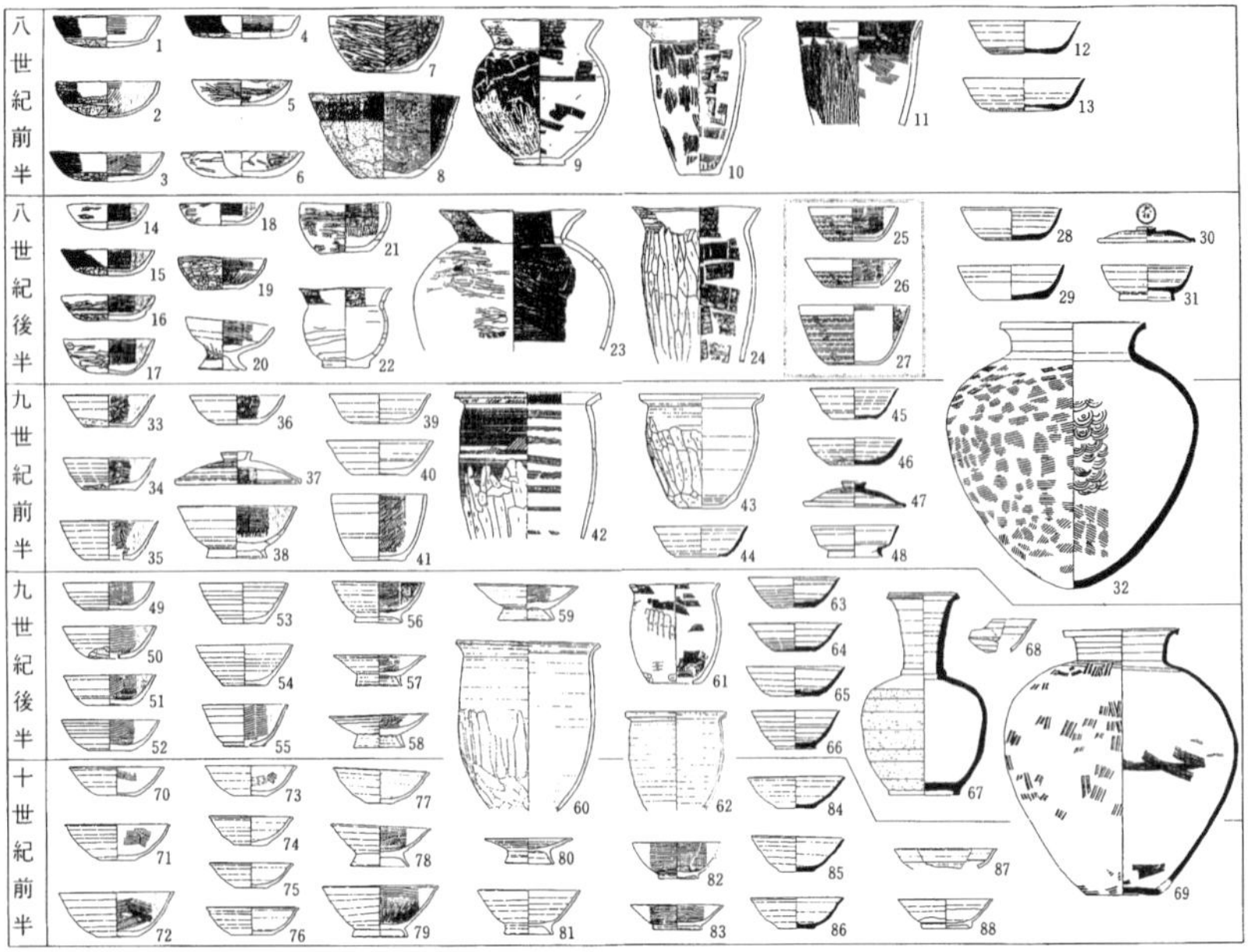

図76　宮城県の古代土器（小井川・村田 1994より作成）

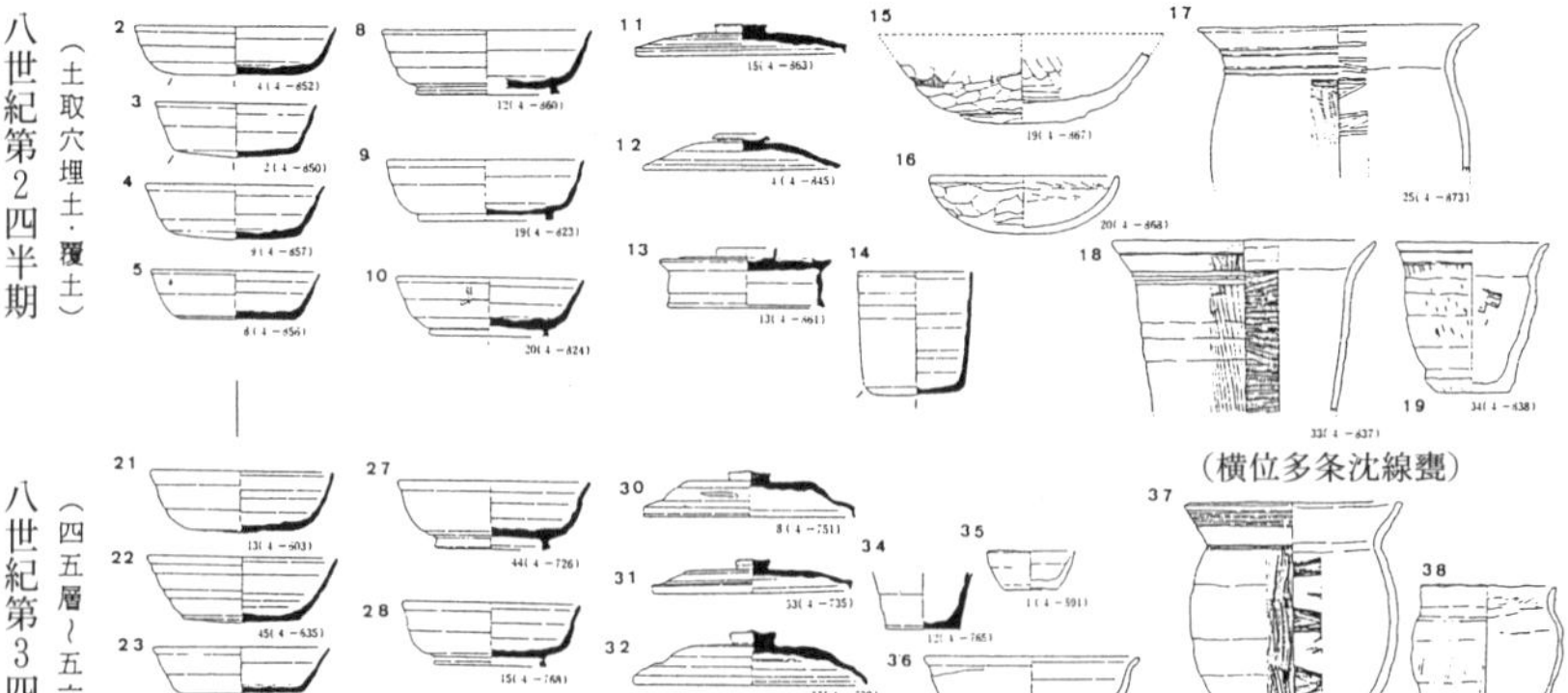

図77　秋田城の8世紀の土器（『青森シンポ資料』より作成。
上段8世紀第2四半期、下段8世紀第3四半期）

た（図76・77）。秋田城では八世紀第2・3四半期には食膳具の多くが須恵器となる。陸奥では従来の土師器杯も八世紀の間残る。

律令体制への移行とともに、須恵器生産が始まるのは日本海側の越後も同様である（坂井 一九八九c）。越後では七世紀末葉に須恵器生産が開始され、八世紀にはいるといっせいに須恵器が定着する。七世紀中葉に城柵が設置された沼垂郡においても、八世紀前半には食膳具と貯蔵具は基本的に須恵器となる。律令体制の確立とともに須恵器が普及することからみれば、須恵器を必要としたのは、官衙・城柵の設置主体である律令国家側と考えられ、その生産も国家が主導したとみられる。このことと関連して、国家が仏教思想によるイデオロギーを食器に具現し（服部 一九八七）、さらには基幹産業の育成のために須恵器生産の食器を義務付けたとして積極的に評価する見方（宇野 一九九〇・一九九一）もある。

宮城県では関東系土師器がいくつかの遺跡で多く検出されている。彼地から人びとが移住してきたことが推測される。この地域の郷名などには関東地方の郡郷名と一致するものがかなり見られ、それを裏付ける。東北地方に律令体制を確立するにあたって、国家が多くの人びとを動かすという政策をとったことを示す。これらの人びとは地域の開発に必要なさまざまの技術者であり、労働力でもあったと考えられる。

たとえば、須恵器の工人があげられる。須恵器生産を開始するにあたって、須恵器の工人は、いくつかの地域から招請されたと考えられる。秋田城の須恵器には群馬系（図77-12・13）と北陸系（8など）のものがみられる。群馬・北陸の地域は城柵に移配された柵戸の出身地でもあり（小松 一九八九）、そのなかに須恵器工人が含まれていたことが推定される。のちに設置された志波城出土の須恵器にも多様な器形と技法が混在しており、須恵器生産の開始期において複数の系譜の須恵器工人が招請された状況が確認できる。

須恵器が生産されていない地域の土器は不明な点が多いが、栗囲式に類似する土師器杯や口縁部に横位の多条の平

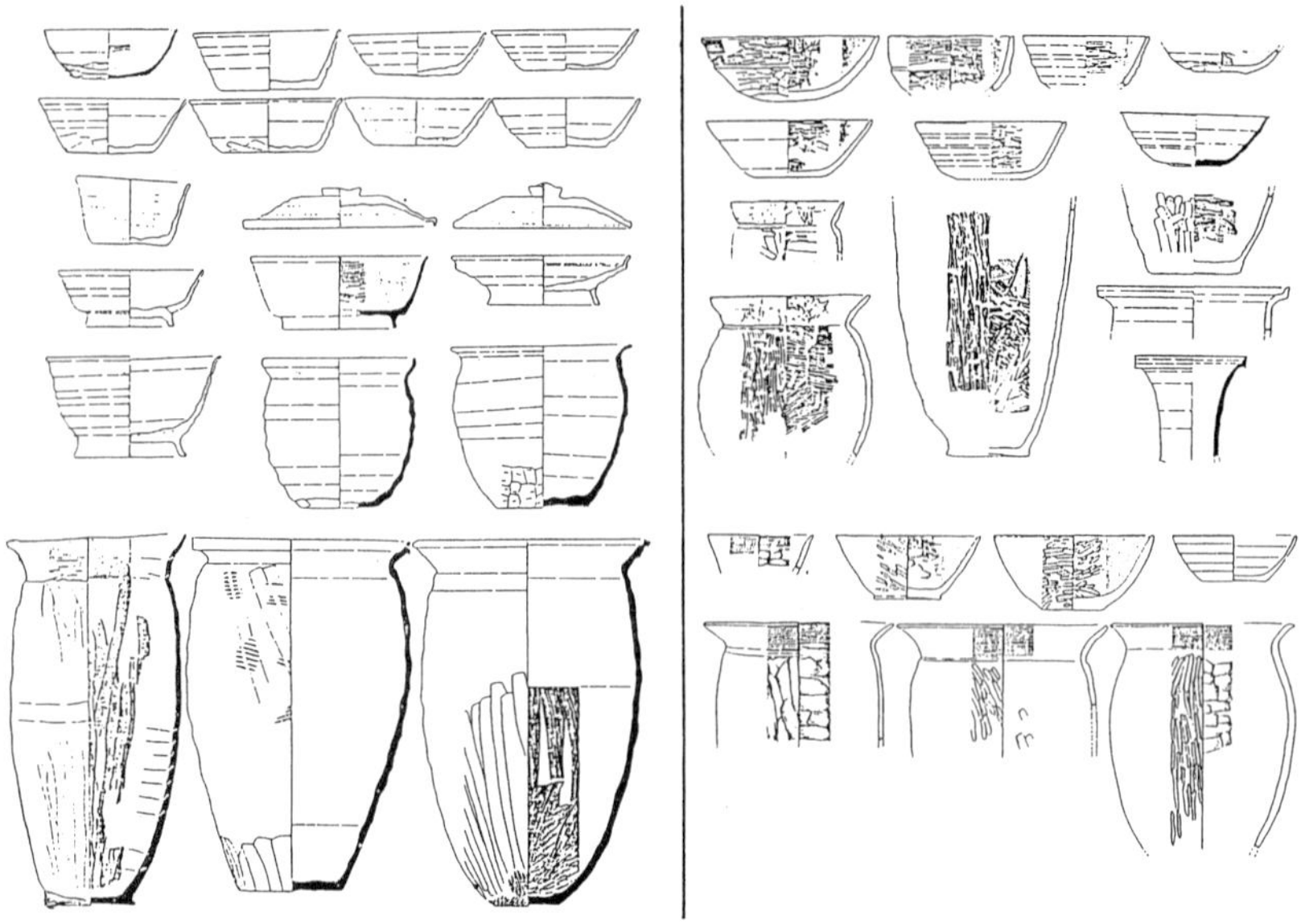

図78　岩手県の8世紀末葉〜9世紀初頭の土器（左：志波城、右：爾薩体。『青森シンポ資料』より作成）

行沈線をめぐらす土師器甕がみられる。この甕は秋田城では八世紀第2・3四半期に見られる（図77）。これは東北北部から北海道にかけて分布する土器で、「古代前期東北北部型甕」「蝦夷甕」ともいわれる。三浦圭介は、この土器は七世紀前葉ころに東北北部において発生し、九世紀初頭ころ、この土器を基盤にして北海道において擦文土器が成立し、以後擦文土器は北海道で独自に展開したとする（三浦一九九四）。なお、擦文土器は十世紀後半から十一世紀には津軽平野を中心にしてかなり普遍的に分布する。搬入品ではなく、在地で生産されたという。

（2）八世紀末葉から九世紀初頭

城柵の設置とほぼ同時に須恵器が定着する動きは、八世紀の間、城柵の設置がしだいに北上するなかでみられるが、八世紀末葉から九世紀初頭の画期において、地域的に北に広く拡大する。延暦二十一（八〇二）年に岩手県南部の水沢市（現奥州市）に胆沢城が、翌年には県中部の盛岡市に志波城が築かれる。これにより城柵の分布はいっきに北上し、律令支配の及ぶ範囲は急速に拡大する。城柵の設置とともに、その周辺に須恵器窯が成立した。岩手県中部では紫波町杉ノ上窯が確認されており、これ以外にもほぼ同時期の須恵器窯の存在が確認されている。

城柵が設置された地域とその北側の地域の土器がどれだけことなるかは、志波城が所在する斯波郡とその北側の爾《に》薩体《さたい》といわれる地域（岩手県北部馬淵川流域）の土器様相を鮮やかに対比した八木光則の報告によってよく理解される（図78）。志波城の土器は須恵器がめだつ。食膳具では土師器より須恵器が多い。杯には無台杯のほかに蓋をともなう有台杯、折縁の有台盤などがある。須恵器が卓越する様相は、官衙ばかりではなく周辺の集落においても共通するという。

律令体制の確立にともなって、須恵器以外の鉄・塩などの手工業生産も、本格的にはじまる。東北地方南部の鉄生産は、福島県の太平洋岸の武井地区遺跡群、金沢地区遺跡群にみられるとおり、七世紀後半から大規模な生産地が形成される。砂鉄を原料に製錬するもので、東北経営が開始される時期に、蝦夷の地域との接点においてはじまることが注目される。武井地区遺跡群では須恵器生産も行なわれており、ともに山野を用益する手工業生産の一体的な展開がうかがえる。宮城県多賀城市にある柏木遺跡は、多賀城造営にかかわる製錬遺跡とされる。相馬地方の製錬遺跡は八・九世紀に活発に操業し、九世紀末ころに衰退する。一方、塩の生産は松島湾で八世紀にはじまり、九世紀にさかんになる。これらの生産をささえたものは律令国家であったと考えられる。十世紀以降にこの地域の鉄生産が衰退すること、これと交替するように東北地方北部で生産がはじまることは、それを象徴している。

3　土師器におけるロクロ技法の普及

胆沢城・志波城の造営と前後する九世紀の時期におけるもう一つの画期は、ロクロ土師器がひろく普及することである（図75・76）。ロクロ土師器は地方によって「赤焼土器」「あかやき土器」「赤褐色土器」「須恵系土器」などと呼称

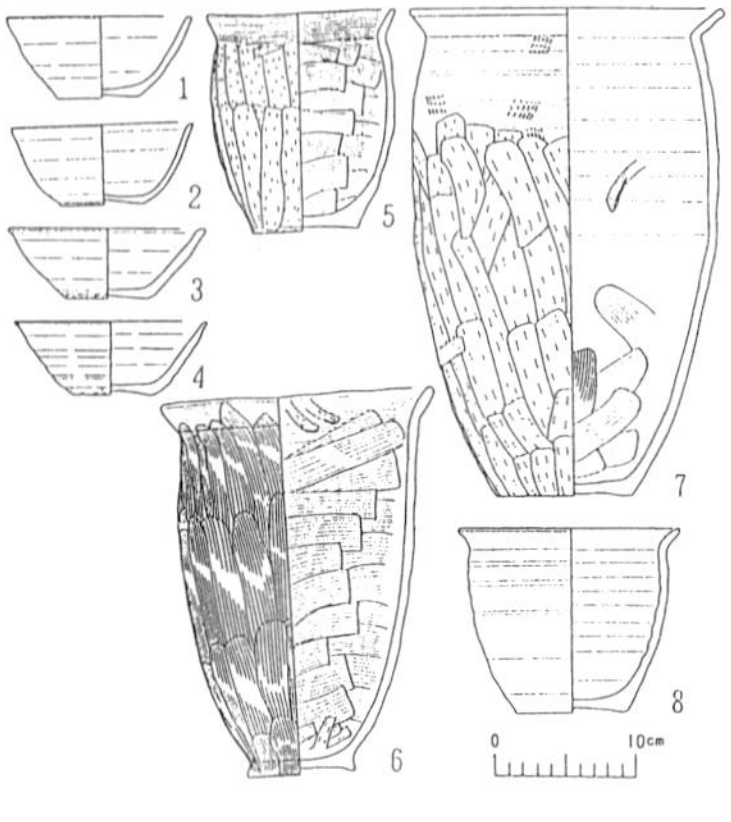

中野平遺跡8住居跡

図79　青森県の9世紀前半の土器（『青森シンポ資料』より作成）

している土器である。食膳具の杯・椀、煮炊具の甕といった器種がある。杯・椀は底部糸切りが多く、内面黒色処理したものもかなりみられる。甕は大型の長甕と小型の甕があり、長甕はタタキ技法を用いるものが一般的である。その底部は陸奥が平底であるのにたいし、出羽は丸底である（坂井　一九九〇d）。これは須恵器の製作技法に規定された差異であるが、底部の形態の差をのぞけば、ほぼ共通した器形をとる。

ロクロの使用は従前の土師器の技法にはなく、須恵器に特有の技法であり、甕底部の形態差も須恵器との関係を示す。このことは一方ではロクロ土師器が須恵器と関連して生産されていたことを示唆する。北陸や越後などでみられるように、須恵器とロクロ土師器が同一の工人によって生産されていたこと（坂井　一九八九c）も考えられる。

ここで重要なことは、ロクロ土師器の分布範囲が、須恵器を生産する地域ではなく、東北北部の青森県（図79）、岩手県北部の爾薩体まで波及することである。ロクロ土師器は搬入されたものもあろうが在地で生産されたものも存在すると考えられることから、須恵器の非生産地域でも、土師器の製作にはロクロが使用されていたことになる。（補註2）

須恵器を生産していない地域にもその製作技法が波及したのは、須恵器の製作技法を保持した工人との交流によると考えられる。須恵器を生産していた東北南部などの須恵器工人が招請された、あるいは東北北部の在地の工人が彼地で技術を修得したなどの事情が想定される。いずれにしろ、須恵器を生産していない東北北部の土師器工人は、須恵器に使用するものと同様のロクロを駆使し、土器をつくりはじめたのである。その土師器は窖窯で還元炎焼成すれば、「須恵器」となりうる土器である。成形・調整技術からみれば須恵器の工人もロクロ土師器の工人も同じレベルである。ことなるのは焼成方法である。

このように考えるならば、須恵器生産が行なわれなかった東北北部においても、須恵器生産を実現する以前にその技術的素地を有していたともみられる。それでもなお須恵器が生産されなかったところに、この時期の須恵器の特徴があるようにおもわれる。この時期の土器様相はロクロ土師器の普及により、東北北部まで共通するようになる。三浦は東北地方北部における律令的土器様式という。しかし、この時期には須恵器は基本的な器種とはなっておらず、ロクロ土師器の食膳具は律令期を代表する金属器写しの杯ではない。須恵器の青灰色の色合いと硬い質感に着目すれば、東北南部の土器様式との視覚的・感覚的なちがいは、さらに大きなものがある。この時期の東北北部の土器様式は、八世紀の段階よりもかなり南部との共通性をみせ、画期となりうるものであることは事実であるが、須恵器の有無は見落とすことのできない差異である。

それでは東北北部で須恵器が生産されなかったのはなぜか。須恵器は在地の人びとにとって必要不可欠のものではない。貯蔵具はともかく、食膳具については須恵器が機能的にまさっているということはないであろう。そう考えれば、在地の意志・選択によって須恵器を生産しなかったことも考えられる。しかし、その一方で須恵器以外の物資をも考慮に入れるならば、律令国家側の意志も介在しているとも考えられる。東北北部では須恵器のほか鉄や塩などの手工業生産品も在地で生産していないことから、これらの物資はすべて東北南部などの地域に依存しなければならなかった。律令国家も蝦夷の地域からさまざまな物資を入手していたと考えられる。(2) これは朝貢・饗給というかたちをとり、国家は蝦夷の政治的服従を確認し、蝦夷が貢進する物資を独占した（熊田 一九九二）。蝦夷の朝貢は九世紀にはいると、上京朝貢から地方官衙朝貢へと変化し、蝦夷との接触はひんぱんになったとされる。これは九世紀以降の考古学資料から推測される物資の交流状況を裏付けるが、こうした関係からすれば、国家はこれらの生産まで独占する必要があったと推定される。それがまた蝦夷の有力者にとっては、国家から与えられている位階や下賜品の独占を可能にさせ、地域社会において権威を保つのに有効となりうる。両者にとってそれぞれ好都合な面があった。

このように律令期においては、青灰色の硬い焼き物である須恵器は、城柵に設置された地域、すなわち律令体制が及んだ地域のみで生産された。律令体制と須恵器との不可分の関係がおのずと浮かび上がってくる。

4　東北北部における須恵器生産の開始

(1)　須恵器生産の開始

律令期の須恵器生産は、城柵が設置された東北南部のみでおこなわれていた。それが九世紀後半から末葉にかけての時期には、北部においてもはじまる。現在、確認されているのは秋田県北部の能代市十二林窯跡、青森県津軽地方の五所川原市五所川原窯跡群である。この二つの窯はほぼ同じ系譜のものであるが、十二林窯が短期間の操業であるのに対し、五所川原窯は十一世紀初頭まで継続する長期でしかも大規模な生産をおこなっている(補註3)。

生産している器種は、食膳具の椀・皿、貯蔵具の長頸瓶・甕に、小型の鉢などがある。十世紀前半までは椀・鉢が存在するが、後半には長頸瓶と甕にほぼ限定される。

五所川原窯の製品は東北北部だけでなく、北海道全域に分布している(図80)。その生産規模からみると、こうした広域流通を前提に成立していると考えられる(補註4)。

九世紀後半から末葉は、律令体制下の地域の須恵器生産においても大きな画期である。第一に、一般的にそれまで活発であった多くの須恵器生産が衰退すること。第二に、その一方で、大規模な生産地が形成され、その製品が広域に流通することである。これらは互いに密接に関連していることであり、表裏一体の動向でもあろう。

第一点に関しては、多くの須恵器窯の衰退と交代するように、律令体制外の東北北部で須恵器生産が始まることは重要であり、ここに須恵器の特質の一端があらわれているといえる。九世紀後半から末葉は、社会体制が律令体制から王朝国家体制に移行する時期である。律令体制のもとでは、それが及ぶ範囲にだけ須恵器生産がおこなわれ、それが変容すると、それまで律令体制が及ばなかった地域でも須恵器生産がおこなわれる。律令体制と須恵器の関係がここにおいても確認される。

つぎに第二点に関してである。大規模広域流通窯は、新潟県佐渡地方の小泊窯、石川県南加賀地方の南加賀窯、福島県会津地方の大戸窯などがあげられる。佐渡小泊窯の場合、九世紀後半には佐渡のほかに越後全域に広く流通し、越後の在地産の製品を圧倒している。九世紀前半から中葉までは、越後でもほぼ郡単位で須恵器が生産されていたことから、九世紀後半における生産と流通の単位は、越後と佐渡を包含する広い範囲に変化していることがうかがえる。

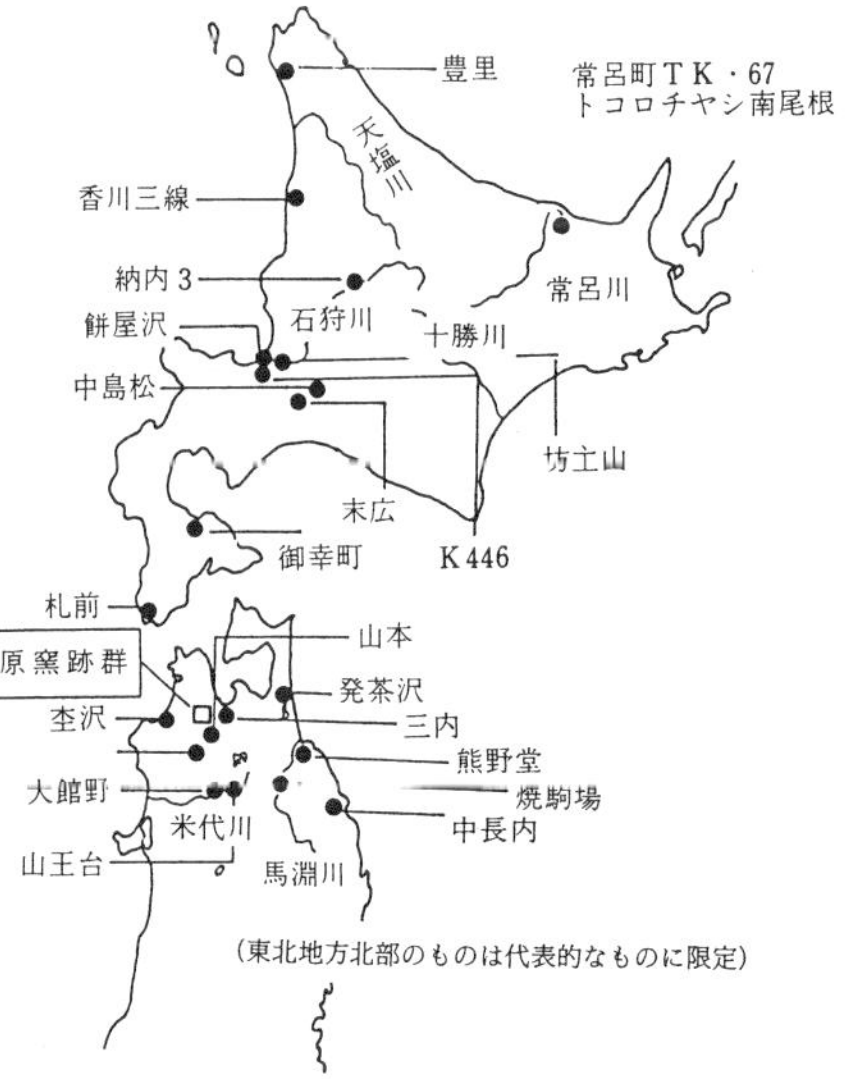

図80　五所川原窯須恵器出土地（三浦 1994より）

これらの大規模広域流通窯では、十世紀には、おおむね食膳具の椀皿類、双耳瓶・長頸瓶などの特徴的な瓶類、大型貯蔵具の甕など特定の器種が量産され、広域に流通する。このうち椀皿類は十世紀前半までしか生産されない。これらの窯が生産する器種とその時期は、基本的に五所川原窯でも共通している。やや異質な土器ではあるが、東海地方・畿内地方の施釉陶器、京都府篠窯の須恵器なども、同じ時期の特定器種の広域流通品であり、共通した側面がうかがえる。

（2）土器様式の均一化

東北北部まで共通した生産・流通のあり方が形成されたことと関連して、汎日本的ともいえる土器様式が成立することが注目される。東北南部以南の地域においては、九世紀後半は食膳具の主体が須恵器から土師器に変化する時期であり、十世紀前半に須恵器はさらに少量になる。この時期の土師器食膳具はロクロ使用の椀が一般的である。この「椀」は律令期の金属器写しの「杯」とは、基本的にことなった磁器写しのあらたな器種・器形である。[3] 椀と杯の区別は、無台の器種では地域によってはむずかしい場合もあるが、有台の器種では、杯は有蓋、椀は無蓋という相違点がある。食生活の場でそれがどれだけ認識されていたかはともかく、九世紀後半には椀を基本とした食膳具に変化しつつあったといえる。

椀の器種は、九世紀初頭以降、ロクロ土師器が東北地方全域へ波及するとともに定着し、九世紀後半以降主体をなすようになる。そして、九世紀後半から十世紀前半ころは、須恵器の椀・瓶・甕が加わって、東北地方全域に共通した土器様式が成立する（図81）。この時期には北海道道央地方にも一定量のロクロ土師器の椀があり、かなり近似した様相を呈することも注目される。津軽海峡をはさむ東北北部と北海道は、共通した歴史性をもっており（日本考古学協会編　一九九四）、これもその一例である。

この均一な土器様式は北日本に限ったものではない。北陸地方・関東地方でもみられる。この時期、関東地方とその周辺では「武蔵型」「相模型」「常総型」「甲斐型」「駿東型」などの地方独自の土師器型式は解消して、共通する様相に向かう。西日本もある程度共通している。王朝国家期に特有な土器型式といってよいであろう。なお、北日本では有台椀はほとんどみられず、北陸地方でも能登以東、とりわけ越後には少ない。

汎日本的な土器様式の成立については、この時期を律令国家体制の崩壊という側面からだけではなく、異質な理念・価値観が支配することを積極的に評価すべきとの意見がある[4]（宇野　一九九二）。律令体制の時期をへて、その政策

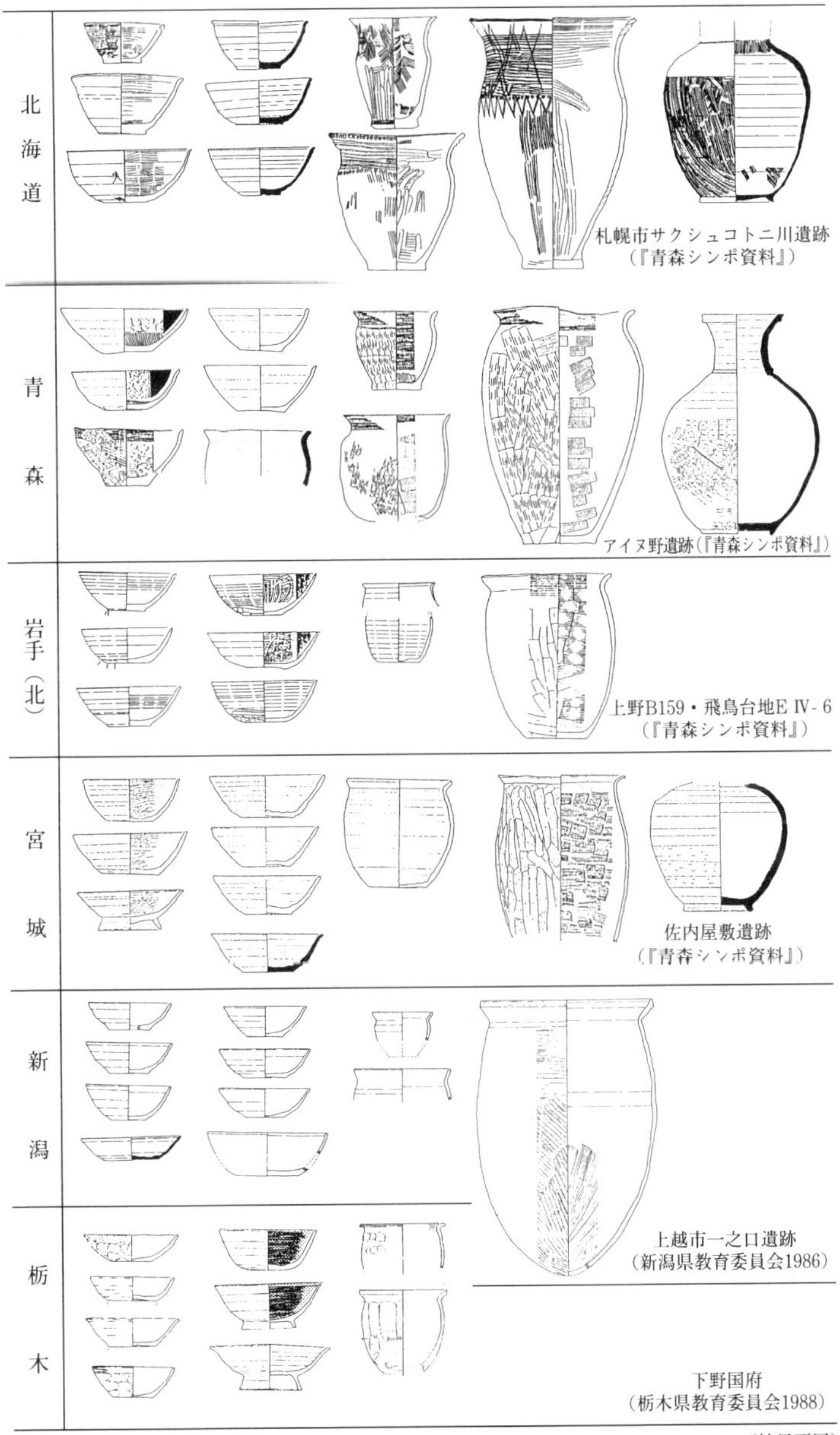

(縮尺不同)

図81 各地の9世紀後半から10世紀前半の土器

により成熟した基盤が地域社会に形成されていたことが、新たな政策の選択を可能にしたとみておきたい。

九世紀から十世紀前半には、東北北部でもあらたに大規模な集落が形成されるという（三浦　一九九四）。津軽半島や陸奥湾沿岸、太平洋岸の沖積平野には、とくに遺跡が濃密に分布し、稲作を基盤にして、生産力のいちじるしい向上があったものと考えられる。こうした社会基盤は八世紀以降の律令国家との関わりのもとで形成された可能性があるが、このような基盤があればこそ、共通の土器様式が成立するのである。後述のように、この時期の地方政治は各国衙に大きな権力がゆだねられており、国をこえて共通した土器様式があらわれていることは、一見相反した現象のようであるが、生活様式レベルでは各地で共通したものが形成されていたことを示している。

（3）手工業生産と津軽地方

この時期に東北北部ではじまる生産には、須恵器のほかに、鉄と塩がある。製鉄遺跡は須恵器と同じく青森県津軽地方の杢沢《もくさわ》遺跡、秋田県北部の堪忍沢《かんにんさわ》遺跡などで確認されている。これらの遺跡は十世紀のもので、砂鉄を原料に製錬したものと考えられている。(5)律令期の鉄生産は前述のとおり福島県や宮城県でおこなわれていたが、九世紀末葉ころに衰退し、かわって東北北部の津軽ではじまる。須恵器とまったく同じあり方である。塩の生産も東北北部ではじまる。製塩遺跡は秋田県北部の能代地方や青森県の陸奥湾を中心にして多くの遺跡がある（近藤編　一九九四）。

東北北部における須恵器・鉄・塩の生産は、いずれも津軽地方を中心におこなわれている。五所川原窯須恵器の流通に代表されるように、これらの生産が東北北部だけではなく、北海道を含めた供給を前提にしているからであろう。陸奥湾の製塩遺跡からは擦文土器が多く伴出しており、製塩遺跡が確認されていない北海道に塩が供給されたことが推定されている。鉄についても北海道では鍛冶関係遺物をのぞけば、製鉄遺跡は確認されていない。北海道への物資の供給元としては、サハリン・沿海州を含めた北方社会も考慮しなければならないにしても、多くは本州とみてよいであろう。

文献史料からみて渡島蝦夷との交易は日本海側の出羽が関係していた（関口　一九八七）。五所川原窯成立以前の北海道出土の須恵器の多くが出羽産と推定される（坂井　一九九四ｂ）。また『続日本紀』養老四年（七二〇）正月条にみえる「渡島津軽津司」が北方との交易に関わっていたと推定されること（渡部　一九九二）も、奈良時代における日本海沿岸地域と北方との関係を示す。したがって、平安時代において、出羽の北方に位置し、かつ日本海側に面している津軽地方に、北海道との交易の拠点ができるのは、歴史的な蓋然性がある。日本海北部には対馬暖流が流れ込み、太平洋沿岸より温暖な気候をもたらし、北上する海流は本州からの物資の輸送に有利である。日本海は冬季をのぞけば、比較的安定した航路が確保できたと考えられる。十世紀後半から十一世紀ころの所産であるとされる市浦村（現五所川原市）福島城跡は、〔補註5〕城柵とも類似した構造をもつ巨大な遺跡であり、その存在そのものがさまざまな問題を提起するが、こうした津軽の地域的な特性によって理解することができよう。(6)また、時代はことなるが、十三湊が十二世紀後半以降に中世北日本屈指の港湾都市として発達した（千田ほか　一九九三）ことも、津軽の歴史的・地理的な位置をよくものがたる。

さて、須恵器の生産を含めて、さまざまな手工業生産を主導した主体はどこであろうか。その候補としては、東北北部と北海道を市場にして大きな利益の獲得を目指したものがまず想定される。これを考える場合、やはり律令期以来、北方蝦夷社会の支配拠点であった出羽の存在は見逃せない。同時に十世紀には国司が大きな権限を与えられて地方支配が維持されること（佐藤宗　一九八九）を勘案すると、さしあたって出羽国衙など、公権力に関わった官人が想定される。(7)さらに、十世紀の秋田城は王朝国家の外交権とも深くかかわる北方支配の拠点であったこと（誉田　一九九二）から、その背後に中央の王臣家なども考慮にはいる。

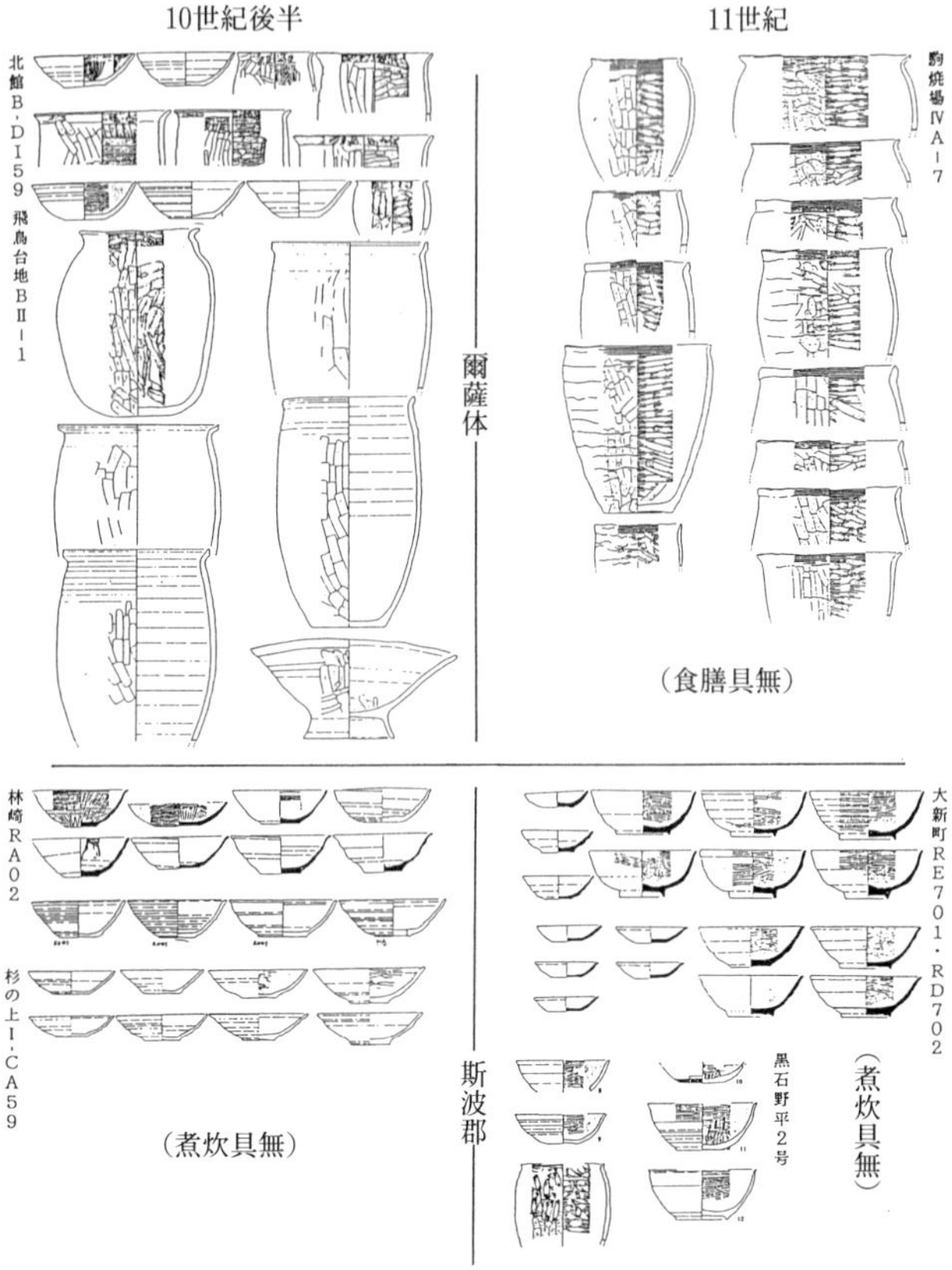

図82　岩手県北部（上段）と中部（下段）の土器（『青森シンポ資料』より作成）

5　鉄製煮炊具と木製食膳具の普及

（1）鉄製煮炊具の普及

岩手県中部の斯波郡では、十世紀後半に煮炊具がまったく確認できなくなる（図82）。煮炊具を使わない食生活はとうてい考えられないので、土器以外の煮炊具に変化したということであろう。具体的には鉄製品に転換したとしか考えられない。この前段階の十世紀前半にすでに土器の煮炊具が減少しているようであり、具体的には鉄製品への転換はそのころから進行していたものとおもわれる。北陸地方では十世紀にはいると煮炊具の長甕がかなり減少し、鉄製品の急速な普及が想定される。関東周辺の地域において、地方型式の甕が減少して、羽釜型土器が出現するのもこのころであり、鉄製羽釜の普及が類推される。古代末期における鉄製煮炊具への転換は、東日本全般に見られる動向で、十一世紀後半以降は各地で土器から煮炊具が完全に消滅する。

岩手県北部の爾薩体や青森県では煮炊具が完全に消滅しないが、青森県では十世紀から十一世紀にかけて、把手付き土器や甑が出現し器種に変化が見られ（図83）、十一世紀中葉には内耳土器が出現する。内耳土器は鉄製品の写しと考えられ、その普及を暗示する。鉄鍋の出土は十世紀後半から十一世紀のものが確認される。東北北部でも十二世紀にはいると土器の煮炊具は確認できなくなり、鉄製品に完全に転換する。北海道の擦文土器も中世に入るころには終末を迎える。擦文土器の終末の時期についてはなお議論があるが、それは東北北部の土器の煮炊具が消える時期と大きな差はなかったものと推定される。鉄製煮炊具への転換は、列島規模で生じた動きであり、今後は東アジアを視野に入れた考察も要請されるところである。

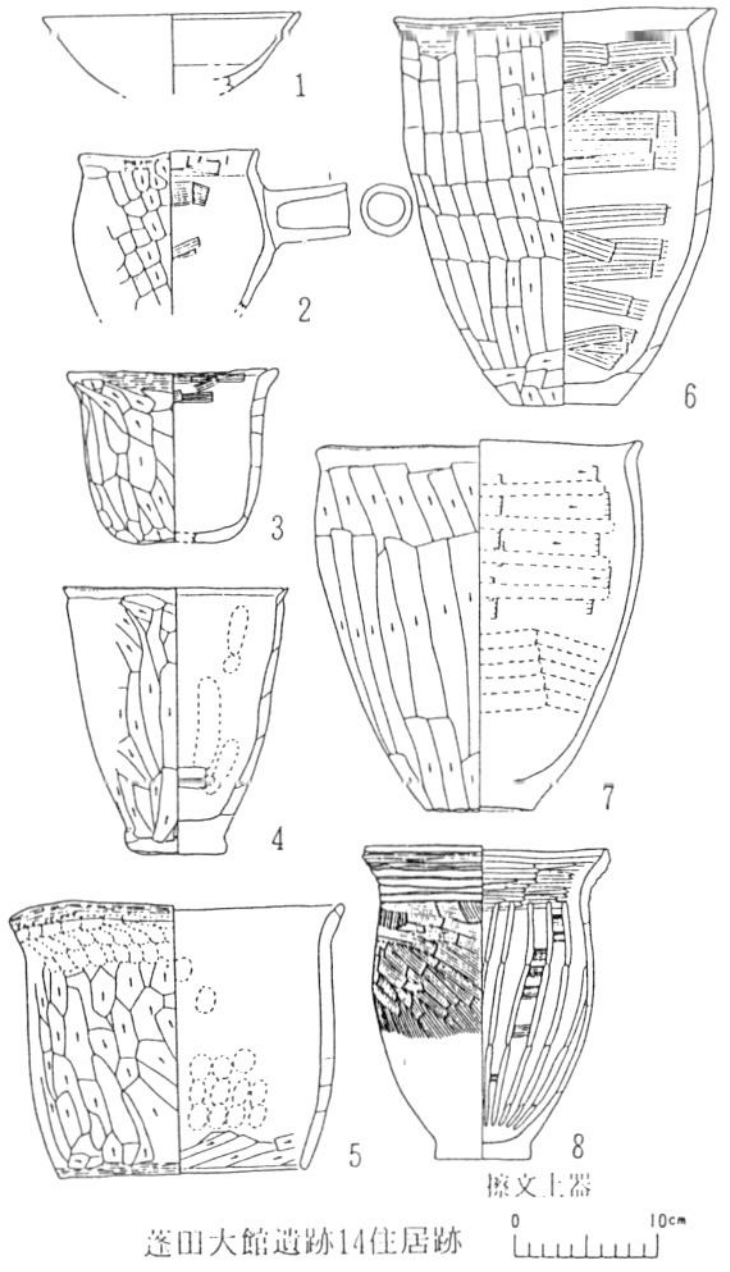

図83　青森県の11世紀の土器
（『青森シンポ資料』より作成）

古代末期における鉄製煮炊具への転換は東日本では一般的である。鉄製品は不用となっても廃棄されず原料として再生されることと、土器よりも遺存しにくいことから、出土品はきわめて少ないが、土製品も考慮すれば、東日本の鍋は内耳をもつ形態で（五十川　一九九二）、それが中世後期まで継続する。

ところで、東日本における古代のおもな煮炊具は、長胴の甕（いわゆる長甕）である。米の調理はこの上に木製甑をのせて、蒸したものと推定される[(8)]（第Ⅲ編第2章）。古代末期にこの形態の甕がなくなり、替わってことなった器種である内耳鍋が出現すると推定されることは、煮炊の方法の根本的な変化を示唆する。つまり「蒸す」から「煮る」への変化である。なお、北陸地方では八世紀から十世紀後半において「鍋」

と称される器種が一定量存在するが、使用痕からみて、これで日常的に主食を煮て調理していたとは考えられない。青森でもこの系譜にあると考えられる鍋が九世紀後半から十世紀前半にわずかに存在するが、器形のちがいなどを勘案すると、この土器の「鍋」が系譜的に鉄鍋に連なるとは考えられない。

このように鉄製品がかなり普及したことが予想されるが、十一世紀以降の中世の鉄生産の実態は、その時期の遺跡があまり確認されていないことから不明な部分が多い。赤沼英男は出土鉄鍋の科学分析により、その原料が鉄鉱石と判定されるとし、製錬された原料鉄は大陸から輸入されたとみる（赤沼　一九九〇）。このことが認められるとすれば、中世日本は陶磁器も含めて、大陸の流通圏に入っていたということを示すことになる。今後、中世の鉄生産の実態を究明することが急務である。そのためには考古学はもとより、分析を含む冶金学的研究の共通認識も必要である。[9]

鉄製品の流通も大きな問題である。鉄製煮炊具は鋳物である。中世の鋳造遺跡は最近ようやくいくつかの調査例が知られるようになった。これに加えて『新猿楽記』などの文献史料などからみて、鉄鍋・釜は各地で製作されたと考えられるが、北日本ではどれだけ生産されたかは不明である。少なくとも北海道に生産地が存在した可能性は小さい。したがって、数多くの出土品がある北海道の鉄鍋は大半が本州からもたらされたものであり、それを支えるだけの流通機構が存在したことがうかがえる。[10] このことはつぎに述べる漆器についても考えなければならない問題である。

（2）　木製食膳具の普及

岩手県北部の爾薩体では、十一世紀には椀などの食膳具がまったく見られなくなる（図82）。青森でも食膳具が極端に減少する（図83）。これと相前後して木製食膳具が遺物としても確認できるようになる。木製食膳具は基本的には漆器と考えられる。食膳具を使用しない食事はやはり考えがたいので、土器に変わる素材の器が豊富に存在したと考えられる。同じ時期、岩手県中部の斯波郡や宮城県では土器の椀は存在する。しかし、十一世紀には小皿などの小型食膳具が定着、増加するとともに、椀の器形は変わり、土器様式に大きな変化がみられる。この変化はまた東日本に共通するものでもある。小型食膳具は通常の食膳に使用するには小さくて、主食器としての実用性には疑問がある。食膳具の出土量の相対的な減少を考慮すると、ほかに漆器がかなり存在したと考えられる。出土漆器の数量は少ないものの、前の時代よりは確実に増加する。

十一世紀後半には漆器の製作技術における大きな画期がある（四柳　一九九二）。渋下地を用い、複雑な工程を省いた安価な漆器を量産する技術が開発されたのである。従前は器としての序列において施釉陶器より高く位置づけられていた漆器であるが、このように手間をかけずに製作できる漆器が生産されたことにより、広く普及したと考えられる。

東日本では全般に十二世紀には在地産土器の食膳具がほとんどみられなくなる。中世のいわゆる「かわらけ」とも称される土師器皿や中国陶磁器は、地域や遺跡によって偏在するあり方をみせる。土師器皿は西日本に多いのに対して東日本には少ないが、東日本においては平泉や鎌倉などの政治的に卓越したところや、相対的に高い身分の者の居住地に集中する。また、大量に一括して廃棄された出土状況を示し、それらはほとんど日常食器としては使用されていないものである。したがって、中世の日常生活で使用する食器は土師器ではなく漆器であろう。

中世の東北地方においては、基本的に土師器皿は存在せず、「かわらけ文化」がない地域である。西日本のように非日常の場面でも素焼きの焼き物を使う習慣はなく、東日本のようにそれを一部受け入れている地域でもない。それだけに食膳具の消滅がもっとも早く、中世への変化が鮮明にあらわれると考えられる。

煮炊具と食膳具ばかりではない。古代末期には貯蔵具も明確ではなくなる。東日本において、須恵器生産が途絶する十一世紀から、国産陶器が成立、普及する十二世紀後半までの間は、少量の土師器以外に焼き物は生産されないのである。貯蔵具も焼き物ではなかったと考えられる。この時期だけ貯蔵具を必要としない生活に変化したとは考えられないことから、焼き物以外の貯蔵容器が存在したと考えられる。木製品であろうか。

焼き物がさまざまな器物の素材となっていた時代は古代で終わる。(補註6) 中世では焼き物が日常生活において必要とされる場面はあるとはいえ、食事の場では客体の時代である。少なくとも北日本と東日本においては日々の煮炊と食膳の場面では、もはや土器は見られない。(11)

おわりに

以上、地域の細かい状況を理解しないまま、ごく大まかに土器様相を概観したうえでの考えを述べてきた。誤りも多いこととおもう。とくに新しい知見はないのであるが、最後にこれまで述べてきたことをまとめ、おわりにしたい。

まず、八・九世紀の律令体制の時代。この時期、律令体制と須恵器が密接に関係する。律令国家は東北地方に城柵を造営し、律令体制を定着させようとした。その際、須恵器をその地域で生産し、城柵だけでなく集落まで須恵器の普及をはかった。その結果、土器様式は変化した。権力がそれを変えたといってよい。また、律令国家はその地域の農地を開発し、さまざまな手工業生産の技術を移植した。そのために律令国家体制下の地域から多くの人びとを移住させた。結果、地域の生産力は向上し、人口はかなり増加したと考えられる。それがつぎの時代への展開をうながした。その意味で、九世紀にはいると東北北部までロクロ土師器が普及し、土器様相の共通性が生まれることは重要である。

つぎの王朝国家体制にはいる時代。律令国家体制から王朝国家体制に展開する段階において、須恵器生産は従前の律令国家の範囲を越え、東北地方北部にまでおよんだ。九世紀後半から末葉のことである。津軽の五所川原窯は大規模な須恵器窯である。これに加えて鉄や塩もいっせいに生産がはじまる。これらの生産は北海道までも視野に入れた広域流通を前提にしたものである。これらの生産・流通の拠点は津軽にあった。出羽が奈良時代以来北方交易の拠点であったように、この時期も日本海側の地域がそれを継承する。

また、この時期、土器様式の均一化がひろく実現する。土師器の椀、須恵器の瓶と甕の組成が東北北部まで波及・定着する。

そして、十世紀後半から十一世紀。土器から煮炊具が減少、消滅し、鉄製煮炊具が普及した。そしてそれを追うように食膳具も変質、消滅し、漆器が普及した。土器の時代は終わり、「かわらけ」が基本的には存在しない東北の中世社会となるのである。

こうした土器の様相は地域社会の動向と密接に関わるものであり、近年あきらかになりつつある集落の様相もあわせて考察する必要がある。九世紀以降は東北北部でも大規模な集落が展開し、遺跡の数も増加することが確認されている。しかし、東北地方がすべて等質な社会であったわけではない。東北北部の古代社会においては特異な構造の遺跡の存在が注目される。城柵に類似する構造をもつ青森県の福島城や蓬田大館、安倍氏・清原氏と関連するとされる岩手県・秋田県北部の「俘囚城柵」（八木 一九八九）、青森県と秋田・岩手両県の北部で発見されている濠をそなえたチャシのような遺跡など（補註7）は、東北北部が南部とはことなった社会として展開したことを示唆する。十二世紀後半、奥州藤原氏平泉政権をへて、東北地方は中世社会へと動く。これらの特異な遺跡がどのような背景で発達したのか。その解明は今後の大きな課題である。

最後に強調しておきたいことは、北日本が決して律令国家とは無縁の地域ではなく、そのあり方のなかに古代の社会と国家の特質が映しだされていることである。北日本の古代史は大きな可能性をひめている。文献史料がきわめて少ない地域であるだけに、それを明らかにできる考古学には大きな責務がある。北日本の遺跡は自然環境とともに手付かずの状況で残っている。その保存にはいまが肝心である。今後の調査・研究にあつい期待をこめて、このつたないレポートを終えたい。

註

（1）このシンポジウムでも、土器・生産・集落などが報告された。このうち、三浦圭介「古代東北北部の生業にみる地域差」、小井川和夫・村田晃一「古代東北南部の集落と生業」（ともに日本考古学協会編　一九九四）はとくに小稿とかかわるものであり、おおいに参考にした。

（2）渡島蝦夷からは熊皮などの毛皮を入手し（関口　一九八七）、逆に蝦夷には前述の物資のほか米なども移出したと推測される。

（3）磁器への指向は、九世紀にはいってから宮廷儀式全般の唐風化と関わる問題とされる（宇野　一九九二）。

（4）文献史学からも、摂関期の国家について受領国司をつうじて中央政府が全国を均一に支配することが可能になったと評価し、「後期律令国家」とする意見（大津　一九九三）が出されている。

（5）本沢遺跡などでは、製鉄の工程のうち、第一段階の「製錬」ではなく、製錬の次の「精錬」をおこなっていたとする意見もある。

（6）福島城跡は十三湖に面した台地上にあり、地形に合わせた一辺約一キロメートルの外郭と方約二百メートルの方形の内郭をもち、それぞれは土塁と堀の区画施設をもつ。かつては中世の安藤氏の拠点の城とされていたが、最近、国立歴史民俗博物館の再調査により、古代末期の遺跡であることがほぼ確定した（補註5）。今後の調査研究がまたれる。

（7）律令国家の領域における生産活動については、平安時代の地方政治のあり方が重要な示唆を与える。この時代は律令制が変容するなかで、地方政治の再編がおこなわれる。九世紀の段階で国司に権力を集中し、十世紀には国司の裁量権を大幅に認めながら、あらたな体制をかためていく（佐藤宗　一九八九）。国衙は律令期とことなったかたちで維持され、地方政治の新たな拠点となる。八世紀から九世紀にかけては、地方においては郡司が果たす役割は大きかったが、郡衙が九世紀末ころを最後に衰退するように、相対的に郡司の役割は小さくなる。一方、国司・受領・在庁官人の役割は大きくなる。したがって、郡司は地域のさまざまな生産・流通などの活動主体とはなりえなくなる。「一郡一窯」という律令期の北陸地方の須恵器生産体制が九世紀後半に崩壊することは、それを象徴する。これに代わってその主体となると推定されるのが国衙、あるいはこれを背景にした官人層である。佐渡小泊窯須恵器の大規模生産、広域流通には、佐渡と越後の国衙がともに関与していると考えられる（春日 一九九一、坂井 一九九三c）。

（8）平安時代においては土製甑はかならずしも一般的な器種ではないことから、米を蒸す調理方法は日常的なものではないと考えるむきもある。しかし房総地方などのように土製甑が普遍的に存在する地域もある。この地域だけ米を蒸していたと考えることは不自然である。したがって、土製甑のない地域では木製甑が普及していたものと考えられる。

（9）十三世紀の製鉄遺跡である新潟県北沢遺跡の性格については、ことなった二つの見解が報告書に掲載されている（豊浦町教育委員会 一九九二）。この遺跡における製鉄の工程の評価については二つの意見がある。一つは砂鉄から銑鉄をつくる製錬の段階とみる意見（大沢正巳ほか）であり、もう一つは鉄素材である銑鉄から精錬する段階とみる意見（赤沼英男）である。後者は製錬の工程は大陸でおこなわれていたことも想定している。[補註8]

（10）鉄鍋の流通とは別に、その原料となる銑鉄の流通も大きな問題である。銑鉄の生産は、製品化する工程の鋳造・鍛造よりもかなり限られた地域でおこなわれたと考えられる。列島内外を含めた広い視野で考えることが必要であろう。

（11）発掘調査で出土する面積単位あたりの遺物量は、十世紀以降になると減少し、中世には著しく少なくなるのも、こうした事情に起因するのである。この状況をもっとも早く鮮明に見せるのが北日本である。

補註

（補註1）五世紀後半に短期間操業された仙台市大蓮寺窯跡はここでは除外した。

（補註2）青森県においては、九世紀前半におけるロクロ土師器の生産遺跡は確認されていないため、在地におけるその生産については、今後、土器編年の再検討とともに生産遺跡の確認や土器の胎土・製作技法などの比較検討をおこなったうえで明確にする必要がある。

（補註3）最近、継続して分布・発掘調査がおこなわれ、窯跡群全体の様相がほぼ把握された。それによれば窯跡は約四〇基ほど確認され、その成立については九世紀4四半期（五所川原市教育委員会 二〇〇五）であり、終末は十世紀後半とされている（五所川原市教育委員会 二〇〇三、藤原弘 二〇〇六）。須恵器の生産開始は、八七八年の元慶の乱を契機にしているとの見方もある（古代城柵官衙遺跡検討会 二〇〇五）が、九世紀第4四半期に津軽地方に数多くの集落が成立し、鉄や塩などの手工業生産も本格的にはじまり、全般的な開発が活発かつ急速に進められたことは確実である。

（補註４）五所川原窯の前半期においては、津軽地方を中心に大量に供給され、北海道では道南や石狩平野まで散見される。後半期になると北海道の他の地域にもひろがるが、器種は甕や長頸瓶にほぼ限られ、出土量も少ないことに留意する必要がある。生産当初は津軽周辺地域の集落への供給が主であったと考えられる（藤原弘二〇〇六）。

（補註５）福島城跡は平成十七（二〇〇五）年度の発掘調査で外郭東門の遺構にともなって十四・十五世紀の中国製陶磁器が出土したことから、この遺跡は古代のものではなく、かっての指摘のとおり中世の城館遺跡と考えられるに至った（青森県教育委員会二〇〇六）。規模からみて安藤氏の城館とみるのが妥当であろう。十四・十五世紀は十三湊遺跡の全盛期にあたっており、港湾から離れた地に安藤氏が本拠を構えたものと考えられる。

（補註６）この節で述べたことは、第Ⅲ編第3章を参照。

（補註７）いわゆる防御性集落のことである。こうした遺跡は東北北部のほかに北海道南部でも確認されている。その背景に西日本の高地性集落や環濠集落と同様に戦争・抗争を考える説とそれを考えない説がある。前者の場合、抗争は蝦夷内部のもの、対安倍氏・清原氏のもの、あるいは官人に対するものなど多様である（三浦ほか編二〇〇六など参照）。

（補註８）北沢遺跡の性格を考えるとき遺跡から大量の鉄滓が出土していることが注目される。この地でおこなわれた工程が原料からの製錬の段階であるからこそ、これだけの鉄滓が出ると考えた方が合理的であろう。

第Ⅲ編　土器からみた古代社会

第1章　律令期の須恵器系譜

——越後における畿内・北陸系と東海系——

はじめに

東日本において、須恵器がさかんに生産されるのは、八・九世紀を中心とする律令期である。古墳時代後期まで、須恵器を生産していない地域の多くは、律令期にはいるとともに生産を開始する一方、それまですでに生産していた地域では、生産規模の拡大がみられるようになる。したがって、東日本の土器組成において、須恵器が普遍的に存在するのは、律令期といえるであろう。こうした背景に律令体制の成立という、大きな社会体制の変化がかかわっていることは、よく説かれるところである。

ところで、律令期の須恵器は、器種や器形、製作技法など、大略において共通する面があるというものの、すべてが各地域で共通するわけではない。たとえば、杯類の底部切り離し技法は、八世紀のある段階から箆切りと糸切りの二つの技法が存在し、それぞれの技法の分布はかなり地域的な偏りがみられる。北陸地方は箆切り、東海地方は糸切りというあり方は明瞭であり、その相違はきわだったものがある。

こうしたなかで、令制北陸道に含まれる越後には、箆切りのほかに糸切りがかなり普遍的に存在する地域がある。越後の西南部に位置する頸城《くびき》地方(1)がそれである。頸城地方の八・九世紀の土器様相については、かつて「今池《いまいけ》遺跡群

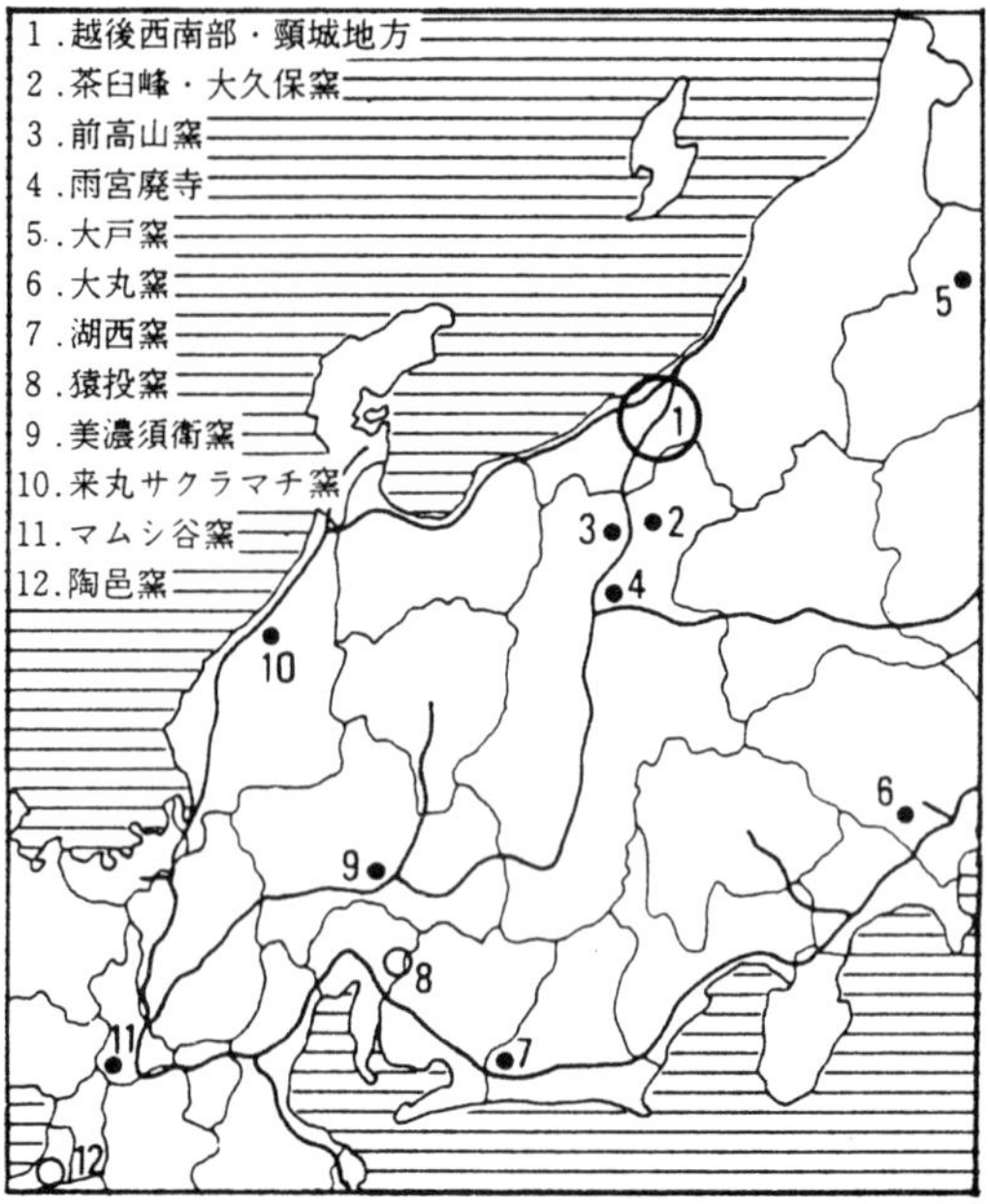

図84　越後西南部と関係須恵器窯

における奈良・平安時代の土器」（坂井　一九八四）で概観したことがある。そのなかで、八・九世紀の糸切り技法については、北陸地方で一般的ではないことから、東海地方や信濃地方との関連を予想した。その後、箆切り技法を畿内系、糸切り技法を東海系と把握し、それぞれの系譜が越後における須恵器生産の開始期である七世紀末葉から八世紀初頭の時期から併存することを示唆した（坂井　一九八六）。しかし、そこでは具体的に資料を検討しないまま、見通しを述べるにとどめたため、律令期の須恵器の系譜について明確に論じることができなかった。そこで、本章においてはこの点に主眼をおき、越後西南部には二つの須恵器系譜が存在することを明らかにし、その背景について若干の知見を述べ、律令期における須恵器生産の一端をかいま見ることにしたい。

1　越後西南部における律令期須恵器の概要

越後における八・九世紀の土器様相が把握されるようになったのは、昭和五十五（一九八〇）年以降のことである。須恵器窯の調査は昭和三十年代からいくつか実施されていたが、集落など消費遺跡の調査とあいまって、八・九世紀を通じた須恵器編年がなされたのは、前記の上越市今池遺跡群の調査報告書（新潟県教育委員会 一九八四）がはじめてである。

今池遺跡群の所在する頸城地方における須恵器窯の発掘調査は、瓦陶兼業の上越市向橋《むかばし》窯跡（林純 一九六九）のみである。分布状況については小島幸雄らによってかなり明らかにされており、今池遺跡群に多くの須恵器を供給した三和村・浦川原村（いずれも現上越市）の末野《すえの》窯跡群の採集資料も最近発表され（小島ほか 一九八三）、生産地の状況もしだいに明らかにされつつある。

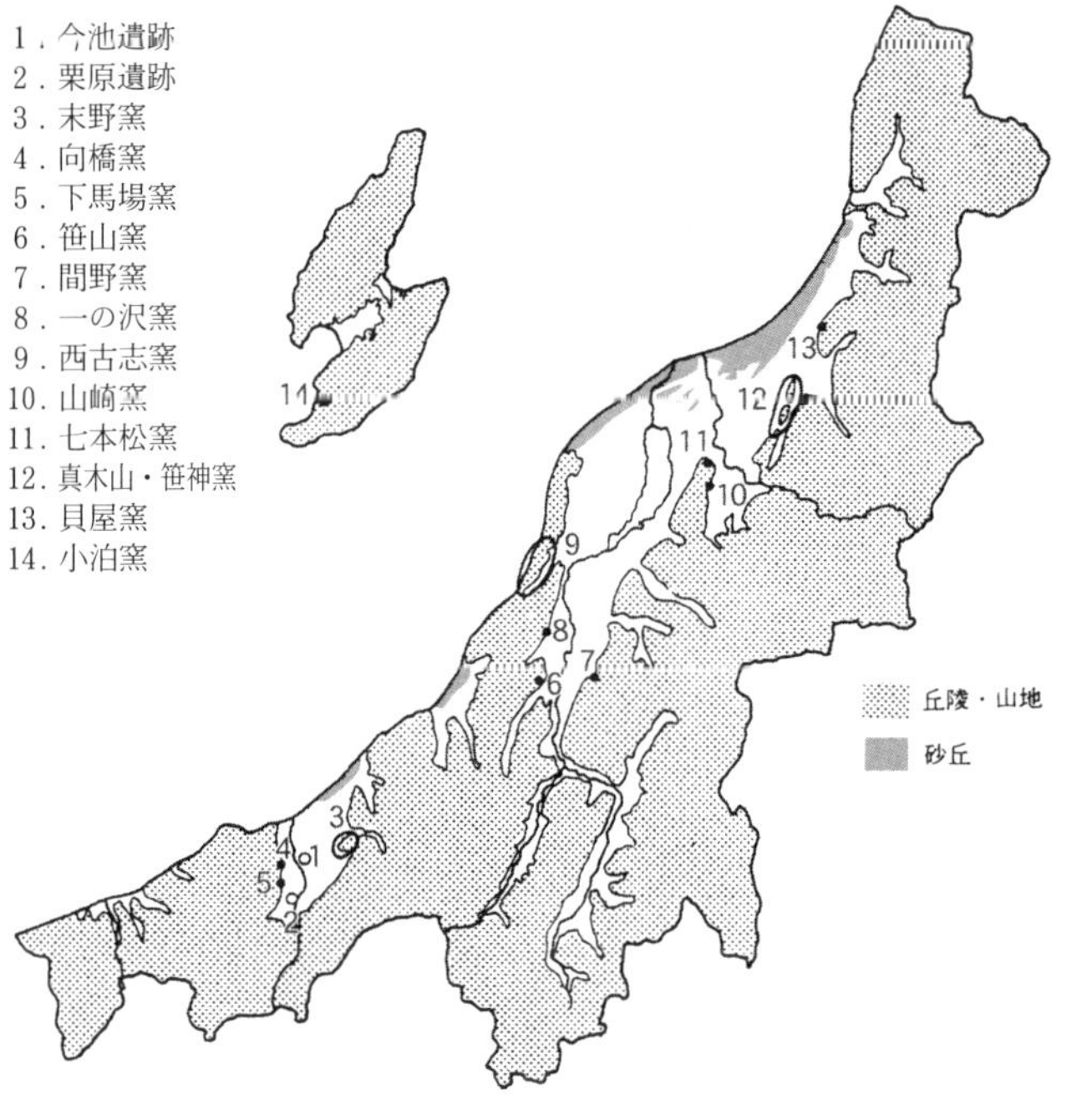

図85　越後・佐渡の須恵器窯

（1）今池遺跡における土器様相

まず、前述の今池遺跡群における土器編年案によって、頸城地方の八・九世紀の土器様相を概観しよう。本来、須恵器をとりあつかううえからは、窯跡の資料を基本にすべきであろうが、これについて重要な位置を占める末野窯においても、八・九世紀全般を理解するにはなお資料不足の感があり、ひとまず消費遺跡の資料によることにする。

今池遺跡群は八世紀前半に成立する、大型の掘立柱建物を含む大規模な遺跡で、九世紀後半まで存続する。(2) これに近接する下新町《しもしんまち》遺跡、子安遺跡の資料を加え、八世紀から十世紀までをⅠ～Ⅶ期に分けたのが、さきの編年案である。ここで中心となる八・九世紀のⅠ～Ⅵ期は今池遺跡の土坑や溝の出土土器を主体としたものである。各期の年代観は、Ⅰ期（八世紀前半）、Ⅱ期（八世紀中葉）、Ⅲ期（八世紀後半）、Ⅳ期（八世紀末葉～九世紀前半）、Ⅴ期（九世紀前半～中葉）、Ⅵ期（九世紀後半）、Ⅶ期（九世紀末葉～十世紀）である。[補註1] 以下、それぞれを「今池Ⅰ期」「今池Ⅱ期」という。この年代観については、なお検討すべき点を残しているが、ここではこれにしたがっておく[3]。

第Ⅰ期は越後で須恵器生産が開始されてまもない時期と考えられる。現在のところ、越後でもっとも古い須恵器窯は、当地方の上越市下馬場《しもばば》窯跡群である。この窯は退化したかえりをもつ杯蓋が存在し、七世紀末葉から八世紀初頭に比定される。消費遺跡における須恵器のあり方から推察すると、この時期に須恵器生産が開始されたと考えられる（第Ⅰ編第2章）。

在地で須恵器が生産されるようになると、土器構成は北陸地方と共通した特色を示し、須恵器が供膳・貯蔵形態、土師器が煮沸形態という、明瞭な機能分担をもつ。このあり方は今池Ⅰ期からⅤ期まで明確であり、Ⅵ期になり、供膳形態における土師器の比率が須恵器をはるかに凌駕し、土器様相に大きな変化が生じる。今池Ⅰ期は律令期の土器様式が成立する時期であり、Ⅵ期はその崩壊期といえる。

（2）「箆切り」「糸切り」の須恵器の変遷

Ⅰ期からⅥ期までの須恵器杯類（無台杯・有台杯・杯蓋）を、箆切りと糸切りに分けて例示すると、図86のとおりである。有台杯には身の浅いもの、身の深いもの、小形ものの三つのタイプがある。

Ⅰ期、Ⅱ期はすべて箆切りであり、Ⅲ期にはいって糸切り（すべて回転糸切り、以下同じ）が出現する。しかし、Ⅲ期は大半がまだ箆切りである。Ⅳ期には全体の五分の一から三分の一まで糸切りになり、一定量を占める段階となる。

そしてV期になると糸切りが多くなる。有台杯は箆切りがなお半数近く存在するが、無台杯は大半が糸切りである。糸切り全盛の時期といえる。Ⅵ期では再び箆切りが盛行し、糸切りは著しく減少する。無台杯は七対三で箆切りが多く、V期と比率が逆転している。Ⅶ期は糸切りがまったく姿を消し、須恵器の供膳形態そのものが全体の一割以下となる。

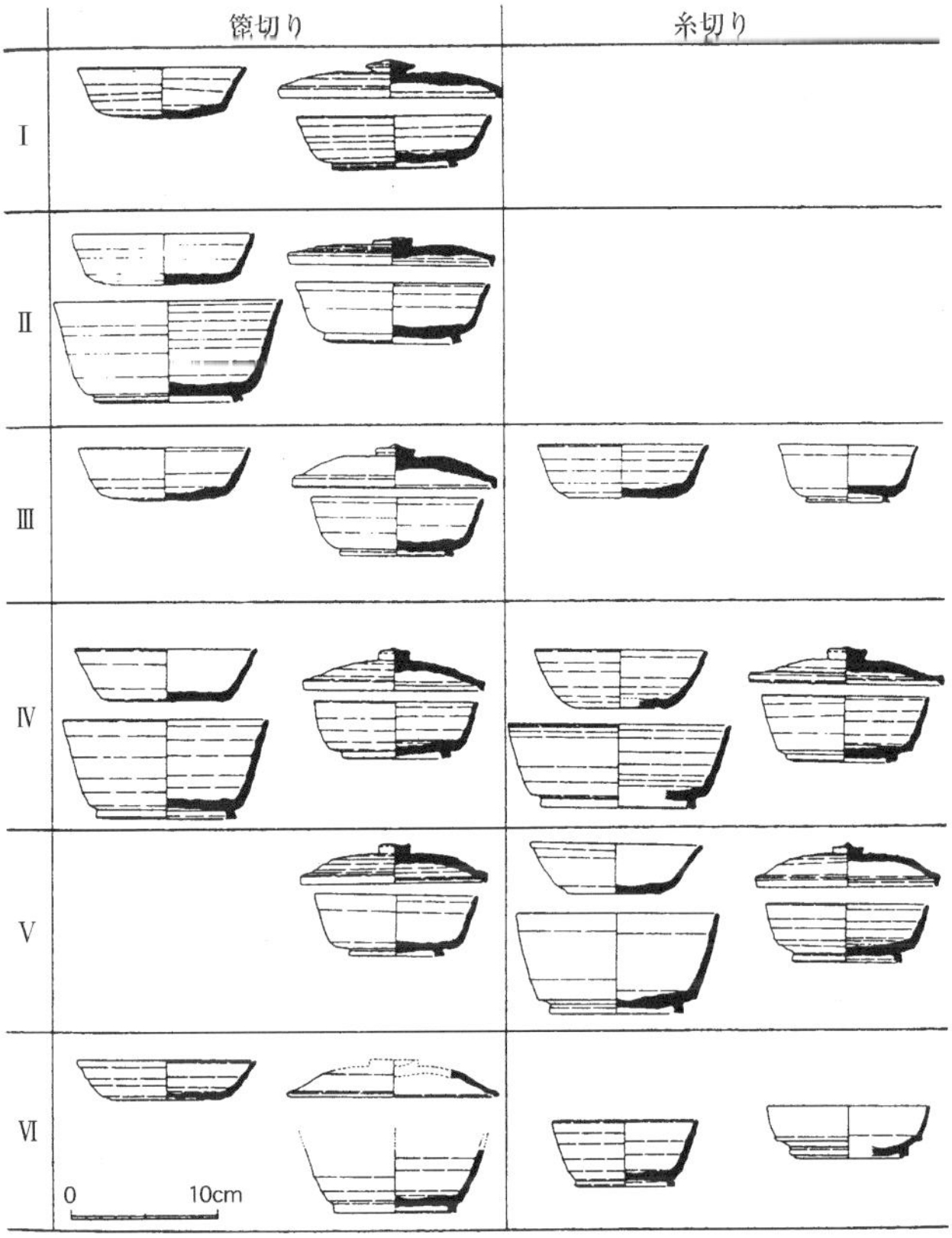

図86　今池遺跡における須恵器杯類の変遷（新潟県教育委員会 1984より作成）

このような消費遺跡でのあり方は、主要な生産地の一つである末野窯の状況をおおむね反映していると考えられる。末野窯I期の本郷窯はすべて箆切りであり、同II期の神田長峰一号・二号窯は箆切りのなかに一点ずつ糸切りが含まれ、同III期の今熊一号・二号窯は大半が糸切りである(4)。末野窯I期は今池I期・II期、末野窯II期は今池III期、末野窯III期は今池V期にそれぞれ対比される。今池IV期は末野窯II期とIII期の過渡的段階である。向橋窯はすべて箆切りであり、今池VI期・VII期の須恵器窯は現在のところ越後では確認されていない。[5]

2　糸切り技法の系譜

当地方の全体的な土器様相は、糸切り技法の盛行を除けば、基本的に北陸地方中西部（越中・能登・加賀・越前）と共通している。八・九世紀の北陸地方は箆切り一辺倒であり、糸切りはごく例外的に存在するのみである。[6]当地方の箆切りの杯類は、おおよそ北陸地方のものと類似しており、当地方には北陸地方と共通した須恵器が存在することが知られる。そして、これとは別に糸切りの須恵器系譜が存在したと考えられる。

（1）　箆切りと糸切りの比較

箆切りと糸切りの須恵器は、底部の切り離し技法の相違のほかに、多くの点でことなっており、明確に区別される。その相違点を今池Ⅳ期・Ⅴ期の杯類で説明しよう（図87）。

無　台　杯（1・4）　箆切りのもの（1）は底部外面箆切り無調整で、渦巻状の箆切り痕を残し、ほかはロクロナデである。糸切りのもの（4）は底部外面回転糸切り無調整で、ほかはロクロナデである。両者にはまず形態差がある。箆切りのものは糸切りのものより相対的にやや身が浅い感じがする。このことは口径と底径の比率が両者で大きくことなることにも関連する。箆切り杯は口径に対して底径が大きく、糸切り杯は小さい。すなわち、箆切りは底径指数（底径／口径×一〇〇）が六五前後であるのに対し、糸切りは五五前後である。次に、底部と体部の境（a）が、箆切り杯では丸味をおびて、不明瞭であるのに対し、糸切り杯では体部下端（a）がわずかにくぼみ、底部との境は明瞭である。箆切り、糸切りともに法量がほぼ同じであり、両者の用途は同じとみられるが、形態からいえば、糸切りの無台杯は

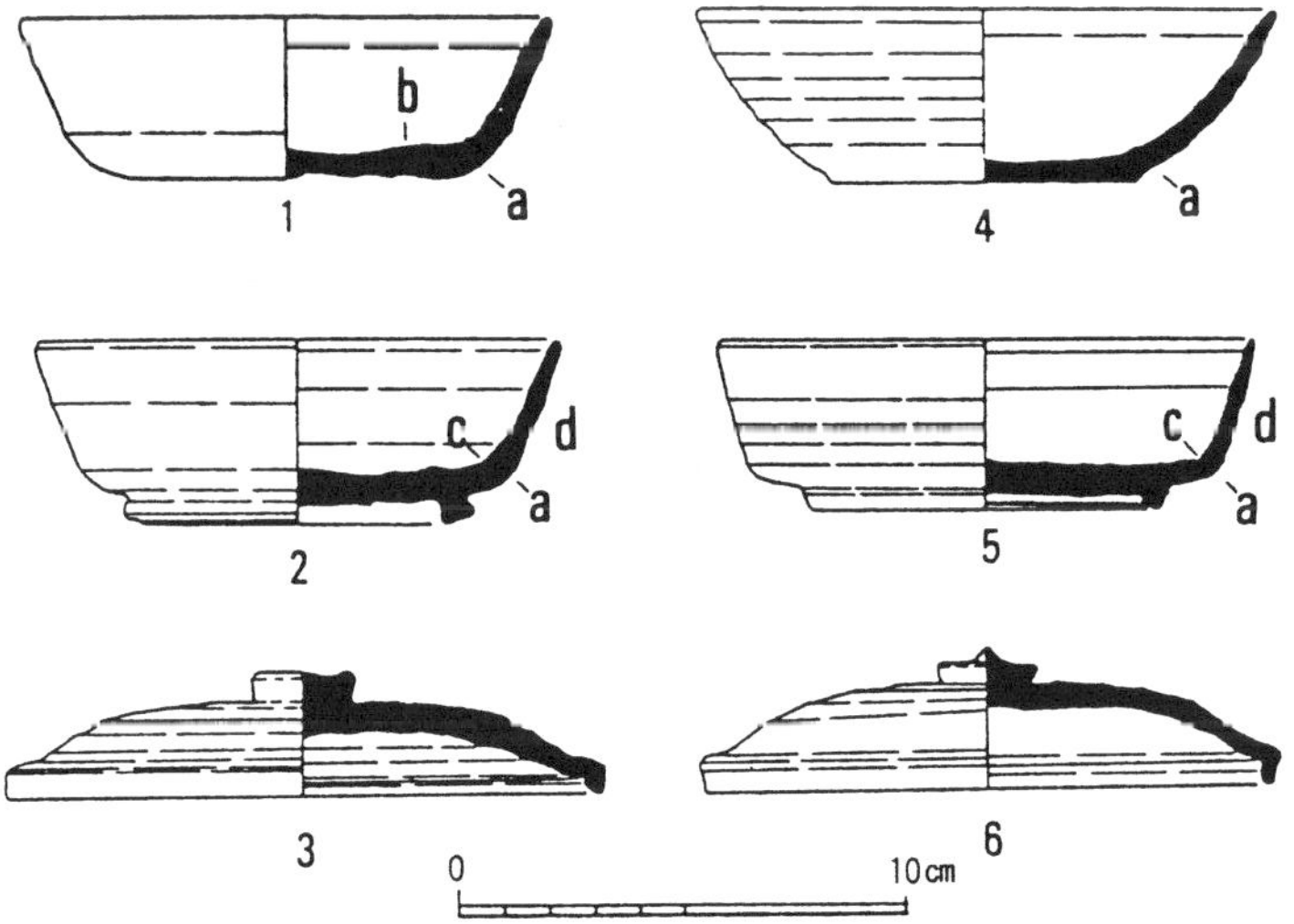

図87　箆切り（1〜3）と糸切り（4〜6）の比較（新潟県教育委員会 1984より作成）

無台の「椀」というべきで、器種がことなるものと考えられる。

形態以外では器面の細かなナデ調整がことなる。糸切り杯は体部・底部とも内面のロクロナデが丁寧であり、器面はかなりなめらかで、器壁の厚さは均一である。これに対して箆切り杯は器面にロクロナデによる小さな凹凸がめだつ。とくに底部内面は著しく、体部との境の内側に凸部（b）があり、この部分だけ器壁が厚くなっている。また底部内面に渦巻状のロクロナデの痕跡が明瞭である。糸切り杯の内面がなめらかであるのは、調整にコテなどの工具を使用して仕上げたことが想定され(7)、それが糸切り杯特有の調整技法であることを示す。

有台杯（2・5）　有台杯は無台杯に高台を付したものであり、無台杯と共通した形態と技法をもつ。ただ、糸切りの有台杯から高台を除外した器形は、糸切り無台杯にはみられない。箆切り杯（2）は底部外面の箆切り痕の上にロクロナデで高台を付す。糸切り杯（5）は底部外面の高台貼り付け部に回転箆削りを施し、高台を貼り付ける。この箆削りは高台内側の底部中央付近まで及ぶものや、全面に及び糸切り痕を完全に消すものもある。底部外面の箆削りは箆切りのものに基本的にみられないことは注目される。

細部の器形の相違は、第一に底部と体部の境（a）が箆切りでは丸味をもち、糸切りでは角張り、その境が明瞭である。これに対応して、その内面（C）も箆切りでは丸くへこむのに対し、糸切りでは鈍角ながら明瞭な屈曲点をもつ。そして、糸切りのものはこの屈曲点を境に底部・体部（d）とも直線的である。体部外面にはカキ目様の条線をわずかに残すものがあり、体部の調整に工具を使用したことを想定させる。体部と底部の内面は無台杯同様、糸切り杯は器面がきわめてなめらかで、器壁の厚さは均一である。このような点からみれば、糸切り杯は調整にコテやハケなどの工具を使用し、その結果、底部と体部が直線的な箱型の器形を呈するものと考えられる。

杯　蓋（3・6）　杯蓋の器形は大局的には杯の身のひらきを大きくして、縁部を屈曲させたものであり、その製作技法は杯と共通するものと考えられる（荻野繁　一九八一）。したがって、天井部外面は箆か糸によって切り離されていると考えられ、実際にそこに箆切り痕を残すものは多い。しかし、天井部外面は底部外面とことなり箆削りされることが多く、その場合切り離し技法は不明であるが、杯に糸切り技法が存在している以上、杯蓋にも糸切り技法は存在するはずである。

天井部外面に箆切り痕を残すものは、箆削りがていねいでなく、箆削りがていねいで切り離しが不明なものに糸切りが多いと推定される。無台杯と有台杯で指摘されたように、糸切りのものは内面がきわめてなめらかである。杯蓋もこの点に注目すると、箆削りがていねいなものはいずれも内面がなめらかで、器壁の厚さが一定である。これに対し、箆切り痕を残すものは内面にロクロナデの凹凸が目立ち、天井部と体部の境付近は器壁が厚く、箆切りと糸切りの両者は識別できる。

以上、無台杯・有台杯・杯蓋について、箆切りと糸切りに分けて、器形や調整方法を比較したが、いくつかの相違点が指摘された。底部の切り離し技法の相違のほかに、糸切りのものは内面がコテなどで調整され、有台杯では体部外面にも調整に工具が使用されたと考えられる。また、糸切り無台杯は箆切りの無台杯とは器種がことなり、別の器種である椀と考えられる。このように、箆切りと糸切りの杯類は技術系譜が明確に相違することが知られる。

（2）箆切りの北陸系と糸切りの東海系

箆切りの系譜はまず北陸地方との関連でとらえられるが、糸切りはどうであろうか。越後西南部においては八世紀後半から九世紀前半・中葉ころにかけて、糸切り技法がみられる。

東日本の須恵器杯類において、糸切り技法が普遍化するのは、八世紀の東海地方である。東海地方の尾張猿投《さなげ》窯では、八世紀中葉に比定される岩崎二五号窯式（楢崎・斉藤 一九八四）の段階において、底部外面が糸切り（大半が回転）無調整の「椀B」が出現する。この「椀B」は以後九世紀代まで須恵器の供膳形態の主要器種として定着するものであり、杯においても箆切りにかわって糸切りが出現し、定着する。

越後西南部に糸切り技法が存在する八世紀後半から九世紀前半にかけての猿投窯は、鳴海三二号窯式・折戸一〇号窯式・井ヶ谷七八号窯式に相当する（楢崎・斉藤 一九八三）。図88は折戸一〇号窯式に比定される折戸八〇号窯（楢崎・斉藤 一九七八）の杯類である。無台杯は「椀」とされるもの（1）であるが、当地方の杯類と細部の形態や手法が共通することがわかる。杯・蓋とも内面はきわめてなめらかに調整されており、器壁のふくらみはみられない。調整技法も同一と考えられる。したがって、越後西南部の糸切りの技術系譜は、東海地方の猿投窯にその出自が求められると考えられ、その技術系譜を保持した工人が越後西南部で須恵器を製作していたことが推察されるのである。(8)

東海地方の系譜と考えられるのは、杯類ばかりではなく、東海地方特有の器種・器形の存在からも裏付けられる。たとえば、今池遺跡群（新潟県教育委

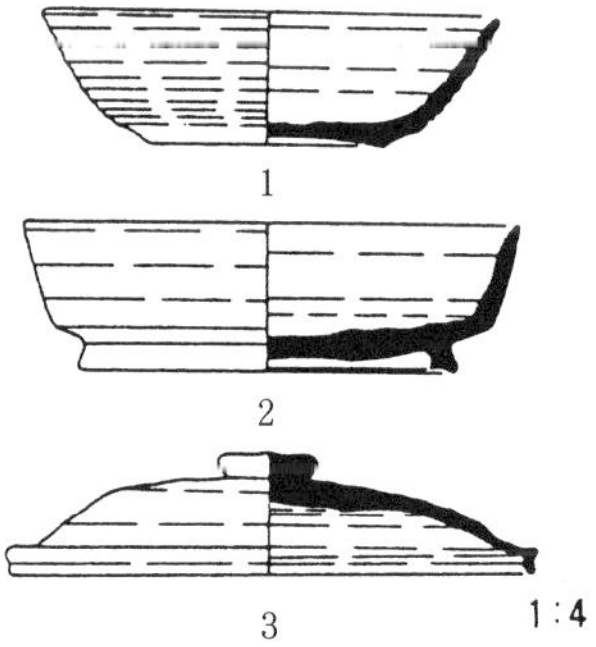

図88　折戸80号窯の杯類
（楢崎・斉藤 1978より作成）

員会 一九八四）出土の浄瓶、折縁皿、末野窯跡群（小島ほか 一九八三）出土の多口瓶、円面硯などがあげられる。また、大甕は体部外面平行叩き目、内面すり消しで、平底の底部というのが、猿投窯の特徴であり[9]、今池遺跡出土例はそれにあたる[10]。

3　八世紀前半の系譜

（1）二つの系譜の存在

糸切り技法の存在から、八世紀後半から九世紀前半・中葉の時期には、箆切り技法の系譜とは別の、東海（猿投）系の系譜が越後西南部に存在したことが知られた。在地の須恵器生産は八世紀前半には定着しているが、その時期にも東海系が存在すると考えられる。

須恵器生産が開始されてまもない今池Ⅰ期の資料は、今池遺跡以外に新井市（現妙高市）栗原遺跡に良好な例が多い（坂井 一九八二a・一九八三b、高橋勉 一九八四）。栗原遺跡は今池遺跡の南方約五キロに位置する、八世紀前半を中心とする遺跡である。この資料を含めて八世紀前半の須恵器杯類は、形態や手法の特徴から二つに分類できると考えられる（図89）。この時期には糸切り技法はみられず、いずれも箆切りと考えられる。かりにA類・B類とする。

まず有台杯では、A類（2〜4）は底部外面の高台内側に箆削りを施さず、箆切り痕を残すのに対して、B類（7・8）は底部外面をていねいに箆削り（回転）を施すという手法の顕著なちがいがある。そして、A類は底部が水平にちかく、高台よりも突出しない。底部内面がなめらかでなく、高台貼り付け部付近の内側がふくらみ、器壁が厚くなる。高台は断面方形である、などの特徴が指摘される。これに対しB類は、底部は丸味をもち、突出気味になる。底部内面はなめらかで、器壁が一定である。高台は断面方形でなく、接地面が広くなく、外方へ張る。

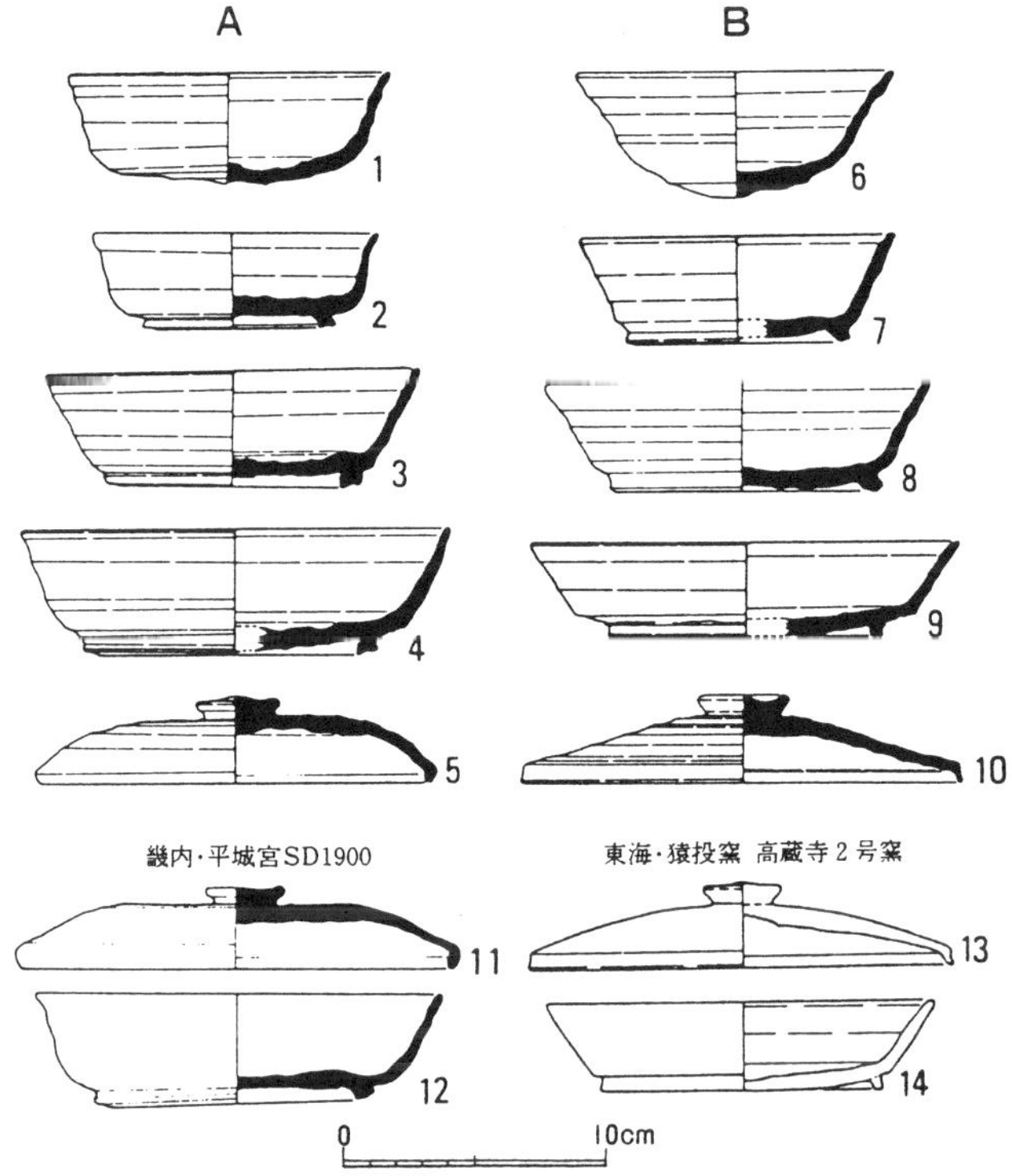

図89　栗原遺跡出土須恵器のA類(1〜5)・B類(6〜10)の系譜（坂井 1982a、高橋勉 1984、奈良国立文化財研究所 1978、楢崎・斉藤 1983より作成）

杯蓋も有台杯と類似し、A類（5）は水平な天井部から丸味をもった体部で、天井部内面はなめらかではなく、周縁がふくらみ、この部分の器壁が厚くなる。B類（10）は笠形の天井部をもち、体部は丸くない。内面はなめらかで、天井部周縁がふくらむことはなく、器壁は一定している。

量的にはA類が多い。A類は北陸地方のものと類似しており、技術系譜の関連が考えられる。B類は北陸地方にはみられず[11]、糸切り技法と同じく東海地方に類似するものが多い。尾張の猿投窯で八世紀前半に比定されている高蔵寺二号窯式のものと比較すると、細部の形態や手法が一致し、両者の技術系譜が同じであることをうかがわせる。内面がなめらかなことや有台杯の底部外面を箆削りすることは、前述のとおり糸切りの杯類にもみとめられることであり、その製作技法は糸切りを採用する前後で共通性をもっている。このことからもB類の出自を東海地方に求めることができる。B類を東海地方の系譜とすると、無台杯にもこれに類するものが知られる。身が一般のものより深く、底部がかなり丸いもの

（6）がそれであり、これをB類、一般的なものをA類とすることができよう。有台杯のうちさきにあげたB類とややことなるもの（9）も底部外面に箆削りを施しており、東海地方に類例がみられることから、同様にB類に含められる。

このように、八世紀前半においても東海系の須恵器が、北陸と共通する須恵器のほかに存在していたことが知られる。この時期の須恵器窯としては、末野窯Ⅰ期の本郷窯跡があるが、これは形態や手法からみてA類である。B類の窯は頸城地方では確認されていないが、出土量からみて、当地方に存在すると思われる。B類の出土例が今池遺跡より、栗原遺跡に多く、後述する栗原遺跡の瓦との関係を考慮すると、栗原遺跡に近い頸城平野南辺に、東海系の窯が存在する可能性が考えられる。

（2）信濃北部の須恵器系譜と越後

越後西南部の須恵器に東海系の技術系譜が存在したとすると、その移入経路として信濃の存在が注目される。越後西南部の頸城地方は海岸部で越中東部と接するとともに、南側山間部で信濃北部と接しており、それぞれに通じる交通路として、北陸道と、東山道の支路の二つの官道がある（図84）。東山道の支路は『延喜式』にみえる麻績・亘理・多古・沼辺の四駅からその存在が確認されるもので、北信濃で東山道と分岐し、北上して越後にはいり、頸城平野に所在したと考えられる越後国府に至っていたと推定される。こうした交通路は律令期以前の両地方の交流を基礎にしているのであろうが、律令期に越後西南部が北陸地方ばかりではなく、信濃やこれを介した美濃・尾張などの東海地方と関係をもっていたことを明示する。九世紀から十世紀にかけての時期に、東濃産の灰釉陶器が一定量搬入されている（坂井　一九八二b・一九八六）のも、その一例である。

信濃は東山道にあり、歴史的に美濃・尾張との関連が強い。信濃の八・九世紀の須恵器を、北信濃中心にみると、豊野町（現長野市）山ノ神窯跡、長野市髻山窯跡、牟礼村（現飯綱町）前高山窯跡群（以上、笹沢　一九七二）、中野市茶臼

図90　栗原遺跡（1）と雨宮廃寺（2・3）の軒丸瓦（坂井 1983b、米山 1982 より作成）

峰・大久保窯跡群（大川ほか 一九六四）などがある。これらは八世紀前半ではB類の特徴をもち、糸切り技法出現以降は東海地方と同じ器形・手法の須恵器を生産している。茶臼峰五号窯では猿投窯と同じ製作技法の大甕があり、その系譜下にあることが確認される。したがって、北信濃の八・九世紀の須恵器系譜はほぼ全面的に東海系であったと考えられる。

北信濃まで東海系の系譜下にあったとすると、これと接する越後西南部に東海系の系譜が存在することは、ことさら奇異なことではないであろう。越後西南部の東海系の須恵器は東山道の信濃を介して流入したことがうかがえる。さらに、これを具体的に示すものとして、栗原遺跡の瓦（図90）がある。

栗原遺跡出土の瓦は、生産地は未確認であるが、伴出する土器からみて八世紀前半に比定される（坂井 一九八一・一九八二a・一九八三b）。軒丸瓦は六葉単弁蓮華文で、線による意匠化がなされ、立体的な表現にはなっていない。この文様は北陸地方に類例がなく、北信濃の更埴市（現千曲市）雨宮廃寺の軒丸瓦（米山 一九七八・一九八二）に類似している[12]。両者を比較すると、弁の形態、間弁のあり方が共通しており、瓦当部が薄くて平板なことや、瓦当部と丸瓦部の接合方法が簡略なことも同じである。また、格子叩きの桶巻作り平瓦と共伴し、縄叩き平瓦を含まない点も類似している。ただ、雨宮廃寺例には周縁があり、中房が小さく、重弧文軒平瓦を伴っているという相違点がある。軒丸瓦としては、雨宮廃寺例のほうが弁の表現が立体的であり、中房が小さく単弁蓮華文の割り付け法にかなっている点からみて、相対的に古様を呈すると考えられる。

栗原遺跡の瓦は北陸道には稀な東山道経由の文様をもつ。この時期の在地の瓦生産は、瓦陶兼業で須恵器工人が関与していたことが推定される。前述したように、雨宮廃寺の所在する北信濃の須恵器は東海系であり、その瓦の生産は東海系の須恵器製作技法を保持した工人が行なったものと考えられる。栗原遺跡の瓦も同様で、八世紀前半に受容した東海系の須恵器製作工人が瓦陶兼業窯で生産したと類推される。[13] このように考えると、須恵器の東海系の技法そのものは、東海地方の尾張などから直接受容することなく、北信濃から受容した可能性も考慮されよう。[14]

一方、八世紀前半のA類、八世紀後半以降の箆切りの系譜は、前述したように北陸地方と基本的に共通している。この系譜は北陸地方独自のものではなく、畿内地方から受容した系譜と考えられる。A類はこれと時期的に近い畿内の陶邑窯MT二一（田辺 一九六六）や、平城宮SD一九〇〇（奈良国立文化財研究所 一九七八）・同SD四八五（奈良国立文化財研究所 一九七四）で主体をなすタイプに類似する。北陸地方は七世紀代の「Ⅲ前期（中村編年Ⅲ―2）以降、ほぼ畿内に則した型式変化をたどっている」とされ（山田邦 一九八五）、その系譜は畿内系であるといえる。そして、畿内系の系譜は八世紀代まで敷衍されることであり、八世紀後半以降十世紀代の椀皿類に糸切り技法が採用されるまで、基本的に箆切りに終始したのは、このことに起因するのであろう。

4　越後の須恵器系譜

越後西南部の八・九世紀の須恵器には、畿内・北陸系と東海系の二者が存在することが明らかになったが、これ以外の越後では、糸切り技法の存在から東海系と推測される越後中部の越路町（現長岡市）一の沢窯跡（中村孝 一九八四）があり、八世紀前半のものとしては、同じく中部の長岡市笹山窯跡（寺崎 一九八二）が東海系に含められる。[15] これらのほかはいずれも畿内・北陸系と考えられ、この系譜が越後で主流をなしているのは明白である。たとえば、中部の笹山窯に近い長岡市間野《かんの》窯跡群（中川ほか　一九五八）は、八世紀前半の畿内・北陸系であり、中部の西古志《にしごし》窯跡群や北部の真木山《まぎやま》・笹神《ささがみ》窯跡群など、大規模な窯跡群は調査があまり進展してはいないが、畿内・北陸系の窯と察せられる。(16) これらを含めて、越後の須恵器窯は八世紀前半から九世紀前半・中葉までのものでは、西南部と中部の一部に東海系が入ったものの、多くは糸切りを採用せず箆切りを維持しており、北陸地方と同じ変化をたどったものと考えられる。(17)

このように、畿内・北陸系と東海系の二つの系譜を設定すると、越後西南部は、須恵器生産の開始期に近い八世紀前半には、二つの系譜を受容したのであり、一つの地域で二つの系譜の工人が存在したことを示す。畿内・北陸系の一つは末野窯の本郷窯跡であり、東海系の窯は未確認である。末野窯では八世紀後半（末野窯Ⅱ期）には糸切り技法が一部出現し、その後大半が糸切りに変化する。末野窯Ⅱ期で主体を占める箆切りの系譜は、形態や手法の特徴から畿内・北陸系と考えられ、末野窯の現在の資料に即していえば、八世紀後半に畿内・北陸系から東海系への変化が生じ、その後東海系が定着する。しかしながら、消費地においては、東海系が二〜三割程度占める時期（今池Ⅳ期）の存在が想定され、末野窯Ⅲ期に併行すると考えられる今池Ⅴ期にも、なお畿内・北陸系の有台杯が半数近く含まれることを勘案すると、末野窯の内外を問わず、今池Ⅴ期の九世紀前半・中葉まで畿内・北陸系の系譜が併存していたものと推測される。

八世紀中葉前後の東海系のあり方が、いま一つ明確でなく、八世紀の前半と後半の東海の系譜の連続性については不分明である。かりに八世紀前半から九世紀前半・中葉まで、両者の系譜がそれぞれ連続して併存していたとするならば、両者は互いに交流・融合することなく、それぞれの系譜を維持し、その出自の変化に対応し、東海系においては糸切り技法の採用やそれによる新しい器種である椀（無台杯）などを製作したと想定される。

越後西南部で東海系の須恵器を生産していたのは、九世紀中葉から後半の時期までである。今池Ⅵ期の九世紀後半には総体的な須恵器の生産量自体が大きく減少しているとみられるが、再び箆切りの系譜が盛行する。ただ、少量ながら糸切りの杯も存在しており、東海系の生産が行なわれていた可能性もある。しかし、そうであったにしてもすでに衰退の傾向は明瞭であり、まもなく東海の系譜は途絶すると推定される。

九世紀後半は供膳形態に土師器が主体をなすようになり、律令期の土器様式が崩壊する時期であり、須恵器も大きく変化する。箆切りの無台杯は身が浅く、体部の開きが直線的かつ大きくなり、器壁は著しく薄くなる。また器面にはロクロナデによる凹凸が目立ち、ヌタ状の付着物がみられる。(補註2)このタイプの杯は今池Ⅴ期にわずかに出現するようであるが、それまでの杯と一見して区別できるほど、製作技法の変化がうかがえる。有台杯も同様で、器種として身の浅いタイプにかわって、身が深くて、体部の開きが大きいタイプが定着する。このような変化はおおむね北陸地方でも確認され、箆切りのこの系譜は北陸地方と同じとみなされる。ただし、この時期の窯は越後西南部ばかりでなく、全域で確認されておらず、その生産と流通のあり方は不明であるが、従前よりも広域の流通圏が成立していたことも考慮されよう。

一方、この時期に著しく多くなるロクロ土師器の無台杯（椀）は、底部回転糸切り無調整で、内面はとくになめらかな仕上がりのものが多く、形態や製法技術は今池Ⅳ期・Ⅴ期の東海系の須恵器無台杯と同一である。このタイプのロクロ土師器杯は、今池Ⅳ期に出現し、Ⅴ期で供膳形態全体の約二割、Ⅵ期で約七割を占める。北陸地方の場合、ロクロ土師器の甕・鍋は須恵器窯でも焼成されることが知られている（第Ⅰ編第2章）。九世紀以降に多くなる杯（椀）類は石川県戸津窯で、須恵器窯に混在して焼成遺構が確認された（小松市教育委員会　一九八三・一九八五）が、これは十世紀に比定されるもので、九・十世紀のすべての地域でこのような生産体制であったかどうかはなお検討を要する。(18)いずれにしろ、ロクロ土師器の杯（椀）類が東海系の須恵器の技術系譜と共通することは、注目しておく必要があろう。

おわりに

八世紀前半は、東日本において急速に須恵器生産が各地に波及する時期であり、越後もその一例である。こうした動向の背景には律令体制の整備といった事情が考えられるが、各地の須恵器のモデルになったのは、畿内地方と東海地方の二つの系譜が主体であったと考えられる。畿内の陶邑窯、東海の猿投窯はともに初期須恵器の段階から生産を開始し、律令期に至っている。両者の系譜は初期から相違する可能性が指摘されており（斉藤孝　一九八三）、七世紀代では猿投窯は顕著な地域性を保持していたとされ（山田邦　一九八二）、律令期までそれぞれことなった系譜を維持していたと考えられる。

畿内の系譜は越後を含む北陸地方に、東海の系譜は東海東部から信濃、越後の一部にそれぞれ波及し、越後西南部から中部にかけては、二つの系譜が併存する結果となった。[補註3] 東北地方の日本海側（出羽）や福島県東部の会津地方にも畿内から北陸を経由した系譜の存在が認められ、[19] 関東地方には東海の系譜がみられる。[20] ただし、これら二つの系譜にそのままつながらない須恵器もかなり存在するようである。[補註4] いずれにせよ、東日本では日本海側が畿内系、太平洋側は東海系という大局的な傾向は看取されよう。

在地の須恵器は地方独自の形態や製作技法により生産が開始され、展開するのではなく、畿内や東海の系譜をそのまま受容し、その変化を基本的にたどったものと考えられる。須恵器生産という専門的な技術が必要な部門であるからこそ、そうした技術系譜が伝播し、移動したといえよう。その生産にあたった須恵器工人やそれを支える勢力が、これとどのように関与したかなど、具体的なあり方については全く不明であるが、越後西南部には二つの須恵器系譜が存在することを確認しておきたい。

以上、本章においては律令期の越後西南部における、畿内・北陸系と東海系という二つの須恵器系譜について述べてきた。しかし、須恵器窯の発掘資料が少なく、明確な須恵器の変遷やそれにもとづいた二つの系譜の連続性など、重要な点については不分明なままである。須恵器窯の実態を詳細に把握し、時期や系譜、さらには窯構造などを明らかにすることが必要である。今後の越後の須恵器研究の大きな課題である。

註

（1）頸城地方とは一般的に古代の頸城郡をさすと考えられる。古代の頸城郡は現在の上越市・新井市（現妙高市）・糸魚川市・西頸城郡（現糸魚川市）・中頸城郡（現上越市・妙高市）・東頸城郡（現上越市・十日町市）を含む。このうち、上越市・新井市が所在する関川流域の頸城平野（高田平野）に大半の古代の郷が分布し、ここがその中枢地域であった。ここで越後西南部・頸城地方という場合は、頸城平野を中心とする地域をさす。『和名抄』によれば、越後国府の所在地は頸城郡であり、この平野部に位置したことはまちがいない。

（2）今池遺跡群は、越後国分寺に推定される上越市本長者原廃寺（坂井　一九八三c）に隣接しており、国府域にあたっている可能性もある（新潟県教育委員会　一九八四）。九世紀後半には大型掘立柱建物群は廃絶し、一般集落的性格に変化する。

（3）年代比定は、第一に第Ⅰ期土器が平城宮Ⅰ・Ⅱ土器と類似すること、第二に第Ⅳ期に小形長頸瓶（平城分類「壺G」）が存在すること、第三に第Ⅶ期の前半に光ヶ丘一号窯式（黒笹九〇号窯式）がともなうこと（坂井　一九八六）、などによる。

（4）今熊一号窯には箆切りの有台杯がわずかに含まれる。新潟県教育委員会採集資料にも箆切りの有台杯がわずかに含まれる（坂井　一九八四）。

（5）佐渡の小泊窯跡群（本間嘉　一九八六）にはこの時期の窯がある。本章補註2参照。

（6）石川県後山谷2号窯に糸切り無台椀があり、下開発遺跡からこのタイプのものが多数出土しているという（木立ほか　一九八五）。

（7）灰釉陶器椀の内面調整にコテの使用が想定されている（前川　一九八四）。

（8）東海地方の主要な窯には、猿投窯のほか美濃須衛窯、遠江の湖西窯が知られており、それぞれ相違する点があるという。

ここではこれについて詳細に検討できなかったが、形態や手法、とくに後述の大甕の特徴から、猿投窯の系譜と考えておく。

(9) この点については花塚信雄の御教示を得た。

(10) これ以外にも口縁部の形態から猿投窯の系譜のものがみられる。

(11) 石川県来丸サクラマチ窯にこのタイプと考えられるものがみられる（木立ほか 一九八五）が、これ以外では一般的ではない。

(12) 雨宮廃寺の軒丸瓦は二種類ある。栗原遺跡の瓦との類似性については上原真人の御教示を得た。

(13) 栗原遺跡の瓦の胎土分析（三辻利一）によれば、在地産と考えられる。

(14) 新潟県教育委員会採集の凸帯付壺（坂井 一九八四）は、信濃との関係が考えられる（笹沢 一九八六）。

(15) 形態などは直接猿投窯の系譜と考えられないが、有台杯の底部が丸いこと、回転箆削りすること、高台が断面方形でないこと、杯・蓋ともに内面がなめらかなこと、など東海系の特徴を有している。

(16) かなり広範囲に分布する窯を総称したもので、仮称であることを明記しておく。

(17) その意味で、この系譜は畿内から直接ではなく、北陸地方中西部から受容したことも考慮される。

(18) 須恵器窯、須恵器工人から独立したロクロ土師器の生産組織の存在を考慮することも必要であろう。

(19) 福島県会津若松市大戸窯跡群（柳内ほか 一九八四）には北陸地方との関連でとらえられるものがあり、越後北部から阿賀野川を経由した伝播が想定される。(補註5) 出羽の秋田県の須恵器については、（船木ほか 一九八五、船木 一九八六、庄内 一九八五）を参照。一部は東海系であろう。

(20) 東京都大丸窯、千葉県永田・不入窯が代表的である（服部敬史御教示）。なお、畿内の京都府マムシ谷窯跡（林ほか 一九八三）は、八世紀前半に比定されるが、底部が高台よりも突出するタイプの有台杯が多く、その系譜が注目される。ただし底部外面は回転箆削りされていない。

補註

（補註1） 今池編年についてはその後の発掘資料を加えて詳細に検討した春日真実により、年代の比定が多少ことなっている（春日 二〇〇五a）。それによればⅠ期は八世紀第2四半期、Ⅱ期は八世紀第3四半期である。第Ⅰ編第3章補註3参照。

（補註2）　この特徴的な須恵器は佐渡島の小泊窯で生産されたことが判明した（坂井　一九八八b）。九世紀以降十世紀に越後全域の広範囲に大量に流通した。この須恵器の流通については、第Ⅰ編第4章参照。

（補註3）　頸城地方以外でも東海系の存在が認められる（坂井ほか　一九九二）。なお、東海系には底部糸切り技法の猿投系のほかに箆切り技法の美濃須衛系の二種がある。群馬県に近い魚沼地方には東海系のほかに群馬系が存在する（坂井　一九九一）。また、土師器においても、頸城郡南部・西部、魚沼郡南部には九・十世紀の北信濃系土師器甕が明確にみとめられる（坂井　一九九三a）。

（補註4）　関東地方の須恵器系譜については、一九九七年に古代生産史研究会によりシンポジウムが開催され詳細な検討がなされた（古代生産史研究会　一九九七）。関東では東海系の存在もみられるものの、それ以外の系譜もかなり存在し、独自の展開もみられることがあきらかとなった。

（補註5）　旧稿発表の昭和六十三（一九八八）年直後に、福島県会津若松市大戸窯の須恵器を見る機会を得た。その結果、北陸地方との直接的な関連はみられないと考えるに至った。その理由は、底部箆切りでありながら、無台杯の形態が口径に比し底径が小さいということ、北陸地方に一般的でない器種が目立つことである。北陸地方以外におもな系譜を求めるべきであろうと考えた。その後、大戸窯跡の発掘調査報告書が刊行され、その系譜については、長頸瓶の形態などから東海猿投系の存在と、長頸瓶の高台や焼台、箆切り技法から北陸系の存在が示唆されている（石田　一九九四）。大戸窯の系譜は単一のものではないと思われるが、長頸瓶の環状突帯は東海美濃須衛窯にもみられ、大戸窯の折縁皿や環状つまみの存在も大戸窯と美濃須衛窯に共通して比較的目立つことから、大戸窯の系譜の中に東海地方でも箆切りを貫徹する美濃須衛系の存在をみることも可能と考えている（坂井　二〇〇四a）。

第2章　古代における米調理法の復原

はじめに

わが国では、弥生時代に稲作が始まって以来、米は重要な食物である。米は煮炊きなどの調理をして食べるものであり、原始・古代にあっては主に弥生土器や土師器の甕がその用をなした。

弥生時代から古墳時代にかけての米の調理方法については、具体的な研究がなされている（藤田 一九八六、柳瀬 一九八八など）。しかしながら、古代については、文献などから考えられてはきているものの、考古学的にはあまり論じられてはいない。筆者はこれまで古代の土器にふれるなかで、煮炊具にみられる「使用痕」、具体的には土器に付着した炭化物（おこげ）が具体的な調理方法を示唆すると思うに至った。それによれば、古代では米を「煮る」ことは少なく、通常「蒸」していたと考えられる。以下、これについて簡単に述べたいと思う。

1　古代の煮炊具（図91）

越後の資料をもとに古代の煮炊具を概観しよう。弥生時代以降の煮炊具は弥生土器あるいは土師器の甕である。古

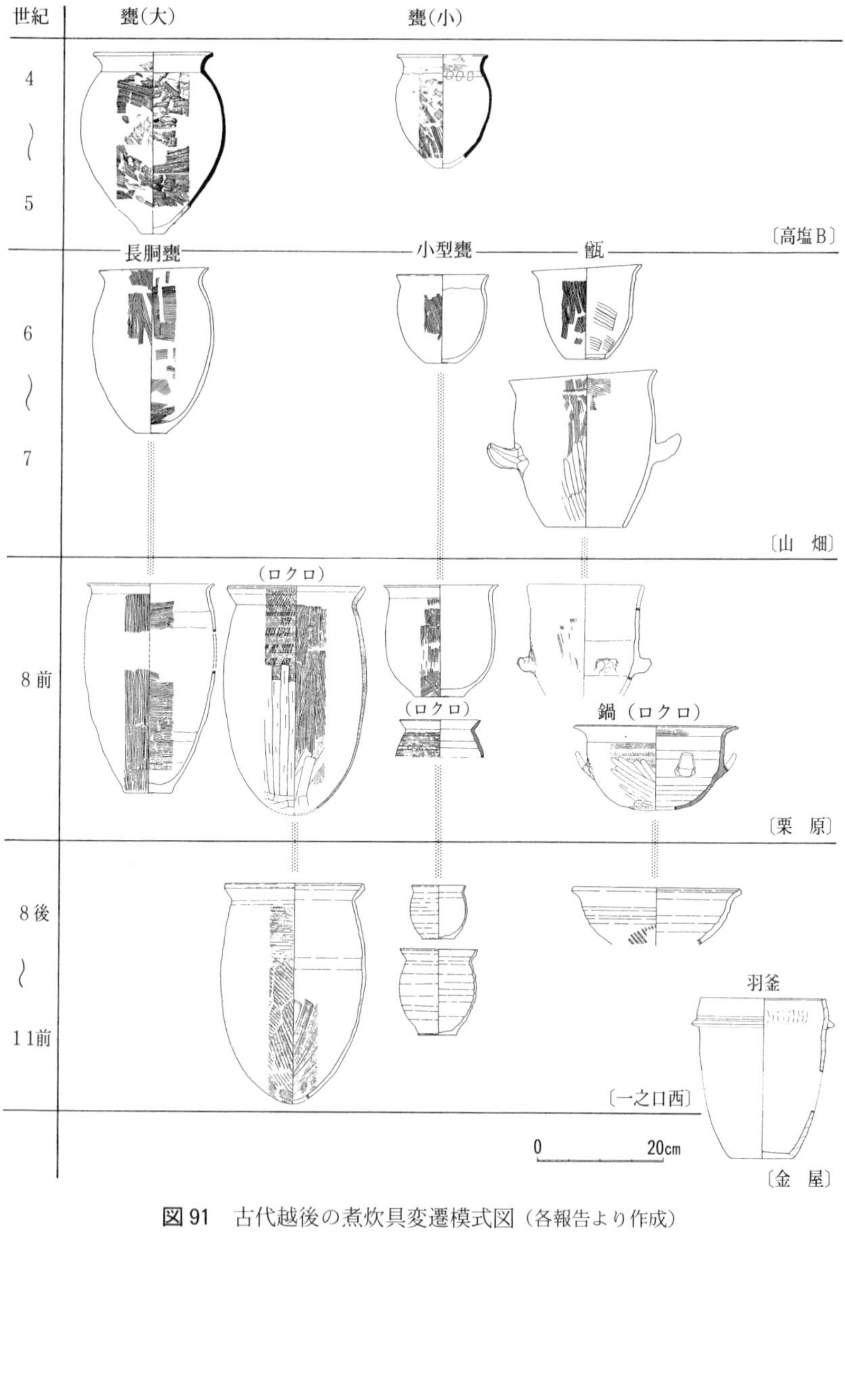

図91　古代越後の煮炊具変遷模式図（各報告より作成）

墳時代後期（ほぼ六世紀）になると、甕のほかに甑《こしき》が加わる。この甑は筒型で把手をもつもので、それ以前にある底部穿孔のタイプとはことなる。朝鮮半島からカマドとともにもたらされたものであろう。

古墳時代後期のもう一つの変化に、甕の長胴化がある。短胴の小型甕も併存し、長胴甕と小型甕の器種分化がこの時点で成立するようである。

奈良時代（ほぼ八世紀）以降になると、土師器の製作方法はロクロ使用に変化するが、甕における長胴甕と小型甕の二器種のセットは平安時代後期まで継承される。しかしながら、甑は八世紀前半には散見されるが、それ以降は姿を消す。一方、鍋が一定量存在する。群馬県・長野県と関係の深い魚沼地方では、平安後期に羽釜が出現する。

土器の煮炊具が確認できるのは、ほぼ十一世紀前半までであり、それ以降は鉄製品の普及が想定される。

八世紀以降の変遷については地域的にかなりことなる点も多いが、甑はほとんど見られないこと、十世紀ころまでの煮炊具の主体は長胴甕であることの二点は東日本のほとんどの地域で共通している。

2　米の調理方法

米の調理法方は大きくみて、「煮る」[1]と「蒸す」の二種類がある。「煮る」は容器のなかに水と米をいっしょに入れ、加熱するもので、現在の「ごはん」の炊き方は基本的にこの方法である。

これに対して、「蒸す」は水と米をいっしょに入れず、水を入れた容器の上に米をのせて加熱して水蒸気で蒸す方法である。この場合、米は甑か蒸篭に入れる。現在の赤飯を炊く方法がこれにあたる。

「煮る」と「蒸す」ではできた米が違う。古代では両者は区別されており、「煮」た米は「粥」、「蒸」した米は「飯《めし・いい》」という。相対的に「粥」はやわらかく、「飯」は固い。いまの「ごはん」は「粥」のうちでも固いものである。[2]いまの

「粥」は「汁粥」といえる（『古事類苑』飲食部）。

これまで文献史料からは、有名な貧窮問答歌などにより甑で蒸していたとされる（関根 一九六九）が、考古学からは、蒸したのはハレの場合のみで、普段は煮ていたとする意見が出されている（佐原 一九八六）。

3　煮炊具の「使用痕」

古墳時代の甑は言うまでもなく「蒸す」器である。水を入れた長胴甕の上に米を入れた甑を載せるのである。蒸す方法がどの程度普及したかは今後の検討が必要であるが、長胴甕と甑、そしてカマドの広範な普及は、大きく食生活そのものが変化したことをうかがわせる。甑の出現と普及とともに米を蒸すことが始まり、普及したと考えられる。

土製の甑が一般的に存在するのは、ほぼ六・七世紀とその前後のわずかな時期に限られるが、これが存在しない時期はどのような方法であろうか。これを解く鍵は甕の「使用痕」として残された内面の炭化物にある。

甑出現以前の甕内面には、一般に炭化物がよく付着している。特に下半部にいちじるしい。内面に炭化物が付着するということは、甕のなかに炭化する物質が入っていたことを示す。すなわち、水と米を一緒に入れて「煮る」と、炭化物が付着することになる。しかも、下半部に顕著なことは水分が少なくなるまで加熱していることを示しており、いまのごはんに近い「固粥」であったと考えられる。[3]

弥生時代以来、甑出現までは「煮る」方法が一般的であった（柳瀬 一九八八）のが、古墳時代後期に「蒸す」方法に大きく変化したことがうかがえる。[4]

一方、甑消滅以降の甕内面はどうか。長胴甕は外面にススが付着し、火を受けた痕跡が明瞭であっても、内面にはまったく炭化物は認められない（図92）。これまでどれだけの資料を見てきたか具体的な数字はあげられないが、新潟[5]

県山三賀Ⅱ遺跡出土資料を中心に少なくとも一〇〇個体以上のほとんど全てがそうである。小型甕には口縁部内面のみ幅一センチメートルほどの範囲で帯状に付着している場合が多い。これらのことから、長胴甕は中に何も入れないで加熱したものであり、とうてい「煮る」容器とは考えられない。これが煮炊具とすれば、「蒸す」時に水を入れる容器とみるのが妥当であろう。これにたいして、小型甕は何かを煮る容器である。

しかし、奈良・平安時代は土製の甑がほとんど存在しない時期であるので、土製以外の甑が存在したと考えられる。木製の甑を想定すべきであろう。(6)平安時代の文献である『和名抄』(7)には「甑」は木器類のなかにみえており、当時すでに木製甑が一般的であったことを示している。(8)また、出土木製品のなかにも、蒸し器の一部とみられるものが少数

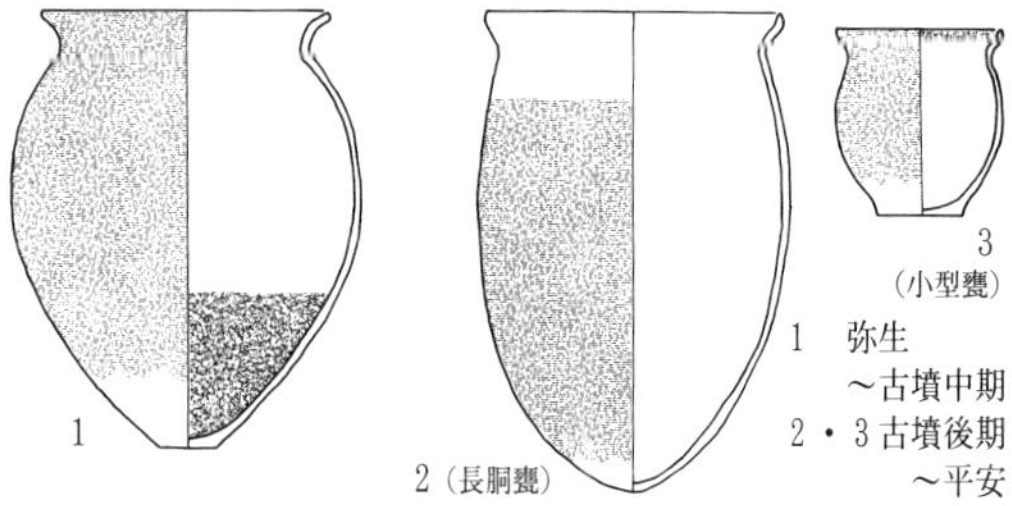

図92　甕のスス（外面）・炭化物（内面）の付着状況模式図

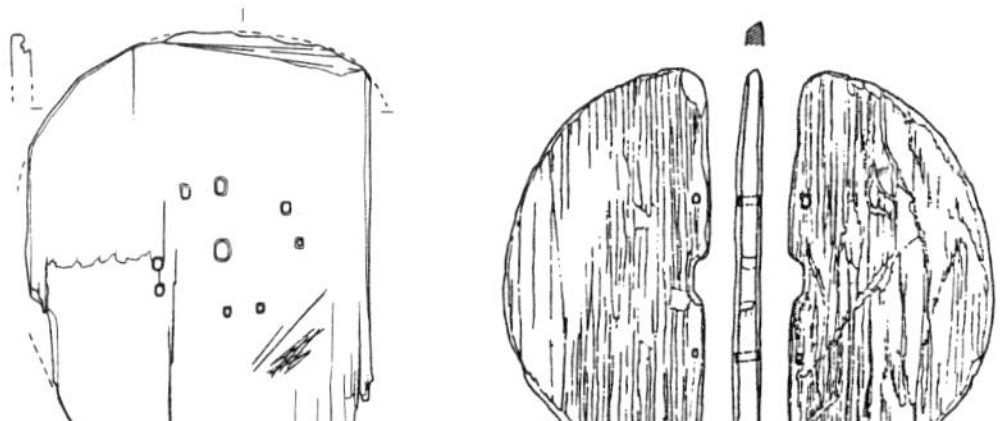

1・2 新潟県鶴巻田　3 福島県佐平林　4 奈良県平城宮
図93　木製甑出土例（各報告より作成）

ながら存在する(9)(図93)。いずれも円形の板に孔をあけたもので、曲物などの底部に据えて使用したものと考えられる。このうち4は挽物の盆を転用したものである。

長胴甕と小型甕の比率は、感覚的には同量程度と推定される。長胴甕が米を蒸すものとすれば、小型甕は何を煮炊きしたのか。小型甕の炭化物は口縁部内面のみで、胴部内面、特に下半部にはみられないことからすれば、汁物を煮たと考えられる。水分の多い汁粥やスープなどであろうか。小型甕で煮炊きしたものが食事のなかでどれだけのウェイトを占めていたかによっては、蒸した米の占める割合もことなってくるが、小型甕の容量からみて、主食はあくまで蒸した米、「飯」と考えられる。(10)

おわりに

古墳時代後期に定着した「蒸す」煮炊方法は、土製の甑がなくなる奈良時代以降もすたれることなく、平安時代後期に至るまで一般的であったといえよう。古代の人びとは文献にみられるように蒸した「飯」を常食としていたのである。蒸すことのために採用された長胴甕が、奈良・平安期を通じて煮炊具の主体をなすこと自体、それを示唆するように思える。(11)

ひるがえって考えれば、古墳時代後期の時期に、ほぼ全国的にそれまでの「煮る」調理法が一変したことの意義こそ、大きく評価する必要があろう。日常生活の基本的な部分である食習慣の様式変化だけに、その背景には「蒸す」調理法の故地である朝鮮半島からの、きわめて直接的かつ強力な影響が当然考えられる。一つには半島からの多くの人びとの渡来、移住が想定されるが、なお多角的な検討が要請される。

註

（1）現代の語感からすると、「煮る」は「炊《た》く」という表現が適切かとも考えられる。しかし、現在は基本的にことなる調理法である「ごはん」と「赤飯」をともに「たく」と表現することから、「たく」は一般に米などを煮炊きすることを総称するコトバと考えられる。ここでは対象物を水をいっしょに入れて加熱する方法を「煮る」とし、両者を区別する。

（2）蒸したものを「強飯《こわいい》」、煮るいまの「ごはん」を「姫飯《ひめいい》」というように、ともに「飯」とする表現もある。

（3）弥生時代以降、古代にあっても米が常食とされていたかどうかという議論がある。重要なことではあるが、ここでは煮炊きする対象物が米かどうかについては、あまりこだわらない。炭化物が残されているということは、それが米でないにしろ、穀類を「煮た」ことを示している。穀類であれば、基本的に米と共通した調理法を行なっていたと考えられるからである。ちなみに米と特定できる炭化物もかなりあるらしい（柳瀬　一九八八）。

（4）古墳時代後期の煮炊具の資料については、あまり観察する機会にめぐまれていないが、長胴甕の内面に炭化物が明瞭に付着したものは、はとんど見られない。甑の普及とともに、実際に蒸す調理法も普及したものと考えられる。

（5）甕の外面底部付近は一般に顕著にススは付着していない。このことは底部のススが付着しないような位置に甕が置かれていたことを意味するとの理解が一般的と思われる。しかし、必ずしもそうではないようである。小林正史が参加したフィリピンの民族調査によれば、土器を煮炊具として一定期間使用すると、水漏れが生じ、そのために底部外面に付着していたススがとれるという。水漏れが破棄する直接的な要因であるという小林の重要な指摘とあわせて、留意すべき点である。

（6）福田建司も木製甑（蒸篭）で蒸していたと主張する（福田　一九八六）。その理由として、関東地方の長胴甕の器壁が非常に薄くなり、重い土製甑をのせることに、耐えられなくなったことをあげる。しかし、長胴甕の器壁や形態などに大きな変化がない地域でも、土製甑が消滅することは、甕の変化と甑の消滅には相関関係はないことを意味する。また、福田のいう、熱効率を高めるために器壁を薄くするという理解も一考を要するように思われる。しかし、示唆に富む内容の文章である。

（7）承平年間（九三一〜九三七）の成立。

（8）古代の文書中に釜と檜（木製の甑の意）を併記した例が多くみられ、この点からも蒸したことが推定されるという（関根一九六九）。

木製の甑として使用された可能性をもつのは曲物である。曲物は文献からみて土師器より割高であることから、木製甑が一般庶民まで普及したことに疑問をもつむきがある（岩本　一九八七）。しかし、土師器に比しかなり破損しにくい曲物の耐用年数を考えれば、曲物のほうがむしろ安価であったといえるかもしれない。

（9）福島県佐平林遺跡例は福田健司御教示、平城宮例は関根真隆の指摘（関根　一九六九）による。新潟県鶴巻田遺跡例は報告（藤巻　一九八八）に蒸し器の可能性が指摘されている。これらは民俗例（名久井　一九八七）の木製甑に類似したものがみられる。

（10）関東地方では甑のほとんどが長胴甕で、小型甕は台付のものが、数十軒に一個体くらいの割合でしか存在しないという（福田　一九八六）。この程度の比率であれば、日常は蒸していたと考えられる。

（11）奈良時代以降も煮炊具が長胴甕主体の地域は、畿内以東では近江が西限と考えられる。この地域の各地の資料をつぶさに観察したわけではないが、長胴甕の内面に炭化物が付着している例はほとんど見られない。長胴甕の存在する地域では、まず蒸すことが主であったと考えられる。

一方、畿内中枢部では奈良時代以降、球胴の甕が普及するようであるが、平城宮の八・九世紀の資料を見る限り、高さ一五センチメートル以下の小型甕（球胴）のみ、内面の全面に炭化物が付着している例が多い。球胴であっても大型の甕は、炭化物の付着はみられない。小型甕では米を煮たものと考えられるが、大型甕で蒸したことも多かったと推測される。

補註

土器による煮炊きの方法に関しては、小林正史を中心として、土器の内外面にみられる燃料から出たスス、吹きこぼれ、食物が炭化した内面のオコゲ、熱による剥落などの使用痕跡の観察によって、研究が精力的に進められている（小林正　一九九七など）。

第3章　土器文化の終焉
――東日本・北日本の場合――

はじめに

現在の食卓には陶磁器の茶碗や皿などの食器がたくさん並ぶ。焼き物である陶磁器は、現在でも日常生活に欠かせない必需品である。焼き物の起源は、日本列島においては、縄文時代がはじまるころ、約一万二〇〇〇年前の土器にさかのぼる。土器の発明は、人びとの生活を格段に豊かにしたにちがいない。長い歴史のなかで、焼き物は土器のほかに陶器・磁器なども生み、時代によって形や機能を変えながら、現代に至ってもなお大きな役割を果たしている。

ところで、遺跡を発掘するとたくさんの土器が出土する。平成七（一九九五）年現在、全国の自治体で保管されている出土遺物の総量は、深さ一五センチメートルのコンテナ四六〇万箱、体積一六万五〇〇〇立方メートル、霞ヶ関ビル一二階分に相当する（文化庁記念物課 一九九七）。そして、じつにその七割以上が陶磁器を含む土器類なのだ。全国の発掘面積から算出すると、一〇〇平方メートルの遺跡から、平均コンテナ二箱分の土器が出土する勘定だ。遺跡から、これほどたくさん土器が出土することにより、その保管と活用が現在大きな課題となっているが、この問題は土器をたくさん生産し消費してきた、日本固有の土器文化の特質に根ざしているといわねばならない。

しかし、どの時代、どの地域でも、土器類が多いかというと、そうではない。東日本や北日本においては、陶磁器を含む土器類の出土量がきわめて少ない時代がある。それは中世だ。新潟県で発掘していた私の経験では、一般的な中世の遺跡ならば三〇〇〇平方メートルを発掘してもせいぜいコンテナ数箱。奈良・平安時代の一〇分の一くらいだろうか。正直なところ、どの時代の遺跡も中世のように遺物が少なければ、報告書を作るのに、遺物を保管するのに、どんなに楽かと思ってしまう。

土器類は高温で焼かれているため土の中でも腐らずに残る。当時使っていて遺跡に残されたものならば、破損し破片になったとしても、土器のまま出土するものである。だから、東日本・北日本の中世においては土器・陶磁器は古代までのように、たくさん使われてはいなかったということなのだ。縄文土器の成立以来、永く続いてきた土器文化は、ここにまさに終焉を迎えた感がある。古代から中世にかけて生じた土器の変化とはなにか。ここで少し考えてみよう。

1　東日本における古代の土器・中世の土器

（1）古代の土器

古代の土器は、弥生土器の系譜を引く軟質の土師器と、古墳時代に朝鮮半島から伝来した硬質の須恵器からなる。須恵器が東日本まで定着したのは奈良時代である。七世紀末から八世紀前半ころ、古代律令体制の波及・確立に呼応するように、東日本の各地で須恵器の生産がいっせいにはじまり普及した。ここに律令国家期の土器様式が成立する。

古代律令期の八・九世紀の土器は、種類によって機能の分担が明瞭である。食膳に用いる食器は須恵器・土師器の杯・椀、火にかけて調理する煮炊具は土師器の甕（現代的に言うと「鍋」）、液体・固体の貯蔵具は須恵器の甕・壺である（図94・95）。遺跡の種別により比率の差はあるが、土器の多くは食器と煮炊具が占めることが多い。杯は量的に多く、個人用の食器だろう。律令期の土器を特徴づける須恵器の食器は、九世紀半ば以降しだいに少なくなり、十世紀には主体は土師器の椀・皿となる。これが新たな王朝国家期の土器様式だ。

米などの煮炊きに使う土師器の甕は、大型品と小型品がある。大型品は三〇から四〇センチメートルほどの、長胴の長甕である。長甕はカマドを用いて蒸す調理法に伴って、朝鮮半島から五・六世紀に伝来し全国に定着した。一般的にこの甕の内面には使用による汚れはみられない。つまり、この甕には水だけを入れ、この上に米を入れた甑（蒸籠）をのせて加熱し、蒸したものだろう（本編第2章）。土師器の甕は十一世紀のうちにほとんど姿を消す。なお、須恵器の貯蔵具には球胴の大型の甕と液体を注ぐのに適した壺・瓶がある。

図94　古代律令期、8・9世紀の土器（中央の長い土器のみが土師器。ほかは須恵器。右端の須恵器大甕は高さ約50cm。新潟県教育委員会1989より）

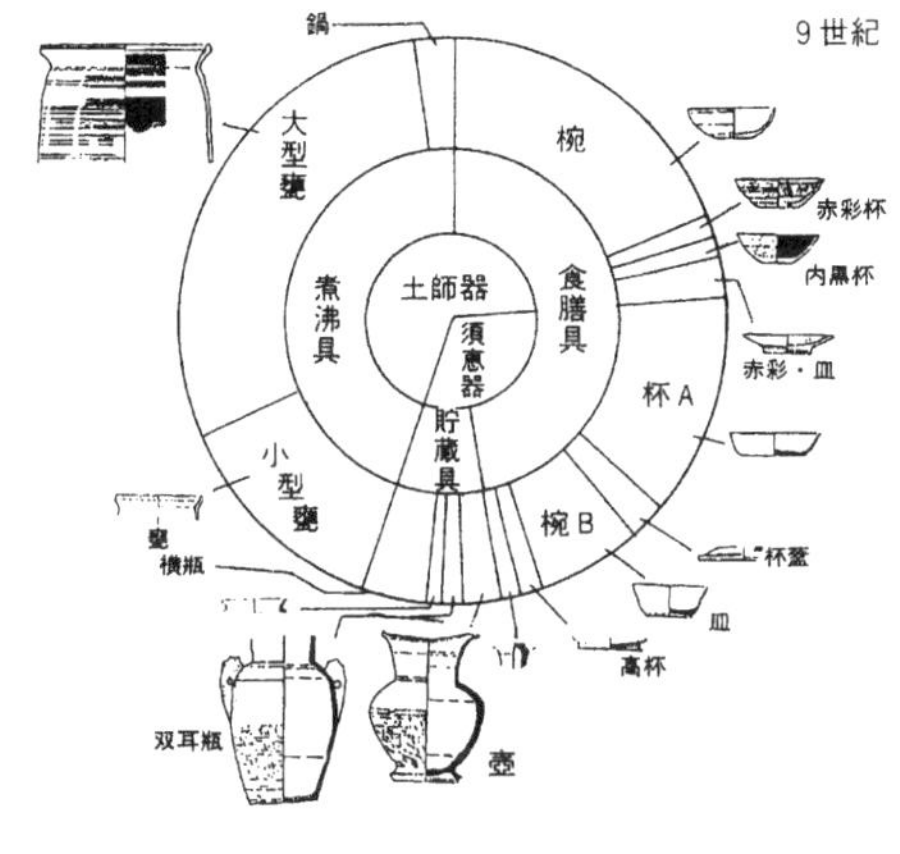

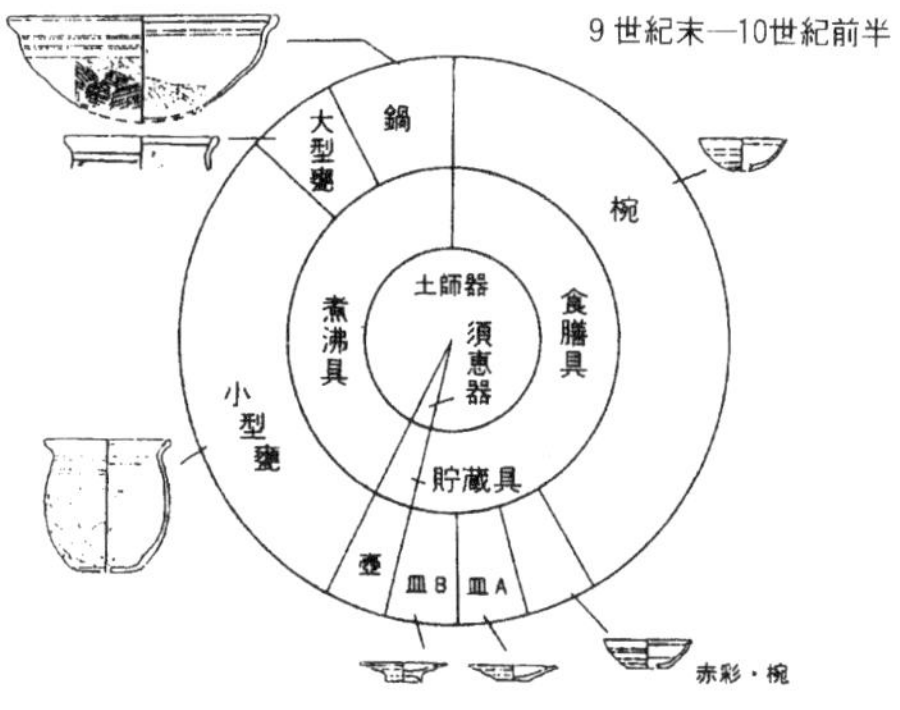

図95　富山県南田中遺跡の古代土器の組成（富山県埋蔵文化財センター 1994より作成）

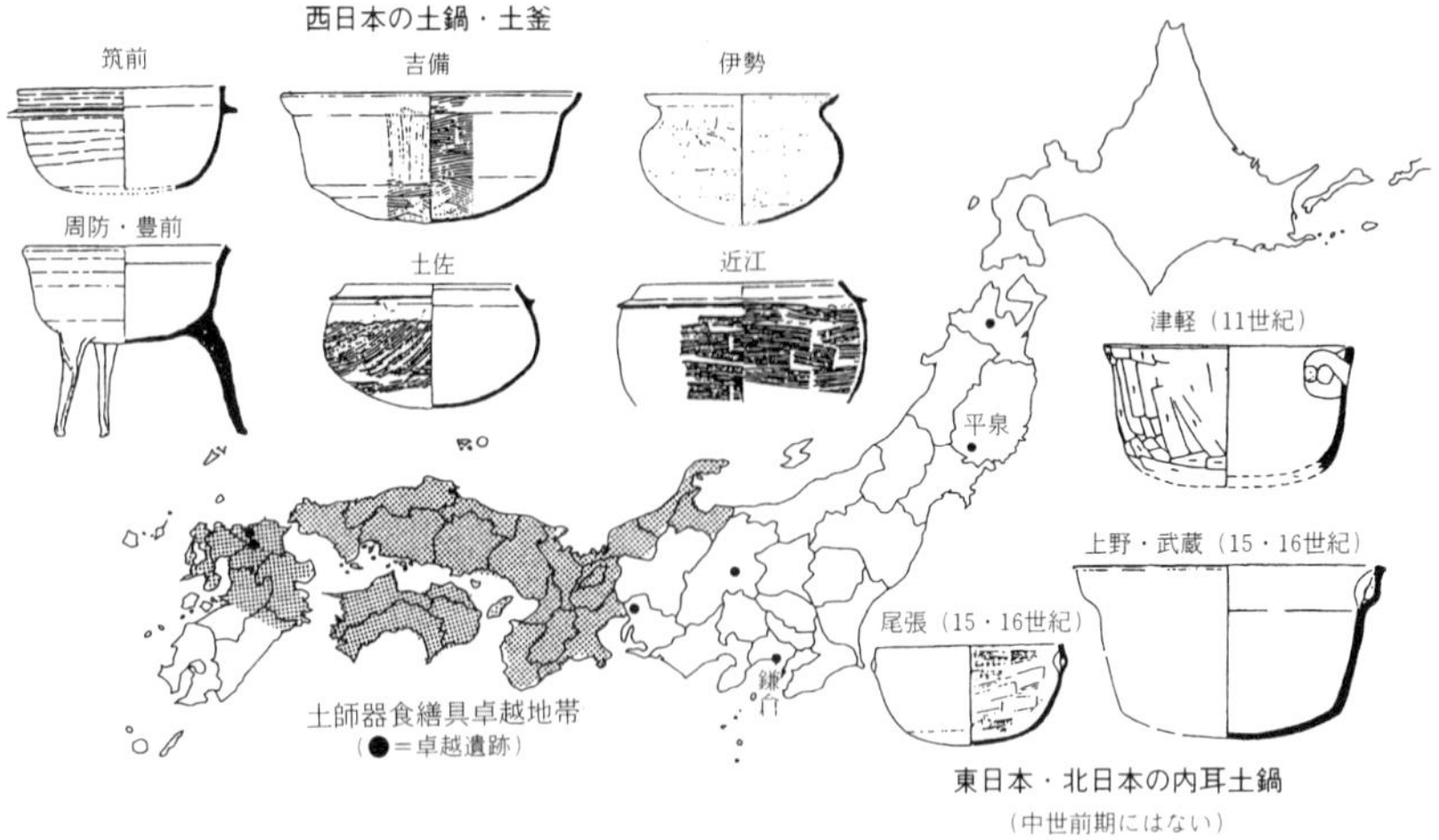

図96　中世の土師器食膳具分布地域と土製煮炊具（宇野 1997より作成）

（2）中世の土器・陶磁器

東日本における中世の土器は、おもに国産の土器・陶器と中国製の陶磁器からなる。中世を特徴づける中国産の陶磁器は、鎌倉時代の直前、十二世紀後半以降に全国各地に急速に広まった。国産の陶器は、常滑（愛知県）、東播磨（兵庫県）、能登の珠洲（石川県）などで大規模に生産されて、おもに水上交通により広域に流通したものであり、調理具として欠かせない擂り鉢と、貯蔵具の大甕・壺を主体とする。

食器の椀・皿としては、中国製の青磁・白磁、土師器、陶器などが存在するが、日常的にふんだんに使用されたと考えられるほど出土しない。カワラケといわれる土師器の皿も、鎌倉・平泉などの都市や地域の拠点的な場を除くと、ほとんどみられない。東日本・北日本のこうしたありかたは、カワラケのほかに山茶碗・瓦器椀が普遍的にみられる、越中・伊勢地域などを含めた西日本と対照的である（図96）。地元で作られた土器が日常的な食器として使われなくなったことは古代との大きなちがいだ。

土器類のほかには、木製の漆器が食器として普遍的に使用されたものと思われる。しかし漆器の出土量はあまり多くはない。土器・陶磁器より腐食しやすく、井戸や溝など水分の多い条件下でしか出土しないことや、土器よりも破損しにくく消費量が少ないことなどのほかに、食器の使用・消費のあり方が、古代とはことなることも考えられる。

一方、東日本・北日本は西日本とことなって、土器の煮炊具がほとんど存在しないことも大きな特徴である。しかし、かといって中世の人びとが煮炊きせずに調理していたとは考えがたい。土器以外の、おそらくは鉄製の煮炊具を使っていたものと考えられる。鉄の鍋釜は中世の絵巻物にも描かれており、わずかながら伝世品があることから、その存在が確認できるが、鉄製品は遺跡からはあまり出土しない。腐食するだけではなく、不用になった製品を原料とし、鋳直して再生することができるからだ。なお、一五・一六世紀の中世後期には、内耳鍋形の土器が日本海側を除く地域にあらわれる。

このように東日本における古代と中世の土器のあり方を比較すると、二つの大きな変化が浮かび上がる。一つは土器の食器の有無、もう一つは土器の煮炊具の有無である。これまで、古代と中世の狭間の十一世紀を前後する時期については、遺跡数が少なく、土器の様相も不分明であった。しかし、近年少しずつその過程も明らかにされつつある。つぎにそのあたりを概観しよう。

2　古代後期における食器の変化

(1)　土器の変化

古代の食器は平安時代中期以降変化する。須恵器の減少とともに土師器が増え、十世紀になると、須恵器はほとんど姿を消す。土師器は須恵器と同じくロクロ成形・調整であり、表面を黒く加工した黒色土器が一部伴う。須恵器から土師器への変化は、金属器を模した杯から、緑釉や灰釉などの施釉陶器を模した椀・皿への形態変化でもある。土師器の椀・皿は高台が付くものと付かないものがあるが、須恵器のように蓋を伴うことはない。

十一・十二世紀になると、一〇センチメートルから一一センチメートル程度の小型の椀・皿や、足がとくに高い「足高高台」、底部が分厚く円柱状になる「柱状高台」をもつ椀・皿が、目立つようになる。これらの形態は、食器としては使いにくく、実用性に乏しく感じられる。これに加えて、土器の胎土やロクロの調整などは粗雑になる傾向が顕著で、食器としての用をなすのか疑わしいものさえある。土器の総量は減少しながら、十二世紀前半ころまでは、こうした土器が存続する。

ところが、十二世紀後半には、政治の中心地、京都特有の技法で作られた土師器の皿・カワラケが、鎌倉・平泉など拠点的な場を中心として東日本・北日本にも点的に波及する。しかし、一般的な遺跡においては、カワラケの量はごく少なく、伝統的な土師器の椀・皿はなくなってしまう。

（2）「使い捨て」の食器

古代後期の食器は、器種とその構成が変わることのほかに、使われ方が大きく変化した。十・十一世紀の土師器で、残り具合のよいものの表面は、傷もなく擦れたようすもないものが目立つ。八・九世紀の須恵器の杯や蓋は、接地する底の面や内面の中心部が、擦れて滑らかになっているものが多く、これらが実際に繰り返し使用されたことがわかる。須恵器より軟らかい土師器でありながら、表面のロクロのナデ調整の痕があざやかに残り、作りたてのようにざらついている表面は、食器として日常的に何度も使用されてはいないことを物語る。

同時にそれまであまりみられなかった、特徴的な土器の出土状況がある。多賀城跡に近い山王遺跡の、陸奥国守の館と推定される一角の土坑（穴）から、ほぼ完全な形の土師器の椀が二五〇点あまり出土した（第Ⅱ編第1章）。時期は十世紀初頭前後である。この周辺では、これと同様の遺構がいくつか見つかっており、そこから出土した土器は何度も使用した痕跡はほとんどみられない。また、官衙関連と推定される新潟県下之西遺跡では、十世紀前半ころの土坑から、概算で一〇〇〇点をこえる土師器椀が一括出土している（図97）。出土する土器の量が相対的に減少するなかで、このように、何度も使われておらず、しかもほとんど壊れていない土師器の食器が、まとまって土坑から出土する例は、このころ以降各地で目立つようになる。

石川県千木ヤシキダ遺跡では、十世紀半ばの廂付大型建物のそばの土坑から、完形に近い一〇〇個体以上の食器が出土し、建物の建築儀礼に伴う飲食のあとに廃棄されたと考えられている。また、土坑ではないが、長野県吉田川西遺跡では大型の竪穴建物から、二〇〇点以上の食器が並べたような状態で出土している。このように土器の食器が一括して出土する遺跡や場は、先の山土遺跡のように身分の高い者の居住地である場合が一般的だ。すでに中世といえる十二世紀後半の、藤原秀衡の平泉館と推定される柳之御所遺跡もその延長上にあり、遺跡を区画する堀や多くの土坑・井戸から、総計一五トン、一〇万枚とも推定される大量のカワラケが出土している。

図97　新潟県下ノ西遺跡から一括出土した土師器椀（和島村教育委員会提供）

饗宴・宴会は、今日でもさまざまなかたちでみられる。親類・集落・職場の冠婚葬祭や時節の会など、種々の儀式・行事につきものである。その席では、酒をおのおの飲むのではなく、杯を酌み交わすことが、現在でも慣習になっている。それは宴会の目的がただ酒を飲むのではなく、それにより参加者が一体、同心となることを確認し合うという神聖な目的があることを示唆しているように思われる。それはともかく、土器のあり方からみると、平安時代の十世紀ころから、地域の政治・社会の拠点的な場で、儀式に伴って人びとが集い、ともに飲食したことが知られる。神聖な場で使われる食器だから、清浄でなければならない。それには素焼きの、まっさらの土器がふさわしい。その土器はもはや日常的な使用を目的としてはおらず、小型で作りが粗い椀・皿であった。一度その場で使われた食器は、壊れていなくともけがれたものであり、穴を掘って納めるように廃棄する。畿内の中世カワラケの原型は、十世紀後半ころの京都で成立した、いわゆる「て」の字状の土師器皿にあり、このような土器の新たな機能の確立と普及を、ここにもうかがうことができる。それは王朝国家の新たな秩序の形成と地方への拡散ともいえよう。

(3)　漆器の普及

他方、このようなやや特殊ともいえる場面以外では、ほとんど土器の食器を使わない生活に変化していた。漆器などの木製品が使われたとみてよい。それを端的にあらわすのが東北北部である。青森県では十世紀後半から十一世紀に木製の漆器が遺物として確認される。岩手県北部を含めた東北北部地域においては、十一世紀代には土器の食器はほとんど存在せず、漆器がこれにかわっていたとみられる。漆器は律令期の器の序列においては、金属器に次いで高級品に位置づけられていたが、十一世紀には、渋下地塗り技法の採用により、量産され安価になり、広く普及する素地をつくった。

土器の食器としての実用的な機能が失われたこと。それが古代後期の土器の大きな変化であり、それが東日本・北日本の中世土器様相の一特徴を規定したといえそうだ。

3　古代から中世における土製煮炊具の消滅

古代の煮炊具の土師器の甕は十一世紀まで存続するが、それまでの間に煮炊具に変化がなかったわけではない。十

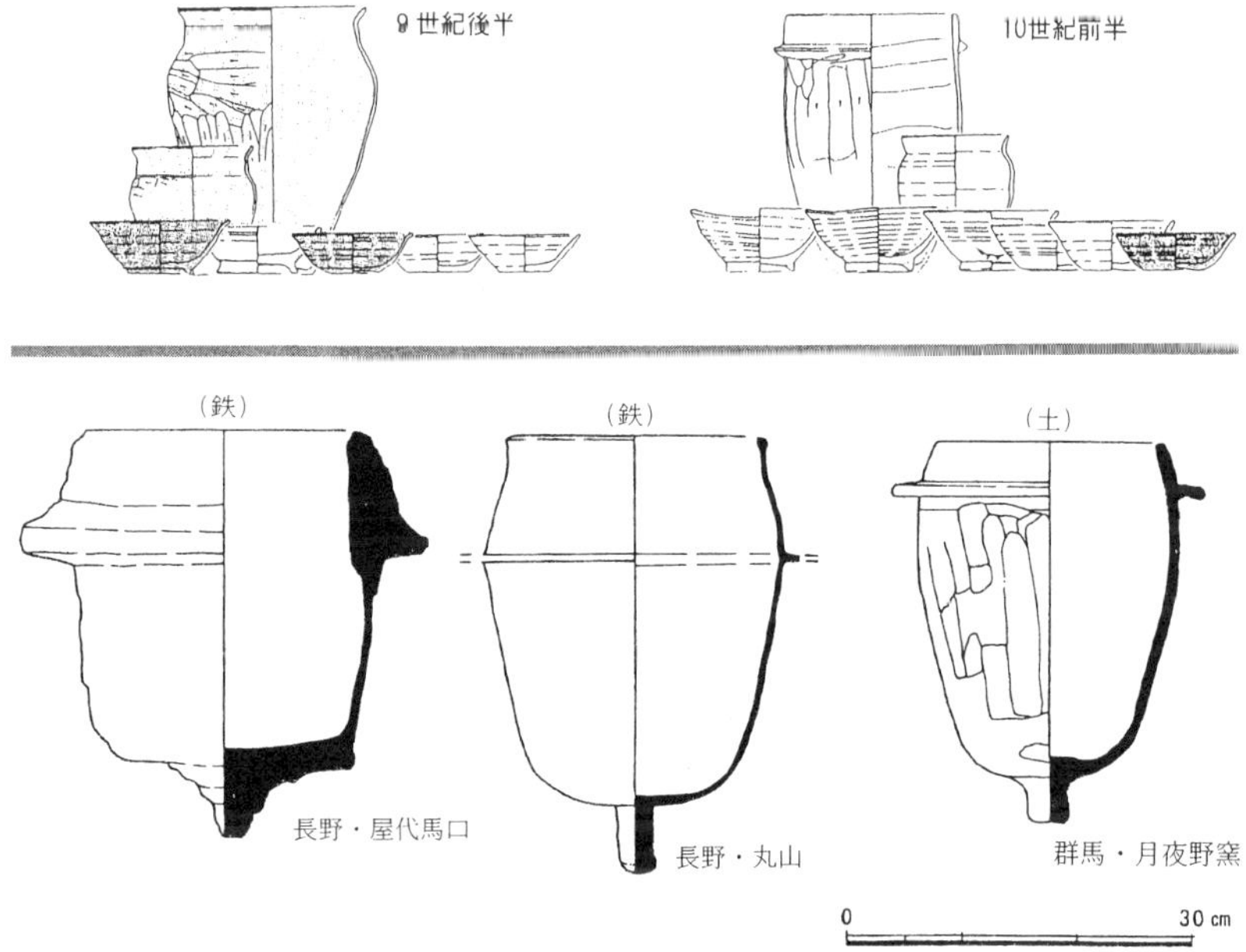

図98　群馬県北部における土器の変化（上段）と鉄製羽釜・羽釜形土器（下段）
（群馬県埋蔵文化財センター 1997、五十川 1992 より作成）

世紀ころから鉄製品が普及し、土器を駆逐していく過程は、わずかではあるが鉄製品が出土することと、それを模倣した土器が出現すること、さらに土師器の甕が減少することなどからたどることができる。

(1) 鉄製煮炊具とそれを模倣した土器

古代における一般的な煮炊具は土師器の甕である。この甕の形態や技法は地域ごとに特徴があるが、形態そのものは鉄製の煮炊具に起源をもつのではなく、土器オリジナルのものだ。ところが、平安時代の中ごろ、十世紀前後の時期に明らかに鉄製煮炊具の形を模倣した土器があらわれる。その代表が羽釜形の土器である。

羽釜形土器が普遍的にみられるのは東山道沿いの群馬県と長野県の地域であり、ほかの関東地方でも散見される。これらの地域では十世紀になると普及し、とくに群馬県においては量産された（図98上段）。羽釜形土器の容量は、それまでの伝統的な甕とほぼ同じであり、内面の使用痕からみても、湯沸しがおもな機能であろう。鉄製羽釜の出土例はいちじるしく少ないが、長野県丸山遺跡・屋代馬口遺跡で十世紀から十一世紀とされるものが出土している（図98下段）。これらの形態は群馬・長野両県の羽釜形土器と共通し、底部の湯口まで忠実に模倣した例が群馬県北部の月夜野窯跡群から出土している。

東北地方には、甕のほかに内耳鍋と片手鍋を模倣した土器が特徴的にみられる。いずれも十一世紀から十二世紀の時期のものである。鉄製の内耳鍋は青森県古館遺跡や岩手県平泉・柳之御所遺跡に例があり、内耳鍋形の土器、いわゆる内耳土器は、青森県津軽地方の高屋敷館遺跡や蓮田大館遺跡（図96）にある。その分布は北海道にも及ぶ。中世においても内耳鍋は、東海地方を東限に、東日本・北日本に分布することから、この段階でのちの伝統的な煮炊具が成立したといえる。

鉄製の片手鍋は宮城県多賀城跡、秋田城跡に九世紀後半から十世紀中ころのものがあり、片手鍋形の土器は、十世紀から十一世紀の青森県から福島県の地域に例がある。片手鍋の鋳型は九世紀ころの福島県武井地区製鉄遺跡群にあり、生産が確認される。

（2）土師器甕の減少

羽釜や内耳鍋などの鉄製品を模倣した土器は、どの地域にも存在するわけではなく、北陸地方においてはまったくみられない。つまり、奈良時代以来の伝統的な土師器の甕と鍋のみの構成で、十一世紀にこれらが完全に消滅する。甕の消滅はとりもなおさず土器オリジナルの器種・器形の消滅であり、大きな意味がある。しかし、大きな変化はその前に生じている。富山県南田中遺跡の土器のうち、九世紀と九世紀末から十世紀前半の土器を比較すると、この間に大型甕の比率がいちじるしく減少することが注目される（図95）。新潟県を含めた北陸地方もほぼ同じ傾向を示す。

大小の甕のなかでは、この時期において大型甕に代わる鉄製の煮炊具がさきに日常的に使用されていたことを明確に物語る。

一方、関東地方とその周辺では、武蔵型・常総型・相模型・甲斐型など、奈良・平安時代には地域特有の特徴をもつ土師器の甕が生産されていたが、十世紀ころになると、その特徴が失われ、食器を含めた伝統的な土師器の生産体制も大きく変容したことがうかがえる。鉄製品の普及との関連も考慮される。

東北地方においては、律令国家の枠内に位置づけられていた南部と、その外の北部とで様相は異なる。南部の岩手県志波城跡周辺、秋田城跡周辺においては、前述の北陸地方と同様に、十世紀前半代で土師器の大型甕が減少し、後半代には小型品もほとんどみられなくなる。一方、北部は前述の片手鍋・内耳鍋形の土器とともに、十一世紀代においてもなおロクロを使わない調整の粗い煮炊具が存続する。政治的に異なった基盤をもつ両地域において、鉄製煮炊具の普及に差があったのだ。しかし、北部でも十二世紀には土器の煮炊具は消滅する。

奈良・平安時代に並行する時期の北海道地方には、本州の土師器の影響を受けた擦文土器と呼ばれる土器がある。煮炊具の甕が主体であり、食器はあまりみられない。擦文土器の終末の時期については十一世紀説から十三世紀説まであるが、青森・秋田県での土師器と擦文土器との共伴関係を重視すれば、東北北部とあまりかわらない時期に消滅したものと思われ、北日本全域において、十二世紀のうちに、土器文化は終焉を迎えたようだ。

ところで、東日本では鋳型を伴う奈良末・平安時代の製鉄遺跡が、いくつか知られており、鋳物生産の活発化を示唆する。ただし、秋田県北部から青森県津軽地方においては、十世紀から十一世紀とされる製鉄遺跡が知られているが、これらには鋳型は伴っておらず、鉄製煮炊具を生産していた可能性は低い。

（3）　貯蔵具の消滅

須恵器が主である貯蔵具の壺・甕も、平安後期にはほとんど確認できなくなる。東日本・北日本では、須恵器の生産は十世紀までに完全に衰退する。一方、中世の国産陶器の壺・甕はほぼ十二世紀後半をまたなければ普及しない。したがって、十一世紀前後には、同時代に生産された貯蔵具はなく、すでに生産されていた須恵器か、焼き物以外の器を使っていたと考えられる。しかし、この時期の遺跡からは焼き物の貯蔵具がまったく出土しない場合もある。これまで、古代にも中世にも焼き物の貯蔵具が存在することから、貯蔵具だけは焼き物でなければ機能は果たせないと、一般的に考えがちであった。しかし、そうではないようだ。貯蔵具でさえ焼き物でない時代があったと思われる。焼き物は生活になくてはならないものという常識は、必ずしも正しくはないようだ。古代の須恵器の甕ははたして水などを貯蔵する日常的な容器であったのだろうか、という疑問も考えてみる価値があるのではないか。

4　西日本の中世土器文化

東日本・北日本においては、古代後期から土器が変質しはじめ、中世には長い伝統をもっていた土器が消えた。しかし、西日本では、瓦器・山茶碗・土師器の食器があり、土製の煮炊具である土鍋や土釜が普遍的に存在していた（図96）。その分布は歴史的な「西国」の範囲に近い。それでは西日本においては、まったく古代から中世への変化はないのかというとそうではない。煮炊具でそれをみておこう。

畿内においては古墳時代の五・六世紀から、少数ではあるが鍔の付いた長胴の土釜が作られていた。この形態は一般的な長甕と同じである。その後、大和・河内では九世紀に球胴の鍔を付けたものが出現した。この地域においては、近江・東海西部以東の地域とことなり、八世紀には甕が長胴から球胴に変化する（この変化そのものが鉄釜の形態に影響を受

け た可能性もある)。そのため鍔を付加した球胴の土器が、鉄製品を模倣したとはいいきれない面があり、たしかに口縁の形態は「く」の字状で甕と共通する。しかし、これより遅れて十世紀ころに成立する、摂津型・和泉型といわれる土釜は、口縁が内湾する鉄釜特有の形態であり、明確に鉄釜の系譜とみられる器種である(図99)。この時期は、東日本の群馬・長野県地域で羽釜形土器が成立・波及する時期とほぼ一致している。このころには畿内地方でも鉄釜が普及しはじめたことを示唆する。その後、土器の系譜を引く形態は衰退し、中世に至る間に鉄製品を模倣した形態に完全に転換した。煮炊具においては、伊勢型鍋など一部の特殊な例を除くと、土器オリジナルの器種・器形の時代は終わったのである。

中世の西日本で鉄鍋・鉄釜が使われていたことは、絵巻物や文献史料から明らかである。それでもなお、土鍋・土釜も使われていた。このことについては、土製品はカワラケと同様に非日常的なものであるという説、土製品は湯沸かし専用で東日本においてはそれを必要とする調理方法が存在しなかったという説、西日本においては土製品の生産を維持させた強固な勢力の存在により存続したという説などがあり、結論は出ていない。

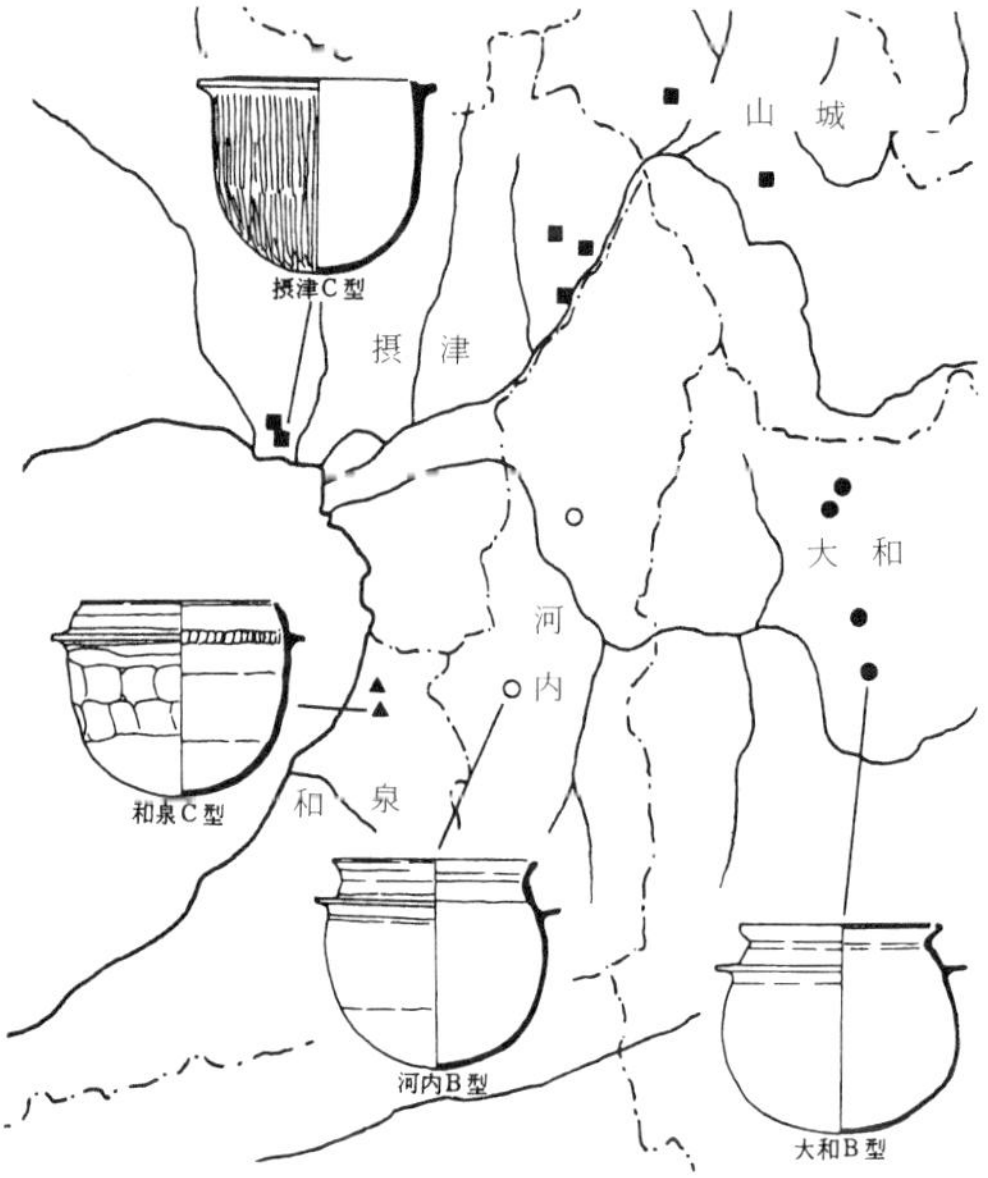

図99　10・11世紀の畿内の土釜（菅原正 1983より作成）

5　焼き物文化のゆくえ

拠点的な場以外では、ほとんど土器を消費しなかった中世の東日本・北日本においても、近世になると再び焼き物が復活する。十六世紀末から十七世紀にかけて、全国各地に肥前の陶磁器が流通しはじめたからだ。絵唐津などの施釉陶器と伊万里と称されるわが国初の磁器が、近世を代表する陶磁器となった。十八世紀には陶磁器が肥前で大量生産され、これに対抗するように、瀬戸でも生産が再興され、焼き物は庶民まで浸透した。肥前窯の一角をになう長崎県波佐見窯に築かれた、一五〇メートルを超える巨大な登り窯は、まさに量産の極致でもあり、ここが俗に「くらわんか碗」という安価な陶磁器の生産地でもあるのもうなずける。一方では、江戸・大坂をはじめとした消費地から出土する、膨大な陶磁器の量も豊富な消費の実態を象徴する。近世は、焼き物の歴史のなかでは、土器の時代ではなく、陶磁器の時代であった。現在の焼き物文化は古代までの土器文化ではなく、近世以降に新たに成立した陶磁器文化に基盤をおいているといえよう。

〔付記〕　本稿作成にあたっては、左記の文献をおもに参考にした。

飯村　一九九四、五十川　一九九二、宇野　一九九七、群馬県埋蔵文化財調査センター　一九九七、古代城柵官衙遺跡検討会青森大会事務局　一九九三、坂井　一九九四c、鋤柄　一九八八、菅原正　一九八三、富山県埋蔵文化財センター　一九九四、原一九九四、文化庁記念物課　一九九七、北陸古代土器研究会　一九九七、村田　一九九五、四柳　一九九五。

第Ⅳ編　水田開発と地域社会

第1章　水田跡からみた初期稲作技術

はじめに

水田跡の調査例は昭和五十年代になってとみに増加した。水田に生々しく残された足跡や縄文晩期の土器を伴なう水田跡の発見は、人びとに鮮明な印象を与えるとともに、稲作の開始時期やその技術について大きな問題を提起した。

それまで水田跡といえば、昭和二十二（一九四七）年に本格的な調査が実施されて大きな成果をあげた静岡県登呂遺跡を代表とするほか、滋賀県大中《だいなか》の湖《こ》南《みなみ》遺跡、岡山県津島《つしま》遺跡など数例をかぞえるにすぎなかった。これらはいずれも弥生時代の水田跡とされ、低湿地に開かれた当時の水田の実態を明らかにしたのである。稲作に関する農耕技術、水田開発の研究もこうした資料を中心にして展開されてきたといえよう。

一方、昭和五十年代になって北部九州から関東地方にわたる地域の各地において、検出例が続々と報告されるなかで、従前の水田跡とはちがった構造をもつ水田跡が明らかにされた。登呂遺跡の水田跡などよりはるかに小さな区画に仕切られた水田が一般的でさえある事実は、とくに注目を集めた。小さな区画の水田では弥生時代前期の滋賀県服《はっ》部《とり》遺跡例が時期的にもっとも古く、古墳時代でも各時期に存在する。地域的にも限定されることなく、広い地域にみられるのである。

こうした小さな区画をもつ水田は従来の研究から説明できない側面をもっている。そこで、本章では小さな区画のうち時期的にもっともさかのぼりうる滋賀県服部遺跡の水田跡の検討を通して、弥生時代から古墳時代の水田開発についての一様相を論じてみたい。

1　服部遺跡の水田跡（図100）

服部遺跡（服部遺跡を守る会 一九七七）は琵琶湖東岸にひろがる湖東平野の主要河川、野洲《やす》川の下流域に位置し、守山市服部町地先に所在する。周辺は南流する野洲川によって形成された緩扇状地末端にあたり（大橋ほか 一九七九）、標高は約九〇メートルで琵琶湖の水面との比高差は約五メートルを測る。当遺跡は野洲川改修に伴なう新しい河道の建設に際して発見された、弥生時代から鎌倉時代に至る大規模な複合遺跡である。昭和四十九（一九七四）年十月から昭和五十四（一九七九）年三月までの四次にわたる調査により、一二万平方メートルにも及ぶ対象地から各時代の住居跡、墓、溝などの遺構や琴、銅印をはじめとした貴重な遺物が数多く検出された。いくつかあげられる成果のうち、弥生時代前期とされる水田跡もその一つである（大橋ほか 一九七八、辻ほか 一九七九、辻 一九七九、大橋 一九八〇）。

水田跡は現在の表土下約三メートルで検出された。確認された総面積は、東西を古墳時代前期の旧河道によって削られているものの、一万八七〇〇平方メートルに達する（図100）。水田は厚さ五〇～七〇センチメートルの青灰色粘土層を基盤とし、耕作土は厚さ一五～二〇センチメートルの黒色粘土層である。黒色粘土層直下には糸根状の水酸化鉄がみられ、その下層にセピア色で斑点状のマンガン化合物がまばらに存在している。

水田がひろがる地区は低平ではなく、微妙な起伏がある。北部に砂と礫からなる自然堤防状の微高地があり、その南から低地に移行している。低地の中央には幅一・四～二メートル、深さ〇・二～〇・八メートルの溝が南から北へ

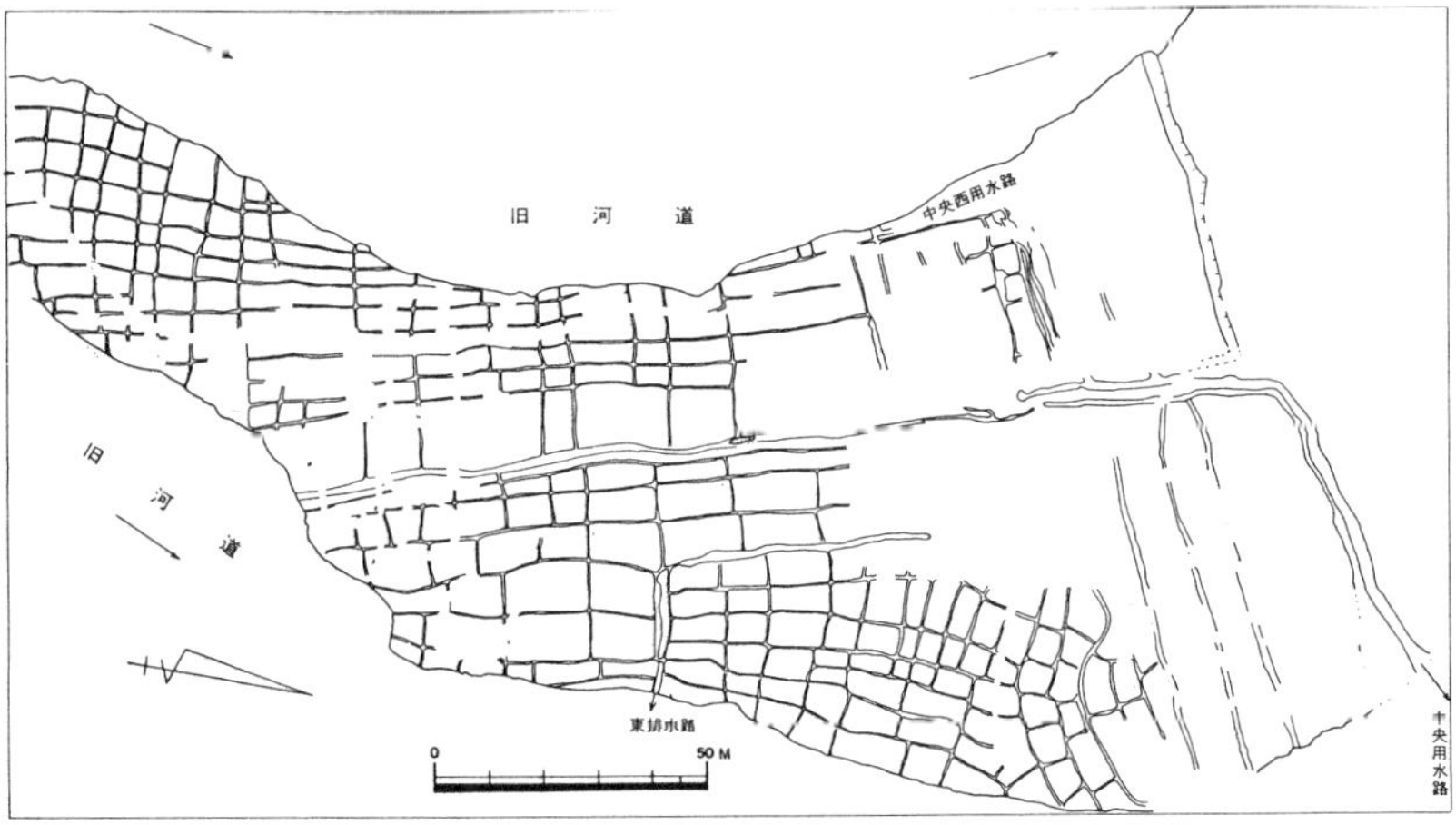

図 100　服部遺跡の水田跡（辻ほか 1979 より）

流れ、微高地を迂回するように屈曲している。南側は溝を中心にして平坦な地形を呈し、微高地縁辺部では一〇〇分の一から部分的に一〇〇分の三〜四ほどの傾斜をもつ。

水田の区画はほぼ方形であるが、多様な形状、規模をとるものがみられ、一定していない。確認された水田面二六〇枚のうち最大の大きさをもつ区画は南側の溝沿いの二八二平方メートル、最小の区画は微高地縁辺の一〇平方メートルである。低平な部分では大きく、傾斜面上では小さな傾向にある。畦畔は微高地縁辺では等高線の方向と傾斜線に沿うものとがあり、平坦部では溝の方向に平行するものと直交するものがある。ただ、南から北に向かって低くなる地形に合うように、南北方向の畦畔はほぼ貫通するのに対し、東西方向の畦畔は直線的でなく、乱れている。このような水田区画の形状は造田に際して、地形に制約を受けた結果によるものと考えられる。

畦畔には大小の区別がなされている。大きい畦畔は幅八〇〜一五〇センチメートル、高さ一五〜三〇センチメートルで、上面が平坦になっている。小さい畦畔は幅二〇〜六〇センチメートル、高さ五〜二〇センチメートルで、断面は台形状を呈する。大きな畦畔は一部削り出しによってつくられているが、小さな畦畔を含めて大部分は耕作土と同じ黒色粘土を盛ったものである。畦畔に伴う矢板、杭などはみられない。水口は小畦畔、大畦畔とも二箇所ずつ設置されていた。これは畦畔の一部を切開しただけのものである。中央の溝以外に東西に二本の溝が存在する。

水田に伴う遺物の検出はなかったが、水田面の上に弥生時代中期中葉から後半ころの遺構面となる土層があり、耕作土となる黒色粘土層が他の地点では、弥生時代前期新段階の遺構に切りこまれていることから、水田跡は弥生時代前期末から中期初頭の時期が想定される。なお、プラント・オパールの分析から、稲の存在が裏付けられている。

2　区画の形状からみた水田跡の分類

服部遺跡の水田で注目される事項は、まず第一に水田が低平な地形上に造成されてはおらず、微妙な起伏をもってひろがっていること、第二に水田の区画が規格性のない不定形の小区画であること、の二点である。水田の区画が不定形で小さくなる要因は、区画が微地形にあわせて設定されていることによる。すなわち、造田以前の地形を削平したりして大きな区画をとることをせず、微地形をそのまま利用し、その上で滞水させるために、地形の状況に合致させた小さな畦畔を設定しているのである。幅が狭く、高さがごく低い畦畔が農作業における歩行や土地の区画などを目的としていないことは、明らかであろう。このようにみてくるならば、服部遺跡の水田の特質は、不定形の小区画をとっていることに象徴され、ひいては区画の単位面積が一〇〜二八二平方メートルというように大きなばらつきが目立つことに反映されている。

(1)　小区画の水田

水田の区画が小さく、かつまたそれぞれの区画の形状や大きさに規格性をもたない例は、最近の調査でいくつか報

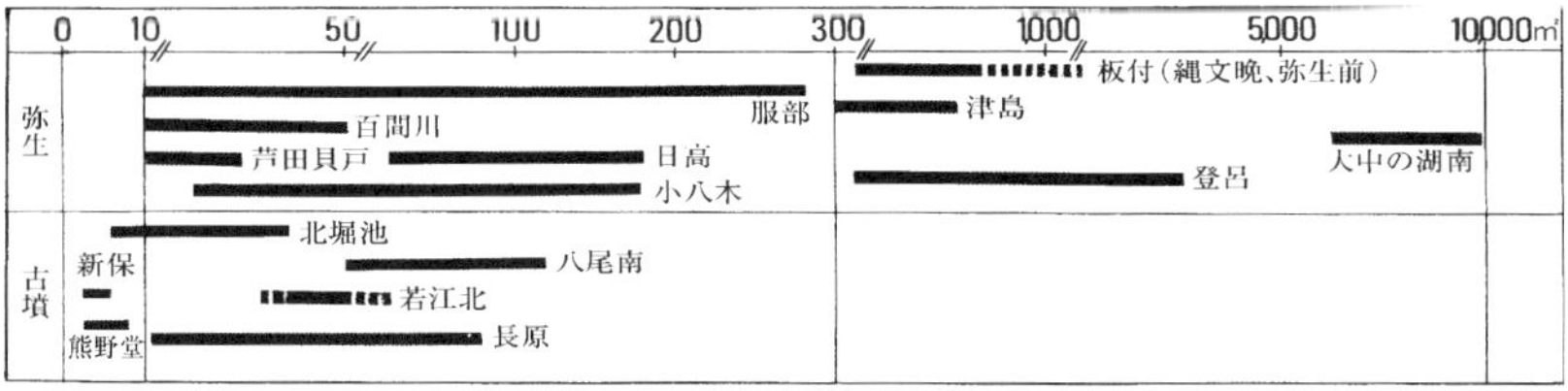

図101　水田跡における1区画の面積比較

告されている。図101は各遺跡の水田を構成する一区画の単位面積の幅を表わしたものであるが、これより服部遺跡の水田に類似する例をあげることができる。岡山県百間川遺跡（弥生時代中期）（河本ほか 一九七八、正岡ほか 一九七八、江美ほか 一九七九）、群馬県日高遺跡浅間C軽石層下[1]（弥生時代後期）（平野進・大江 一九七八、平野進ほか一九七八、平野進 一九七九、横倉ほか 一九七九）、群馬県小八木遺跡（弥生時代後期）（横倉ほか 一九七九）、群馬県芦田貝戸遺跡浅間C軽石層下（弥生時代後期）（関口修ほか 一九七九、田村孝ほか 一九八〇）、大阪府若江北遺跡（古墳時代前期）（大阪府教育委員会ほか 一九八〇）、大阪府八尾南遺跡（古墳時代前～中期）（八尾南遺跡調査会 一九七九）、大阪府長原遺跡（古墳時代後期～飛鳥・奈良時代）（永島 一九七八）、三重県北堀池遺跡（古墳時代前期）（谷本ほか 一九七八、吉水ほか 一九七八）などである。[2] これらのなかで一区画の最小規模は北堀池遺跡の六平方メートル、最大は服部遺跡の二八二平方メートルである。

服部遺跡の水田で指摘した微地形と区画の形状との関係はおおむねどの遺跡でもみとめられる。たとえば、百間川遺跡では微高地縁辺、微高地間の低地、浅い谷状地と起伏に富んだ地形上に水田が展開しているが、それぞれの立地における区画の規模は平均でおのおの二五平方メートル、五〇平方メートル、三五～四五平方メートルとなり、低いところでは広く、微高地縁辺など傾斜をもったところでは狭くなる傾向を示す。百間川遺跡以外でも同様のあり方をしており、水田の区画が地形に対応して設定されていることが理解される。[3] さらには水田の区画をおこなう畦畔がいずれも幅二〇～六〇センチメートル、高さ五～二〇センチメートルの盛土のみで築かれた小さな畦畔であることもこれらの水田に共通している。以上のことから、服部遺跡の水田をはじめとした、規格性のない小さな区画からなる水田は、一つの類型として把握されるのである。

(2)　大区画の水田

一方、これらの水田よりさらに大きな区画からなる水田跡がある（図101）。従前の三遺跡、すなわち津島遺跡（弥生時代前期）（考古学研究会　一九六八、和島　一九六九）、大中の湖南遺跡（弥生時代中期）（水野　一九六八）、登呂遺跡（弥生時代後期）（日本考古学協会編　一九五四、長田ほか　一九六六）と、その後の発掘例である福岡県板付遺跡[4]（縄文時代晩期末、弥生時代前期初頭）（山崎　一九七八a・b・一九七九）である。一区画の最小規模は津島遺跡の約三〇〇平方メートル[補註1]、最大規模は大中の湖南遺跡の九六〇〇平方メートルである。もっとも小さい区画でもさきの類型の最大規模をうわまわっているように、両者の区画の大きさには歴然たる格差が存在する。これらの区画は幅五〇センチメートル以上の畦畔によって形成され、これ以下の大きさの畦畔はまったく存在しない[5]。また畦畔は矢板や杭などの木材が打ちこまれており、土盛りだけのものではない[6]。津島遺跡では沼沢地と水田とは矢板によって仕切られている。登呂遺跡では地形と区画の大きさに関連が認められ（八賀　一九七九）、この点前述した類型と共通しているが、一区画の単位面積に大きな隔たりがあり、畦畔の構造も矢板、杭を伴っているか否かという相違点がある。こうした意味から、板付遺跡をはじめとした大区画を主体とする水田は、服部遺跡などの不定形な小区画を主体とする水田と対照的な類型として対比されよう。

ところで、畦畔に矢板や杭を打ちこむのは盛土だけの畦畔を補強することにその目的があると考えられる。水田の地下水位が高く、水田耕作土に多量の水分を含む場合、盛土だけの畦畔では軟弱であり、崩落しやすい。水田面の滞水が多い状態では、水によって畦畔が浸食され、さらに崩落の可能性を強くする。畦畔に矢板、杭を伴う板付遺跡以下の四遺跡の立地や水田耕作土とその基盤層を観察すると、これらの水田土壌は地下水位の高いグライ土壌であることが知られる。水田土壌からみれば低湿地に開かれた湿田に分類される水田（菅野編　一九六二）なのである。低湿地であればこそ地形が低平になりやすく、小区画をとらなくとも容易に滞水させることが可能なのである。大区画の水田のなかでも九六〇〇平方メートルととくに大きい規模である大中の湖南遺跡は湖水表面下のごく浅いところに形成された平坦地が、湖の水位の上昇とともに陸地化したものと考えられ、こうした特殊条件のもとに形成された地形ゆえに巨大な水田区画をとることができたと思われる。

大区画からなる水田を低湿地に開発された水田として位置づけるとき、服部遺跡などの不定形で小区画をとる水田は、大区画の水田との対比からおのずとその性格が類推される。小さな区画の水田が盛土だけの畦畔をもつことは、少なくとも矢板、杭などの補強材を必要としないほどの水田土壌であったことを示す。地下水位が高くない場合、耕作土が粘性をもつことにより、これをもって畦畔を築くだけで充分の機能を果たすことが可能であろう。盛土だけの畦畔を崩落させないくらいの滞水状況であったことは、これらの水田における土壌が裏付けている。百間川遺跡の水田では鉄・マンガンの集積層が介在するというし、服部遺跡でもまばらながら鉄・マンガンが存在する。水田耕作土下に生じるこれらの溶脱、集積現象は一定期間水田が乾燥することにより、土壌が酸化と還元を繰り返すために生成されるといわれる（松井　一九七〇）。通常、人工的な水の管理がおこなわれる乾田に典型的にみられる現象である。したがって、小区画の水田にこの現象が認められることは、これらの水田が常時滞水ないしは冠水の状態が続いていたのではなく、乾燥した期間が存在したことを示している。水稲耕作に有効な排水、用水がどの程度達成されていたかは別として、いわゆる湿田ではなく、水田土壌の分類からすれば、半湿、半乾田とされるものであろう。

ところが、ここで問題となるのが服部遺跡の場合である。前述したように服部遺跡の水田は強グライ土壌を基盤とし、その上の黒泥土を耕作土としているように、必ずしも地下水位の低い状況ではない。報告者がいうように「湿田」

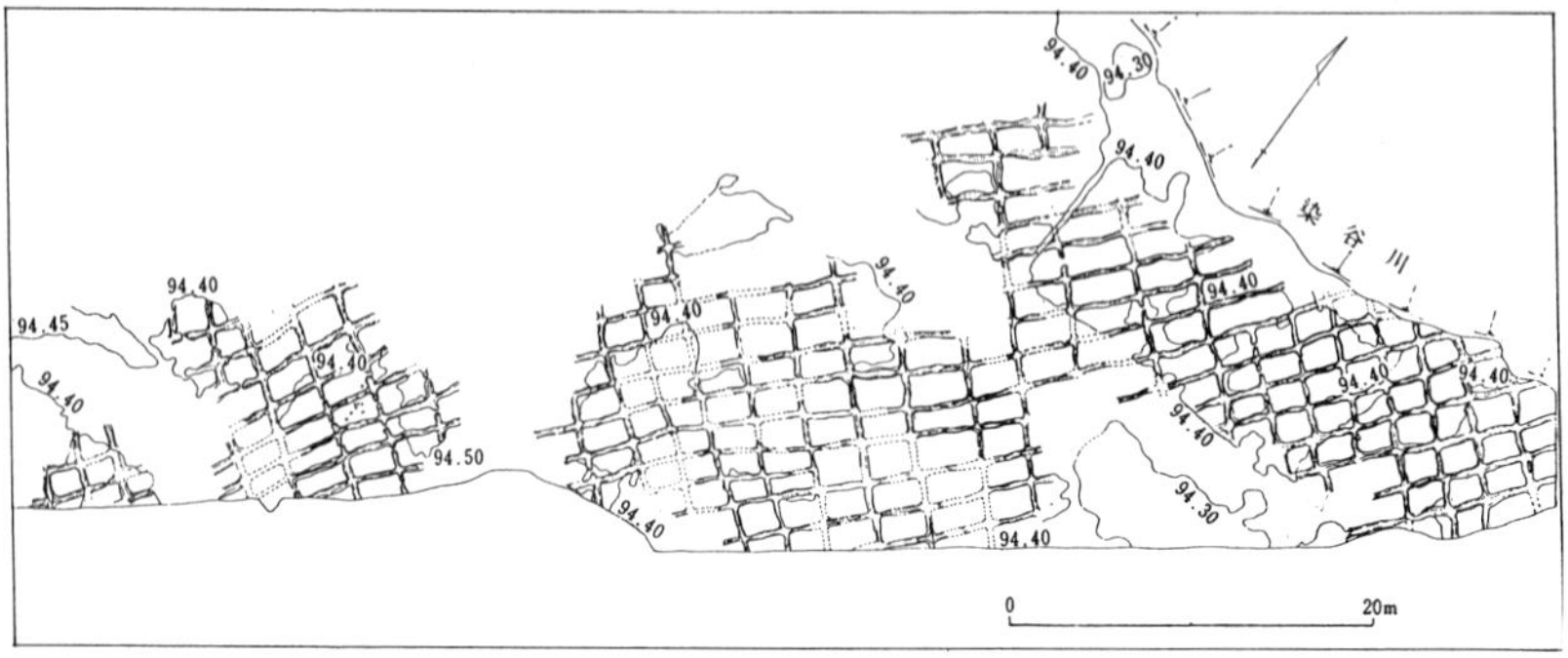

図102　群馬県新保遺跡の水田址（佐藤明ほか 1978より）

の様相を呈している。しかし、服部遺跡で考慮されなければならない問題は、琵琶湖の水面下より発見された大中の湖南遺跡からも知られるように、過去における琵琶湖の水位の変動とそれに伴う地下水位の変化という問題である。琵琶湖の水位が上昇したときには必然的に周辺の地下水位は上昇し、逆に低下すれば地下水位も同様に低下しよう。琵琶湖沿岸周辺の遺跡の分布と時期的な消長から、少なくとも弥生時代中期後半から後期にかけては湖水の上昇をみている（兼康 一九七九）。服部遺跡の水田が経営されていた弥生時代前期末から中期初頭は大中の湖南遺跡が営まれた時期とほぼ同時期であり、服部遺跡の水田が造成されていた時点では、琵琶湖の水位は現在より低かったと考えられる。服部遺跡の水田面は八五・五メートルで、現在の琵琶湖の水位八五メートルをわずかに上回っているにすぎない。したがって、いま遺跡でみられるグライ土壌の水田跡は当時の状態そのものではなく、水位の上昇に伴なって生じた地下水位の上昇によるものと推考され、この水田を湿田とするのは妥当ではないと考えられる。

（3）「不定形小区画水田」と「大区画水田」

以上のように、これまで検出された水田跡のなかから、区画の形状、規模によって二つの類型を抽出できることが指摘される。(補註2)二つの類型とは服部遺跡のように不定形の小区画を主体とする水田と板付遺跡のように大区画を主体とする水田である。両者の相違は水田の立地によるものであり、後者は低湿地に依拠し、前者はこれに比して乾燥した、わずかな起伏、傾斜をもった土地に開かれている。あえて言うならば、大区画の水田が湿田とされるのに対し、不定形小区画の水田は半湿・半乾田として位置づけできよう。

水田の類型はまず区画の形状、規模から識別され、これら二類型にそれぞれ「大区画水田」、「不定形小区画水田」という呼称を与えておきたい。(7)「不定形小区画水田」としてあえて「不定形」と冠したのは、群馬県下の古墳時代（中～後期）水田である新保遺跡（図102）（佐藤明ほか 一九七八、松本ほか 一九七八）、熊野堂遺跡FA層下（細野 一九七八）などに代表される一〇平方メートル以下のきわめて規格化された方形小区画が連続している水田と区別する意図による（図101）。これらの水田は広範囲にわたって定型化された区画をもち、不定形小区画水田と一見してことなる形状を呈しており、不定形小区画水田に対して「定形小区画水田」として別の一類型として把握すべきであろう。(8)

3　初期水田の問題点

服部遺跡の水田は弥生時代前期までさかのぼり、不定形小区画水田の類型では現在のところもっとも古い例である。当類型の水田は前述したように大区画水田より地下水位の低い土地に立地しており、わずかな傾斜地を伴なう地形にあわせた小畦畔が設定されている。従来、低湿田に開かれた初期の水田の典型とされてきた津島遺跡や大中の湖南遺跡の水田とはことなった形態の水田が、稲作開始からさほど時をへていない時期からすでに存在していたことは注目される。

これまでの研究によれば、初期の水田は一貫して低湿地の開発によるものとされてきた。早くから初期水田の立地条件に着目してきた井関弘太郎は東海地方の瓜郷遺跡（弥生時代中期）と登呂遺跡（弥生時代後期）とを比較して、水田

図103　板付遺跡夜臼式期の水田址（山崎 1979より）

の選地が前者の谷状湿地から後者の湿沢地を避けた微高地に変化しているとして、ここに農耕技術の向上を論じた（井関 一九五三）。また、八賀晋は遺跡の分布、立地と現在の水田土壌の環境のあり方から、水田開発の時期的な発展過程を考察し、弥生時代中期後半まではグライ土壌の地下水型水田、すなわち湿田開発の段階であるとした⑨（八賀 一九六八・一九七一・一九七四・一九七五）。こうした考え方は近藤義郎のことば「低湿な土地において、多少若干の造作をしたかも知れないが、人工的灌漑排水といえる程の水利設備を作ることなしに、籾をまいた」という初期水稲耕作の評価（近藤 一九五七）におおむね代表されるであろう。初期の水田のかかる評価の背景には、当時の農耕技術が自然灌漑に頼らざるをえなかった段階であったとする支配的な見方があるものと察せられる。低湿地開発による水田は縄文時代晩期最終末の板付遺跡をはじめ、津島、大中の湖南遺跡にみられるごとく、初期の段階から確かに存在している。しかし、板付遺跡の水田（図103）の構造や諸施設、たとえば畦畔で明確に仕切られた区画、畦畔に沿った幅二メートル、深さ一メートルの溝、さらにはこの溝と水田との間に設けられた水路と杭列などは、用水、排水の管理に留意したものであり、この水田は粗放なままの低湿地利用によるものでなかったと考えられる（森　一九七九）。水田にともなう木製農具や石庖丁もすでに備えており、造田、農耕技術ともに一定の水準に達した内容を初期稲作は受容していたとみられる。

このように初期稲作の技術は決して低く未熟なものではなかったと理解するとき、おのずと不定形小区画水田が弥生時代前期から存在することの背景も示唆されるであろう。不定形小区画水田はすべてを自然灌漑にゆだねる湿田とは考えられず、弥生時代前期においてすでに低湿地ばかりに水田開発の対象が向けられてはいなかったことが知られる。板付遺跡の水田からみれば、水量調節の知識も会得しているのであり、服部遺跡の水田中央を貫通する溝や百間川遺跡の微高地上の溝は、水田への水の供給、排出という機能をもつものとして把握されよう。微妙な地形の変化に対応する小区画は雑然とした印象を与え、未熟な技術によるものと解されがちであるが、用水さえととのえられれば、湛水・排水は地形の変化を利用して比較的容易にできるのである。不定形でかつまた小区画であっても、牛馬耕のない条件下では農耕技術の点で整然とした水田に比し、ことさら劣るわけではない。この類型の水田は湿田、すなわち大区画水田とはちがった意味での利点をねらった開発といえよう。

初期の水田開発の展開を考えるとき、いまのところ両者の類型のうちもっとも古い板付遺跡と服部遺跡の水田跡の時期差と北部九州と近畿という地理的位置を勘案して、大区画水田から不定形小区画水田への発展と解されるかもしれない。しかし、大区画水田は登呂遺跡の水田にみられるように高度に低湿地を利用する形態へと発展する一方（八幡一九五四）、不定形小区画水田は古墳時代後期まで継承されることからすれば、土地条件の相違により二様の水田開発が長い期間にわたって併存するのであり、稲作受容の当初から両者ともに存在した可能性も考えられるのではなかろうか。稲作受容の時期的な問題はあるが、中国の漢代に両類型と類似する水田形態がみられることも参考にされよう。(10)

おわりに

これまで述べてきたことから、日本における初期の稲作が従来説かれてきたように、低湿地における粗放な水田で営まれたのではなく、低湿地でも初段階から一定の施設をもったものであり、他方では低湿地ばかりではなく若干の起伏をもった微高地縁辺などにも水田がひらかれていたことが明らかになったことと思う。

ところで、水田の形態が土地条件に応じて相違することは大区画と不定形小区画の水田にもあらわれているが、一方では土地条件ばかりではなく、当時の技術的問題や社会的条件にも左右されることが考えられる。開墾具としてすぐれた機能をもつ鉄製打ちグワやU字形鉄製スキ・クワ先の出現は木製農具に比して高燥な地の開発に大きな力を発揮したであろうし（都出　一九六七）、多くの労働力の結集を可能にする社会体制への変革は開発の形態を大きく変えたと予想される。[11]不定形小区画水田をみると、本来の地形を削平して大区画をつくることなどはせず、そのまま利用している。耕作土や基盤にも客土することなく元来の粘質土に頼っている。また、水田は用水を得やすい沖積地のなかの微高地周辺に立地している。こうした水田の開発には決して機能的にすぐれた開墾具や多くの労働力を必要としない。いまだ鉄製打ちグワをもたない弥生中期以前にもさして多くの労働力を投入することなく、開発可能な水田といえる。ただ、開発対象地が土質、勾配、用水の便などの土地条件に規制を受けざるをえないという限界は当然のごとく存在したであろう。逆に古墳時代にはいってもなお小規模な開発ともいえる不定形小区画水田がみられるのは、古墳時代の開発がすべて地方首長層が主導する大規模な開発でなかったことを示唆する。開発主体の社会的階層の差によって開発の規模、形態も相違するのであって、農民が地形に合せて一枚一枚田取りしたことをうかがわせる不定形小区画水田と整然と規格化された区画が配列された定形小区画水田とは同じ小区画の水田として一律に論じられるべきではない[12]。

水田とは究極において湛水できる土地があればその条件はととのうが、そのためには水が得られたうえで水平な耕作土、畦畔、基盤という基本的因子がそろっていなければならず（中川昭 一九七八）、自然のままの大地がそのまま有効な生産地とは決してなりえない。大地を有効な生産地に変容させる開発のあり方は、その時代の土地利用のしかたなり、技術なり、あるいは社会体制なりによって大きくかわるといえよう。その意味において、不定形小区画水田はその時代の開発形態の一端を明示しているのではなかろうか。

註

（1） 群馬県下の水田跡についてはすべて群馬県立歴史博物館の図録（一九八〇）にそれぞれの概要が収録されている。以下、これについては特に掲げない。

（2） このほか群馬県御布呂遺跡浅間C軽石層下水田跡（弥生時代後期）（神戸ほか 一九八〇）、兵庫県志知川沖田南遺跡（古墳時代前期）（兵庫県教育委員会 一九八〇）が類例としてあげられる。

（3） 日高遺跡は比高差一～二メートルの小さな谷に水田が立地しており、ほかの遺跡と立地がことなるが、地形に即応した小区画が設定されていることにかわりはない。

（4） 当遺跡では夜臼式期（縄文晩期最終末）一面、夜臼式、板付一式（弥生前期初頭）共伴期二面の計三面の水田が検出された。水田の構造はいずれも類似している。

（5） 大きな区画のなかに盛土だけの小さな畦畔が存在したのではないかという疑問が一部であったようであるが、その可能性は考えられない（補註3）（稲田 一九七八）。

（6） ここにあげた遺跡のほかに、静岡県山木遺跡（弥生時代後期）（韮山町山木遺跡発掘調査団 一九六九）、大阪府垂水南遺跡（古墳時代中期）（藤原学 一九七八）は矢板を伴う畦畔の存在から、大きな区画の水田遺構と考えられる。

（7） 八賀晋は水田区画に三形態がみられることを指摘している（八賀 一九七九）。それによれば、水田跡の立地から、微高地上、微高地縁辺、低地帯の三者に分類され、微高地上の水田には熊野堂遺跡、微高地縁辺の水田には百間川、北堀池、服部の各遺跡、低地帯の遺跡には板付、津島、大中の湖南の各遺跡をそれぞれあげている。区画の形態に三者を認め、立地との関連に注目したことは卓見である。しかし、日高遺跡の水田が谷状地に立地していながら、八賀のいう微高地縁辺に立地する水田形態をとること、熊野堂遺跡の弥生時代と古墳時代の二つの水田が同様の構造をとるとすることには問題が残るのではなかろうか。これまで述べたように、地下水位との関係や開発事情の相違を考慮すべきであろう。また、水田の開発が低湿地から微高地縁辺へ、さらに微高地上へ進んだと説かれているが、これは一面では認められるかもしれないが、不定形小区画水田が弥生時代前期から古墳時代後期まで存続すること、大区画水田も同様に一つの系譜として続いていくと考えられることから、検討を要するのではなかろうか。

（8）この種の水田は今のところ群馬県下の古墳時代の水田に限定されている。新保遺跡、熊野堂遺跡のほか、同道遺跡FA・FP層下（群馬県立歴史博物館　一九八〇）、御布呂遺跡FA・FP層下（神戸ほか　一九八〇）、芦田貝戸遺跡FA層下（関口修ほか　一九七九、田村孝ほか　一九八〇）などがあげられる。同じ遺跡でことなった時期の水田面がいくつか重なって検出される例が群馬県では多い。これは浅間山、榛名山の噴火による火山灰降下後、再び同一地点に水田がつくられていることによる。これら古墳時代水田は遺跡がちがってもほとんど同じ規模の区画がとられていることから、一円的に再開発された事情が想定され、水平面上に設定されている小畦畔の機能についても滞水以外の目的が考えられる。

（9）八賀の論考には漸新な視点が認められ、きわめて明快に古代の開発過程が説明されており、学史上大きな業績として評価されるが、現在の土壌を古代までさかのぼらせて考えるという前提が首肯できるかどうか、また遺跡のうち集落跡の立地はある程度耕地との関連を反映するとしても、古墳についてもこれが認められるかどうかという問題がのこされている。

（10）中国四川省の漢代の墳墓から出土した明器に水田を模したものがある（岡崎　一九五八）。

（11）古島敏雄はこの視点から開発を論じている（古島　一九六七）。

（12）大区画水田においても、津島遺跡、大中の湖南遺跡と登呂遺跡とを比較すると、後者にいちじるしい発展がみとめられ、湿田の大規模開発の様相が萌芽している。時期的な問題もあるが、他集落との協業を含む多くの労働力の投入によってなされた開発であることは水田の状況からみて是認される。

補註

（補註1）　近年、かつて発掘調査され湿田とされた地点（武道館建設予定地）の周辺において、発掘調査がかなりおこなわれており、弥生時代前期の微高地縁辺において、あらたに上下二面の水田遺構が確認されている（岡山県教育委員会 二〇〇三・二〇〇五）。それによれば、水田は地形に合わせて等高線に平行して長い形状をとり、一区画の規模は五〜七〇平方メートルの幅がある。類型としては不定形小区画にあてはまる。かつての調査地点とは地形的に連続しないと考えられる。プラント・オパールは一般的な指標よりも少ないが確実に存在し、近辺で確認された炭化米のDNA分析により熱帯ジャポニカが混在するとされている。このようなことから、いわゆる『天水田』にちかく作付けと休耕をくり返しながら耕作地を移動する農法ではないかと指摘されている。水田の時期は前期後葉とされている。なお、前期の水田遺構は周辺の一キロメートル四方の広範囲にわたって確認されている（岡山県教育委員会 二〇〇四）。

（補註2）　都出比呂志は「大区画水田」を「A類型」、不定形・定形の「小区画水田」を「B類型」とし、註10に掲げた資料を援用しつつ、日本の水田農耕開始期にはすでに両方の類型が存在したことを論じている（都出 一九八九）。

（補註3）　登呂遺跡では平成十二（二〇〇〇）年の発掘調査で大区画水田を区画する土手（大畦畔）の内部に小畦畔が検出されている（静岡市教育委員会 二〇〇一）。また、登呂遺跡の近くに所在する有東遺跡においては、矢板で区画された大区画の中でさらに小畦畔が検出されており、従来の大区画水田の発掘調査では本来存在していた小畦畔を検出できなかった可能性が指摘されている（高橋学 二〇〇三）。登呂遺跡のように水路や畦畔に矢板や木杭を伴う事例は、弥生時代後期から古墳時代にかけての時期に多く、湿田の大規模開発的な側面があり[12]、大小の畦畔や矢板・木杭の機能については地形や地下水位などの自然条件だけではなく多面的な要素との関連を検討する必要があろう。

第2章　行基による摂津伊丹台地の開発

――昆陽二溝再論――

はじめに

奈良時代の高僧、行基は、仏教の布教とともに、福祉や灌漑の施設造営などのさまざまな事業をおこなった。泉高父が安元元（一一七五）年にあらわした『行基年譜』（以下『年譜』と略す）の「天平十三年記」(1)にはその事業の内容が記されており、その足跡はいまも各地に残されている。近年、埋蔵文化財の発掘調査がさかんになるなかで、行基がおこなった事業に関連した遺跡がいくつか確認されている。たとえば、『年譜』に天平三（七三一）年ころには改修されたとされる大阪府南部の狭山池は、いまでも広大な水田を灌漑する重要な用水源になっているが、平成元（一九八九）年からの大規模な改修工事に伴う堤の発掘調査で、七世紀初頭に築造されたのちに、行基が改修したと考えられる堤の嵩上げの痕跡が、その断面で確認された（市川 一九九六）。また、行基が建立した堺市大野寺の土塔の周辺からは、『年譜』が伝える寺の建立年月である「神亀四年二月」（七二七年）の銘を刻んだ瓦が出土している(2)（堺市博物館 一九九八）。行基の事業は、従来の文献史料や地理学的な手法のほかに、考古学的資料から具体的に検討できる段階に至っている。

狭山池のような灌漑施設の造営・修造は行基の活動の大きな柱であり、河内・和泉・摂津の各地で造池造溝事業が展開された。兵庫県東部の宝塚市・伊丹市に展開する伊丹台地においても、布施屋とともに、五つの池と二条の溝が

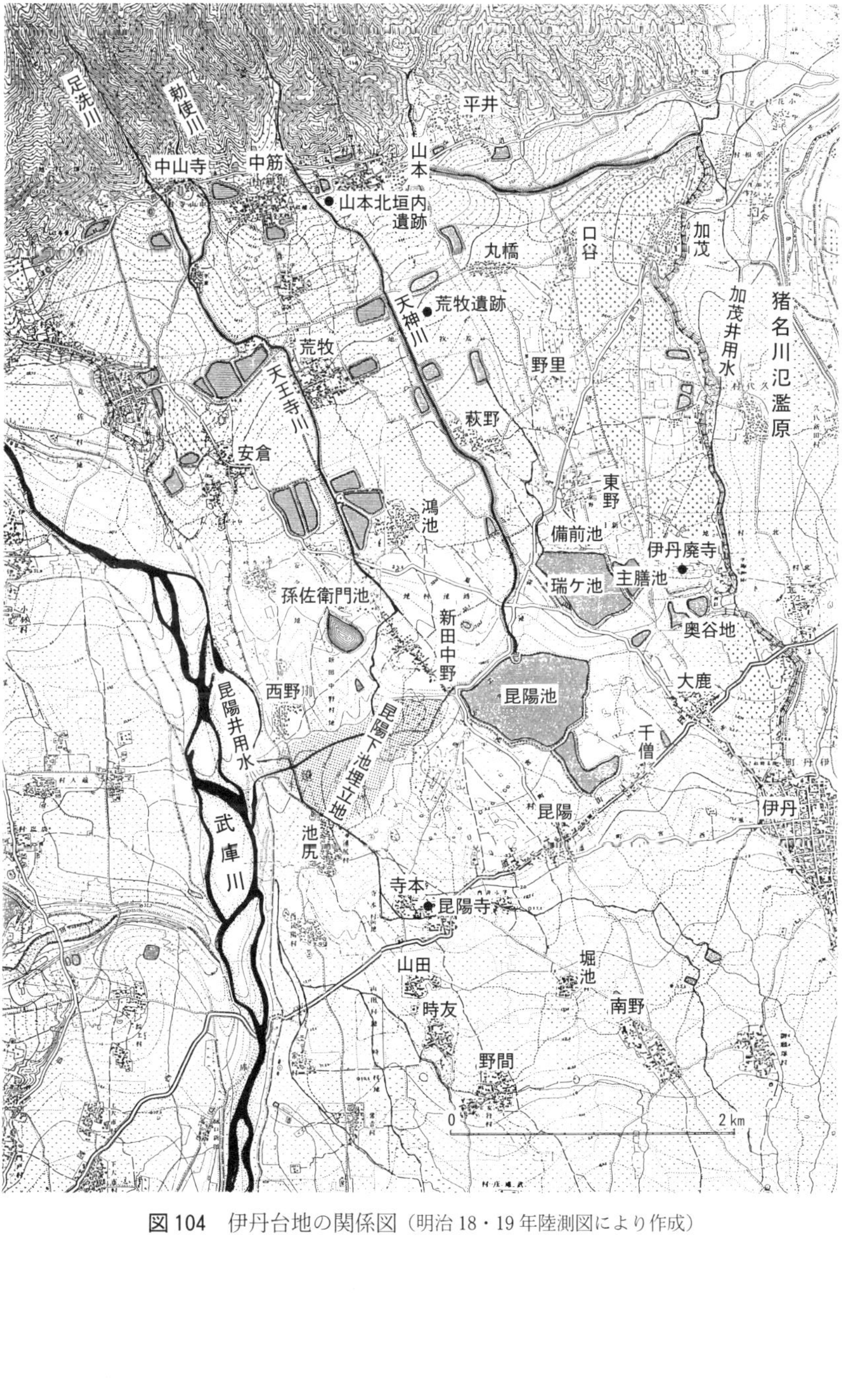

図104　伊丹台地の関係図（明治18・19年陸測図により作成）

造営された。伊丹台地は東西を猪名川と武庫川にはさまれ、その氾濫原との間には段丘崖が発達して水利に乏しく、行基が築造した溜池により水田開発が本格的に展開したと考えられる（図104）。このうちの池の一つは昆陽池としていまも残り、貴重な潅漑用水として利用されている。二〇年前になるが、私は、具体的な現地比定がなされていなかった行基が造営した二条の溝について考察し、現存する天王寺川・天神川の二河川に比定したうえで、伊丹台地の開発における行基がおこなった開発事業の意義を考えた（坂井　一九七九）。溝は池に水を引くためのものというのがその結論である。

これに対し、吉田靖・田原孝平から溝の比定についての批判を受けた（吉田靖　一九八七、田原　一九九四）。現在の二つの河川は行基年譜が記す規模よりはるかに大きいというのがそのおもな理由である。小稿は溝の比定についてあらためて検討し、その批判にこたえるものである。結論は基本的に前稿とかわりないが、かなり不十分であった説明を補うとともに、その後の開発史に関する研究成果と考古学的な調査成果により、伊丹台地の開発について若干の考えを述べておきたいと思う。

1　前稿の要旨とそれに対する批判

（1）伊丹台地における行基の造池・造溝

行基が伊丹台地で築造した池と溝は『年譜』の「天平十三年記」（七四一年）にみえる。それらを列挙するとつぎのとおりであり、所在地はいずれも河辺郡山本里である。

【池】　昆陽上池・同下池・院前池・布施尾池・長江池

【溝】　昆陽上溝・同下溝・同下池溝

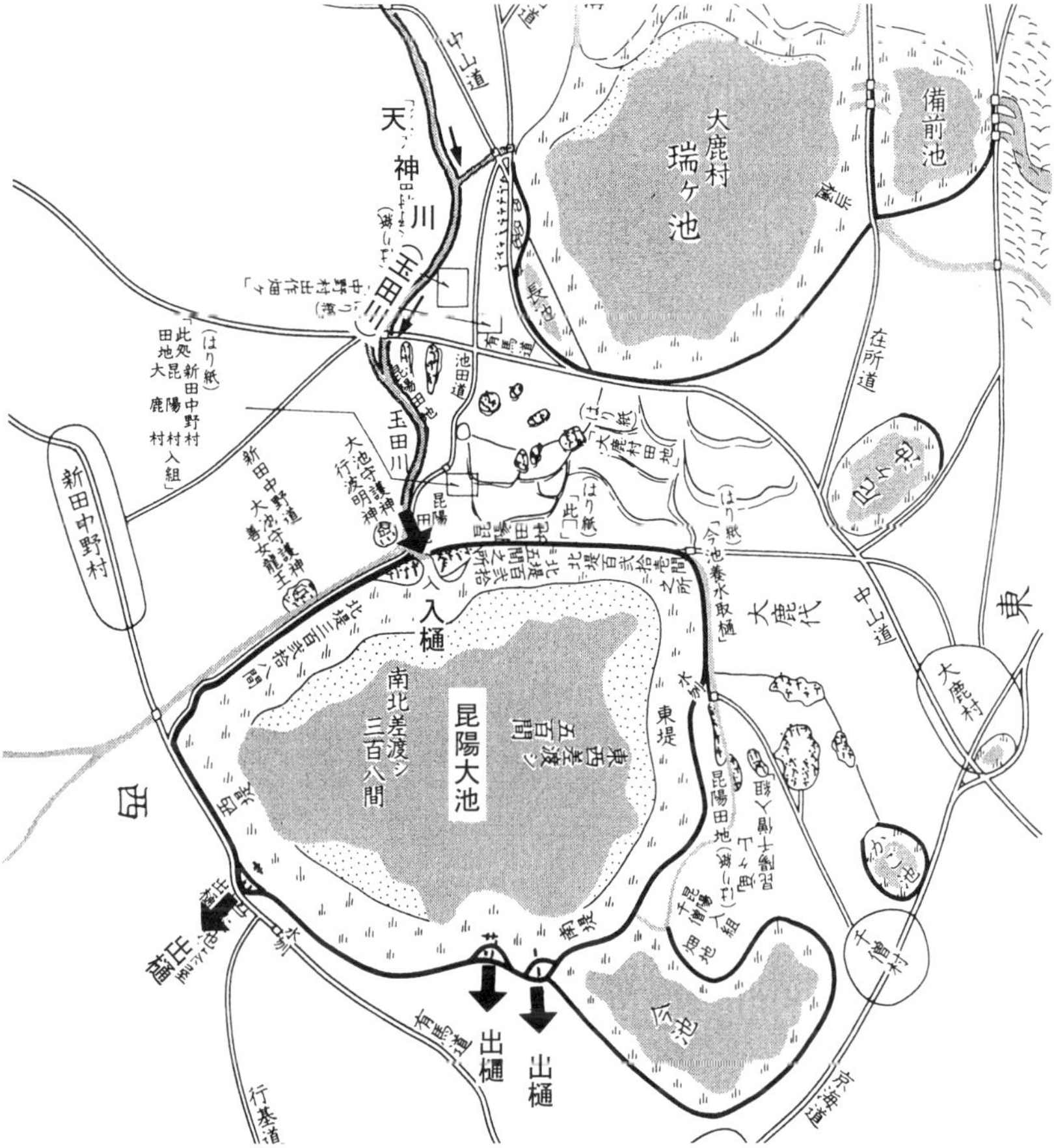

図105　文化三（1806）年昆陽池付近絵図（伊丹市立博物館 1982より作成）

昆陽上池と昆陽下池(3)は、従来から、兵庫県伊丹市にある昆陽池と、その西方約一キロメートルにかつて存在した「昆陽下池」にそれぞれ比定されており、異論はない（亀田 一九七三）。昆陽池は台地のほぼ中央にあり、台地を東西に横断する「昆陽池陥没帯」と称される断層で形成された谷（藤田和ほか 一九七一）に築堤して水を溜めている。明治十八・十九（一八八五・一八八六）年陸地測量部作成の地形図によると東西約九〇〇メートル、南北約六〇〇メートルある。この規模は「文化三年（一八〇六）昆陽池付近絵図」（図105）（伊丹市立博物館 一

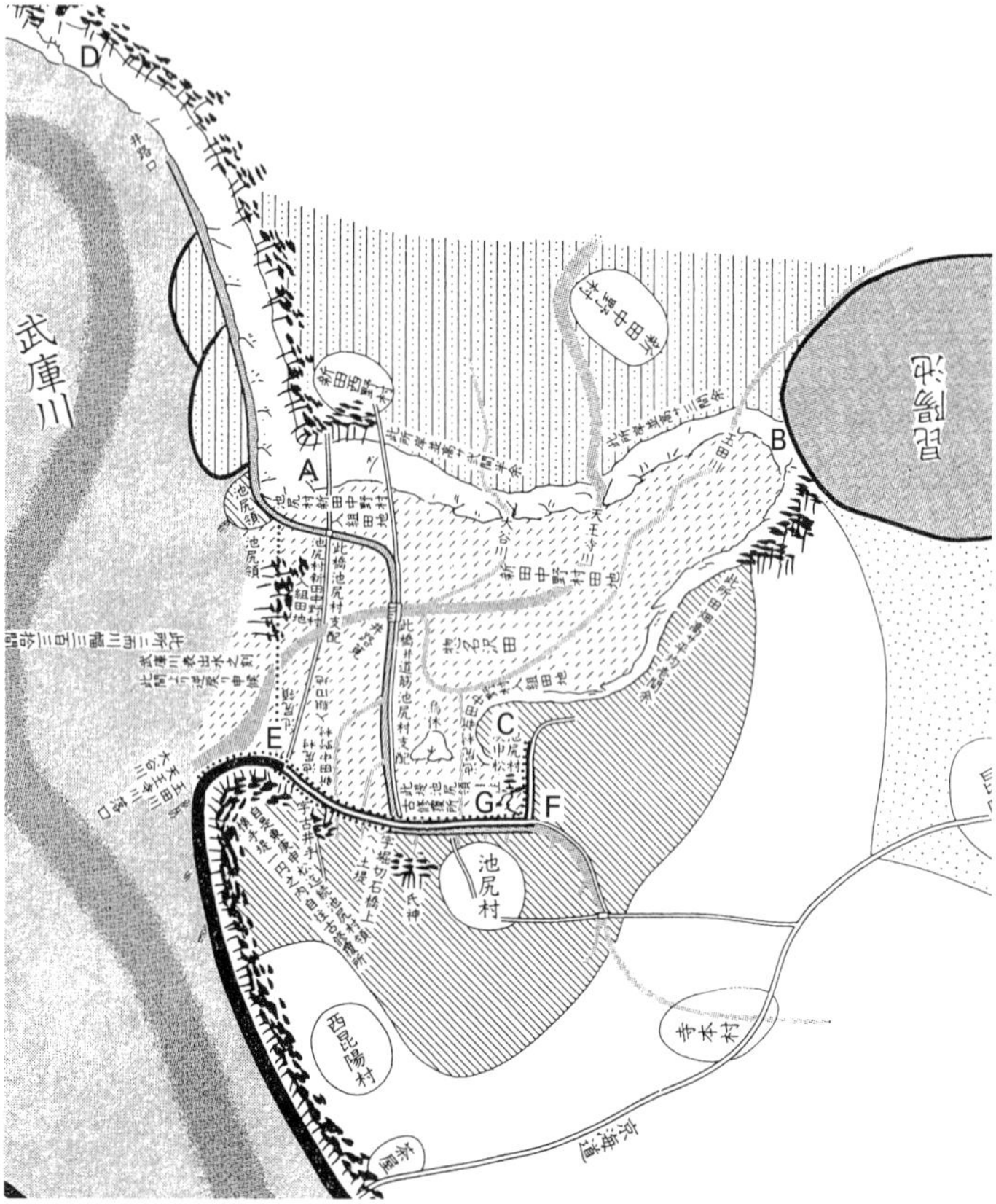

図106　元文五（1740）年池尻村・新田中野村境争論絵図（伊丹市立博物館 1982より作成）

九八二）にみえる東西五〇〇間、南北三〇八間と一致し、堤が全周をめぐる。この状況がそのまま行基が築造した姿かどうかは不明であるが、堤の嵩上げなどの修造の記録は近現代を含めてもまったくみられない。

一方、昆陽下池は近世初期の慶長十三（一六〇八）年に埋立が許可されて現存せず、池尻の地名がその所在地をいまに伝えている。昆陽池と同様に陥没帯を利用して築造されており、陥没帯を横断する堤はいまも横手堤として残り昆陽井用水の水路敷として利用されている。元文五（一七四〇）年の「池尻村・新田中野村境堤争論絵図」（図106）（伊丹市立博物館　一九八二）には、かつて池が存在した場所の周囲には、現存しない昆陽下池の南北辺の堤の遺構と考えられるもの（図106 A-B-C地点）が描かれており、「此所岸並高サ三間余」などと注記されている。なお、台地上には昆陽池以外にも池があるが、院前池などの他の三つの池についての現地比定は具体的になされていない。

（2）昆陽二溝の比定

溝については、前稿以前には、具体的な説がなかった。私見は、宝塚市から伊丹市に所在する天神川と天王寺川（以下「二河川」という）を、それぞれ昆陽上溝・昆陽下池溝（以下「二溝」という）に比定し、溜池に水を引くための溝、つまり池の水源を確保するための溝とした。天神川は台地北方の長尾山丘陵に源を発し、台地上を南南東方向に直線的に流れ、昆陽池に達して西に折れて陥没帯に流れ込む。天王寺川は丘陵から流れる勅使川・足洗川が合流したのち、天神川と平行して流れ、かつて昆陽下池が所在した地点の陥没帯に落ち、西に曲がり武庫川にそそぎ込む。

二溝は昆陽上池・昆陽下池との対応関係が認められる。昆陽下池溝と昆陽下池は同じ名称であり、「昆陽上溝」は「昆陽上池溝」の誤記の可能性が高い。同じ名称の池と溝が存在することは、両者が相互に関連したものであることを強く示唆する。溜池に関係する溝とすると、二溝は池から水田に用水を引くための溝か、池に水を導くための溝のいずれかであろう。私見は後者であり、それを二河川にそれぞれ比定するものである。その根拠はおおよそつぎのとおりである。

第一点は、二河川の流路が自然のものでなく、人工的に設定されたことが明らかなことである。二河川が丘陵の谷から台地に流れ出る地点の地形は扇状地状となっており、比較的傾斜がある（図104）。まず、天王寺川は丘陵から流れ出たのち南南東の方向にほぼ直線的に流れるが、一キロメートル前後の地点では等高線と平行に流れる。これは明らかに流路が人工的に設定されていることを示している。自然のままならば、現在のように南南東には流れることはなく、丘陵の裾からすぐ西側に流れそのまま武庫川の氾濫原に向かうことになる。天神川も天王寺川と同様に台地上を南南東に流れているが、丘陵の出口付近の地形に従えば、南か南西方向に流れ、いまの河道の位置には流れることはないと考えられる。このように二河川の流路は人工的に制御されていることを明瞭に示す。これに加えて、二河川の流路がこの地域の条里地割の方向と一致することが注目される。この地域は川辺北条と称される条里地割が確認でき、これにほぼ沿って流れる二河川の流路は明らかに人工的に設定されたことを示す。

第二点は、二河川の長さが『年譜』に記された長さとほぼ一致することである。天神川が長尾山丘陵の谷から台地に流出し、人工的に流路が制御されている地点から、現昆陽池までの距離は約四二〇〇メートルであり、天神川の支流の足洗川が丘陵から流出する地点から、かつて昆陽下池が存在した地点、すなわち天神川に合流する地点までの距離も約四二〇〇メートルである。昆陽上溝と昆陽下池溝の長さは、ともに一二〇〇丈と記されている。一丈は一〇尺であり、一二〇〇丈は約三六〇〇メートルとなる。(4) この距離は天神川と天王寺川の長さに近似する。

第三点は、所在地が山本里であるということである。二条の溝の所在地はいずれも山本里と記載されている。山本里の遺称地は近世の山本村である。山本村は台地北辺にある。昆陽池も山本里と記載されていることから、山本里の範囲は台地北辺から台地中央の昆陽池陥没帯付近までと考えられる。一方、昆陽池の南側は古代の昆陽里の遺称地である昆陽村の領域にあたる。したがって、山本里に所在する二溝は池より北側に所在するとみなければならず、二河川に比定することと矛盾しない。昆陽池から水を引く溝であれば、その所在地は池よりも低い南側、すなわち昆陽里となり、『年譜』と合致しない。

(3)　前稿に対する批判

吉田靖雄は昆陽二溝を現在の天王寺川と天神川に比定するのは妥当ではないとする。その理由はこれら二河川の規模が『年譜』にみえる昆陽二溝の規模とあまりに違うことである。『年譜』には、上溝は「広六尺、深四尺」、下池溝は「広六尺、深六尺」とある。広さとは幅であり、幅約一・八メートル、深さ約一・二ないしは一・八メートルとなる。

二河川の現況は天井川となっており、その規模はこれをはるかに越える。吉田の現地調査によれば、丘陵の谷口から約一・五キロメートル下った荒牧地区においては、堤を含まない川幅はいずれも約一二メートル、堤の上面から水面までの深さは、天神川が約三・五メートル、天王寺川が約四メートルである。たしかに、記録と現況の規模には大きな差がある。この点については、前稿ではまったく触れておらず、説明不足は否めない。

吉田靖はこの疑問にたって、『伊丹市史』（第2巻）に昆陽池から水を引く用水路のなかに「昆陽池上溝」[5]と称されるものがあることに注目した上で、二溝は池の水を送る用水路網の総延長とした。

もう一つの批判として田原孝平のものがある。田原も吉田と同じく、現在の天神川と天王寺川の規模との格差を理由に、溝は池から用水を水田に導くためのものとした。現在の昆陽池の潅漑用水路は、三つの取水口から主要なものが四本あり、これらの用水を計測して合計すると、四四六二・六メートルとなり、高麗尺の一二〇〇丈とほぼ一致するという。同じように現在の用水路を総計すると四三〇四メートルとなり、これが昆陽下池溝にあたるとする。吉田と同じく水田に引かれた用水路網の総計が一二〇〇丈という考えであり、現在の用水路の総延長が『年譜』と一致することが、その証拠であるという。

2　昆陽二溝の再検討

吉田・田原の批判は、現在の二河川を昆陽二溝に比定するのは規模が大きくことなるのことから妥当ではなく、二溝は池から水田に引く溝とする。しかし、さまざまな点から総合的に考えると、前稿のように、この二河川に比定するのが妥当と考える。ただし、正確にいうならば、現在の二河川そのものではなく、「天神川と天王寺川の起源となった人工の溝」というのが正しい。

二人の批判の大きな論拠が『年譜』にみえる昆陽二溝と二河川の規模の差の大きさにあるので、この点を合理的に説明することが可能ならば、私見を支持する余地はあると思われる。以下この点を含めて、溝の比定についてあらためて述べよう。

(1)　二河川と昆陽二溝における規模の差の問題

二河川の現況は前述のとおり天井川となっていて、『年譜』の規模よりはるかに大きい。天井川となっていることは明らかに人工的に改修されていることを示している。行基が溝を築造・開削した時点から現在は一三〇〇年近くも経過している。この間、溝が機能するように流路を確保し続けることは容易ではない。もっとも大きな問題は上流から運ばれる土砂である。人工の溝であれ、自然の河川であれ、水の流れとともに上流から土砂が運ばれてくる。山地・丘陵地域に近い場合はその量は多くなる。そのために流路が埋没することが最大の問題である。これに対しては、堆積した土砂を浚渫《しゅんせつ》することや、築堤とその嵩上げにより、流路を確保することが必要となる。二河川においても土砂が絶えず運ばれて、改修を重ねた結果、天井川となったと考えられる。

しかし、注意を要するのは、天井川である二河川の現状の規模は増水時に備えたものであり、その規模に比して、日常的に流れている水量はきわめて少ないことである。吉田の現地調査によれば、流水部分の幅は約三メートル、水深は二〇～三〇センチメートルである。これにしたがって計算すると、川の流水部分の断面積は〇・六～〇・九平方メートルとなる。堤防内の断面積は、天王寺川が四八平方メートル、天神川が四二平方メートルであるので、両者にはかなりの差がある。記録にみえる幅六尺・深さ四尺の規模から二溝の断面積を計算すると、上溝が約二平方メートル、下池溝が三平方メートルである。これだけの規模であれば、通常の水量には十分対応できると考えられる。古代においては、現在とはちがって丘陵地帯の開発が進んでおらず、豊富な樹木に覆われた山林は、現在よりはるかに保水能力が高かったと考えられ、大雨による増水の程度も現在よりは低かったはずである。増水時のことを考慮しても、当時の規模は、妥当な容量の設計と考えられる。

ところで、遺跡の発掘調査においては、人工あるいは自然の流路は、普遍的に発見される遺構である。発掘された溝や河道は時代を問わず完全に埋没しているのが普通である。大規模な旧河道でなければ、地表面にその痕跡も反映されない。行基の造った幅二メートル程度の溝ならば、古代のものでなくとも、中世のものであっても完全に埋没しているのが普通であろう。それだけ、溝や河道を長期にわたって維持するのは困難なことを示す。このようにみるならば、一三〇〇年も前に行基が掘削した規模がそのままの状況で維持されるなどということはほとんど考えられないことである。

(2)　水田から引く溝の問題

田原は、溜池から水田に水を引く溝の重要性を指摘し、昆陽二溝も池に導水するものではなく、池から水田に導水するものとしている。たしかに溜池は水田の灌漑を目的とするものであり、その水を水田に引くことができてはじめて有効なものになる。昆陽の二池においても当然その溝がつくられたはずである。それがいまに続く昆陽池の用水路の起源になっているのであろう。

しかし、溜池から引く溝が当時つくられたとしても、『年譜』に必ず記録されたかどうかという問題がある。『年譜』の「十三年記」にみえる池は一五カ所あるが、このうち池と同じ名称の溝は、昆陽二池以外では、物部田池（長さ六〇丈、広さ五尺）・久米多池（長さ二〇〇〇丈、広さ五尺）の二カ所しかない。所在地はことなるが、長江池溝も長江池に対になる可能性が高く、これを含めても一五カ所の内一〇カ所が『年譜』では溝を伴わない池となる。

溝が記載されていない池であっても、水田に引く溝が作られていたことはいうまでもない。狭山池でも、それに伴う溝は記載されていない。狭山池の堤体の発掘調査では、天平期の行基の時期の改修により、高さ五・四メートルの堤を六メートルに嵩上げしたことが確認されている。この堤の嵩上げにより当然灌漑する水田は拡大し、それに伴う用水溝も増設や延伸がなされたはずであるが、その溝についての記録は残されていないのである。溝が造られたとしても、かならずしもそれが記録されなかったことがわかる。

また、田原は昆陽池を水源とした現在の網目状の用水路の総延長が一二〇〇丈となるというが、古代以降改修が重ねられて現在に至っている用水を、そのまま古代までさかのぼらせることにはやはり無理がある。

(3)　昆陽池の水源の問題

溜池は、河川のダムと同じように、谷に堤を築いて河川の水をせき止めて溜めることが一般的である。行基が築造・改修にかかわった狭山池や鶴田池は、谷をせき止めたものである。ところが、昆陽池は、このようなただ単に谷をせき止めただけでは溜池として機能しないと考えねばならない。たしかに、昆陽池は台地中央を東西に走るくぼみに立地している。このくぼみは地質学上「昆陽池陥没帯」と称され、東から西に向かって傾斜している。つまり、陥没帯を南北に横断する堤を築けば、その東側に水が溜まり池ができることになる。

しかし、問題となるのは、昆陽池の場合、元来、水量をある程度有した川をせき止めたものでないため、築堤しただけでは溜池とはならないことである。この池の場合、溜池の水源については、ほとんど問題にされてこなかった。それは地質学の観点からの、「昆陽池は洪水調節と灌漑用という多目的ダム」と位置づける見解（藤田和ほか　一九七一）に大きく作用されたためと考えられる。その見解は、伊丹台地上には古い川筋と考えられるくぼみがあることからみて、池が築造される前は、長尾山丘陵から流れ出す水が台地上に流れ出て、台地北部を内水状態にし、昆陽池陥没帯にあふれて、その南部地域も洪水に巻き込んだ、という想定に基づいている。

しかし、この想定は台地の地形を正確によみとる限り妥当ではない。なぜならば、台地の地勢は北北西から南南東に向かって傾斜するが、前稿でも述べたとおり、天神川と天王寺川の水は、丘陵裾と台地北辺の地形からみて、台地の北部地域に達する前に、西側に流れ武庫川に落ちることになる（坂井 一九七九）。天王寺川の場合、丘陵から流れ出すその支流、足洗川と勅使川が等高線に平行して流れないかぎり、台地上を南流しない。また、天神川・天王寺川の水源となる長尾山丘陵の範囲は、奥行き約二・五キロメートル、幅約一・二キロメートルの狭い面積であり、降雨で生じる水量もさほど大きいものではないと考えられる。溜池の水源として、地下水ということも考えられる。伏流水が断層である陥没帯に湧き出ることは想定できるが[6]、それだけで豊富な水量を確保することは困難ではないかと思われる。

現在の昆陽池の水源は天神川ではなく、武庫川から人工的にポンプアップしている。しかし、それは近代になってからのことであって、それ以前は天神川が唯一の水源であった。文化三（一八〇五）年の絵図（図105）にも、玉田川と称されていた天神川から入樋で水を引き入れていることが描かれている。昆陽池の東方にあり規模も大きい瑞ヶ池も台地中央にあり、自然に水が溜まる立地ではなく、近世の絵図[7]によれば、台地北部の山本村から引いた溝により貯水している。

このように伊丹台地上の溜池のおもな水源は長尾山丘陵にあり、台地中央の陥没帯にあらたに溜池をつくるためには、築堤するだけではなく、そこに溜める水を引くための溝を同時につくることが不可欠である。その点が築堤するだけで十分貯水でき溜池として機能するものと決定的にことなるのである。昆陽二池には二溝が伴なってはじめて溜池として機能したのであり、ここに池と溝が対になって記載された背景があるといえよう。

ところで、天神川と天王寺川が昆陽二溝にあたるとはいえ、現在の二河川がそのまま行基が築造したものではないことは明らかである。二河川が天井川で両側に高い堤防が連続する構造は、現代に至るまで繰り返し改修され維持管

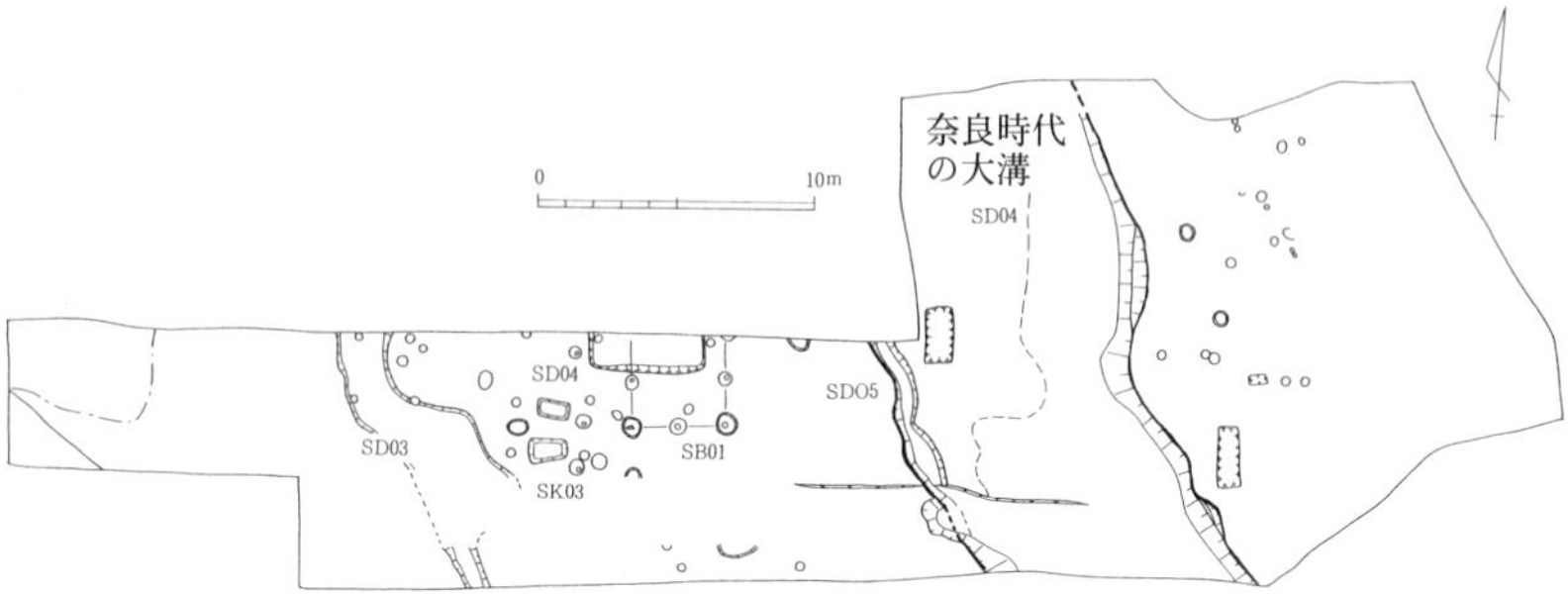

図107　宝塚市山本北垣内遺跡検出の溝（渡辺ほか 1998より作成）

理されてきた結果であり、明らかに新しいものである。河川は溜池よりも洪水などによる被害を受けやすく、この二河川は近現代でも洪水で何度も堤防が決壊している。(8)流路の位置についても、現位置が必ずしも当初とまったく同じではない可能性もある。後述する山本北垣内遺跡で確認された溝の遺構がかりに昆陽上池溝であるならば、流路は変化していることになる。したがって、行基の二溝は、正確には、天神川と天王寺川の「起源となった人工の溝」といわねばならない。当初掘削・築造された溝が、一三〇〇年の間に土砂の堆積による流路の埋没、そしてその浚渫、堤防の改修などを繰り返し、現在のような大きな規模の天井川になったものと考えられる。

（4）山本北垣内遺跡で発見された溝

最近、昆陽上池溝の可能性がある遺構が検出された。溝の遺構は宝塚市山本2丁目に所在する山本北垣内遺跡で、震災復興事業のマンション建設に伴う調査により発見された（渡辺昇ほか 一九九八）。位置は天神川が丘陵から流れ出る地点、現河道の東方一〇〇メートル弱である。建設用地内の限られた地点での、部分的なトレンチ調査であったことや、かなり撹乱を受けていたことから、詳細は不明な点もあるが、溝の幅は約一〇メートル、深さ二・三〜二・六メートルで、壁は垂直に掘られている（図107）。溝は洪水により一気に埋没した堆積状況であり、部分的に掘り直された痕跡もみられる。この溝の出土遺物は奈良時代後半の土器に限られている。溝の周辺には、溝よりは古い奈良時代の掘立柱建物がある。

この溝が行基の開削した昆陽上池溝である確証はないが、奈良時代に人工的に掘削された溝であることはまちがいない。溝の深さは約二メートルで記録と一致するが、幅は一〇メートルもあり、記録の約二メートルと大きな格差がある。しかし、すべての地点で同じ幅ではなかった可能性や、水流により溝の肩がえぐられ結果として広くなった可能性も考えられる。かりにこれが行基の溝としたら、現河道は一〇〇メートルほど西に流路が移動したことになる。

3　伊丹台地の開発過程

（1）台地南部の開発

行基が奈良時代に造池造溝をおこなう前は、台地上はほとんど開発が進んでいなかったと推測され、行基の事業により開発が本格的に展開したと考えられる。そのなかで行基の開発の第一目的は、昆陽池の溜池の位置から考えて、池より下位の地域の潅漑にあると考えられる。台地南部の地域における現在の灌漑用水は、昆陽井用水と昆陽池用水の一つに大別される（図108）。この地域には溜池が少なく、中小の溜池が多数点在する台地北部の地域と対照的である。

昆陽井用水は武庫川から取水し（図106Ｄ地点）、かつての昆陽下池の堤の遺構でもある横手堤（同Ｅ-Ｆ地点）の上を通り、南東方向に流れ、台地南部の西半部から中央部を灌漑するものである。用水路は寺本村付近で分岐し昆陽村の南方の山田・時友・野間・堀池・南野などを灌漑し、その灌漑面積は昆陽池用水よりも広い。

古代の昆陽上池にあたる昆陽池の水は昆陽村・寺本村・池尻村を灌漑する。近世初頭に埋め立てられた昆陽下池の灌漑域については記録がなく、昆陽井用水の灌漑域とも重複し明確ではない点があるが、昆陽下池の埋め立てに際しては山田村・時友村・野間村・友行村の四カ村が反対していること（八木哲　一九六九）から、この四カ村がおもな灌漑

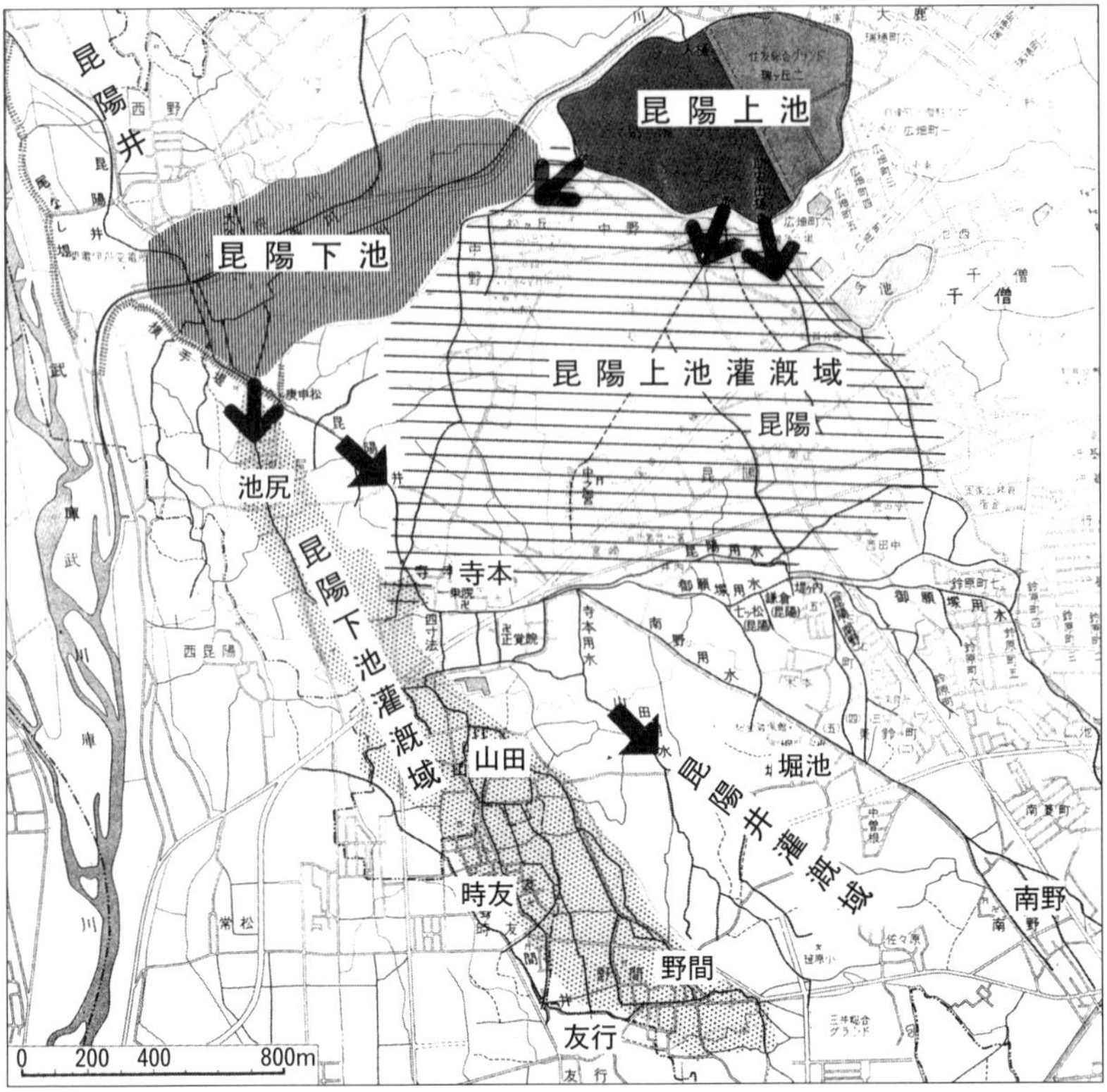

図108　昆陽上池・下池の推定灌漑域（八木哲 1969より作成）

域と考えられる。昆陽下池の用水を継承したと考えられる用水路は、天神川の流末にあたり、池が所在した地点から横手堤の大ゆりの樋（図106G地点）を通って南南東方向に流れ、互いに近接して並列しているさきの四カ村に達し、その灌漑域を具体的に推測することができる。

昆陽井用水の成立年代は不明である。しかし、昆陽下池の堤上に用水路がのっていることから、この池の埋立てが計画された近世初頭の一六〇八年にはすでに存在したものと考えられる。この用水と関係深いのが中世荘園の小屋荘である。小屋荘は平安末期に昆陽寺を中心に形成されたとされる（『角川地名辞典　兵庫県』一九八八）。その領域はほぼ昆陽井用水の灌漑域と重なる部分が多く、昆陽井用水は小屋荘の生命線といえる存在である。中世荘園と用水開発の関係については、鵤荘などがある兵庫県西部の揖保川下流域の事例が明らかにされている（小林基　一九九三、本編第2章3参照）。この地域の各荘園はそれぞれが基本的に専用の用水を備え、その潅漑域を母体として成立している。たとえば、鵤荘の荘域は、揖保川から取水する小宅井用水の分流の赤井用水により、おもに潅漑されている。荘域は地形的には氾濫原より一段高い面にあり、荘園は河川から用水を引くことによりあらたに開発されたことがわかる。これらの荘園は文献史料や地形発達史の成果を参考にすると中世前期には成立していたとされる。揖保川流域の地形環境と用水のあり方は、伊丹台地上の昆陽井用水ときわめて近似する。

このように考えると、昆陽井用水は中世の小屋荘の成立にかかわって、中世前期に開発された可能性が指摘できる。伊丹台地の南部では、行基が築造した昆陽上池と昆陽下池による開発がおこなわれたのちに、なお残っていた未墾地の開発をねらったのが、昆陽井用水による開発であったと考えられる。

（2）台地北部の開発

一方、台地北部の開発はどのように展開したのであろうか。前稿では行基の開発は台地南部の開発が第一の目的であるとしつつも、台地北部の開発においても天神川・天王寺川の二河川はその生命線であると位置づけた（坂井　一九七九）。その理由としては、この地域の用水源はおもにこの二河川であり、溜池の形状が条里地割と一致することから、溜池が古代にさかのぼる可能性があることをあげた。しかし、溜池の形状が条里に一致する点はかならずしも古代に築造されたことを意味するものではなく再考を要する。

この地域の溜池は平坦地にあり周囲を堤で囲う、皿池といわれる形式のものである。このような皿池は奈良盆地に多いことが知られているが、その築造時期が文献史料や考古学的資料で確認できる最古の事例は鎌倉後期であり、その多くは近世以降に築造されたとされる（山川　一九九三）。伊丹台地の溜池の築造時期が確認できる例はまれであるが、瑞ケ池の北側に接している備前池は近世初期の寛永七年（一六三〇）である。[9]このほか溜池が多い台地北部の地域には、近世に成立した村がいくつかあり、溜池の築造により村が成立したことがうかがえる。規模が大きい村は昆陽池の北西に新田中野村がある。この村は昆陽下池の所在した字「沢田」をおもな耕地にしており、その埋め立てに伴って成立したと考えられるが、[10]東野村と西野村という枝村があり、孫佐衛門池などの六つの溜池を築造したとされている。また、溜池が点在する台地北部にある山本村は、平井村・丸橋村・口谷村・野里村・大野村などの枝村があるが、これらはいずれも近世に成立している。このような近世の開発に際しては、天神川・天王寺川の二河川やその他の小規模河川から水を引いた溜池を築いたものと推測され、河川と溜池をつなぐ複雑な用水体系により、限られた用水を効率的に利用したものと推定される。こうした近世の開発によって、最終的に水田化されることはなかった台地北東側縁辺をのぞいて、ほぼ全面的な水田化が達成されたと考えられる。二河川はこうした開発に伴って流路の付替えや堤防の改修がおこなわれたことも想定される。[11]このように考えると、行基が二河川を開発した時点では、台地北部の開発はあまり進んでいなかったと考えられる。二河川が台地北部の開発における生命線であったことはまちがいないが、古代の行基の開発が即座に大きな耕地を生んだとはいえないのである。

（3）伊丹台地の開発の画期

伊丹台地の開発における画期をまとめるならば、第一に古代の奈良時代における行基の昆陽二池などの溜池築造、第二に中世の昆陽井用水の開削、第三に近世の皿池の溜池築造となる。行基が築造した溜池は陥没帯のくぼみを利用したもので、台地上にあって灌漑用水が得られず開発が遅れていた、陥没帯以南の地域の開発を大きく推進した。しかし、溜池の堤防の高さは比較的低く、池は広大なものの水深が浅いという性質をもっている。行基が築造した溜池は昆陽二池のほか和泉の久米田池に代表されるように、面積の割に貯水量が少ない特徴がある。これは一つに築堤できる高さに限界があったからであろう。この段階では陥没帯より高い台地北部の地域は条里地割が一部施工され、奈良時代の建物跡が確認されている伊丹市荒牧遺跡（小長谷　一九九四）・宝塚市山本北垣内遺跡にみるように、いくつかの集落が点在していたと推定されるが、なお未墾地はかなり残されていたと思われる。

次の中世の開発は、古代までは利用できなかった武庫川という一定の規模をもつ河川から用水を引くものであり、すでに溜池により一定の開発が進んでいた台地南部の未墾地の開発をさらに進めた。開発の主体は小屋荘と推定される。この段階で台地南部の地域の開発はほぼ達成され、近世以降の新たな開発の余地はあまり残されていなかったといえよう。一方、台地北部は武庫川や猪名川から取水することはできず、なお未墾地がかなり残されていたものと考えられる。台地北部はおもに近世以降に中小の皿池形式の溜池が築造されて本格的に水田開発されたのであろう。

おわりに

奈良時代に行基が造営した伊丹台地の昆陽二溝について、二〇年前に述べた自説をあらためて検討してきた。その結論は二〇年前と同じく、二溝は台地中央に築造した池に水を引くためのものであり、現在の天神川と天王寺川がそれにあたるというものである。この二河川の現状は天井川となっており、『年譜』の記された規模よりはるかに大きく、その比定は妥当ではないとの批判をこれまで受けてきた。たしかに二河川は古代の姿そのものではなく、その意味ではその批判は正しいといえる。

しかし、昆陽の二池は四キロメートルほど離れた丘陵から水を引く以外に主たる水源はなく、溝なしには溜池とはなりえない。丘陵から池に直線的に流れ込む天神川は、実際に昆陽池（上池）の唯一の用水源であり、これに並行して流れる天王寺川は近世に埋め立てられた昆陽下池が所在した地に流入している。行基が造った二溝は基本的にこの二河川と同じ機能をもっていたと考えざるをえない。したがって、二河川の起源となった人工の溝が、二溝であるといえよう。造られてから現在に至るまでの一三〇〇年の間に、土砂の堆積を繰り返す一方、台地上は中世・近世・近代と、その時代の技術と社会的需要のもと開発が進められ、二溝も姿を変えてきたのである。前稿では、こうした重要な問題を論じないまま、二河川に比定したことを反省しなければならない。

ところで、昭和三十年代までは歴史的な景観を十分残していた伊丹台地周辺は、都市化が進み水田もめっきり減少した。前稿を書いてからのこの二〇年間の変貌はとくにいちじるしい。行基が最新の技術を駆使しながら民衆とともに築造し、一三〇〇年ものあいだ広く水田を潤してきた昆陽池も、農業用水としての役割を終えつつあり、いまは市民の憩いの場となっている。

こうした大規模で重要な文化財をどのように保護し活用するのかは大きな問題である。(補註)まず、そのためにその実態把握が必要である。容易ではないが、それを対象とした文化財行政を着実に進めるしかないであろう。前稿を書いたころ、あの狭山池の堤を発掘調査するなどということはとても考えられなかった。しかも、その築造年代が樋の年輪年代により測定され、古代から近代にわたる改修の具体的な歴史が、生き生きととらえられたのはこの二〇年間の埋蔵文化財行政と研究の進展というほかはない。大阪府ではこれらの貴重な成果をうけて、狭山池ダム資料館を建設中であり、平成十二（二〇〇〇）年度の開館をめざしている。これまでにない「開発」をテーマにした展示・調査・研究に期待したい。

また、このたびの水利関係の調査において、近世の絵図・文献史料の重要性をあらためて痛感した。その点では、伊丹市立博物館による『伊丹古絵図集成』は保護の手だてが十分でない文書を集成したものであり、地味ながらきわめて貴重な仕事である。他地域でもこうした文化財行政が進められることを望み、このささやかな開発史のノートを閉じたい。

註

（1）行基『年譜』の「天平十三年記」は公的な記録であり、信頼性の高い史料とされている（井上光　一九六九）。

（2）『年譜』にみえる大野寺の建立年月と瓦の年月が一致することは、「天平十三年記」以外の記事についても信頼できる部分があることを示す。

（3）『年譜』では「昆陽」を「崐陽」と表記するが、本稿では「昆陽」に統一した。

（4）前稿ではこの場合の尺は高麗尺とし、一二〇〇丈は約四三〇〇メートルとなるとしたが、高麗尺は和銅六（七一三）年の格により廃止されたとされることから、ここでは一尺を約三〇センチメートルとした。ちなみに二河川はまったく直線ではなく、いくつかの屈曲点があり、全長は約四二〇〇メートルほどの長さになるが、直線で計測すると、約三六〇〇メートルである。

（5）伊丹市立博物館の和島恭仁雄によれば、「昆陽池上溝」という名称の用水路の存在そのものの典拠は明かではなく、吉田の現地の聞き取りでもその存在を確認できなかったという（吉田靖　一九九〇）。

（6）この陥没帯の谷が浅くかつ北から南に傾斜する台地の地形条件もあり、陥没帯の南縁に平行するように東西方向にも堤を築く必要があったと考えられる。

（7）延宝四（一六七六）年大野新田を含む山本村絵図、明暦三（一六五七）年萩野村絵図（伊丹市立博物館　一九八二）。

（8）和島によれば、明治十（一八七七）年・三十（一八九七）年、昭和九（一九三四）年・十三（一九三八）年・三十六（一九六一）年などに堤防の決壊の記録があるという。

（9）「御領知雑事記」（若林泰　一九八二）に記されている。

（10）和島の教示による。

（11）大和盆地における現在の高い堤防によって仕切られた直線的な河川の景観は、河川の付け替えが盛んに行われた十七〜十八世紀に成立したとされる（山川　一九九三）。伊丹台地北部の、ほぼ直流する二河川と条里地割に規制された溜池の景観は、大和盆地と共通しており、開発過程を考えるとき参考にすべき事例である。

補註

ため池や用水などを文化財としてとらえると、大規模であるという点のほかに機能が生きているという特徴がある。こうした遺跡、文化財には荘園遺跡における用水・水田、山岳宗教遺跡における寺社、都市遺跡における町屋などがある。これらのような生きた文化財は凍結保存はなじまず、文化的景観などのように生活・生業の維持を前提とした考え方が参考になる（坂井 二〇〇四b）。

第3章　遺跡からみた開発と集落の歴史

――古代・中世を中心として――

はじめに

一九六〇年代の高度経済成長期以降、わが国の土地景観は大きく変貌した。この間、社会・経済の基盤は農業から商工業に大きく転換し、農山村の多くの人びとが離村し、都市部へと移住した。このため農山村が過疎化するとともに、都市部は急速に膨張し、集落は総体的に大きく変化することとなった。集落の変化は同時に、農山村で長く続いてきた伝統的な家の解体と都市部における流動的な家の成立という「家」そのものの変化をもたらした。変化したのは集落と家だけではない。農村では耕地の区画整理などを主とした圃場整備事業が強力に推進された結果、各地の平野でみられた碁盤目状の条里型地割や、中世史料や荘園絵図などに記された往時の地名・地割と集落景観が急速に姿を消し、人工的な新しい土地景観が形成されている。

二十世紀末のいま、わが国の土地景観はさらに大きく変貌しようとしている。ウルグアイラウンド農業合意により、これまで聖域とされてきたコメが西暦二〇〇〇（平成十二）年には完全自由化される。外国の農業に対抗するためには大規模経営の育成が不可欠とされ、これまで以上の大区画の水田造成や用排水施設の拡充などの事業に、六兆円の事業費が投じられて、全国各地で大規模におこなわれている。この政策によりさらに離農が進み、農村の解体が加速するであろう。現在の農村は中世末には成立し、近世・近代と継続してきたものが多いといわれている。いまは長年にわたり形成されてきた土地景観を一気に変える、未曾有の「大開発時代」といえるだろう。

現在、全国で種々の開発事業にともなって、多様な遺跡が数多く発掘され、地名・地割・水利などの調査も一部でおこなわれており、各時代の集落や開発のあり方が少しずつ明らかにされてきている。ここでは、現在の土地景観の形成に直接的な影響を与えた古代・中世を中心とした開発と集落について、発掘事例をもとに考えることにしたいと思う。まずは全国の調査・研究事例に即して、時代ごとの展開のあり方を東西日本の地域的差異にも注意しながら概観しておきたい。

1　国家的開発と集落の編成——古代前期——

(1)　水田開発のはじまりと展開

近年、縄文時代の集落跡において、盛土や削平などの土木工事がおこなわれていたことが明かにされている。しかし、自然に手を加える「開発」行為は、稲作が定着した弥生時代以降に大きな展開をみる。日本の稲作は水稲が主で、移入の初期段階からある程度完成された水田の開発技術と道具を備えており、水田の造成と用水の確保のために森林原野が広く開発されてきた。

弥生時代以降水田は拡大し、それに伴い集落も増加した。大阪府池島・福万寺遺跡では、発掘された約一二ヘクタールのほぼ全域に弥生後期の水田が広がっており（江浦　一九九六）、近畿地方の沖積地においてはかなり水田開発が進展していたことが知られる。弥生末から古墳時代にかけては堰が大型化し、自然河川を結ぶ人工水路の開削や、自然河川を堰き止め流路を変更するなどの方式が採用された。しかし、飛鳥時代を迎える七世紀初頭に至って、それまでの開発を大きく上回る規模の開発が行われた（広瀬　一九八三ａ・ｂ）。それを象徴するのが大阪府南部の古市大溝と狭山池である。

（２）　古市大溝・狭山池と国家的開発

古市大溝は大阪府南部の南河内地方にある大規模な人工の水路である（図109）。この溝は南河内の主要河川である石川から取水し、その西岸を等高線に沿って流れ、流末は東除川に達するとみられる。全長は約一〇キロメートルに及び、幅は八〜九メートル、深さは四〜五メートルもあり、掘削された土量は膨大である。古市大溝の開削年代と機能についてはこれまで多くの議論があったが、七世紀初頭に開削された灌漑用水とみる広瀬和雄の見解が妥当と考えられる。

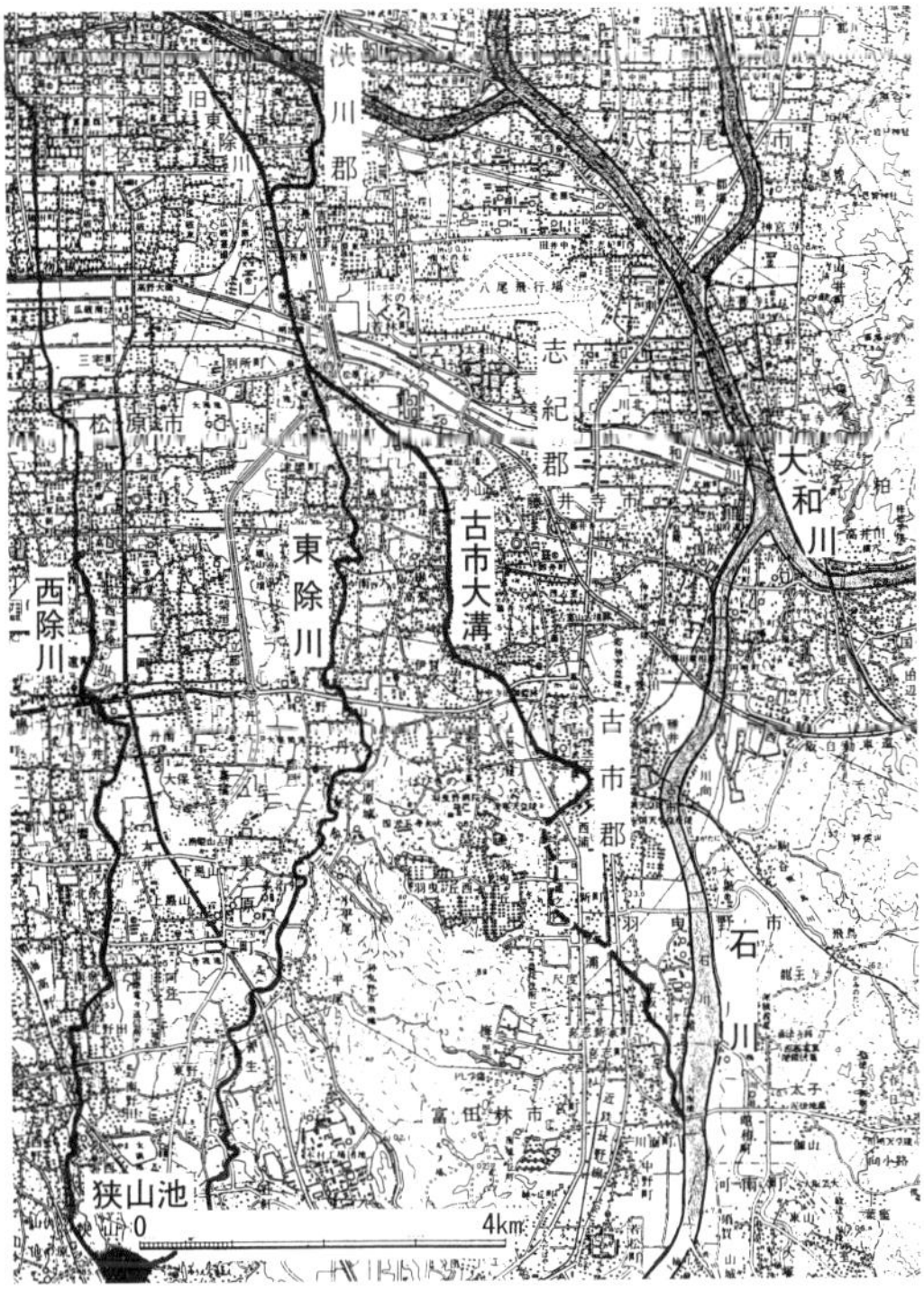

図109　古市大溝と狭山池（広瀬 1983b より作成）

大溝の水源は石川のほかに、羽曳野丘陵の開析谷に築造された溜池も利用されていると推定される。周辺では古市大溝と相前後して丹比大溝などの人工水路も掘削されおり、これらの用水路により広大な沖積平野と洪積段丘が計画的に灌漑されたと考えられる。このような大事業には、治水・灌漑の知識と技術、膨大な労動力の結集とその組織化、道具の保有、広範な土地に対す

図110　岡山県津寺遺跡の護岸遺構
（提供　岡山県古代吉備文化財センター）

る権利関係の調整などが不可欠であり、一豪族の力では実現不可能な内容である。七世紀初頭にはまだ律令国家は成立していないが、それに向けた国家体制が形成されつつあったことを考えると、この大開発が「国家」の介在のもとに実施されたことが示唆される。

これとほぼ同じころ、古市大溝の南西七、八キロメートルの丘陵の谷に築造されたのが狭山池である。狭山池は記紀にもみえる古い溜池であるが、平成元（一九八九）年度からの池の改修工事に伴う調査により、築造と改修の年代と構造が明らかになった（市川　一九九六）。堤は度重なる大改修により嵩上げされていたが、もっとも古い堤に伴うコウヤマキ製の樋管は、年輪年代測定により西暦六一六年に伐採されたことが判明し、そのころに池が築造されたことが知られる。築造当初でも堤の規模は高さ五・六メートル、幅三〇メートル、長さ三五〇メートルもある大土木工事であった。この後に奈良時代の行基、鎌倉時代の重源、江戸時代初期をはじめとした一〇回ほどの改修がおこなわれて、いまもなお多くの水田を潅漑している。

このほかに岡山県津寺遺跡の杭と盛土による大規模な施設（図110）も七世紀前半ころに造営されており、西日本の畿外でも大規模な開発が行なわれていたことが知られる。

（3）畿内における古代集落の成立

考古学的に集落は住居を主とした建物遺構の集合として把握される。畿内においては、六世紀末から七世紀初頭にかけての時期に、集落の大きな画期を迎えた（広瀬　一九八九）。古墳時代の集落の多くがこの時期に廃絶し、あらたに多くの集落が成立するのである。この時期に成立する集落は、沖積地・段丘上など多様な地形に立地し、大規模なものは二世紀ほどの長期にわたって継続するものが多い。

住居は伝統的な竪穴建物（住居）にかわって平地式の掘立柱建物が基本となった（図111）。その大きさは面積一〇〜三〇平方メートルのものが一般的で、単婚家族を中心とした住まいと考えられる。こうした住居が二〜四棟で建物群を形成し、集落全体は二〜四の建物群からなる。高床倉庫を含む建物群もかなりある。この建物群は想定される居住者の数から、戸籍の郷戸にほぼ相当する集団と推測され、それが複数まとまって集落を形成していることがわかる。なお、建物群を区画する施設はなく、世代ごとに居住する地点がことなっている場合が多く、明確な宅地所有は一般的には認められない。

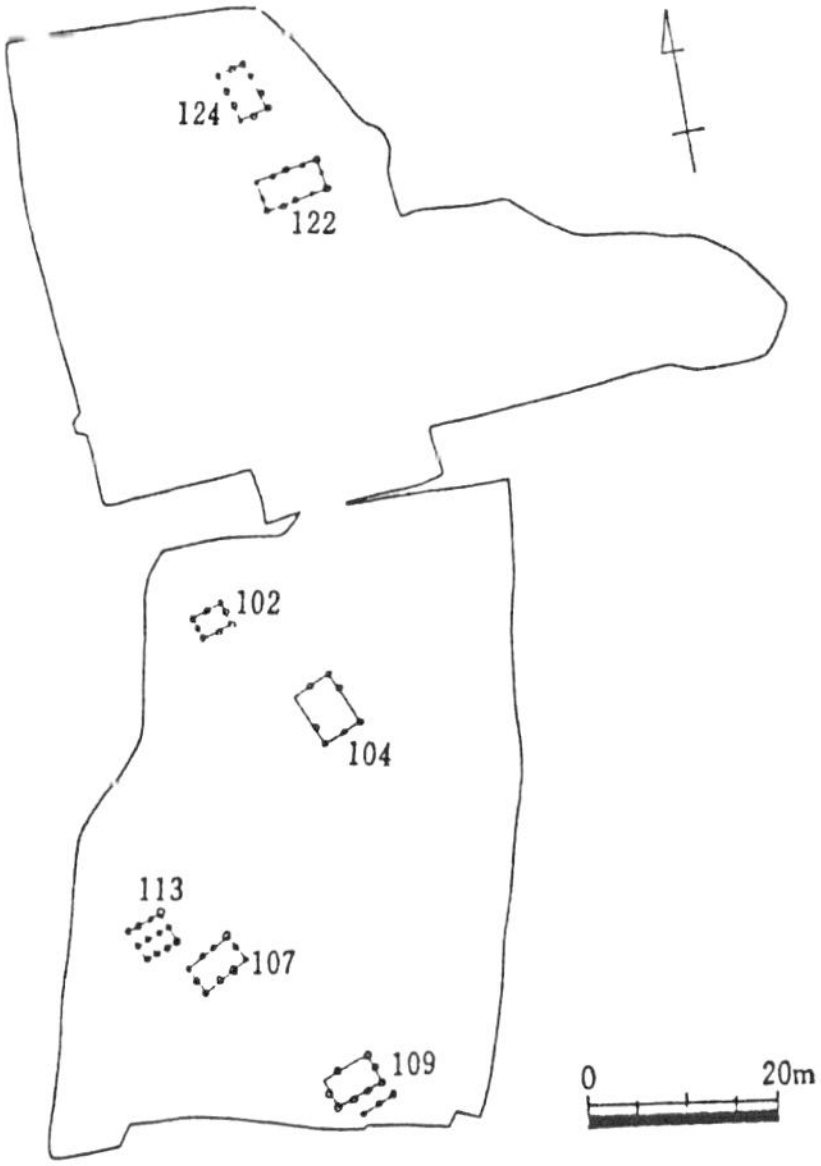

図111　畿内の古代集落（大阪府池田寺遺跡第二期集落：七世紀前半）（広瀬 1989より）

集落の廃絶と成立が同時に生じたということは、人びとが旧来の集落を離れて新しい土地で集落を営んだことを意味する。古市大溝に近いはさみ山遺跡では、七世紀初頭に急速に住居数が増加し、長期にわたる集落が成立した。ここに居住した人びとは大溝の造営工事に徴発され、それが完成した後はあらたに開発された耕地を基盤にして生活を営んだと推測される。国家的な大開発と集落の編成はともに関連しておこなわれたと考えられる。

（4）東国の開発と集落の展開

大規模な開発とそれに並行する集落の成立は東国においても同様にみられる。埼玉県北部の児玉町周辺では「九郷用水」と「真下大溝」などの人工水路の存在が知られている（鈴木 一九九六）。これらの水路は条里型地割の施行に伴う広域的かつ系統的な開発によって造営され、条里型地割の年代は出土土器から七世紀末から八世紀初頭にさかのぼるという。この時期の開発は古墳時代以来の潅漑系統を一新しており、東国でも確立しつつあった律令国家の強力な権力が背景に考えられる。

埼玉県北部の地域では、七世紀後半ころに、沖積地内の微高地に立地する古墳時代後期の大規模な集落が衰退し、これと交替するように七世紀後半から八世紀初頭の時期に台地上に大規模な集落が成立した。真下大溝に一部が区画される将監塚・古井戸遺跡の集落は、大溝の掘削と条里型地割の施行とほぼ同時に計画的に設定されたことが知られる。

七世紀末から八世紀前半に多くの集落が成立する傾向は、関東地方をはじめとした東日本の広い地域でみられる（第Ⅱ編第2章）。国家的な開発と集落の編成は、須恵器・鉄などの手工業生産の本格的開始や郡衙の造営などとともに、律令体制の確立をめざした政策の一環と考えられる。このように関東など東日本の古代集落は、畿内から半世紀から一世紀遅れて画期を迎える。両地域の時期的なずれは律令国家体制への階梯のちがいが反映しているものと考えられる。しかし、集落の特徴は、住居の主体が竪穴建物である（九世紀以降掘立柱建物が普及する）ことをのぞくと、集落の長期継続、住居の平均的規模、建物群の構成、宅地所有の不明確さなど、畿内と共通するところが多い。竪穴建物は個別にカマドを備えており、食生活をともにした「家族」の住居であることがよくわかる。

集落の立地は、畿内より台地が発達する地形的特徴のためか、台地上の例がとくに多い。広く発掘されている千葉県萱田地区遺跡群では、台地上のかなりの範囲が集落として利用されている（図112）。十世紀以降は、台地上からほとんどの集落が姿を消すことから、この時期の集落を象徴することとして注日される。

台地上に立地する集落は、台地中央ではなく、沖積地と樹枝状の谷（関東では「谷戸《やと》」「谷津《やつ》」などという）に面して分布しており、生産基盤は主として水田に依拠したものと推定される。谷水田における用水は谷の水のほかに、溜池が重要である。関東地方では溜池の調査例がなくその実態は不明であるが、『常陸国風土記』行方郡条には、孝徳天皇の時代に既存の水田を犠牲にした溜池の築造が伝承として記されており、生産力の向上をめざした開発がおこなわれたことが知られる。八世紀後半以降、集落が順調に増加する傾向も各地で認められ、古墳時代と比較して集落数も格段に増え、人口のいちじるしい増加も推測される。なお、台地上の一般集落には井戸がみられず、台地下の湧水などを利用した集落共同の水場で生活用水を確保したものと思われる。

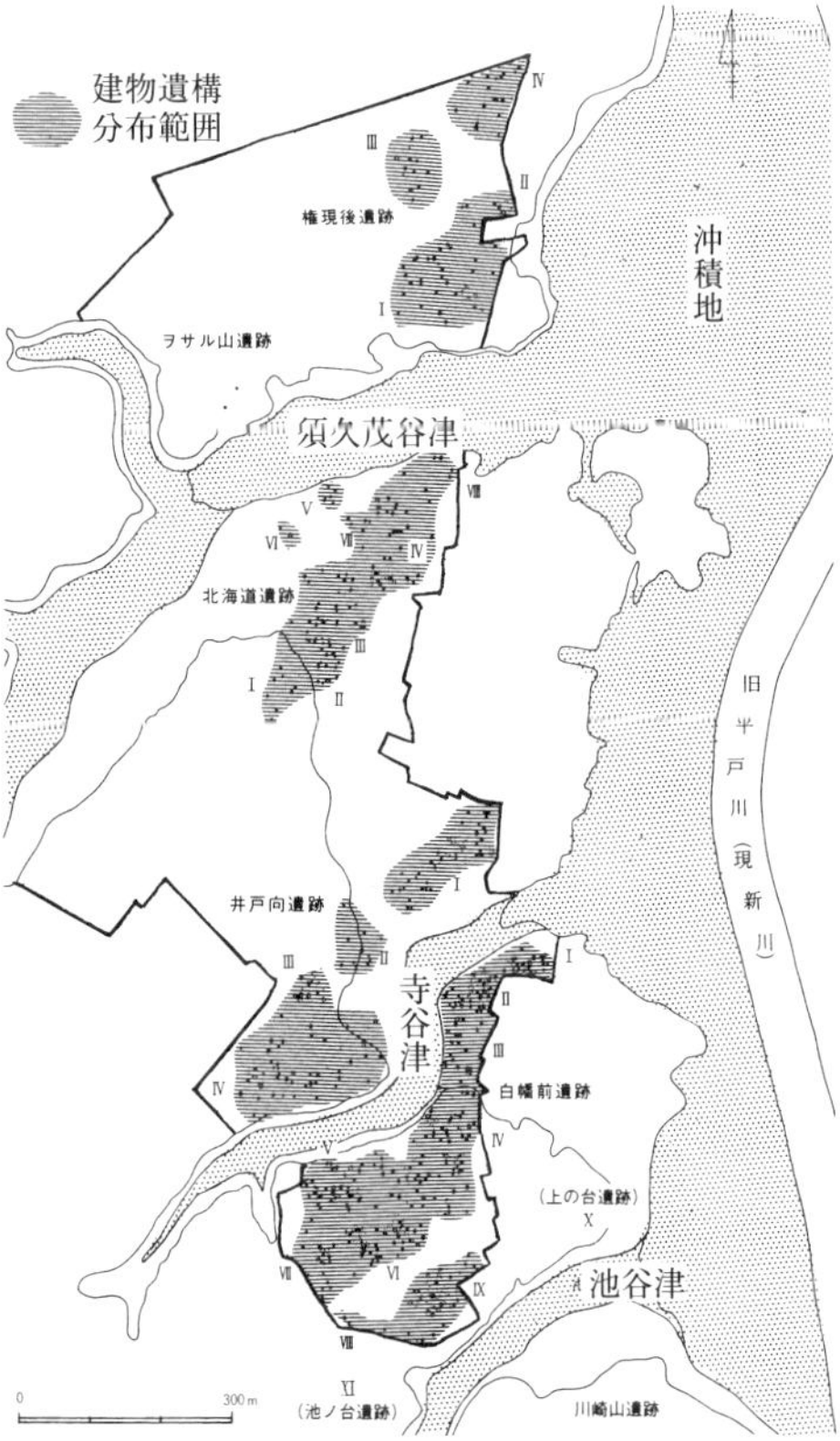

図112　萱田地区遺跡群全体図（千葉県文化財センター 1991 より作成）

(5) 条里制の施行

条里制は、一町（約一〇九メートル）の格子目状の地割を設定し、個々の区画を何条何里何坪と呼称する土地制度であり、律令制の班田収授法にともなって奈良時代には施行されたものとされてきた。しかし、発掘調査の進展に伴って、現地表面の条里型地割と一致する地下遺構は平安中期以降のものが多いことから、その施行時期について大きな問題が提起された。広く展開する条里景観は一時期に形成されるものではなく、土地の基準線を設定する段階、それに沿って溝や畦畔などで土地を区画する段階、田畑として面的に利用する段階などがあり、これとは別の次元で土地表示としての呼称法が成立する段階があると考えられる。

池島・福万寺遺跡では、十世紀前半には現在と同じ条里型地割の遺構が広範に広がるが、これと合致する位置で七世紀後半にさかのぼる溝や畦畔が一部で確認されている。関東の児玉条里でも七世紀末から八世紀初頭の施行年代が示唆され、奈良盆地の大和統一条里も七世紀後半には施行されたとする井上和人の見解（井上和 一九九六）があり、条里施行の起点は奈良時代以前にさかのぼる例は確かに存在する。しかしながら、この時点で条里基準線は設定されていたにしろ、全面的に溝・畦畔などによる土地区画が設定され、耕地として面的に利用されたかは明確ではない。この時期は地形に微妙な起伏がなお多く存在し、明確な土地区画もない範囲もあったであろう。条里に合致した溝などの遺構は九・十世紀以降増加し、時代とともに土地区画の設定と耕地としての利用が進展したことがわかる。

2　古代集落の変容と開発の進展――古代後期――

（1）　集落の解体と新たな集落の成立

六世紀末から七世紀初頭に成立の画期をみる畿内の古代集落は、九世紀前半ころに衰退する例が多い。その後十世紀中ころまで集落の実態はよくわからないが、十世紀後半になると明確な集落遺跡が確認されるようになる。この時期の集落でも二、三棟の建物群が単位となるが、建物群は孤立分散するようになる。また、それぞれの建物群の規模の格差が明確になり、それだけ階層差も明確になっている。集落形態としては散村的であり、のちの中世前期の集落と基本的に一致する点が多い。しかし、一、二世代ほどの短期間で衰退すること、区画施設が明瞭でないことなどの決定的なちがいがある。

東日本では七世紀末から八世紀に成立した集落の多くが、西日本にやや遅れて九世紀後半前後に廃絶する傾向がある（第Ⅱ編第1・2章）。広域に調査された千葉県や長野県の例では、九世紀後半から十世紀前半の間に、住居数が六分の一から十分の一にまで減少した例がある。同じ傾向は関東・中部・東北南部でもみられる。

台地の集落の衰退に呼応するかのように、新しい集落は沖積地や丘陵・山地など多様な立地をみせるようになる。関東地方では沖積地の調査例は少ないが、台地上の集落の衰退とほぼ同時に、沖積平野の微高地や谷戸の中に、小規模な集落が成立する傾向がみとめられる。建物は竪穴建物も残るが、畿内と同じく二、三棟の建物群が一定の距離を置いて散在するようになり、それまでの比較的大きなまとまりをもつ形態とは大きな差がある。新潟県一之口遺跡（図49・50）では、建物群が半町単位の方格地割のなかに散在し、この時期の集落のあり方の一端がよくわかる。建物群を構成する建物の規模には格差があり、大型・中型建物を核とする建物群には井戸・倉庫・畑などがともない、半町程度の方形の土地区画をもつ「園宅地」を形成する例もある。倉庫だけではなく井戸まで備えていることは、生活面においても独立性を強めていることを示し、旧来の集落のまとまりから自立した家の姿を見ることができる。また、台地上に集落が存在した段階では、耕地と居住地が相対的に離れており、耕地が家に帰属する意識が希薄であったのが、沖積地内に集落が展開した結果、両者が一体となり耕地を所有する意識も明確になったと推測される。逆にいえば、土地所有の観念・制度の変化が集落の変容をもたらしたともいえよう。

一方、丘陵・山地にも数多くの小規模集落が展開する。東京都多摩ニュータウン地区では、入り組んだ低丘陵において、九世紀以降居住域が拡大し、丘陵内部まで小規模な集落が数多く進出する（鶴間　一九九一・一九九六）。長野県・

山梨県などでは標高七〇〇〜一〇〇〇メートルの高い地点にも集落が形成された。こうした丘陵や山地に成立した集落は、畑作や鍛冶・土器・木炭などの生産にかかわるものが目立つ。古代前期の集落が多く営まれた台地上は、畑作に関わるとみられる土坑の存在から、集落の廃絶後に畑として使われたことも推測されている。この時期に水田以外に生産基盤をおいた、本格的な丘陵・山地の開発が始まったことが注目される。

この時期の集落はその立地にかかわらず、短期間のうちに廃絶するという特徴がある。開発の拠点となったとしても、その土地を相続し先祖伝来の地に居住するという、中世のあり方はまだ成立していない。集落形態が中世と類似するとはいえ、この点に大きなちがいがあるといえよう。

（2）　開発の進展

発掘調査で確認される条里型地割の時期は九・十世紀以降の例が多く、条里に沿った土地区画の施行と耕地としての土地利用は面的に拡大した。山川均（山川　一九九三）によれば、大和盆地では十・十一世紀の自然河道の埋没例が多いことから、この段階で河川の流路を条里型地割に平行するように人為的に変更し、そこからの取水・潅漑・集水の繰り返しによる用水の反復利用をめざしたことが想定されるという。実際に広く調査された箸尾遺跡においては、十一世紀に耕地面積が急速に拡大したことが明かにされている。畿内とその周辺では十世紀後半から十一世紀にかけて、集落の建物の方位が条里型地割と一致するようになり、耕地の拡大とあいまって条里に規制された土地景観が成立することとなった。条里型地割の遺構も中部・関東・東北南部で、九・十世紀のものが各地で確認されており、東日本各地でもひろく施行されたことが知られる。

この段階にどの程度水田が開発されていたかは、平安前期の水田面積を示す『和名抄』の田積（a）からもうかがえる。この数値は開発された耕地の実態をある程度反映していると考えられ、これと近代（昭和四〔一九二九〕年）の水田面積（b）を比較することにより、当時の開田率（a/b×一〇〇）をかりに算出すると（藤岡編 一九七五）、合計六八カ国の国別平均は四二％であり、二一カ国は五〇％以上になる。南九州・東北・越後・尾張などの辺境や大規模な沖積平野を擁する地域をのぞくと、おおむね三〇％以上の開発率である。

九世紀前半ころまでは集落遺跡が少なかった東北地方の日本海側においても、九世紀後半以降十世紀に多くの遺跡が成立する。庄内・秋田地方だけでなく、稲作が弥生時代前・中期に波及したものの弥生後期以降途絶えていた津軽地方でも、水田開発が本格的に始まったと考えられる。この地域では十世紀以降本格的に須恵器・鉄・塩などの生産も始まり、北日本の中心的生産地としての基礎ができ、後世へと展開する。

3　荘園の成立と開発——中世前期——

（1）中世集落の成立

中世の集落遺跡は、十一世紀後半から十二世紀にかけて成立するが、西日本と東日本では成立のピークの時期にずれがみとめられる。たとえば滋賀県の十一世紀から十六世紀に成立する中世集落遺跡七四例のうち、三〇例は十一世紀後半前後に、二五例は十二世紀後半前後に成立し（木戸 一九九二）、二つのピークがみられる。これに対し、東日本では十一世紀の遺跡はごく少なく、十二世紀後半から十三世紀前半に成立する遺跡が多い。関東地方のほか、北陸東部の越中・越後、東北地方でも同じである。中世前期の集落の成立画期は古代と同様東と西ではことなっていた。

集落を構成する建物群のあり方は古代後期と基本的に変わらず、建物群がまとまりをなさず散在する。しかし、建物群を溝で区画する例が多くなり、「屋敷」としての体裁を整えてくる。集落の継続期間も長くなり、同じ場所で建物を建て替える回数が以前より多くなり、数世代以上にわたる相続が認められる。西日本では区画の明確化とともに屋

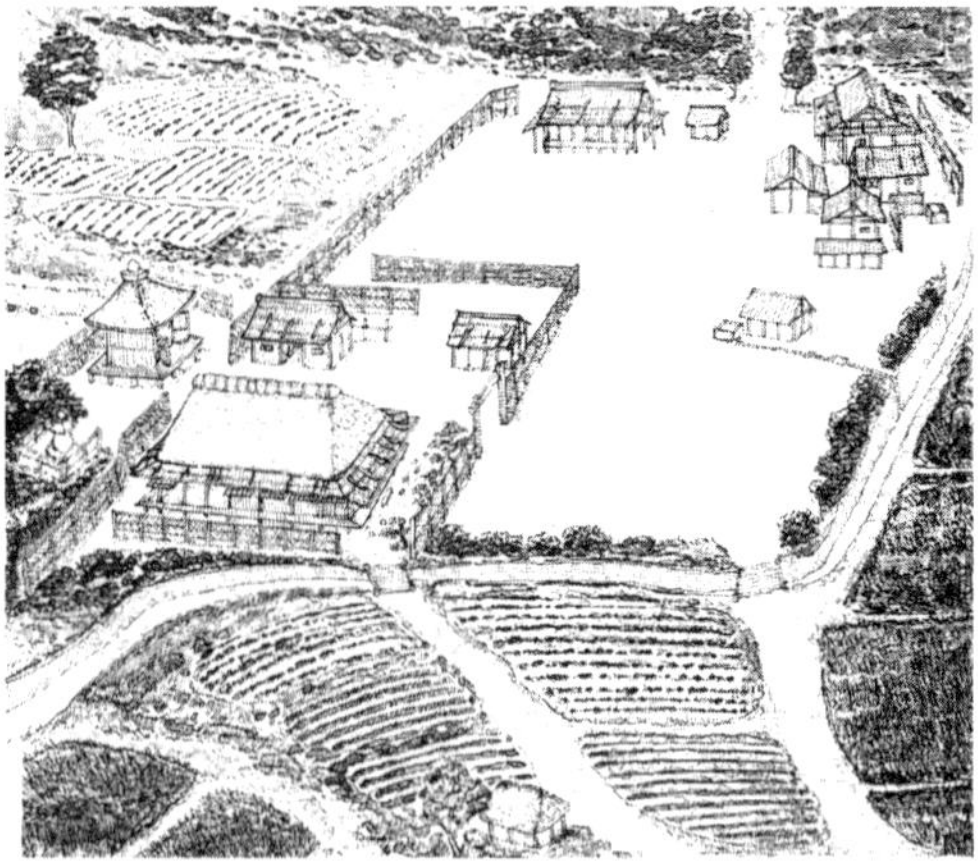
図113　宮久保遺跡　12世紀後半代の遺構復元（神奈川県立埋蔵文化財センター 1992aより）

敷墓が成立する。屋敷墓は家父長を屋敷内に埋葬し、祖先祭祀をおこなうものであり、屋敷の世襲的な所有を保証するものであった（橋田一九九二）。屋敷ごとの井戸の設置もそれぞれの日常生活の独立性がさらに強まったことを示唆する。ただし、この時期の屋敷の区画溝は完全に四周を巡らなかったり、規模も一、二メートルほどで中世後期の方形館の堀との差は大きい。なお、西日本の大型建物を核にした屋敷では十二世紀後半から堀のほかに土塁を巡らす例が出現し、防御性にとんだ構造に発展するというが、東日本では十三世紀までは土塁を明確にともなう例は知られていない。

東日本では、中世集落は比較的大型の建物を中心とした屋敷地の形式をもって成立する例が多い。十一世紀後半から十二世紀前半にかけての時期に、ほとんど遺跡の実態が不明になるだけに、中世集落の成立が強く印象付けられる。神奈川県宮久保遺跡（神奈川県立埋蔵文化財センター 一九九二a）は十二世紀中ころに成立する遺跡で、谷に面した丘陵端部に立地する（図113）。丘陵を背負う側は柵列によって区画し、約九〇メートル四方の屋敷地を形成し、このなかに四つの建物群が配置される。このうち中心的な建物群は四方を柵に囲まれて、面積一七〇平方メートルの大型建物を構える。従者一族の住居と推定される建物群はこれより小さく、井戸もみられる。なお、関東では西日本のように屋敷墓は明確ではない。

北陸地方では中世遺跡の調査例が豊富である（北陸中世土器研究会 一九九三）。十二世紀中葉以降は、石川県桜町遺跡・御館遺跡、富山県梅原胡麻堂遺跡・北反畝遺跡（図114）などのように面積一五〇平方メートル以上の総柱の大型建

図114　富山県北反畝遺跡の中世集落と周辺の条里型地割（小矢部市教育委員会 1990より）

物と小型建物からなる集落がかなり普遍的に成立する。十四世紀になると一〇〇平方メートル以上の建物は見られなくなることから、中世前期は住居がもっとも大型化する時期である。それだけ居住する人数は多かったと推測され、単婚家族だけではなく一族の居住などが想定される。

(2)　荘園の成立と開発

中世社会の基盤でもあった荘園は、十一世紀半ばから成立しはじめ、十二世紀後半から爆発的に増大した。これに符合するように成立した宮久保遺跡のような大規模な建物からなる屋敷は、そこを基点にして周辺を開発した荘園の在地領主の居館であり、地域支配の拠点でもあったと考えられる。宮久保遺跡は前面の谷戸を開発したものと考えられ、渋谷氏一族が開発した渋谷庄に含まれると推定されている。中世集落の成立の画期が東日本と西日本でことなるのは、こうした荘園の成立やそれにともなう開発が同時に展開しなかったことに起因するものと思われる。

荘園は一定の領域をもち、それを単位として開発された。兵庫県の揖保川下流域にある鵤荘をはじめとした各荘園は、それぞれが基本的に専用の用水路を備え、その灌漑域を母体として成立している（図115）（小林基 一九九三）。十一・十二世紀には河川の侵食により、河川の氾濫が及ばない安定した完新世段丘面が形成されたとされる（高橋学 一九九四）が、鵤荘などの荘域は高燥化したこの段丘面に展開しており、荘園の成立に伴って、新たに井堰と用水路を設けるなどして、灌漑体系が整備されたと考えられる。この灌漑体系は現在まで基本的に維持されており、開発の大きな画期であった。

図115　揖保川下流域の荘園と用水（小林基 1993 より作成）

関東地方の大規模な用水としては、上野国淵名荘によって開発されたとされる女堀（図116）がよく知られている（群馬県埋蔵文化財調査事業団 一九八四）。女堀は最終的には完成しなかったが、利根川から取水し、大間々扇状地を等高線に沿って流れ、多くの谷を越えて全長は約一三キロメートルに及ぶ。用水が開削された時期は十二世紀中葉ころであり、その灌漑域は用水終点の谷部周辺であると推定されている。この地域における平安時代の集落遺跡は、大規模な灌漑施設がなくとも開発可能な自然河川の縁辺部や涌水地の周辺に分布しており、女堀はこの開発条件を克服すべく計画されたという。

この段階に条里型地割に即して広く開発された例もある。富山県北反畝遺跡（図114）では、条里型地割の一坪の区画内に大型建物からなる二つの屋敷が地割と同一方向に配置されている（小矢部市教育委員会　一九九〇）。この周辺は「埴生保」にあたり、その関与により新たに開発されたと考えられる。条里型地割は土地区画の明示と所在地の表示に有効なだけではなく、広範囲に体系的な灌漑を行なう場合、もっとも合理的な方法と考えられる。古代に開発された地割が中世以降も継承され、中世の新規開発においても採用され、さらに現代にいたるまでの土地景観の骨格になりえたのはこのためであろう。

図116　群馬県女堀遺跡　飯土井地区（群馬県埋蔵文化財調査事業団提供）

4　現在の土地景観の成立――中世後期――

（1）集落の集村化

西日本では十三世紀後半から、東日本ではこれにやや遅れて、それまで散在していた集落がまとまって、集落形態が集村化する傾向が認められる。鋤柄俊夫による大阪府日置荘遺跡の分析によれば、十二世紀から十三世紀中葉には、東西約一・三キロメートルの間に一四の単位の建物群が散在して分布していたが、十四世紀には、方一町の居館が成立し、その周辺に一三の中小規模の屋敷がまとまるという変化が生じる（鋤柄　一九九六）。中小規模の屋敷は堀で区画され、互いに接して並んでいる。滋賀県横江遺跡でも溝の区画から堀の区画に変化したことがはっきりうかがえる。これらの集落は地理学でいう集村の規模よりは小さいが、中世前期の集落とは明確にことなった形態であり、それとの比較では集村といえる。

現在の近畿地方の農村は集村を基調としており、中世後期の動きが後の近世・近代の集落形成につながることはまちがいない。ただし、初期の集村の規模は比較的小さい。また、現集落につながる集落がほぼ成立した時期は、西日本では集落遺跡の実態がほとんどわからなくなる十五世紀に求められる。奈良盆地のいまの環濠集落が成立したのも十五世紀ころである。東日本では越後などの状況を参考にすると、十六世紀ころに近世・近代へと継続する集落が成立したと考えられよう。集落がこれまで継続してきたということは、それを構成する「家」が継続してきたということと関係する。家の永続性は、家名、家産、屋敷地、家の墓・仏壇などの祖先祭祀などからみて、近畿地方では室町時代を通じて形成されたとされ（坂田　一九九四）、これが「村」の永続にもにつながったことを示唆する。

（2）　城館と町

領主の居館は十四世紀ころから堀と土塁を巡らして、防御性を高め城郭化をはかった。いわゆる方形館の形成である。方形館は集落と隔絶した存在ではなく、集落と盛衰をともにした。しかしながら、十五世紀後半から十六世紀になると、有力な領主は平地を離れて要害としての山城を築き、その麓に居館を構えた。戦国時代には城下町や宿場町・港町などの町場も数多く形成され、地域の経済・交通の拠点となった。村から離れた領主像や、村と町が分離した集落の様相は近世的なあり方といえ、ここにその成立がはっきりと認められる。

しかし、すべての集落が中世までに成立したわけではない。散居村で有名な富山県砺波平野では、梅原胡麻堂遺跡などの調査により、十七世紀後半以降に散居村が成立したことが確認されている。幕藩体制下においても集落が編成されたことが知られる例である。干拓や河川の付け替え、長大な用水掘削などによる近世の新田開発は、中世までとは比較できない規模であることも忘れてはならないことである。

おわりに

わが国の人びとは集落を営み、そこに住居を構え、周辺の土地を耕作しながら生活してきた。住居は一般的に寝食をともにする家族の住まいであり、古代・中世においては、これが二、三ないしは数棟まとまって群をなし、経営の基本単位となったらしい。この単位は考古学的には「建物群」であり、その時代や内容によりその集団は「世帯」「家族」「家」などといわれ、それに付随する土地は「宅地」「家地」「屋敷」「館」などと称される。

古代・中世の集落は、住居がまとまって明確に集落の輪郭が見えるタイプと、これがまとまらずに散在して集落の輪郭がとらえにくいタイプがあり、時代によって盛衰があった。七、八世紀までに成立した集落はまとまるタイプで、平安時代の九、十世紀以降はまとまらないタイプとなり、中世後期以降再びまとまる方向に転じた。古代に集落が解体したのは家が集落のまとまりから自立したからであり、中世後期にそれが再びまとまったのは家の自立を保ちつつ集団としてまとまる必要があったためであろう。それが近世の「村」につながり、近代まで基本的に継承されてきたものである。「村」を構成していた「家」は家屋敷と田畑を生活基盤にして、それを代々相続してきたことにより永続してきた。

集落の展開のあり方は開発の画期と連動し、古代国家成立期に集落の再編成がおこなわれるとともに大規模開発が推進された。こうした動きと集落の構造は西日本と東日本で基本的に共通しているが、消長の画期に少しのずれがあった。それは社会の変化に即して集落が展開したからであろう。現在の集落形態は近畿地方の集村に対して関東地方の散村というように、地域的な差が知られており、その歴史的な背景の解明はなお大きな課題である。

ところで、離農が進んだ現在、村人の生活基盤はもはやその土地にはなく、そこに居住する必要はなくなっている場合が多い。離村して都市に住む人の住居は世代ごとで変わり、家は流動的な存在となった。いまの農村は兼業農家の存在によって維持されているが、完全に離農する農家が急速に増加すると予想される二十一世紀は、どのようなかたちの集落が展開するのであろうか。

ひところコメの自由化について激しく議論された。日本の消費者が海外の安いコメを入手できることは、それはそれでよいことかもしれないが、日本のコメ作りはそれにとどまらない大きな問題を内包している。日本の稲作の舞台となった水田は、これまで述べてきたように長い歴史のなかで形成され、そのまま国土の環境・景観を形づくってきた。また、水田は社会の基礎的な集団である村と家によって経営・維持されてきており、多くの人びとの生産基盤でもあった。

日本のコメは社会・環境基盤とも一体的な性質をもっているだけに、単にコメの生産性・経済性だけで自由化を論議できないのである。日本とアメリカでは国土の広さに格段の差があり、大規模経営を進めたとしても生産コストはアメリカに対抗できないともいわれる。安いコメを追うあまり、安全・確実な食料を確保できないばかりか、国土の荒廃をまねき、歴史的な環境・文化までを失う結果にならないように、二十一世紀に向けてこれまでの開発と集落の歴史について学ぶ必要があろう。

〔付記〕　本稿作成にあたっては、左記の文献をおもに参考にした。
市川 一九九六、井上和 一九九六、江浦 一九九六、橘田 一九九一、木戸 一九九二、國平 一九九二、小林基 一九九三、坂井 一九九六a、坂田聡 一九九四、鋤柄 一九九六、鈴木 一九九六、高橋学 一九九四、広瀬 一九八三a・b・一九八八・一九八九、藤岡編 一九七五、北陸中世土器研究会 一九九三、山川 一九九三。

引用・参考文献

相賀徹夫　一九九〇『日本列島大地図館』小学館。
相沢　央　二〇〇五「古代北彊地域の郡制支配」『日本海域歴史大系』一（古代篇Ⅰ）、清文堂出版。
相原康二　一九九二「古代の集落と生活」『新版古代の日本』九、角川書店。
青森県教育委員会　二〇〇六『福島城跡Ⅰ　第五次発掘調査概要報告書』。
赤沼英男　一九九〇「平安期から中世における東北北部出土鉄器」『北の鉄文化』岩手県立博物館。
秋田市　二〇〇一『秋田市史』七、古代史料編。
浅香年木　一九七七『北陸の風土と歴史』山川出版社。
阿部明彦　一九七九「山形県余目町上台遺跡の竪穴住居跡と出土土器について」『庄内考古学』一六、庄内考古学研究会。
阿部義平　一九八九「律令期集落の復元」『国立歴史民俗博物館研究報告』二二。
甘粕　健　一九八六「古墳時代の社会と文化」『新潟県史』通史編一。
天野　努　一九八六「下総国印旛郡村神郷とその故地」『千葉県文化財センター研究紀要』一〇。
荒川町教育委員会　一九九九『元山窯跡』。
飯村　均　一九九四「平安時代の鉄製煮炊具」『しのぶ考古』一〇、目黒吉明。
家田順一郎・渡辺文男・荒木繁雄　一九八一『曽根遺跡Ⅰ』豊浦町教育委員会。
家田順一郎・山田英雄・渡辺文男・荻野正博・荒木繁雄　一九八二『曽根遺跡Ⅱ』豊浦町教育委員会。
石井　進　一九七四『中世武士団』日本の歴史一二、小学館。
石川県教育委員会　一九七九『加賀市田尻シンペイダン遺跡発掘調査報告書』。
石川県立郷土資料館　一九八一『須恵器』特別展示図録。
石田明夫　一九九四『会津大戸窯　遺物編』会津若松市教育委員会。
井関弘太郎　一九五三「日本の初期農業集落の立地に関する若干の問題」『名古屋大学文学部研究論集』Ⅴ。

五十川伸矢　一九九二「古代・中世の鋳鉄鋳物」『国立歴史民俗博物館研究報告』四六。
板倉町教育委員会　一九九二『県道拡幅工事にともなう田井国分寺遺跡確認調査報告書』（非刊行物）。
伊丹市立博物館　一九八二『伊丹古絵図集成』本編。
市川秀之　一九九六「狭山池の築造と南河内の開発」『月刊文化財』平成八年十一月号、第一法規出版。
稲田孝司　一九七八「古代水田遺跡の発掘調査」『月刊文化財』昭和五十三年十月号、第一法規出版。
井上和人　一九九六「条里制と開発の歴史―条里施行年代をめぐって―」『月刊文化財』平成八年十一月号、第一法規出版。
井上鋭夫　一九七〇『新潟県の歴史』山川出版社。
井上尚明　一九八八「七世紀における集落の再編成とその背景」『埼玉県史研究』二〇、埼玉県。
井上光貞　一九六九「行基年譜、特に天平十三年記の研究」『律令国家と貴族社会』吉川弘文館。
井上慶隆　一九八四「越後国府所在考」『頸城文化』四二、上越郷土研究会。
今泉隆雄　一九九二「律令国家とエミシ」『新版古代の日本』九、角川書店。
今泉隆雄　二〇〇一「多賀城の創建」『条里制・古代都市研究』一七、条里制・古代都市研究会。
岩本圭輔　一九八七『萬葉之衣食住』奈良国立文化財研究所・飛鳥資料館。
上野　章・池野正男　一九八〇『小杉流通業務団地内遺跡群第二次緊急発掘調査概要』富山県教育委員会。
上野　章・狩野　睦・池野正男・宮田進一・久々忠義　一九八二『小杉流通業務団地内遺跡群第三・四次緊急発掘調査概要』富山県教育委員会。
宇野隆夫　一九九〇「北陸古代手工業生産の成立と変容」『日本史研究』三三〇。
宇野隆夫　一九九一『律令社会の考古学的研究―北陸を舞台として』桂書房。
宇野隆夫　一九九二「食器・食物・身分」『北陸古代土器研究』二、北陸古代土器研究会。
宇野隆夫　一九九七「中世食器様式が意味するもの」『国立歴史民俗博物館研究報告』七一。
江浦　洋　一九九六「河内平野の水田開発―小区画水田から条里型水田へ―」『月刊文化財』平成八年十一月号、第一法規出版。
江見正己・中野雅美　一九七九「岡山県百間川遺跡第二微高地の水田遺構」『日本考古学年報』三〇、日本考古学協会。
青海町教育委員会　一九八八『須沢角地A遺跡』。

大上周三　一九九二「律令期集落解体と土地利用転換」『神奈川考古』二八、神奈川考古同人会。
大川　清・金井汲次　一九六四「長野県中野市草間窯業遺跡」『信濃』一六―一一、信濃史学会。
大阪府教育委員会・大阪文化財センター　一九八〇『若江北遺跡現地説明会資料（Ⅰ）』。
大阪文化財センター　一九七八『長原　近畿自動車道天理～吹田線建設に伴なう埋蔵文化財発掘調査概要報告書』。
大里郡市担当者会　一九九二・一九九三「大里地域の遺跡」Ⅰ・Ⅱ『埼玉考古』二九・三〇、埼玉考古学会。
大津　透　一九九三『律令国家支配構造の研究』岩波書店。
大沼芳幸　一九九二「人はそれでもタンパクシツを欲した―土錘出土量から見た近江における網漁の展開・特に中世―」『紀要』五、滋賀県文化財保護協会。
大橋信也　一九八〇「滋賀県服部遺跡」『日本考古学年報』三一、日本考古学協会。
大橋信也・山崎秀二・谷口　徹・辻　広志・平井寿一　一九七八「守山市服部遺跡の弥生水田址」『日本考古学協会昭和五十三年度大会発表要旨』。
大橋信也・山崎秀二・辻　広志・谷口　徹　一九七九『服部遺跡発掘調査概報』滋賀県教育委員会・守山市教育委員会・滋賀県文化財保護協会。
岡崎　敬　一九五八「漢代明器泥像にあらわれた水田・水池について」『考古学雑誌』四四―二、日本考古学会。
小笠原好彦・植木　宏・花ケ前盛明・宮腰公健・山本　肇　一九七九『新潟県栗原遺跡発掘調査概報』新井市教育委員会。
岡村道雄　一九九四『縄文物語　朝日百科日本の歴史別冊　歴史を読みなおす1』朝日新聞社。
岡山県教育委員会　二〇〇三『津島遺跡4　岡山県陸上競技場改修に伴う発掘調査』。
岡山県教育委員会　二〇〇四『津島遺跡　発掘調査・四〇年のあゆみ』。
岡山県教育委員会　二〇〇五『津島遺跡6　岡山県総合グラウンド新体育館建設工事に伴う発掘調査』。
荻野繁春　一九八一「出土遺物の検討」『老洞古窯跡群発掘調査報告書』岐阜市教育委員会。
荻野正博　一九八六「越後・佐渡国の国衙領」『新潟県史』通史編一。
落川・一の宮遺跡調査会　一九九三・一九九四・一九九五『落川・一の宮遺跡調査略報』Ⅰ・Ⅱ・Ⅲ。
小野正敏編　二〇〇一『図解・日本の中世遺跡』東京大学出版会。

小矢部市教育委員会　一九九〇『北反畝遺跡』。
利部　修　一九九一「竹原窯跡における杯蓋の変化」『秋田県埋蔵文化財センター研究紀要』六。
柏崎市教育委員会　一九九〇『吉井遺跡群Ⅱ』。
梶原　勝　一九九一「多摩川中流域における古代の水田開発」『「開発」と地域民衆』雄山閣。
春日真実　一九九一「古代佐渡小泊窯における須恵器の生産と流通」『新潟考古学談話会会報』八、新潟考古学談話会。
春日真実　一九九四「古墳時代後期の土器」『上越市春日・木田地区発掘調査報告書Ⅳ　一之口東地区』新潟県教育委員会ほか。
春日真実　一九九六「越後における五〜八世紀の竪穴建物」『新潟考古学談話会会報』一六、新潟考古学談話会。
春日真実　一九九九「古代・土器編年と地域性」『新潟県の考古学』高志書院。
春日真実　二〇〇一「今池遺跡B地区SD一五二・SB二〇五出土の土器」『上越市史研究』六、上越市。
春日真実　二〇〇五a「越後における奈良・平安時代土器編年の対応関係について—『今池編年』『下ノ西編年』『山三賀編年』の検討を中心にして—」『新潟考古』一六、新潟県考古学会。
春日真実　二〇〇五b「北陸地方における七世紀の様相—越後を中心に—」『日本考古学協会二〇〇五年度福島大会シンポジウム資料集』。
春日真実　二〇〇六a「越後における七世紀の土器編年」『新潟考古』一七、新潟県考古学会。
春日真実　二〇〇六b「古代越後の集団と地域」『日本海域歴史大系』二（古代篇Ⅱ）、清文堂出版。
春日真実編　二〇〇四『越後阿賀北地域の古代土器様相』新潟古代土器研究会。
加藤晋平　一九七三「国分寺と荘園」『新井市史』上、新井市。
神奈川県立埋蔵文化財センター　一九九二a『神奈川県下における集落変遷の分析』かながわの考古学二。
神奈川県立埋蔵文化財センター　一九九二b「No.4地点の調査結果」『池子遺跡群調査だより』一八。
加児通宏　一九八五「〝無くなったもの〟と〝無かったもの〟」『東京の遺跡』九、東京考古学談話会。
金子拓男　一九七六「新潟県新井市万五郎古墳の発掘調査」『日本考古学年報』二九、日本考古学協会。
金子拓男　一九八七「古代における信濃川・阿賀野川の河口と流路について」『新潟江南高校研究集録』一五。
金子拓男　一九九六「越後国分寺の寺地の所在とその変遷について」『新潟考古』七、新潟考古学会。

金子拓男・佐藤泰治・戸根与八郎・駒形敏朗・家田順一郎・高橋陽子 一九七七「伊乎乃郡の古墳」『南魚沼』新潟県文化財調査年報第一五、新潟県教育委員会。
金子拓男・宮腰公健・佐藤則之 一九八〇『栗原遺跡第二次調査概報』新潟県教育委員会。
兼康保明 一九七九『森浜遺跡（新川舟溜り航路部分）発掘調査報告書』滋賀県教育委員会・滋賀県文化財保護協会。
狩野 久 一九九〇「律令制収奪と人民」『日本古代の国家と都城』東京大学出版会。
鎌田元一 一九八四「日本の人口について」『木簡研究』六、木簡学会。
加美町教育委員会・宮城県教育委員会 二〇〇七「壇の越遺跡」『第三三回城柵官衙遺跡検討会資料』。
亀田隆之 一九七三『日本古代用水史の研究』吉川弘文館。
川村浩司 一九八九「越後の古代集落の素描—遺跡の類型とその展開—」『新潟考古学談話会会報』三、新潟考古学談話会。
川村浩司 一九九〇「九州から来た土器」『柏崎市史』上、柏崎市。
神林村教育委員会 一九九〇『高田遺跡発掘調査概報』。
岸本雅敏 一九八二「東江上遺跡」『北陸自動車道遺跡調査報告—上町土器・石器編—』上市町教育委員会。
木立雅朗 二〇〇三「加賀・能登の古代仏教遺跡—瓦研究偏重からの脱皮と『堂』・山寺の評価によせて—」『北陸古代土器研究』一〇、北陸古代土器研究会。
木立雅朗・中村英洋 一九八五「能美窯跡群の須恵器編年」『辰口町湯屋古窯跡』石川県辰口町教育委員会。
北野博司 一九九六「弥生・古墳時代の山陰・北陸・北方の交流」『考古学ジャーナル』四一一。
北野博司 一九九七「古代北陸の地域開発と出羽」『日本考古学協会一九九七年度秋田大会シンポジウムⅡ資料集』。
橘田正徳 一九九一「屋敷墓試論」『中近世土器の基礎研究』Ⅶ、日本中世土器研究会。
木戸雅寿 一九九二「水辺の集落の原風景」『湖の国の歴史を読む』新人物往来社。
鬼頭清明 一九七九「八世紀の農村構造（1）」『律令国家と農民』塙書房。
鬼頭清明 一九八六「国司の館について」『国立歴史民俗博物館研究報告』一〇。
木村 礎 一九九四「郷土史・地方史・地域史研究の歴史と課題」『岩波講座日本通史』別巻二、岩波書店。
桐原 健 一九六八「平安期に見られる山地居住民の遺跡」『信濃』二〇—四、信濃史学会。

工藤雅樹　一九八九『城柵と蝦夷』ニューサイエンス社。
國平健三　一九九二「奈良・平安時代の集落」『かながわの考古学』二、神奈川県立埋蔵文化財センター。
熊谷公男　一九八六「阿部比羅夫北征記事に関する基礎的考察」『東北古代史の研究』吉川弘文館。
熊谷公男　二〇〇四『古代蝦夷と城柵』吉川弘文館。
熊田亮介　一九八六「蝦夷と蝦狄」『東北古代史の研究』吉川弘文館。
熊田亮介　一九九二「蝦夷と古代国家」『日本史研究』三五六、日本史研究会。
熊田亮介　一九九四「古代国家と蝦夷・隼人」『岩波講座日本歴史』四、岩波書店。
久留米市教育委員会　二〇〇四『筑後国府跡―一九九次調査現地説明会資料』。
黒川村教育委員会　一九九八『松山窯跡』。
黒崎町教育委員会　一九九三『緒立C遺跡発掘調査概報』。
黒崎町教育委員会　一九九四『緒立C遺跡発掘調査報告書』。
桑原正史　一九八六「越後・佐渡の封戸」『新潟県史』通史編一。
群馬県埋蔵文化財調査事業団　一九八四『女堀』。
群馬県埋蔵文化財調査センター　一九九七『最新情報展　出土した古代の土器』。
群馬県立歴史博物館　一九八〇『新発見の考古資料　発掘された古代の水田』。
群馬考古学研究所編　一九八九『第十回三県シンポジウム　東日本における横穴式石室の受容』。
経済企画庁総合開発局　一九七一〜一九七四『二〇万分の一土地分類図付属資料』。
小井川和夫・村田晃一　一九九四「古代東北地方南部の集落と生業」『北日本の考古学』吉川弘文館。
小池邦明　一九九四「新潟平野の低湿地遺跡―新潟市的場遺跡の調査―」『日本歴史』五五二、吉川弘文館。
考古学研究会　一九六八「岡山県津島遺跡保存の訴えと遺跡の概要」『考古学研究』一五―二。
河本　清・葛原克人・正岡睦夫　一九七八「岡山県百間川遺跡の水田」『日本考古学協会昭和五十三年度大会研究発表要旨』日本考古学協会。
神戸聖語・関口　修・高橋政子　一九八〇『御布呂遺跡』高崎市文化財調査報告書第十八集。

国立天文台編　一九九二『理科年表』平成六年、丸善株式会社。
小島幸雄　一九七九『山屋敷Ⅰ遺跡—新潟県上越市岩木地区遺跡群発掘調査報告書—』上越市教育委員会。
小島幸雄・岡本郁栄　一九七八『岩木地区遺跡群発掘調査報告書』上越市教育委員会。
小島幸雄・秦　繁治・水沢省吾　一九八三「末野古窯跡群」『保倉川流域』新潟県教育委員会。
五所川原市教育委員会　二〇〇三『五所川原須恵器窯跡群』。
五所川原市教育委員会　二〇〇五『KY1号窯跡—五所川原須恵器窯跡における初現期窯跡の発掘調査報告書—』。
古代城柵官衙遺跡検討会青森大会事務局　一九九三『特集シンポジウム「北日本における律令期の土器様相」』。
古代城柵官衙遺跡検討会　一九九四『第二〇回古代城柵官衙遺跡検討会資料』。
古代城柵官衙遺跡検討会　一九九八「城柵と地域社会の変容」『第二四回古代城柵官衙遺跡検討会資料』。
古代城柵官衙遺跡検討会　二〇〇五「九世紀後半の城柵と地域社会」『第三一回古代城柵官衙遺跡検討会資料』。
古代生産史研究会　一九九七『東国の須恵器—関東地方における歴史時代須恵器の系譜』。
小長谷正治　一九九四「埋蔵文化財からみた荒牧」『荒牧郷土史』荒牧史編纂委員会。
小林公治　一九九三「古代国家形成期における集落分布の一様相」『東京考古』一一、東京考古学談話会。
小林昌二　一九九二「八幡林遺跡等新潟県内出土の木簡」『木簡研究』一四、木簡学会。
小林昌二　一九九五「畿内政権と新潟」『新潟市史』通史編一、新潟市。
小林昌二　二〇〇五『高志の城柵』高志書院。
小林昌二編　二〇〇六『越と古代の北陸』名著出版。
小林昌二監修　二〇〇六『日本海域歴史大系』一（古代篇Ⅰ）・二（古代篇Ⅱ）、清文堂。
小林正史　一九九七「先史時代・古代における土器による煮炊きの方法」『月刊文化財』平成九年十月号、第一法規出版。
小林基伸　一九九三「平野部の水利と荘園—揖保川下流域平野調査レポート—」『荘園絵図とその世界』国立歴史民俗博物館。
小松市教育委員会　一九八三『戸津』。
小松市教育委員会　一九八五『戸津第四・五次発掘調査概要報告書』。
小松正夫　一九八九「八、九世紀における出羽北半須恵器の特質」『考古学研究』二六—一、考古学研究会。

近藤義郎　一九五七「初期水稲農耕の技術的達成について」『私たちの考古学』四―三、考古学研究会。
近藤義郎編　一九九四『日本土器製塩の研究』青木書店。
埼玉県埋蔵文化財調査事業団　一九八八『古井戸・将監塚　歴史時代編2』。
埼玉県埋蔵文化財調査事業団　一九九二『新屋敷東・本郷前』。
埼玉県埋蔵文化財調査事業団　一九九三『上敷免』。
埼玉県埋蔵文化財調査事業団　一九九五ａ『根絡・横間栗・関下』。
埼玉県埋蔵文化財調査事業団　一九九五ｂ『田島・横田』。
埼玉県埋蔵文化財調査事業団　一九九五ｃ『城北』。
斎藤　篤　二〇〇五「方格地割をもつ城柵官衙遺跡」『月刊文化財』平成十七年四月号、第一法規出版。
斎藤俊一　一九九六「宮ノ下遺跡及び周辺の遺跡」『第二二回城柵官衙遺跡検討会資料』。
斉藤孝正　一九八三「猿投窯成立期様相」『名古屋大学文学部論集』史学二九。
堺市博物館　一九九八『没一二五〇年記念特別展　行基』。
坂井秀弥　一九七九「『行基年譜』にみえる摂津国河辺郡山本里の池と溝について―古代における伊丹台地の開発―」『続日本紀研究』二〇四、続日本紀研究会。
坂井秀弥　一九八一『栗原遺跡第三次調査概報』新潟県教育委員会。
坂井秀弥　一九八二ａ『栗原遺跡第四次・第五次発掘調査概報』新潟県教育委員会。
坂井秀弥　一九八二ｂ「越後の灰釉陶器」『信濃』三四―四、信濃史学会。
坂井秀弥　一九八三ａ「越後における七・八世紀の土器様相と画期について」『信濃』三五―四、信濃史学会（本書第Ⅰ編第2章所収）。
坂井秀弥　一九八三ｂ『栗原遺跡第六次調査概報』新潟県教育委員会。
坂井秀弥　一九八三ｃ「新潟県上越市本長者原廃寺の再検討」『新潟史学』一六、新潟史学会。
坂井秀弥　一九八四「今池遺跡群における奈良・平安時代の土器」（『上新バイパス関係遺跡発掘調査報告Ⅰ　今池遺跡・下新町遺跡・子安遺跡』新潟県教育委員会）。

坂井秀弥　一九八五「頸城平野古代・中世開発史の一考察」『新潟史学』一八、新潟史学会。
坂井秀弥　一九八六『北陸自動車上越市春日・木田地区発掘調査報告書Ⅱ　一之口遺跡西地区』新潟県教育委員会。
坂井秀弥　一九八八ａ「古代のごはんは蒸した『飯』であった」『新潟考古学談話会会報』二（本書第Ⅲ編第2章所収）。
坂井秀弥　一九八八ｂ「越後・佐渡における古代土器の生産と流通―八〜十世紀を中心として―」『シンポジウム北陸古代土器研究の現状と課題』報告編、石川考古学研究会ほか。
坂井秀弥　一九八九ａ「奈良・平安時代の遺構と遺物」『新新バイパス関係発掘調査報告書　山三賀Ⅱ遺跡』新潟県教育委員会。
坂井秀弥　一九八九ｂ「古代集落としての山三賀Ⅱ遺跡」『新新バイパス関係発掘調査報告書　山三賀Ⅱ遺跡』新潟県教育委員会。
坂井秀弥　一九八九ｃ「越後・佐渡における古代手工業生産の展開」『北陸の古代手工業生産の研究』北陸古代手工業生産史研究会。
坂井秀弥　一九九〇ａ「越後城と越後国府」『柏崎市史』上。
坂井秀弥　一九九〇ｂ「新潟県与板町の製鉄遺跡」『新潟考古』一、新潟県考古学会。
坂井秀弥　一九九〇ｃ「新潟県の円墳」『古代学研究』一二三、古代学研究会。
坂井秀弥　一九九〇ｄ「古代東北ロクロ土師器甕の二系譜と須恵器との関係」『新潟考古学談話会会報』六、新潟考古学談話会。
坂井秀弥　一九九一「越後魚沼地方の群馬系須恵器」『北陸古代土器研究』一、北陸古代土器研究会。
坂井秀弥　一九九三ａ「長野県飯山市の平安期佐渡産須恵器・越後系土師器」『北陸古代土器研究』三、北陸古代土器研究会。
坂井秀弥　一九九三ｂ「上越市今池遺跡越後国府説・本長者原廃寺国分寺説の現状」『新潟考古学談話会会報』一一（本書第Ⅰ編第3章所収）。
坂井秀弥　一九九三ｃ「古代越後の環境・生産力・特性」『新潟考古学談話会会報』一二、新潟考古学談話会。
坂井秀弥　一九九四ａ「渟足柵研究の現状」『新潟考古』五、新潟県考古学会。
坂井秀弥　一九九四ｂ「北海道出土『佐渡小泊産須恵器』の問題点」『新潟考古学談話会会報』一四。
坂井秀弥　一九九四ｃ「古代北日本の土器と生産」『北陸古代土器研究』四、北陸古代土器研究会（本書第Ⅱ編第5章所収）。
坂井秀弥　一九九四ｄ「庁と館、集落と屋敷―東国古代遺跡にみる館の形成―」『城と館を掘る・読む―古代から中世へ―』山川出版社（本書第Ⅱ編第1章所収）。

坂井秀弥　一九九五a「古代越後の交通と八幡林遺跡」『古代交通研究』四、古代交通研究会。
坂井秀弥　一九九五b「古代越後の環境・交通・官衙」『木簡研究』一七、木簡学会。
坂井秀弥　一九九六a「律令以後の古代集落」『歴史学研究』六八一（本書第Ⅱ編第2章に所収）。
坂井秀弥　一九九六b「日本海側の城柵と北方社会」『考古学ジャーナル』四一一、ニューサイエンス社（本書第Ⅱ編第3章所収）。
坂井秀弥　一九九九a「古代・総論」『新潟県の考古学』新潟県考古学会。
坂井秀弥　一九九九b「古代岩船郡域の非ロクロ土師器をめぐって」『新潟考古学談話会会報』二〇、新潟考古学談話会。
坂井秀弥　二〇〇四a「総括」『越後阿賀北地域の古代土器様相』新潟古代土器研究会。
坂井秀弥　二〇〇四b「埋蔵文化財行政と史跡の保護」『日本の史跡―保護の制度と行政』名著刊行会。
坂井秀弥　二〇〇四c「古墳寒冷期と東北地方」『越後佐渡の古代ロマン』新潟県立歴史博物館。
坂井秀弥　二〇〇五「国府と郡家―遺跡からみた地方官衙の実態―」『列島の古代史』三、岩波書店。
坂井秀弥・高橋　保　一九九四「新潟県」『日本土器製塩研究』青木書店。
坂井秀弥・田中　靖　一九九一「新潟県八幡林遺跡と出土木簡」『日本歴史』五二一、吉川弘文館。
坂井秀弥・山本　肇・田中　靖　一九九二「新潟県八幡林遺跡出土土器と長岡市須恵器窯跡資料―養老紀年銘資料と北陸・東海系須恵器」『北陸古代土器研究』二、北陸古代土器研究会。
阪口　豊　一九九五「過去一万三千年間の気候の変化と人間の歴史」『講座文明と環境』六、朝倉書店。
坂田　聡　一九九四「百姓の家と村の成立」『家・村・領主　朝日百科日本の歴史』別冊一一、朝日新聞社。
阪田正一　一九八三「東国の集落」『日本歴史考古学を学ぶ』上、有斐閣。
桜井邦朋　二〇〇三『夏が来なかった時代』吉川弘文館。
笹生　衛　一九九〇「千葉県の古代末期集落遺跡」『千葉史学』一七、千葉歴史学会。
笹沢　浩　一九七二『上水内地方の考古学的調査』。
笹沢　浩　一九八六「凸帯付四耳壺考」『長野県考古学会報』五一、長野県考古学会。
笹澤正史　二〇〇三「古代・時代概説」『上越市史』資料編二、考古。
笹山晴生　一九九三「古代出羽の史的位置」『秋田県埋蔵文化財センター研究紀要』八。

佐藤明人・真下高幸・平野進一・大江正行　一九七八「群馬県高崎市新保遺跡の調査」『考古学ジャーナル』一五四、ニューサイエンス社。
佐藤宗諄　一九八九「古代末期の国府」『国立歴史民俗博物館研究報告』二〇。
佐藤　信　一九九四「古代国家と日本海・北方」『中世都市十三湊と安藤氏』新人物往来社。
佐原　真　一九八六「総論―原始・古代の衣食住と習俗―」『岩波講座日本考古学』四、岩波書店。
沢田吾一　一九二七『奈良朝時代民政経済の数的研究』（一九七二年復刻、柏書房）。
三和村教育委員会　一九九〇『法花寺遺跡（廃寺）他発掘調査報告書』。
静岡市教育委員会　二〇〇一『特別史跡登呂遺跡発掘調査概要報告書Ⅱ』。
上越市教育委員会　一九八四『新潟県上越市本長者原廃寺確認調査概要』。
上越市教育委員会　一九八七『今池遺跡確認調査報告書』。
上越市教育委員会　一九九二『伝至徳寺跡発掘調査現地説明会資料』。
上越市編　二〇〇三『上越市史』資料二、考古。
庄内昭男　一九八五「平鹿郡平鹿町中山窯跡発掘調査概報」『秋田県立博物館研究報告』一〇。
白石太一郎　一九八二「畿内における古墳の終末」『国立歴史民俗博物館研究報告』一。
神保公保　二〇〇五「三遷した筑後国府」『月刊文化財』平成十七年四月号、第一法規出版。
菅野一郎編　一九六二『日本の土壌型』農山漁村文化協会。
菅原弘樹　一九九三「多賀城周辺の様子」『日本歴史』五四四、吉川弘文館。
菅原正明　一九八三「畿内における土釜の製作と流通」『文化財論叢』奈良国立文化財研究所。
菅原祥夫　二〇〇四「東北古墳時代終末期の在地社会」『原始・古代日本の集落』同成社。
杉原荘介　一九六八「登呂遺跡水田址の復原」『案山子』二（『日本農耕社会形成』吉川弘文館、一九七七年所収）。
鋤柄俊夫　一九八八「畿内における古代末から中世の土器」『中近世土器の基礎研究』Ⅳ、日本中世土器研究会。
鋤柄俊夫　一九九六「中世畿内の村落遺跡」『月刊文化財』平成八年十一月号、第一法規出版。
鈴木徳雄　一九八九『真下境東遺跡』埼玉県児玉町教育委員会。

鈴木徳雄　一九九一「古代児玉郡における集落設営の計画性」『児玉町文化財調査報告書』一五。
鈴木徳雄　一九九六「古代北武蔵の開発と集落―埼玉県北部の灌漑方式の変化を中心に―」『月刊文化財』平成八年十一月号、第一法規出版。
須藤　隆ほか　一九九五『仙台市史』特別編二。
関　和彦　一九八四「古代の村落と村落制度」『風土記と古代社会』塙書房。
関　雅之　一九七二『田伏玉作遺跡』糸魚川市教育委員会。
関　雅之　一九九〇「古代細型管状土錘考」『北越考古学』三、北越考古学研究会。
関　雅之・本間信昭・玉木　哲　一九七三「南蒲原郡栄村半ノ木遺跡発掘調査報告」『埋蔵文化財緊急調査報告書第一』新潟県教育委員会。
関口　明　一九八七「渡島蝦夷と毛皮貿易」『日本古代中世史論考』吉川弘文館。
関口　修・田村　孝・金井潤子・古屋真美　一九七九『芦田貝戸遺跡』高崎市文化財調査報告書第九集。
関根真隆　一九六九『奈良朝食生活の研究』吉川弘文館。
千田嘉博・宇野隆夫　一九九三「福島城・十三湊遺跡一九九一年度調査概報」『国立歴史民俗博物館研究報告』四八。
総社市教育委員会　二〇〇六ａ「国府川改修工事に伴う発掘調査（1）」『総社市埋蔵文化財調査年報一五』。
総社市教育委員会　二〇〇六ｂ『第三回御所遺跡現地説明資料』。
高倉敏明　一九九一「館前遺跡」『多賀城市史』四、多賀城市。
多賀城市教育委員会　一九九一・一九九二・一九九三『山王遺跡』。
高田市文化財調査委員会　一九六九『高田市文化財調査報告書』一一。
高橋一夫　一九七九「計画村落について」『古代を考える』二〇、古代を考える会。
高橋　崇　一九九六『古代東北と柵戸』吉川弘文館。
高橋　勉　一九八四『栗原遺跡第七次・第八次発掘調査報告書』新井市教育委員会。
高橋信雄・高橋与右衛門　一九九四「北海道の続縄文文化と東北」『北日本の考古学』吉川弘文館。
高橋　学　一九九四「古代末以降における地形環境の変貌と土地開発」『日本史研究』三八〇、日本史研究会。

高橋　学　二〇〇三『平野の環境考古学』古今書院。
高橋　学　一九九五「秋田県内出土の墨書土器、篦書・刻書土器」『秋田県埋蔵文化財センター研究紀要』一〇。
高濱信行・卜部厚志　二〇〇六「湖底遺跡と越後平野」『日本海域歴史大系』二（古代篇Ⅱ）、清文堂出版。
高濱信行・卜部厚志・寺崎裕助・荒川隆史　二〇〇一「加治川村青田遺跡からみた古代越後平野のいくつかの問題」『前近代の潟湖河川交通と遺跡立地の地域史的研究』科学研究費補助金基盤研究A―2（研究代表者　小林昌二）平成十二年度研究経過報告書。
田上町教育委員会一九九四『道下・白地遺跡』。
田嶋明人　一九八三「奈良・平安時代の建物グループと集落遺跡」『北陸の考古学』石川考古学研究会。
田嶋明人　一九九六「手取川扇状地にみる古代遺跡の動態」『東大寺領横江庄遺跡Ⅱ』松任市教育委員会。
巽　淳一郎　一九九一「都の焼物の特質とその変容」『新版古代の日本』六、角川書店。
辰己　勝　一九七八「野洲郡野洲町五之里遺跡発掘調査報告　野洲川下流平野の地形」『昭和五十一年度滋賀県文化財調査年報』滋賀県教育委員会。
田中　琢　一九六七「畿内と東国」『日本史研究』九〇、日本史研究会。
田中　靖　二〇〇三「出土土器について」『下ノ西遺跡Ⅳ』和島村教育委員会。
田辺昭三　一九六六『陶邑古窯址群Ⅰ』平安学園考古学クラブ。
田辺昭三　一九七〇「陶邑の変貌」『古代の日本』五、角川書店。
谷口　栄　一九九四「大嶋郷の復原と住人の生業」『古代東国の民衆と社会』名著出版。
谷本鋭次・吉水康夫・山田　猛・駒田利治　一九七八「三重県上野市北堀池遺跡の水田」『日本考古学協会昭和五十三年度大会研究発表要旨』。
田原孝平　一九九四「摂津国川辺郡山本里における行基の造池・造溝等について」『地域研究いたみ』二三、伊丹市立博物館。
田村　孝・小野和之・金井潤子　一九八〇『芦田貝戸遺跡Ⅱ』高崎市文化財調査報告書第一九集。
田村　裕　一九八七「古代の中の中世」『新潟県史』通史編一。
千葉県文化財センター一九九一『八千代市白幡前遺跡』。

千葉市教育委員会　一九八〇『千葉市芳賀輪遺跡第七次発掘調査略報』。
辻　広志　一九七九「前期水田址」『服部遺跡発掘調査概報』滋賀県教育委員会・守山市教育委員会・滋賀県文化財保護協会。
辻　広志・国松千夏・大田智鶴　一九七九「守山市服部遺跡の弥生前期水田址」『滋賀文化財だより』二三、滋賀県文化財保護協会。
堤　隆　一九九二「信濃国佐久郡における奈良・平安時代の集落構造」『長野県考古学会誌』六四。
都出比呂志　一九六七「農具鉄器化の二つの画期」『考古学研究』一三―三、考古学研究会。
都出比呂志　一九八九「古代水田の二つの型」『日本農耕社会の成立過程』岩波書店。
坪井清足編　一九七五「近年発掘された諸国国分寺（Ⅱ）」『仏教芸術』一〇三、毎日新聞社。
鶴間正昭　一九九一「古代の丘陵開発」『研究論集』Ⅹ、東京都埋蔵文化財センター。
鶴間正昭　一九九六「多摩丘陵の古代開発」『月刊文化財』平成八年十一月号、第一法規出版。
寺崎裕助　一九八二「笹山窯址」『笹山遺跡』長岡市教育委員会。
寺泊町教育委員会　一九八五『横滝山廃寺跡発掘調査概報　第四次調査』。
寺村光晴　一九九二「横滝山廃寺」『寺泊町史』資料編一。
寺村光晴ほか　一九七九『大角地遺跡』青海町教育委員会。
土井義夫・渋江芳浩　一九八七「平安時代の居住形態」『物質文化』四九、物質文化研究会。
十日町市教育委員会　一九七五『馬場上遺跡第一次・第二次発掘調査概報』。
十日町市教育委員会　一九七六『馬場上遺跡第三次・第四次発掘調査概報』。
栃木県教育委員会　一九八一・一九八五・一九八八『下野国府』Ⅰ・Ⅳ・Ⅷ。
利根川章彦　一九八二「古墳時代集落構成の一考察」『土曜考古』五、土曜考古学研究会。
戸根矢八郎・家田順一郎　一九七八『五分一稲場遺跡』新潟県教育委員会。
戸根与八郎・関　雅之　一九七四「大平城跡・牛ヶ沢双ツ塚調査報告」『埋蔵文化財緊急調査報告書第三』新潟県教育委員会。
富山県埋蔵文化財センター　一九九四『古代の須恵器』。
富山県文化振興財団埋蔵文化財調査事務所　一九九八『五社遺跡発掘調査報告書』。

豊浦町教育委員会 一九八一・一九八二『曽根遺跡』Ⅰ・Ⅱ。
豊浦町教育委員会 一九九二『北沢遺跡群』。
中川昭一郎 一九七八「水田を主体とした農業水利と水の動き」『科学』四八―一〇、岩波書店。
中川成夫・小出義治・甘粕 健 一九五八「古志郡山本村間野窯址発掘調査報告」『越佐研究』一三、新潟県人文研究会。
中沢 悟・春山秀幸・関口功一 一九八八「古代布生産と在地社会」『群馬の考古学』群馬県埋蔵文化財調査事業団十周年記念論集。
中島栄一 一九八一a「館遺跡」「井栗乙郷遺跡」『三条市史』資料編一。
中島栄一 一九八一b「原始時代の栄村」『栄村誌』上。
永島暉臣慎 一九七八「大阪市長原遺跡の水田址」『月刊文化財』昭和五十三年十月号、第一法規出版。
長田 実、望月薫弘 一九六六「静岡市登呂遺跡水田跡発掘調査概報」『静岡県埋蔵文化財要覧Ⅰ』、静岡県教育委員会。
長野県埋蔵文化財センターほか 一九八九『中央自動車道長野線埋蔵文化財発掘調査報告書3 吉田川西遺跡』。
長野県埋蔵文化財センターほか 一九九〇『中央自動車道長野線埋蔵文化財発掘調査報告書4 総論』。
中村孝三郎 一九八四「三島町における古代期集落・窯業・墳塚址」『三島町史』上、三島町。
中村太一 二〇〇三「陸奥・出羽地域における古代駅路とその変遷」『国史学』一七九、國學院大學国史学会。
中村 浩 一九七八『陶邑』Ⅲ、大阪府教育委員会。
中村 浩 一九八〇「初期須恵器生産の系譜」『大谷女子大学紀要』一五―一。
中村 浩 一九八一「須恵器生産の諸段階」『考古学雑誌』六七―一、日本考古学会。
中山吉秀 一九七六「〝離れ国分〟考」『古代』六一、早稲田大学考古学会。
名久井文明 一九八七「わが国甑の伝統と渡来に関する一予察」『岩手県立博物館研究報告』五、岩手県立博物館。
奈良県立橿原考古学研究所 一九九五『飛鳥京跡木簡概要』。
奈良国立博物館 一九八〇『特別展国分寺』。
奈良国立文化財研究所 一九七四『平城宮発掘調査報告Ⅵ』。
奈良国立文化財研究所 一九七六『平城宮発掘調査報告Ⅶ』。

奈良国立文化財研究所　一九七八『平城宮発掘調査報告Ⅸ』。
奈良国立文化財研究所　一九九一「土器」『平城宮発掘調査報告XIII』。
楢崎彰一・斉藤孝正　一九七八『折戸八〇号窯発掘調査報告書』日進町教育委員会。
楢崎彰一・斉藤孝正　一九八三『愛知県古窯跡群分布調査報告Ⅲ』、愛知県教育委員会。
楢崎彰一・斉藤孝正　一九八四『株山地区埋蔵文化財発掘調査報告書』日進町教育委員会。
楢崎彰一ほか　一九八〇『愛知県猿投山西南麓古窯址群分布調査報告』Ⅰ・Ⅱ、愛知県教育委員会。
新潟県　一九九〇『新潟県のあゆみ』。
新潟県企画調整部統計課　一九八九『統計からみた新潟県のすがた』。
新潟県教育委員会　一九八〇『昭和五十四年度新潟県遺跡地図』。
新潟県教育委員会　一九八一・一九八二・一九八三『栗原遺跡遺跡発掘調査概報』Ⅲ・Ⅳ・Ⅴ。
新潟県教育委員会　一九八四『上新バイパス関係遺跡発掘調査報告Ⅰ　今池遺跡・下新町遺跡・子安遺跡』。
新潟県教育委員会　一九八六『上越市春日・木田地区発掘調査報告書Ⅱ　一之口遺跡西地区』。
新潟県教育委員会　一九八九『新新バイパス関係発掘調査報告書　山三賀Ⅱ遺跡』。
新潟県教育委員会・新潟県埋蔵文化財調査事業団　一九九四『上越市春日・木田地区発掘調査報告書Ⅳ　一之口東地区』。
新潟県教育委員会・新潟県埋蔵文化財調査事業団　二〇〇一『国道一一六号埋蔵文化財発掘調査報告書　梯子谷窯跡』。
新潟県教育委員会・新潟県埋蔵文化財調査事業団　二〇〇六『滝寺古窯跡群・大貫古窯跡群』。
新潟古砂丘グループ　一九七九「砂丘と平野」『アーバン・クボタ』一七、久保田鉄工株式会社。
新潟市　一九八九『図説新潟市史』新潟市史別編。
新潟市　一九九一『新潟市史』資料編一〇、民俗Ⅰ。
新潟市　一九九四『新潟市史』資料編一、原始古代中世。
新潟市教育委員会　一九八七『新潟市小丸山遺跡発掘調査概報』。
新潟市教育委員会　一九九一「的場遺跡発掘調査概要」『一九八九年度埋蔵文化財発掘調査報告書』。
新津市教育委員会　一九九一『長沼遺跡発掘調査報告書』。

新津市教育委員会　一九九二『古津八幡山古墳Ⅰ』。
西　弘海　一九七八「土器の時期区分と型式変化」『飛鳥・藤原宮発掘調査報告Ⅱ』、奈良国立文化財研究所。
西　弘海　一九七九「西日本の土師器」『世界陶磁全集』二、小学館。
西別府元日　一九九四「祥瑞出現と国司行政」『日本歴史』五五六、吉川弘文館。
日本考古学協会編　一九五四『登呂』本編。
日本考古学協会編　一九九四『北日本の考古学』吉川弘文館。
日本考古学協会二〇〇五年度福島大会実行委員会　二〇〇五「七世紀の東日本―変革の様相―」（『シンポジウム資料』）。
韮山町山木遺跡発掘調査団　一九六九『山木遺跡第二次調査概報』韮山町教育委員会（『韮山町史』第一巻、考古編、昭和五十四年所収）。
能登　健　一九八五「山棲み集落の出現とその背景」『信濃』三七―四、信濃史学会。
萩原三雄　一九八六「八ヶ岳山麓における平安集落の展開」『山梨考古学論集』Ⅰ、山梨考古学協会。
橋口定志　一九八五「平安期における小規模遺跡出現の意義」『物質文化』四四、物質文化研究会。
橋口定志　一九九〇「中世東国の居館とその周辺」『日本史研究』三三〇、日本史研究会。
橋本澄夫　一九七五『金沢市高畠遺跡』金沢市教育委員会。
長谷川　厚　一九九三「関東から東北へ―律令制成立前後の関東地方と東北地方の関係について―」『二十一世紀への考古学』雄山閣。
秦　繁治・関　雅之　戸根与八郎・石川日出志　一九七六a『宮口古墳群』牧村教育委員会。
秦　繁治・金子拓男・家田順一郎　一九七六b『水科古墳群国指定史跡パンフ』三和村教育委員会。
八賀　晋　一九六八「古代における水田開発」『日本史研究』九六、日本史研究会。
八賀　晋　一九七一「古代の農耕と土壌」『古代の日本』二、角川書店。
八賀　晋　一九七四「水田と灌漑」『古代史発掘』一〇、講談社。
八賀　晋　一九七五「水田のひろがり」『日本生活文化史』一、河出書房新社。
八賀　晋　一九七九「登呂水田の問題点」『歴史と人物』昭和五十四年六月号、中央公論社。

服部遺跡を守る会事務局　一九七七「滋賀県守山市服部遺跡の調査」『考古学研究』二三—四、考古学研究会。
服部敬史　一九八七「東国における奈良時代前半の須恵器生産とその意義」『信濃』三九—七、信濃史学会。
早川庄八　一九七四『律令国家』日本の歴史四、小学館。
林　純雄　一九六九『向橋布目瓦窯跡』高田市文化財調査委員会。
林　日佐子ほか　一九八三『マムシ谷窯址発掘調査報告書』同志社大学校地学術調査委員会。
原　明芳　一九九四「松本平における食器様式の変化と窯業生産」『中部高地の考古学』Ⅳ、長野県考古学会。
原口正三　一九七九『須恵器　日本の原始美術四』講談社。
兵庫県教育委員会　一九八〇『志知川沖田南遺跡現地説明会資料』。
平川　南　二〇〇五「古代越後国の磐船郡と沼垂郡」『古代の越後と佐渡』高志書院。
平野吾郎　一九八六「静岡県内荒遺跡」『日本考古学年報』三七。
平野進一　一九七九「群馬県日高遺跡」『日本考古学年報』三〇。
平野進一・大江正行　一九七八「高崎市日高遺跡の水田址」『月刊文化財』昭和五十三年十月号、第一法規出版。
平野進一・大江正行・中沢　悟　一九七八「群馬県高崎市日高遺跡の調査」『考古学ジャーナル』一五二、ニューサイエンス社。
平野卓治　一九九八「蝦夷社会と東国の交流」『古代蝦夷の世界と交流』名著出版。
平野団三　一九六九「(仮説) 越後国分二寺論考」『越佐研究』二八、新潟県人文研究会。
広瀬和雄　一九八三ａ「河内古市大溝の年代とその意義」『考古学研究』二九—四、考古学研究会。
広瀬和雄　一九八三ｂ「古代の開発」『考古学研究』三〇—二、考古学研究会。
広瀬和雄　一九八八「中世村落の形成と展開」『物質文化』五〇、物質文化研究会。
広瀬和雄　一九八九「畿内の古代集落」『国立歴史民俗博物館研究報告』二二。
広瀬和雄　一九九四「考古学からみた古代の村落」『岩波講座日本歴史』三、岩波書店。
福田健司　一九八六「古代から中世へ」『東京考古』四、東京考古学談話会。
福田健司　一九八八ａ「日野市落川遺跡」『歴史地理教育』四三〇、歴史教育者協議会。
福田健司　一九八八ｂ「日野市落川遺跡」『多摩のあゆみ』多摩中央信用金庫。

藤岡謙二郎編　一九七五『日本歴史地理総説』古代編、吉川弘文館。
藤田和夫・前田保夫　一九七一「伊丹台地」『伊丹市史』一。
藤田至希子　一九八六「古墳時代前期の煮沸形態について—矢部遺跡を中心に—」『矢部遺跡』奈良県立橿原考古学研究所。
藤塚　明　一九九三「的場遺跡の概要と予測—低湿地遺跡の一例として—」『市史にいがた』一二、新潟市。
藤巻正信　一九八八『新潟県埋蔵文化財発掘調査報告書第二七　西田・鶴巻田遺跡群』新潟県教育委員会。
藤原弘明　二〇〇六「津軽五所川原窯の須恵器生産」『日本海域歴史大系』二（古代篇Ⅱ）、清文堂出版。
藤原　学　一九七八「大阪府垂水南遺跡」『日本考古学協会昭和五十三年度大会研究発表要旨』。
船木義勝　一九八六「秋田城跡についての一考察」『秋田県埋蔵文化財センター研究紀要』一。
船木義勝・岩見誠夫　一九八五「秋田県の須恵器および須恵器窯の編年」『秋大史学』三二、秋田大学史学会。
古川一明　一九九六「北辺に分布する横穴墓」『考古学と遺跡の保護』甘粕健先生退官記念論集刊行会。
古厩忠夫　一九九七『裏日本—近代日本を問いなおす—』岩波新書。
古島敏雄　一九六七『土地に刻まれた歴史』岩波新書。
文化庁記念物課　一九九七「埋蔵文化財保護体制に関する調査研究結果の報告について　出土品の取扱いについて（報告）」『月刊文化財』平成九年五月号、第一法規出版。
文化庁記念物課　二〇〇一「埋蔵文化財保護体制に対する調査研究結果の報告について」『月刊文化財』平成十三年十二月号、第一法規出版。
北陸古代土器研究会　一九九七『シンポジウム北陸の一〇・一一世紀代の土器様相』。
北陸中世土器研究会　一九九三『中世北陸の家・屋敷・暮らしぶり』。
保坂康夫　一九九二「山梨県下の平安時代鍛冶遺構の様相」『山梨県考古学協会会誌』五。
細野雅男　一九七八「高崎市熊野堂遺跡の水田址」『月刊文化財』昭和五十三年十月号、第一法規出版。
北海道開拓記念館　一九九三『北海道開拓記念館　総合案内　改訂新版』。
誉田慶信　一九九二「安倍氏・清原氏・藤原氏」『新版古代の日本』九、角川書店。
本間信昭・家田順一郎　一九七六「茶院遺跡」『新潟県埋蔵文化財調査報告書第五』新潟県教育委員会。

本間嘉晴　一九八六「小泊窯址群」『新潟県史』通史編一。
前川　要　一九八四「猿投窯における灰釉陶器生産最末期の諸様相」『瀬戸市歴史民俗資料館研究紀要』Ⅲ。
正岡睦夫・柳瀬昭彦　一九七八「岡山市百間川遺跡の水田址」『月刊文化財』昭和五十三年十月号、第一法規出版。
松井　健　一九七〇「岡山県津島遺跡における弥生時代の灌漑水利用水田の存在について」『考古学研究』六四。
松原弘宣　一九八五「律令制下における津の管理」『日本古代水上交通史の研究』吉川弘文館。
松村一良　一九九一「西海道の官衙と集落」『新版古代の日本』三、角川書店。
松村恵司　一九八九「村のくらし」『古代史復元』九、講談社。
松本浩一・佐藤明人・平野進一　一九七八「群馬県高崎市新保遺跡の水田」『日本考古学協会昭和五十三年度大会研究発表要旨』。
松本市教育委員会　一九八八『三間沢川左岸遺跡1　平安時代集落址の緊急発掘調査概報』。
三浦圭介　一九九四「古代東北地方北部の生業にみる地域差」『北日本の考古学』吉川弘文館。
三浦圭介・小口雅史・斎藤利男編　二〇〇六『北の防御性集落と激動の時代』同成社。
三重県教育委員会　一九七八『北堀池遺跡発掘調査概要Ⅰ』。
水野正好　一九六八『大中の湖南遺跡』滋賀民俗学会。
峰岸純夫　一九九四「文化財の調査・保存と地域史研究」『岩波講座日本通史』別巻二、岩波書店。
宮城県教育委員会　二〇〇七「早風遺跡」『第三三回城柵官衙遺跡検討会資料』。
宮城県教育委員会　一九九三『山王遺跡―多賀前地区第一次調査―』。
宮腰公健・山本　肇　一九七八『谷内林古墳群一号墳発掘調査報告書』新井市教育委員会。
宮瀧交二　一九九二「日本古代の村落と開発」『歴史学研究』六三八、青木書店。
宮本長二郎　一九七九「飛鳥・奈良時代の主要堂塔」『法隆寺と斑鳩寺の古寺』日本古寺美術全集二、集英社。
御代田町教育委員会　一九八九『根岸遺跡』。
村田晃一　一九九五「宮城郡における一〇世紀前後の土器」『福島考古』三六、福島県考古学会。
村田晃一　二〇〇〇「飛鳥・奈良時代の陸奥北辺」『宮城考古学』二、宮城県考古学会。
本山幸一・桑原　孝　一九八七「河川水運」『新潟県史』通史編三。

森　貞次郎　一九七九「縄文水田と最古の足跡」『考古学の謎解き』講談社。
森　達也　一九九二「多摩川中流域の低地の開発と中世村落―東京都日野市南広間地遺跡の調査から―」『あるく中世』二、あるく中世の会。
八尾南遺跡調査会　一九七九『八尾南遺跡発掘調査略報四』
八木哲浩　一九六九「村況と用水論争」『伊丹市史』二。
八木光則　一九八九「安倍・清原氏の城柵遺跡」『岩手考古学』一、岩手考古学会。
矢田俊文　一九九三「延徳三年細川政元の越後下向と越後守護上杉氏の饗宴の場」『環日本海地域比較史研究』二、新潟大学環日本海地域比較史研究会。。
柳内寿彦・勝田多加志・長島雄一　一九八四『南原埋蔵文化財発掘調査概報』福島県会津若松市教育委員会。
柳瀬昭彦　一九八八「米の調理法と食べ方」『弥生文化の研究』2、雄山閣。
八幡一郎　一九五四「水田址」『登呂』本編、日本考古学協会。
山川　均　一九九三「奈良盆地における条里制の展開とその特質」『条里制研究』九、条里制研究会。
山口英男　一九九一「十世紀の国郡行政機構―在庁官人制成立の歴史的前提―」『史学雑誌』一〇〇―九、史学会。
山口博之　二〇〇三「遊佐大楯遺跡の成立」『山形県埋蔵文化財センター研究紀要』創刊号。
山崎純男　一九七八a「福岡県板付遺跡の水田」『日本考古学協会昭和五十三年度大会研究発表要旨』。
山崎純男　一九七八b「福岡市板付遺跡の縄文時代水田址」『月刊文化財』昭和五十三年十月号、第一法規出版。
山崎純男　一九七九『板付遺跡調査概報』福岡市埋蔵文化財調査報告書第四十九集。
山田邦和　一九八二「須恵器・その地域性」『考古学と古代史』同志社大学考古学シリーズⅠ。
山田邦和　一九八五「北陸地方の須恵器」『福井市宿布古墳群』福井県教育委員会・古代学協会。
山田英雄　一九八六「国郡制の成立・整備」『新潟県史』通史編一。
山田水呑遺跡調査会　一九七七『山田水呑遺跡』。
山中敏史　一九七六「古代郡衙遺跡の再検討」『日本史研究』一六一、日本史研究会。
山中敏史　一九八四「国衙・郡衙の構造と変遷」『講座日本史』二、東京大学出版会。

山中敏史　一九九四『古代地方官衙遺跡の研究』塙書房。
山本　肇　一九八七「佐渡国分寺」『北陸の古代寺院』桂書房。
横倉與一・小野和之　一九七九『小八木遺跡発掘調査報告書（I）』高崎市文化財調査報告書第八集。
横倉與一・平野進一　一九七九『日高遺跡（I）』高崎市文化財調査報告書第一〇集。
横浜市教育委員会　一九八六『古代のよこはま』。
吉岡康暢　一九六七『加賀三浦遺跡の研究』。
吉岡康暢　一九七九「北陸の須恵器」『世界陶磁全集』二、小学館。
吉岡康暢　一九八三「奈良平安時代の土器編年」『東大寺領横江庄遺跡』松任市教育委員会・石川県考古学研究会。
吉川真司　二〇〇四「律令体制の形成」『日本史講座』一、東京大学出版会。
吉田　孝　一九七六「律令制と村落」『岩波講座日本歴史』三、岩波書店。
吉田　孝　一九九四「八世紀の日本」『岩波講座日本歴史』四、岩波書店。
吉田生哉　一九九五「いわき市荒田目条里遺跡の調査」『第三七回福島県考古学会大会研究発表資料』福島県考古学会。
吉田靖雄　一九八七『行基と律令国家』吉川弘文館。
吉田靖雄　一九九〇「行基の活動―摂河泉地域における―」『地域史いたみ』一二、伊丹市立博物館。
吉水康夫・駒田利治・山田　猛　一九七八「三重県上野市北堀池遺跡の水田址」『月刊文化財』昭和五十三年十月号、第一法規出版。
四柳嘉章　一九九一「古代～近世漆器の変遷と塗装技術」『石川考古学研究会々誌』三四。
四柳嘉章　一九九五「漆器」『概説　中世の土器・陶磁器』日本中世土器研究会。
米沢　康　一九八〇「大宝二年の越中国四郡分割をめぐって」『信濃』三二―六、信濃史学会。
米山一政　一九七八「信濃の古瓦再論」『中部高地の考古学』長野県考古学会。
米山一政　一九八二「雨宮廃寺跡」『長野県史』考古資料編、全一巻（二）。
若林正人　一九九五「六世紀前半の土地利用に関する二・三の問題点」『新潟史学』三四、新潟史学会。
若林　泰　一九八二「麻田藩領川辺郡村々の諸史料」『地域史いたみ』一二、伊丹市立博物館。

和島誠一　一九六九「岡山県津島遺跡の地形的変遷」『考古学研究』一六―一。
和島村教育委員会　一九九二・一九九三・一九九四『八幡林遺跡』第一集・第二集・第三集。
和島村教育委員会　一九九四『門新遺跡現地説明会資料』。
和島村教育委員会　一九九五『門新遺跡』
和島村教育委員会　二〇〇三『下ノ西遺跡Ⅳ』。
渡部育子　一九九二「八世紀第1四半期の出羽と『沼垂城』」『新潟史学』二八、新潟史学会。
渡邊朋和　一九九八『金津丘陵製鉄遺跡群発掘調査報告書』Ⅲ、新津市教育委員会。
渡辺　昇・山本　誠　一九九八『山本北垣内遺跡』兵庫県教育委員会。
渡辺　実　一九六四『日本食生活史』吉川弘文館。

あとがき

本書は、序章に記したとおり、おもに地域に残された遺跡の調査成果をもとに、歴史考古学的に古代における地域社会の構造をあきらかにすることを目的とした。それがひいては日本古代の国家や社会の実体解明につながると考えるからである。

本書を構成する論文は過去二五年ほどの間に執筆したものである。それぞれの初出は次のとおりである。

第Ⅰ編　越後における律令社会の成立と展開

第1章　日本海域の気候風土と越後の位置

「日本海域の気候風土と古代史の展開」の「1日本海域の範囲と広さ」・「2気候風土と山陰・北陸・出羽」『日本海域歴史大系』第一巻古代篇Ⅱ、清文堂出版、二〇〇六年九月

第2章　越後における七・八世紀の土器様相と画期

「越後における七・八世紀の土器様相と画期について—新井市栗原遺跡出土土器をめぐって」『信濃』第三五巻四号、信濃史学会、一九八三年四月

第3章　本長者原廃寺国分寺説・今池遺跡国府説の検討

「上越市今池遺跡国府説・本長者原廃寺国分寺説の現状」『新潟考古学談話会会報』第一一号、新潟考古学談話会、一九九三年六月

第4章　越後平野の環境・交通・産業と官衙遺跡

「水辺の古代官衙遺跡—越後平野の内水面・舟運・漁業—」『越と古代の北陸』名著出版、一九九六年七月

第Ⅱ編　東日本・北日本における集落・官衙・生産

第1章　古代の官衙・集落からみた館の形成

「庁と館、集落と屋敷—古代東国における館の形成—」『城と館を掘る・読む—古代から中世へ—』山川出版、一九九四年十月発行

第2章　東日本における古代集落の展開

「律令以後の古代集落」『歴史学研究』第六八一号、一九九六年二月

第3章　日本海側の古代城柵と北方社会

「日本海側の古代城柵と北方社会」『考古学ジャーナル』第四一一号、一九九六年十二月

第4章　東北の古墳社会と古代出羽の開発

「日本海域の気候風土と古代史の展開—その範囲・生産力・東北の開発—」の「3　東北の古墳社会と古代出羽の開発」『日本海域歴史大系』第二巻古代篇Ⅱ、清文堂出版、二〇〇六年九月

第5章　古代北日本の土器と生産

「古代北日本の土器と生産」『北陸古代土器研究』第4号、北陸古代土器研究会、一九九四年九月

第Ⅲ編　土器からみた古代社会

第1章　律令期の須恵器系譜—越後における畿内・北陸系と東海系—

「律令期の須恵器系譜—越後西南部における二つの系譜をめぐって—」『高井悌三郎先生喜寿記念論集　歴史学と考古学』真陽社、一九八八年一月

第2章　古代における米調理法の復原

「古代のごはんは蒸した『飯』であった―古代の米調理法復元メモ―」『新潟考古学談話会会報』第二号、新潟考古学談話会、一九八八年十月

第3章　土器文化の終焉―東日本・北日本の場合―

「土器文化の終焉―東日本・北日本の場合―」『月刊文化財』第四〇九号、第一法規、一九九七年十月

第Ⅳ編　水田開発と地域社会

第1章　水田跡からみた初期稲作技術

「水田址からみた初期稲作技術について―『不定形小区画水田』の一考察―」『関西学院考古』第七号、関西学院大学考古学研究会、一九八一年十一月

第2章　行基による摂津伊丹台地の開発―昆陽二溝再論―

「行基の昆陽二溝についての再論」『ひょうご考古』第六号、兵庫考古学会、一九九八年十一月

第3章　遺跡からみた開発と集落の歴史―古代・中世を中心として―

「遺跡が語る開発と村の歴史―古代・中世を中心として―」『月刊文化財』第三九八号、第一法規出版、一九九六年十一月

本書においてはまず越後を対象とした。それは私の主たる研究の出発点が新潟県教育委員会において一九八〇年代にみずから担当した古代遺跡の発掘調査にあるからである。その遺跡としては妙高市栗原遺跡、上越市今池遺跡、上越市一之口遺跡、聖籠町山三賀Ⅱ遺跡の八～十世紀の官衙、集落遺跡である。これらのうち山三賀Ⅱ遺跡は地域的には城柵が設置された北部の古代沼垂郡にあり、これをのぞけば国府がおかれた西南部の古代頸城郡にある。同じ越後に所在する遺跡ではあるが、歴史性をことにする地域にわかれ、しかもその性格としては官衙と集落、時期的には律

令期の八・九世紀を主体にするものとその後の王朝国家期の両方がある。このため古代の地域社会の構造と変遷を考える素材としてはめぐまれていたといえよう。

これまで四編、一五章にわたり、それに関した考察をおこなってきたが、最後にあらためて述べてきたところをごくかんたんにまとめ、今後の課題としておきたい。

第一点は、土器、集落・官衙、生産と流通のあり方からみて、八世紀前半と九世紀後半に大きな画期があり、それが越後の地域社会における律令国家体制の成立と変容、崩壊に対応すると考えたことである。越後においては八世紀前半に須恵器の定着により土器様相が大きく変化した。須恵器は外観や手ざわり、そして形態や器種もそれまでの土師器と大きくことなる。それが食膳具・貯蔵具の主体となり、金属器写しの杯などの新しい器種が集落に至るまで普及したことは、新しい社会の到来を強く印象づける。これは同時にあらたな窯業の生産・流通機構の成立を示す。その生産は越後においてはおおよそ郡単位でおこなわれ、産業・交通など流通に関係する官衙関連遺跡の成立も考慮すると、その背景に郡司層などの関与が考えられる。国家的な「殖産興業」策とみることもできる。この時期は官衙の対極にある集落においても山三賀Ⅱ遺跡に代表される大規模な集村的集落が成立する画期にあたっている。一方、八世紀前半に成立した土器様式は九世紀後半において食膳具のなかに土師器が多数を占めるように大きく変化する。この段階で越後の須恵器生産は衰退に向かうが、須恵器そのものも海を越えた佐渡小泊窯の須恵器が大量に搬入されるようになる。越後の官衙関連遺跡も多くが衰退する傾向にあり、生産・流通機構の大きな変化が生じていたことを象徴している。大規模な集落も九世紀後半に衰退することが注目される。この時期は律令体制の変容でありつぎの王朝国家への胎動期でもある。

第二点は、越後で指摘できる様相は東日本においてもほぼ共通してみられることである。山三賀Ⅱ遺跡のような大規模な集村的集落は、関東地方の台地上において八世紀前半に数多く成立し、九世紀後半にいっせいに衰退する傾向が顕著である。このような集落と交替するように成立するのが新潟県一之口遺跡に代表される、沖積地に立地して経営単位の明瞭な散村的集落である。集落の構造と立地が大きく変化したことは、集落を構成する各単位が周辺の耕地を一体的に所有するというあり方が成立していたことを示唆するものと考えられる。集落の変化とともに郡衙や窯業生産も衰退し、なお存続する国府においては公的施設である国庁から半ば私的な国司館へ比重が移るなど、律令期の地域社会の根幹をなしていた要素はおおきく変容したといえる。

第三点は、東北地方における日本海側と太平洋側とではことなった歴史が展開したことである。日本列島は地形上おのずと日本海域と太平洋側に分かれており、それぞれは古代における七道の区分のように地理的、歴史的なつながりが強い。日本海側の出羽においては、七・八世紀には集落の成立が活発ではなく、在地勢力の蝦夷との抗争も比較的少なくて太平洋側とは対照的なあり方をみせる。日本海側は八世紀までは相対的に人口密度が希薄であったと推定される。東北地方は文献史料や考古資料から移民により地域の開発が進められたことが知られているが、出羽への移民は、その郡郷名の出自からは出羽の母国ともいえる越後や北陸地方よりも、太平洋側の関東、陸奥南部から多くが配置されたと考えられることも、伝統的なつながりとは相反することである。人と物を供給する土地として、太平洋側には関東地方という生産力が卓越した、まとまった地域があるのに対して、日本海側は奥行きが浅くて狭く、隣接する越後は西南部をのぞくと人口がとくに少ない状況があったことが背景に考えられる。

第四点は、地域の歴史を具体的に解き明かすためには、地形や自然環境のなかで遺跡をとらえることや、同時代の文献史料のほかに後世の文書・絵図や地籍図など多様な史資料を総合的に活用することが不可欠であることである。遺跡は地域固有の地形環境のなかで考える必要がある。越後平野は広大な低湿地のなかで内水面交通が発達し、その要となる信濃川、阿賀野川の河口の周辺地域に渟足柵・沼垂城、蒲原津が立地したと考えられる。佐渡産須恵器の広域流通や越後の貢納品である鮭もこうした自然環境との関連で理解される。前述した越後の生産力や人口に関する特性もこのような越後平野の自然条件と関連したものである。開発に関する問題においても、初期の水田遺構にみられる構造的特色は地形と関連しており、摂津伊丹台地でおこなわれた僧行基の溜池の築造は地形環境をじゅうぶん観察して施行されており、検討にあたってはそれを踏まえることが不可欠であった。この一三〇〇年前の人工溝がその後現在に至るまで機能し続けてきたことは、古代の人びとの営為が果たした意義とともに、歴史資料の対象がいまも生きている灌漑施設や地割などにも及ぶことを教えている。地域社会における人びとの生活をえがくことも、本書の目的とするところであったが、有力な考古資料である土器を素材にして地域色や製作技法の系譜、使用痕にもとづく食生活の復原なども成果としてあげておきたい。

さて、このようにまとめたが、課題とするところは多いといわざるをえない。まず、最初に発表した時点以降、とくに一九九〇年以降に新潟県における遺跡の発掘調査が飛躍的に増加し、あらたな資料の蓄積により再検討が必要な問題も多い。私は八世紀前半と九世紀後半の時期を画期として重視した。七世紀代の遺跡がほどんど不分明な越後の状況をもとにして、七世紀末を含む八世紀前半に律令体制の成立を考えたのである。それは誤りではないにしろ、現在は豊富な資料によりかなりきめ細かな変遷・展開をたどることができるようになり、私の評価が一面的であったことが浮き彫りにされている。具体的にはあらたに七世紀後半代の遺跡や八世紀中葉以降に成立する遺跡の調査事例がしだいに増えてきているのである。越後平野においては、七世紀中葉に渟足柵・磐舟柵が築造されたが、その後半世紀は越後平野に大きな動きがなかったとの評価は再検討を要する。また、土器編年における八世紀前半から中葉の年代観にいくつかの齟齬が指摘されており、越後平野における官衙遺跡の整備は、八世紀中葉以降とするのが妥当なのかもしれない。また、より細かな地域ごとの土器の特徴や編年の確立と相互の並行関係の分析がなされてきており、須恵器の生産と流通の再検討が要請されている。

東北史に関してもあくまでも現段階で認識されている遺跡情報によるものである。東北地方の庄内地方においては、文献史料に八世紀前半代に相当数の移民を示す記事がみられるが、その具体的な遺跡は不明確であり、現状では少ないとされる八世紀代までの遺跡の発見とともにその所在の追究が期待されるところである。

このほかにも、不明な点がもっとも多い十一世紀史と中世への階梯の解明、ここではほとんどとりあげなかった西日本との比較研究など課題は多いが、すべては今後に期したい。

最後に埋蔵文化財行政の一環としておこなわれている発掘調査と考古学、歴史学の関係に関して付言しておきたい。そもそも文化財は歴史研究の資料であるばかりではなく、市民・地域住民にとっての歴史学習の資料であり、歴史的環境の要素でもあるとされる（峰岸　一九九四）。遺跡はたしかに考古学や歴史学における学術研究の資料である。しかし、それだけではなく埋蔵文化財として位置づけられた国民共有の公的な財産であるという大前提がある。公的な財産たるゆえんは、埋蔵文化財は過去に生きた人びとの営みを伝えるものであり、国や地域の歴史や文化の成り立ちをあきらかにするうえで欠くことができない歴史的・文化的資産だからである。そのため、先人の営為に対する畏敬や慈しみを感じる文化財について、それをここちよい生活空間をかたちづくるものとして保存・活用することが本来求められるのである。そのようなものとして遺跡、埋蔵文化財を真に国民、地域住民の財産とするためには、それぞれの意義や価値をあきらかにして、それに応じた保存と活用を図らなければならない。そのために考古学や歴史学は不可欠である。

このような文化財保護行政の立場からすれば、歴史研究とりわけ地域史研究はきわめて重要な役割をになっている。地域史研究の本質は地域に即して、地域そのものの豊かな歴史性のなかから問題を立てること（木村礎　一九九四）だとすれば、地域史研究がじゅうぶんなされてこそ、文化財保護行政の目的がはじめて達成されるといえよう。

埋蔵文化財は国民共有の財産であることから、行政上、遺跡の現状保存を図ることはもっとも重要な仕事である。

本書のなかに、遺跡・埋蔵文化財の保護に関する記述が散見されるが、それは遺跡の調査研究は文化財保護と直結しているという意識によるものである。しかし、数多くの遺跡すべてについて現状保存を図ることは現実には困難である。そのため、発掘調査をおこなって記録として保存する措置がとられている。私が担当した発掘調査も道路や工場の建設にともなって実施されたものであった。このような目的でおこなわれる調査であっても、学術的な水準をふまえたうえで、問題意識をもって必要な作業を実施しなければならない。私は職務として、一〇年ほどの間、こうした発掘調査現場に張りつき、その後の整理作業をおこない報告書の編集・執筆にあたった。その過程において土器の実測・観察を基礎作業にして土器編年を組み立てて、それにもとづいて遺跡の構造と変遷をあきらかにして、地域における遺跡の歴史的意義を評価するなど、調査成果の総括を可能な限りおこなった。土地の履歴とその特性を解き明かすためには、地域に根ざした他の遺跡やさまざまな歴史資料、文化財を結びつけて位置づけることが不可欠である。しかし、その一方でその地域だけをみていればいいのではなく、ひろく他地域を視野に入れて比較・検討がなされてこそ客観的な地域史となる。たとえば土器の年代決定や系譜の見きわめなどはその一例である。

地域において長く残されてきた遺跡であっても、多くは調査された後に失われる。そのため、遺跡の内容を正しく解明して歴史的意義を評価し、将来に伝える責務が文化財保護行政とその担当者にはある。私のわずかばかりの経験においても、どのような遺跡であっても発掘調査されることによって地域の歴史を豊かにものがたるものであることが認識される。そして、これらの蓄積を各地域で積み重ねることにより、はじめて日本列島の歴史をあきらかにすることができるものと確信する。私の専門はもともと考古学とも古代史ともいえない中途半端なものであったが、仕事を通じて古代だけではなく弥生・古墳時代、中世などの遺跡調査や整理作業にたずさわるなかで、地域史がみずからの専門だと自覚するようになった。

これまでのほぼ四〇年間、全国各地域の文化財担当者が努力を重ねてきたことにより、埋蔵文化財の豊富な成果が蓄積されている。いまはこれをよりよい地域社会を築くための文化的資産とする段階にある。そのためには、たしかな地域史研究に立脚した遺跡調査を展開するとともに、他の文化財を含めて総合的に保護することこそが重要な仕事である。このように思うとき地域社会の将来をにぎる文化財保護行政に、これまでの長きにわたりたずわさることができたことは、いまさらながら感謝せずにはいられない。

本書は平成十九（二〇〇七）年度前期に新潟大学大学院現代社会文化研究科に提出した学位取得論文「古代地域社会の歴史考古学的研究―越後・東国・東北―」の刊行物である。審査にあたられた新潟大学の主査、小林昌二先生には丁寧にご指導いただき、副査の矢田俊文、荻美津夫、首都大学東京の小野昭の諸先生とともに、深く感謝したい。

これまで私が仕事とともにささやかな研究を続けられているのは、これまで出会った多くの方々の学恩によるものである。考古学については昭和四十九（一九七四）年の関西学院大学入学当初から所属していた考古学研究会や参加した発掘調査現場で学んだ。先輩の岡田努氏、岡野慶隆氏、宝塚市教育委員会の井上道彦氏、滋賀県教育委員会の兼康明氏などに考古学や文化財行政の手ほどきをうけた。その一方で、大学・大学院のゼミは考古学専攻がなかったこともあるが、古代史の福島好和先生、亀田隆史先生に指導を受け、『続日本紀』や『令集解』などを苦労して読んだ。大学院のゼミ指導教授の亀田先生は『日本古代用水史の研究』で知られているが、第Ⅳ編第1章と同第2章の契機となった二つの論文は、修士論文の一部であり水田遺構についてのテーマ選定は先生のご示唆によるものである。古代史以外では中世史の永島福太郎先生の講義はきびしくも得難いものであった。

昭和五十五（一九八〇）年、大学院修了後は、故郷の新潟県教育委員会文化行政課に就職した。着任当時の上司であった金子拓男先生からはさまざまな時代・分野の遺跡調査や埋蔵文化財保護行政の基本を教えていただいた。のちに私は弥生時代の高地性集落、新潟市古津八幡山遺跡と、古代の「沼垂城」木簡が出土した長岡市八幡林遺跡の保存問題を直接担当したが、自身に遺跡保存に対する姿勢があったとすればそのご指導の賜物にほかならない。また、担当した発掘調査を報告書作成までおこなうことができたのは、現場や調査研究をともにした寺崎裕助・小島幸雄・高橋保・田辺早苗・品田髙志・田中靖・故川村浩司・春日真実・滝沢規朗の諸氏をはじめとした多くの先輩・同僚、県内市町村・新潟考古学談話会の関係者の方々の助力によるものである。

平成五（一九九三）年、文化庁記念物課へ異動した。それ以来、和田勝彦氏、岡村道雄氏、禰宜田佳男氏をはじめとした先輩・同僚、全国の文化財担当者の多くの方々にささえられてきている。新潟県で学んだ視点を全国に広げることができ、文化財保護行政について深く考えることができたのはこの間の経験によることがおおきい。

本書の出版にあたっては、同成社の山脇洋亮社長、編集部の山田隆氏にたいへんお世話になった。これまでお世話になった多くの方々とともに深く感謝申し上げたい。

最後にこれまですきな道を進むことを許してくれた両親とそれを支援してくれた兄、家庭では頼りにならない夫・父をささえてくれた妻と、二人の娘に感謝のことばを捧げたい。

二〇〇八年五月

坂井　秀弥

古代《こだい》地域《ちいき》社会《しゃかい》の考古学《こうこがく》

■著者略歴■

坂井秀弥（さかい　ひでや）

1955年　新潟市沼垂に生まれる

1980年　関西学院大学大学院文学研究科博士課程前期課程（日本史学専攻）修了

新潟県教育庁文化行政課をへて

1993年　文化庁文化財保護部記念物課 文化財調査官（埋蔵文化財部門）

現　在　同　主任文化財調査官（埋蔵文化財部門）、博士（学術）

著　書　『越と古代の北陸』名著出版、1996年（共著）

『中世の越後と佐渡』高志書院、1999年（共編著）

『日本の史跡―保護の制度と行政―』名著刊行会、2004年（共著）

『日本海域歴史大系』第2巻古代篇Ⅱ清文堂、2006年（共編著）

2008年9月30日発行

著　者　坂　井　秀　弥

発行者　山　脇　洋　亮

印　刷　熊　谷　印　刷　㈱

発行所　東京都千代田区飯田橋 4-4-8 東京中央ビル内　㈱同成社

TEL 03-3239-1467　振替 00140-0-20618

ISBN 978-4-88621-451-5 C3021